国学通识读本

俞秀玲 主编

国学经典导论

中国社会科学出版社

图书在版编目（CIP）数据

国学经典导论 / 俞秀玲主编. —北京：中国社会科学出版社，2019.8（2020.1 重印）

ISBN 978-7-5203-4779-2

Ⅰ.①国… Ⅱ.①俞… Ⅲ.①国学—教材 Ⅳ.①Z126

中国版本图书馆 CIP 数据核字（2019）第 165874 号

出 版 人	赵剑英
责任编辑	朱华彬
责任校对	张爱华
责任印制	张雪娇

出　　版	中国社会科学出版社
社　　址	北京鼓楼西大街甲 158 号
邮　　编	100720
网　　址	http://www.csspw.cn
发 行 部	010-84083685
门 市 部	010-84029450
经　　销	新华书店及其他书店

印　　刷	北京君升印刷有限公司
装　　订	廊坊市广阳区广增装订厂
版　　次	2019 年 8 月第 1 版
印　　次	2020 年 1 月第 2 次印刷

开　　本	710×1000　1/16
印　　张	31
插　　页	2
字　　数	400 千字
定　　价	48.00 元

凡购买中国社会科学出版社图书，如有质量问题请与本社营销中心联系调换
电话：010-84083683
版权所有　侵权必究

前　　言

中华民族在漫长的历史进程中，创造了丰富灿烂的中华文明，并以其旺盛的生命力、强大的凝聚力得以薪火相传，在"我注六经，六经注我"的经典传承中形成中华民族特有的传统文化。随着我国经济的持续增长，国家软实力的不断提升，中华民族的自豪感和文化自信心不断增强，国人研究和学习国学的热情也不断高涨，研究和编纂传统文化的刊物、著作真可谓林林总总、目不暇接。然而，国内在这一时代背景之下出现的"国学热"，其实只是全球化浪潮中文化潮流的其中一种表现。从某种意义上来说，"国学热"其实是国人对中国历史和中华文化的认同，也是对中国传统文化的正视与反思，如何将中华优秀传统文化进行创新性继承也就摆在了我们面前。

"国学"一词，产生于中国近代西学东渐、文化转型的历史时期。经过近百年的历史发展和变迁，中国已经发生了翻天覆地的变化，步入了现代化发展的轨道，相应地，其文化发展也与以前有了很大差别。伴随全球化浪潮的到来和社会信息传递的日益便捷，国人对世界的了解，从某种意义上来说，已经超过了以往任何一个时期，而在这一浪潮中，文化的交流也日益频繁。

国学的根本要义，是再现中国古典社会时期古圣先贤所创造出来的诸多思想成果以及凝练出来的崇高精神，记录以往而开启后来，不断地丰富中华文化。国学是以中华传统文化作为研究对象，目的在于总结国人在精神文化方面的创造成果。"国学热"的出现和不断升温表明，国人对中国历史、文化的认同感有了进一步增强。

中国传统经典教育的历史很长，但现代意义的国学教育，其发展历史却很短。早在两千年以前，汉武帝采纳第一位以丞相封侯者兼博士的公孙弘的建议，为五经博士添置弟子达五十人左右，从而把博士官从当时的顾问官变成了教育官，由此而掌握了候补文官的选拔权，此时，中国经典教育就已成为中国传统社会对士大夫进行教育的主要核心内容。到了近代，两次鸦片战争的爆发，让清政府清醒地认识到"非兴学不足以图强"，由此而有了后来的京师同文馆、上海方言馆等的设置，以专门进行文化教育，而新的系统教育则在清朝庚子事变后有了进一步的改变，但此时的儒学意识形态教育仍然占有主导地位。"中学为体，西学为用"的呼声和潮流，使得国人重视传统文化教育，由此重订学堂章程，以中国古典的经史之学作为根基。民国时期蔡元培提出国民主义、实利主义、德育主义、世界观和美育主义五大原则，就教育方针提出具体教育要求，兴读"四书""五经"，直到新文化运动兴起，尊孔读经活动暂时中止。20世纪20年代初，五四运动的兴起，中国传统文化教育遭遇前所未有的危机，随着西洋文化的传入和日渐渗透，章太炎、梁启超、梁漱溟等在国学理论倡导和实践探索方面都做出努力，国学教育在北京大学的燕京园悄然崛起，清华大学也随之呼应。然而，由于国内革命的爆发以及外侮入侵，国学教育一直断断续续。20世纪90年代以来至今，随着"国学热"的兴起，国学重新进入各类教育课堂，尤其国家教委于1994年10月发布了192号文件，发出"关于在高等学校开设中国传统文化课的通知"的时候，国学教育开始走向"炽热"。当今，在高等教育课堂，国学教育主要是以开设通识选修课，如"中国传统文化概论""国学经典导读""国学经典导论"等形式来进行，本教材就是基于这样一个出发点来编写。

　　国学并非深不可测，亦非晦涩难懂，国学就在我们身边。本教材在全书结构上不同于其他国学教材的特色之处就在于，书中不仅对儒家经典的"四书"进行了较全面的阐释，同时补入了具有地方特色的"关学"文化，作为儒家文化发展的一个分流流派，尽管是"地方学"，但其独特的淑世思想和"民胞物与"的天人合一思想却至今仍对当今社会具有重要的意义。本教材共分为六个部分，第一部分主要厘清国学概念的源流，对其产生、发展、内容、范围和分类进行梳理，以揭示国学教育的现实启迪意义，让读者了解本教材的实际意义；第二部分详细剖析儒家经典，对《论语》《大学》《中庸》《孟子》这"四书"，从其思想体系、经典原文选释、评析以及经典名句诵读几个方面进行解构和阐释，使读者对儒家的主要经典思想有一个明晰的认识；第三部分主要对原始道家的经典代表作，如《道德经》《庄子》，从其思想体系、经典原文选释、评析以及经典名句诵读几个方面进行解析，让读者对原始道家的思想有一定的了解；第四部分围绕佛教展开论述，该章不仅对佛教的产生和发展进行了分析，同时进一步对中国化的佛教八宗，即天台宗、三论宗、密宗、法相唯识宗、律宗、净土宗、华严宗以及禅宗的思想进行解析，更对影响非凡的禅宗进行了原典意义上的解读，对其代表作《坛经》进行原典选释性赏析，以揭示禅宗对今世文化发展的影响；第五部分对宋明理学时期的大儒张载所开创的关学思想，从其产生、发展以及对张载代表作《西铭》全文思想的解读、评析等方面进行阐释，以揭示关学思想作为"地方学"，在整个儒学发展过程中的重要地位和作用，并对其在当今社会的影响进行探讨；第六部分则起到概括总结作用。该部分主要对国学近代以来的变迁进行回顾与分析，从史学、子学、现代新儒家等角度对近代以来国学的发展进行详解，呈现给读者一个整体印象，使其了解国学在当今社会的发展状态。

可以说,《国学经典导论》是专门讲解国学和中国传统文化的一部教材。该教材集儒、释、道最有代表性的经典为一体,选取提炼儒、释、道诸经、诸子中有代表性的经典思想及其原文语句进行解读,同时吸收多年来学术界研究学术心得,结合作者个人的学术研究,对中国传统文化在历史发展长河中所积淀的思想文本做出深入浅出的详解和诠释。该教材简易明了,思路清晰,不仅面对高等学府的大学生,为其提供学习和了解中国传统哲学和中国传统文化的通识性知识,同时也可以作为社会上具有高中以上文化程度的读者学习和了解中国传统思想、文化的历史变迁的参考书。

本教材原系编者给本校大学生讲授"国学经典导读"课程的讲义,后来被批准立项为2018年度"西北政法大学特色经典系列教材"项目之一。这次编写,主编负责确定总体写作思路,拟定大纲及各章篇目,团队诸位老师按照各自研究专长撰写相关篇章。

目 录

第一章　什么是国学 …………………………………… (1)
- 第一节　"国学"名称的由来 ……………………………… (1)
- 第二节　国学的发展历程和阶段 …………………………… (6)
- 第三节　国学的范围及其分类 ……………………………… (10)
- 第四节　国学教育的现实意义 ……………………………… (15)

第二章　儒家经典文化与人生 …………………………… (19)
- 第一节　《论语》与为"仁"之智慧 ………………………… (21)
  - 一　孔子其人其事 ………………………………………… (23)
  - 二　孔子思想学说及其智慧 ……………………………… (28)
  - 三　《论语》原文选释 …………………………………… (81)
  - 四　《论语》经典名句诵读 ……………………………… (128)
- 第二节　《大学》与自身发展 ……………………………… (132)
  - 一　曾子其人其事 ………………………………………… (133)
  - 二　曾子思想学说及其智慧 ……………………………… (136)
  - 三　《大学》原文选释 …………………………………… (161)
  - 四　《大学》经典名句诵读 ……………………………… (171)
- 第三节　《中庸》与心性修炼 ……………………………… (173)
  - 一　子思其人其事 ………………………………………… (174)

二　子思思想学说及其智慧 …………………………… (180)
　　三　《中庸》原文选释 …………………………………… (190)
　　四　《中庸》经典名句诵读 ……………………………… (216)
第四节　《孟子》与内圣之道 ………………………………… (218)
　　一　孟子其人其事 ………………………………………… (221)
　　二　孟子思想学说及其智慧 ……………………………… (224)
　　三　《孟子》原文选释 …………………………………… (241)
　　四　《孟子》经典名句诵读 ……………………………… (264)

第三章　道家经典文化与人生 ………………………………… (269)
第一节　道家经典文化引论 …………………………………… (269)
　　一　老子之生平事迹 ……………………………………… (270)
　　二　庄子之生平事迹 ……………………………………… (272)
第二节　《老子》与"道"之智慧 …………………………… (275)
　　一　老子的哲学思想与人生智慧 ………………………… (275)
　　二　《老子》原文选释 …………………………………… (283)
　　三　《老子》经典名句诵读 ……………………………… (298)
第三节　《庄子》与"逍遥游"的人生哲学 ………………… (302)
　　一　庄子的哲学思想及其人生智慧 ……………………… (303)
　　二　《庄子》原文选释 …………………………………… (315)
　　三　《庄子》经典名句诵读 ……………………………… (336)

第四章　佛教经典文化与人生 ………………………………… (342)
第一节　佛教源流 ……………………………………………… (342)
　　一　印度佛教的产生与发展 ……………………………… (342)
　　二　中国佛教的产生与发展 ……………………………… (354)
第二节　佛教的空性智慧 ……………………………………… (369)

一　原始佛教的"空"观 …………………………………………（370）
　　二　中观派的"空"观 ……………………………………………（372）
　第三节　《坛经》与养心之道 ……………………………………（378）
　　一　慧能与禅宗 …………………………………………………（378）
　　二　慧能与《坛经》 ………………………………………………（381）
　　三　《坛经》原文选释 ……………………………………………（390）
　　四　《坛经》经典名句诵读 ………………………………………（394）

第五章　中国地域特色文化——关学 ………………………………（397）
　第一节　中国传统文化的发展格局 ………………………………（397）
　　一　史前时期的文化遗迹 ………………………………………（397）
　　二　传统文化的雏形期：夏、商、西周至春秋、战国 ……………（398）
　　三　传统文化的定型期：秦汉 …………………………………（399）
　　四　传统文化的融合期：魏晋南北朝至唐中叶 ………………（401）
　　五　传统文化的强化期：唐中叶至明中叶 ……………………（402）
　　六　传统文化的转型期：明末迄今 ……………………………（404）
　第二节　关中文化：关学形成的历史底蕴 …………………………（406）
　第三节　关中文化的精髓 …………………………………………（412）
　　一　关学及张载思想概述 ………………………………………（413）
　　二　关学的核心精神 ……………………………………………（417）
　第四节　《西铭》与人生之道 ………………………………………（422）
　　一　《西铭》原文注解 ……………………………………………（423）
　　二　《西铭》哲学思想解析 ………………………………………（430）

第六章　国学在近现代的复兴 ………………………………………（439）
　第一节　近代国学概述 ……………………………………………（439）
　第二节　近代变革下的经学"今古文"之争 ………………………（453）

第三节　近代子学的复兴 …………………………………（464）

第四节　近代史学的变革 …………………………………（472）

第五节　现代新儒学的崛起 ………………………………（475）

后　记 ………………………………………………………（485）

第一章

什么是国学

随着中国的崛起以及中国现代化进程的深入推进，中华民族的文化自信不断增强，中华民族和中华文化的双重伟大复兴正在向我们走来。正是在这一背景下，国学迎来了再次高潮，人们俗称"国学热"。国学是在近代尤其西学进入我国的情况下形成的，到五四运动时期，国学已经很凸显。然而，当今之世，在"国学热"的同时，很多人对国学仍然持质疑态度，认为学习国学是"发思古之幽情"，也有人认为国学表面上是研究过去文化，其实质就是一种"国故学"，等等，各种论断层出不穷。鉴于此，有必要对国学重新进行梳理和论证，以厘清国学概念的由来、发展历程、所包含的范围和内容以及学习国学的现实意义。

第一节 "国学"名称的由来

何为国学？关于这个概念的含义，到目前为止，学界没有统一界定。有学者认为国学无论是古代的还是现代的，凡是中国的文化学术都属于国学；亦有学者认为国学是专对治国理政而言，特指"治国理政"之学；还有学者认为"国学"是"西学东渐"后相对于"西学"而言，所以国学概念无可争议，是指"中国固有的文化学术";更有人指出,国学门类宽泛复杂,是以先秦诸子百家为根基,并无主从关系,等等。关于"国学"的定义,多年来真可谓人云亦云,莫衷一是。

要厘清国学概念的内涵,首先要探究国学概念的产生。

作为汉字词汇,"国学"一词古已有之,在历史上最早是指周代在国都建立的官学。《周礼·春官·乐师》中记载:"乐师掌国学之政,以教国子小舞。"《周礼·正义》中也有记载:"国学者,在国城中王宫左之小学也。"周代,"国学"只是国家所办的"贵族子弟学校"。18世纪,在日本出现了"国学"学派。江户时代中期,日本思想界有一部分人,如荷田春满等,提倡对日本的古代典籍进行研究,以探明本土固有的文化,它以"国学"指代日本自己的古学,从而与来自中国的学术相区别,遂有"国学"之称。也就是说,这种把"国"作为"本国"意义的用法,其实是在近代日本发展出来的"国粹"派所提出。该派大力主张保存本国文化,反对欧化主义。我国学者受此影响,于20世纪初提出"国学"概念。五四运动期间,陈独秀等发起新文化运动,将中国的落后挨打归罪于以孔子为主的儒学,并提出"打倒孔家店"等激进口号。但胡适等人在五四运动后期则针对性地提出"整理国故"的口号,主张"研究问题、输入学理、整理国故、再造文明",力图从中国传统文化中寻找中西文明的有机结合点,为中国的新生寻找出路,"中国的一切过去的文化历史,都是我们的'国故';研究这一切过去的历史文化的学问,就是'国故学',省称为国学"。胡适指出,所谓"国故"是包含着过去中国的一切历史与文化,既包含"国粹",也包含"国渣",而研究这些历史与文化的学问,就叫"国故学","国故学"最简单的说法,就是中国学、汉学。1934年,章炳麟在苏州创办章氏国学讲习会,对国学做了总结性的讲解。章炳麟对自己几次演讲的记录进行整理,出版了《国故论衡》《国学概论》《章太炎国学演讲录》等书，在 20 世纪二三十年代影响很大。从章太炎本人的思想发展历程来看，"国学"作为历史内容当然是贯穿其一辈子的思想主题。从他入俞樾的诂经学社做学生起，直至临终那一刻，他坚持的就是"饭可以不吃，学不可以不讲"。不过，"国学"作为一个概念却不是从来就在他的话语体系中获得合法性的。早期，作为国粹派主将的章太炎是用"国粹"来指称后来"国学"所代表的内容。国粹派代表邓实 1906 年说："国学者何？一国所有之学也。有地而人生其上，因以成国焉，有其国者有其学。学也者，学其一国之学以为国用，而自治其一国也。"然而，不久，章太炎便改换成了"国故"，并作《国故论衡》。后来，才有"国学"概念的提出，章太炎在其《国学概论》中说："国学之本体是经史非神话、经典诸子非宗教、历史非小说传奇；治国学之方法为辨书籍的真伪、通小学、明地理、知古今人情的变迁及辨文学应用。"

章太炎晚年还使用"国性"来替代国学。显然，这四个概念的使用在一定程度上体现了章太炎对"国学"的看法："国粹"无疑显示了对传统文化的高度崇敬之情。但是，当"历史上出现的就一定是好的吗"这样的质疑声出现的时候，"国粹"之说似乎遭遇到挑战；而当以"国故"指代国学时，似乎又向世人昭示：传统文化已经成为历史陈迹，由此而走向反面，似乎都有所不妥；而"国性"所指当然也是指历史上的传统文化。章太炎之所以提出"国性"这一看法，是因为当时外敌入侵，国难当头，故而他呼吁，只要国性存在，即便亡国也依然会有复国的时候。能够很明显地看出，"国性"要比其他三个概念的含义抽象很多，且带有民族情绪。相比较而言，"国学"概念的提法更能体会到一种中正的态度，章太炎将国学分为"小学""经学""史学""诸子""文学"五部分，由此可以看出他对国学范围的界定。此外，顾颉刚、钱穆等人也有关于"国学""国故""国粹"的种种论述。自"西学东渐"之风后，为了区别开"西学"与"中国之学","中国传统思想文化学术"这个国学概念便产生了。1949年中华人民共和国成立后,随着历次文艺批判运动的展开,"国学"作为一个口号或者名词已基本消失。到20世纪80年代以后,随着"爱我中华"之风日炽、"中国崛起"口号之响起,尤其是"孔子学院"在海外的遍布和祭孔大典在国内的连续演绎,"国学"在海内外以前所未有的热度开始"热"起来。

然而,需要注意的是,国学在其产生阶段,经历了以下异称:

第一,中学之称谓。清末的张之洞主张"中学为体,西学为用",试图以"中学"称谓中国学术而与"西学"对称,从而取得主体地位,并进一步吸收西学,以期有助于国家富强。

第二,国粹之称谓。粹为精粹之意,正如前述所讲到的,"国粹"一词自日本传入,具有"民族性""民族精髓"之义,传入中国以后,主要由章太炎倡导,刘师培、章太炎同时发行《国粹学报》,申述其重要性;许地山在其《国粹与国学》一书中反复强调"国粹"一词。

第三,"国故"之称谓。如上述所论述,该称谓是由章太炎所开创,他认为中华民族所有的文化家底,都可以叫作"国故",国故就是本国之文献,是对过去所有历史文献的总称。在其《国故论衡》一书中,他认为"国故"是指中国之旧学,中国之掌故,即中国之文献。章太炎观点得到胡适认可,胡适在此基础上提出用科学的方法"整理国故"的口号,并总结指出,研究国故的学问就叫"国故学",简称"国学"。

第四,国故学之称谓。曹聚仁在其《国故学大纲》中主张,"乃欲以科学方法,研究国故,使成一系统性之知识",他主张以科学方法研究国故,使之成为系统的知识,以替代国故,成为国故学。

第五,古学、旧学之称谓。这一说法主要是以翻译西方的哲学、政治、经济、伦理等学术为新学,而称中国学术为"古学"

"旧学"。

第六，东方文化之称谓。主张这一称谓的学者指出，东方是指中国、印度、日本等地区，而文化则包括道德、宗教、艺术、文学、风俗等方面，故而把中国、印度、日本等东方国家的道德、宗教、艺术等称为东方文化。

第七，文学之称谓。此种称谓是先秦时期对当时学术的总称。在《论语·先进》中有记载说，"文学：子游、子夏"，从此处可以看出，此种称谓比较牵强，所谓"文学"之叫法，实为对当时学术之总称的一种叫法。

第八，汉学之称谓。此种称谓因于西方学者对中国学术的研究，这些学者称中国学术为"汉学"。

由此可见，中国人所使用的"国学"是指区别于外来文化，而在中国本有的学术文化。概而言之，在国学概念产生以后，国内出现了三种关于国学的阐释：第一种指中国固有的学术文化，它是一种学术形态文化，而不是非学术形态文化，如民俗等就不属于该范围，这一学术文化是西方文化传入中国以前，在几千年的历史积淀中，所创造的学术体系；第二种泛指中国传统文化，这一界定范围大于"学术文化"，比较泛化，也就是说，它包括一切传统文化形式；第三种则是指近代以来我国学者采用古今结合的方法对传统学术和传统文化所作的研究体系，即国学研究。当今社会所说的"国学热"，其实是传统文化热，它是在宽泛意义上讲的，对应我们这里所说的第二种国学概念。所以，就第二种国学概念来讲，所谓国学，是指兴起于20世纪初，盛行于整个20年代，80年代又有"寻根"热，90年代"国学"热再次兴起，一直至今。它包括狭义和广义两方面，狭义的国学是指以儒学为主的中华传统思想文化与学术；广义的国学则是指以儒学为主体的中华传统文化与学术，包括医学、戏剧、书画、星相、数术等。国学的外延是以先秦经典及诸子学为根基，涵盖了两汉经学、魏晋玄学、隋唐道学、宋明理学和同时期的汉赋、六朝骈文、唐宋诗词、元曲与明清小说以及历代史学等一套特有而完整的文化、学术体系，这套体系构成了恢宏的经、史、子、集四部。因此，国学的研究对象内容广泛，包括传统经史子集，由此延伸而出的朴学、训诂学、音韵学、古文字学、古典文献学、图书版本及辩伪学、文物鉴定等古典体系都属于国学体系。

依照这一国学概念的基本定义，国学大师应该符合以下标准：第一，要有比较系统的国学知识，要精通小学，如古文辞各体式、古体诗、近体诗词；第二，要对古典的相关典籍内容有一定的研究和贡献，在某个相关研究领域有原创性成果；第三，对国学要有深刻的体悟，并对国学的发展起过推动作用；第四，能够总结出国学教学方法与学习方法，培养出国学名家。按照这些标准，王国维、钱钟书、胡适、鲁迅、梁启超、蔡元培、章太炎、陈寅恪、郭沫若、冯友兰等都属于当之无愧的国学大师。

在学理上，对国学何谓的讨论，无疑有助于我们在进行国学教育时增加几分自觉性，使得我们对国学的理解更加深入，而不会天真地以为穿着长袍马褂逛街就是在讲国学。正如曹聚仁先生所指出的，如果"根本上没有明白国学是个什么，也没想到要去研究国学的原因，只不过因循的盲从，胡乱提倡些国学，做冒牌的圣人之徒"，那将"是很危险的"。

第二节 国学的发展历程和阶段

回首过去百年，国学发展的历程可谓艰辛多舛。

自1840年鸦片战争爆发至1919年五四运动爆发前夕，这一阶段是国学发展的早期阶段，也可称之为第一阶段。1840年鸦片战争爆发之后，随着外国资本主义势力的入侵，中国传统学术文化的滞后与愚钝随之显现。在西方先进科技、思想文化的影响下，中国的精英们在呼吁进行政治改良的同时，也开始了对中国传统文化的重新思考和改良，开启了向西方学习的历程。从早期的林则徐、魏源到后来的维新运动领军人物康有为、梁启超、严复等，都力图融合中西，寻求出路以变法图强。国学正是在这种学术精神的渲染下逐步兴起。

从百日维新的失败中，中国的知识分子精英看到了封建顽固势力的衰朽，体会到了中体西用文化模式的无助，有良知的精英们发动辛亥革命，挑战腐朽的顽固势力。与此同时，辛亥革命的这些领军人物也开始了对中国传统文化的慎思，试图将其与民族革命相结合。章太炎就是其中一个典型的代表人物，他既是革命党人，同时又是著名学者。在重视引进西方学术的同时，他对本土的国学教育更感兴趣。鲁迅在1936年写的《关于太炎先生的二三事》一文中，就曾对章太炎的主张进行了评论，他说章太炎用宗教发起信心，增进国民的道德；用"国粹"（章太炎又将其称为"国故""国学"等）激动种性，增进爱国之热情。很显然，章太炎是大力主张从中国传统文化的思想精髓中汲取有益元素以补充到革命中的。1906年，他在日本主编同盟会的机关报《民报》时，刊登了《国学振兴社广告》一文，文中列举了国学的范围："一、诸子学；二、文史学；三、制度学；四、内典学（即佛典）；五、宋明理学；六、中国历史。"能够看出，章太炎的陈述中其实已经包括了中国传统的经、史、子、集各科。接着，他在日本东京创立国学振兴社，仿效日本学者用其固有之学问弘扬民族精神的做法，提出了"国粹"说，不仅如此，章太炎开创的国学振兴社还培养了许多近现代的中国国学大师。可以说，中国近现代国学思潮就是从这里开启的。然而随着辛亥革命的失败，以及传统文化糟粕一时泛滥，国内内生性的国粹主义遭遇到了民众的厌恶。十月革命的爆发给中国送来了马克思主义，同时，西方文化也长驱直入，中国受西方科学与民主两大思潮的影响，形成对西方政治体制、学术文化全盘接受的趋势，加之五四运动对中国传统学术与文化的抨击，中国传统文化在遭遇到了前所未有的责难，国内似有文化偏激愈演愈烈之象。

从1919年五四运动至1949年中华人民共和国成立这段时间，可以看作是国学发展的第二阶段。五四运动对中国传统学术与文化的抨击，使得中国传统文化在遭遇到前所未有的责难的同时，国内知识界对当时的国势以及文化选择重新进行审视和反思，由此开启了20世纪20年代以来国学发展的另一个时期。当时的北京大学、清华大学率先开办国学门，进行关于中国传统文化的国学教育。教育基于"融会中外，博通古今"的方法，充分吸收西方外来学术思想文化，以重铸中国学术与文化教育之魂。时任清华大学的校长曹云祥，在清华大学国学门开学典礼上致辞："现在中国所谓新教育，大都抄袭欧美各国，欲谋自动，必须本中国文化精神，悉心研究。所以本校同时组织研究院，研究高深之经史哲学。其研究之法，可以利用科学方法，并参以中国考据之法，希望研究院中寻出中国之魂。"从曹云祥的致辞中能看出，他要求运用西方的科学方法对中国文化进行研究，从而剖出中国文化之魂。梁启超也作了题为"旧日书院之情形"的学术演讲，呼吁从中国传统的学术以及文化教育中挖掘、找回现代教育所丢失的思想精髓和精神。曹、梁二人的主张如出一辙，都意在重究中国传统文化的根脉和灵魂、精神。当时的清华大学、北京大学等成为国学教育研究的重镇，尤其清华大学的梁启超、王国维、陈寅恪、赵元任，是当时京城著名的国学偶像级人物，被称为国学"四大导师"，因其学术造诣之高、影响力之大，至今仍成为学术、教育领域的楷模与榜样。国内其他高校如东南大学、厦门大学、无锡国专等，也纷纷模仿北大等高校创办国学教育，同时在学术研究领域涌现许多优秀成果。也就是说，第二阶段的国学，在近代以来的文化冲击、文化选择与反思中得到了发展，全国各地出现了很多国学研究基地，如北京大学、清华大学、国立中央研究院的历史语言研究所、厦门大学等，这些国学研究与教育的重镇，在当时辉煌一时，英才辈出。然而值得留意的是，后来国学教育与研究有所衰落，原因在于，中国当时的教育改革受制于内忧外患的时代情势，许多仁人志士迫于当时的不利局势，只能让其国学教育理想付诸东流，如著名的国学大师王国维沉湖自尽就是一则典型的实例。时代的不幸造就了大师的陨落。同时，随着西方的科技、民主、文明等传入中国，国学教育面临一个最棘手的问题，即如何处理现代西方学科体制与中国的国学教育体制之间的关系问题。在具体操作层面上，既需要做好中国固有的学术文化研究，还要兼顾与现代学科体制之间的关系，两者往往相互矛盾、相互冲突，结果国学文化教育无法应对势头强劲的西方学科体制。诸如此类的种种矛盾导致多位国学大师因疲于应对实际事务而最终中断对国学教育的拓展研究，如当时的清华大学只有几位著名国学大师级人物，因各种矛盾，师资替补力量没有形成，导致师资力量短缺和紧张。当然，还有其他的一些原因，然而，无论怎样，有一点我们必须注意，那就是，在第二阶段，国学教育、研究的确如火如荼，出现了蒸蒸日上的繁荣之势。

1949年中华人民共和国成立到20世纪90年代初是国学教育研究的第三阶段。在这一阶段，虽然我们对于中国固有的学术文化也进行了新的研究，加入了古典文化的相关内容，然而，由于受"左"倾思想和政治因素的影响，我们对于中国传统的学术分科重视不够，指导思想上也出现厚今薄古的失误等，国学作为一门系统研究与阐释中国传统学术的学问，并没有获得应有的重视，尤其在十年"文化大革命"中更是受到整体上的打压。国学研究萎靡不振，几乎没有什么成果，即便有相关的研究成果，也被打上了"两个对子"的烙印，有浓重的政治意识形态意味，如冯友兰先生的研究成果就是一个典型的例子。20世纪70年代末80年代初，国家实行改革开放政策，经济发展步入正轨，然而，问题也接踵而至，经济快速发展的同时出现了严重的道德伦理滑坡现象，国学研究和教育迫在眉睫，这一阶段出现了诸多研究成果，国学研究开始走上坡路，一直到20世纪90年代初出现了国学"回炉热"现象。

20世纪90年代初至今是国学教育研究的第四阶段。自20世纪90年代以来，国学与国学教育在北京大学中国传统文化研究中心的带领下，有了长足的发展。近年来，随着整个中华民族的复兴，国学全面复兴的时机已经成熟，全国出现了前所未有的"国学热"现象，从各高校国学研究院的成立，到个别高校孔子研究院的建成，以及孔子研究院在海外很多国家、地区的落地，无不彰显对国学教育研究的重视。文化自信的提升更为中华优秀传统文化的研究提供了有利条件。

因此，国学的消长与中华民族的命运息息相关，国学的繁荣关乎民族兴旺，关乎中华民族伟大复兴的中国梦的实现。

第三节　国学的范围及其分类

本书对"国学"一词的理解沿用了关于中国传统学术文化的总称这一解释，这也是当今比较通用的定义，定义确定之后，其所包括的范围及其分类也就基本明确了。

前人多以中国传统的经、史、子、集四部对国学进行分类。这是古代书籍的分类法，但也反映了对书籍所承载的学术的一定分类。近人章太炎则明确把国学内容分为经学、哲学、史学、文学，这一分法主要是从四部借鉴而来（尽管子部并不都是哲学，集部也并不都是文学）。由此可见，章太炎的分法已经使用了近代学术概念表达国学的主体内容的分法,把四部书籍的分类概念转换成为学术分类的概念。章太炎在晚年把国学内容主要分为五大类:小学、经学、史学、诸子、文学。这类分法也主要是参照经史子集四部的分类法,但又不拘于四部。小学在传统分类中属经部,章太炎非常重视小学,认为音韵训诂是治国学的基础,故而应另立一类,不再从属于经学,可见章太炎对国学研究的重视。

今天的国学教育,一般是依照传统的书籍类别与体系加以介绍,然后进行国学内容分类的说明。那么,国学的主要内容是什么?用章太炎的话来说,就是"国学的派别"究竟有哪些?章太炎认为主要有经学、哲学、文学三类派别。他指出,经学包括"古文经学"和"今文经学"两派,每一派又有不同支系。他认为,就"六经"本义而言,"无一非史",《尚书》《春秋》都是记事典籍,故而属于史;而《诗经》歌谣甚少,大部分为国事而作,故而也是史;《礼经》主要记载古代的典章制度,故而属于史的一部分;《春秋》于史实中寓于褒贬之意,显而易见属于史;《易经》篇章则蕴含着史的精华;《乐经》已遗失,故而章太炎揣测它主要是关于乐谱和制度方面,应该也具有史的特性。由此,章太炎一贯坚持"六经皆史"说,当然,由于他的古文经学立场,所以他反对对"六经""推崇过甚"。然而,我们如果再回过头来看"经",它们究竟是不可改变的"常道",还是需要与时俱进的经典文本,可能需要我们今人进行仔细考量和辨析。因为经典是时代的产物,故而需要在今天的时代中进行考辨。章太炎还对先秦时期的哲学进行了阐释,他认为中国古代的儒、道、法、墨、名家以及佛教当属哲学派别,如《论语》涉及伦理道德和人生哲理方面,《孟子》《荀子》也涉及哲理方面,而老庄则主要涉及哲学方面,名家涉及逻辑学方面,墨学涉及名学(主要体现在墨子的《经上》《经下》篇中),法家主要涉及哲理(主要体现在韩非子的《解老》《喻老》篇中)。事实上,章太炎对中国古代哲学史的论述揭示了国学哲学部分的丰富内容。

然而，当我们搞清楚国学研究的内容主要是关于中国传统学术与文化方面的内容时，就不得不明白一个问题，这些传统学术文化的主要载体是通过中国典籍来承载，故而对其范围的分类就有了明晰的分法。一般主要分为《汉书·艺文志》和《隋书·经籍志》两类，前者是六分法，后者是四分法。

汉哀帝时刘歆写成《七略》，对当时的皇家藏书作了分类整理。班固作《汉书·艺文志》，采用了《七略》的分类体系，《七略》中的辑略是综述学术源流绪论，班固未加采用，其余六略三十八种是分类体系，这就是六分法，如下：

六艺。"六艺"主要有易、书、诗、礼、乐、春秋、论语、孝经、小学九类。

诸子。诸子主要有儒家、道家、阴阳家、法家、名家、墨家、杂家、农家、小说家、纵横家这十家。

诗赋。诗赋主要有赋三种，加上杂赋、歌诗，共五种。

兵书。兵书主要包括权谋、形势、阴阳、技巧四种。

数术。数术主要包括天文、历谱、五行、蓍龟、杂占、形法六种。

方技。方技主要包括医经、经方、房中、神仙四种。

这六大类合起来总共三十八种，在《七略》六分法中，兵学、医学、占卜与经学、子学、文学并立，反映了当时知识体系与书籍数量分布情况，占有十分重要的地位；六艺相当于后来的经部；诸子相当于后来的子部；诗赋相当于后来的集部；史部在当时缺乏。可见，书籍的分类是以一定时代书籍的数量分布为基本依据。

魏晋以后，历史、佛经、文学的文献逐渐增多，汉代《七略》六分法已不能适应书籍分类需要，于是出现了四部分类法。与汉代的《七略》相比，此种分类把《七略》六分法的后三部分兵书、数术、方技并入了诸子，当然这也表明这部分书籍当时已不占重要地位，而把"史记"单列出来，以突出史学书籍的重要性。《隋书·经籍志》中的四部分类法如下：

经：经部主要包括易、书、诗、礼、乐、春秋、孝经、论语、纬书、小学十类。

史：史部主要包括正史、古史、杂史、霸史、起居注、旧事、职官、仪注、刑法、杂传、地理、谱系、簿录十三类。

子：子部主要包括儒、道、法、名、墨、纵横、杂、农、小说、兵、天文、历数、五行、医方十四类。

集：集部主要包括楚辞、别集、总集三类。

这四部合起来总共四十类，其中子部最杂。此外又有道经，即经戒、饵服、房中、符箓；佛经，即大乘经、小乘经、杂经、杂疑经、大乘律、小乘律、杂律、大乘论、小乘论、杂论、记。道、佛经书合起来总共十五类，再加上四部的四十类，共五十五类。清代的《四库全书》沿用了《隋书·经籍志》的四部分类法而略有变化。这种变化为，经部（即经学）：经部之下又分易、书、诗、礼、春秋、孝经、"五经"总义、"四书"、乐、小学十类；史部，即历史，史部之下又分正史、编年、纪事本末、别史、杂史、诏令奏议、传记、史钞、载记、时令、地理、官职、政书、目录、史评十五类；子部，包括政治、哲学、科技和艺术等，分为儒家、兵家、法家、农家、医家、天文算法、术数、艺术、谱录、杂家、类书、小说家、释家、道家十四类。《隋书·经籍志》中已把兵书、术数、方技并入了诸子，《四库全书》更把佛、道典籍并入了子部，使子部更加突出。

集部则分为楚辞、别集、总集、诗文评、词曲等五类，收入历代作家的散文、骈文、诗、词、散曲集子和文学评论、戏曲著作等。由此可见，《四库全书》几乎囊括了中国古代学术文化的全部，类别广泛。

后来，为了便于更好地学习国学，学界给出了统一的划分法，按《四库全书》分法，把国学分为经、史、子、集四大类。

"经"部。经部主要是指古籍经典，分为"易类""书类""诗类""礼类""春秋类""孝经类""群经总义类""四书类""乐类""小学类""石经类""汇编类"，主要是儒家经典和注释研究儒家经典的名著，如《易经》《诗经》《论语》《孟子》等，后来又增加一点语言训诂学方面的著作，如《尔雅》。

"史"部。史部分为"正史类""编年类""纪事本末类""别史类""杂史类""诏令奏议类""传记类""史抄类""载记类""时令类""地理类""职官类""政书类""目录类""史评类""汇编类"，主要指包括通史、断代史、政事史以及专门介绍文物典章制度史、以地域记载为中心的方志等在内的一些史学著作，如司马迁的《史记》、郑樵的《通志》等；班固的《汉书》、陈寿的《三国志》、欧阳修等的《新五代史》等；司马光的《资治通鉴》、李焘《续资治通鉴长编》等；杜佑的《通典》、马端临的《文献通考》等。

"子"部。子部主要记载历史上创立一个学说或学派的人物文集，如儒家的《荀子》，法家的《韩非子》《商君书》，兵家的《孙子》，道家的《老子》《庄子》，以及佛教、农家、医家、天文历法、术数、艺术、杂家、小说家等皆入"子部"。

"集"部。集部主要记载历史上文人学者的总集、个人文集等，个人的文集又称为"别集"，如《李太白集》《杜工部集》《王荆公集》等；总集，如《昭明文选》《文苑英华》《玉台新咏》等，一些古代戏剧作品如《长生殿》《西厢记》《牡丹亭》等也属集部。

按内容属性分法，分为义理之学、考据之学和辞章之学三类。

义理之学。义理之学主要就事物之道理进行阐述，属于哲学一类；考据之学属于史学，主要从事历史研究；辞章之学主要是文学，对诗词、散文，以及章奏、书判等实用文体进行研究，有点类似于今天我们所说的文史哲等社会科学类学科。后来，又有学人加上了经世之学、科技之学进行补充，前者即指治国驭民的政治、经济、法律等社会科学知识，后者则指声、光、化、电等自然科学知识。

第四节　国学教育的现实意义

伴随中国的崛起，国人对国学的认识和态度正在发生根本性的转变，中华民族的民族精神正经历着从自在到自觉的过程，在这一过程，也自然而然地出现了"国学热"。"国学热"是中华民族文化自觉的重要体现，文化自觉是文化复兴的重要条件，它可以促进文化自信，增强民族生命力，振奋民族精神。在这个意义上，可以说，当前的"国学热"是中华文化复兴初级阶段的文化标志之一。那么，我们作为高校莘莘学子，接受国学教育又具有哪些现实意义？

国学蕴涵和体现了一定的文化价值和民族精神。如前所述，国学包罗致广，它不仅仅是一种学问或学术，同时还是中华民族的根与魂。从借助日本的"国学"概念来应对西学开始，"学亡则亡国，国亡则亡族"就已经深深地扎根于仁人志士心中，面对东西方列强的野蛮侵略，他们试图以保护文化学术来挽救整个国家民族。梁启超积极引进西学："吾不患外国学术思想之不输入，吾惟患本国学术思想之不发明……凡一国之立于天地，必有其所以立之特质。欲自善其国者，不可不于此特质焉，淬厉之而增长之……不然，脱崇拜古人之奴隶性，而复生出一种崇拜外人、蔑视本族之奴隶性，吾惧其得不偿失也。"在梁启超这里，他并不排斥对西学的学习，他认为，如果学习西方成为一种对西洋人乃至西洋文化的盲目崇拜，而以为中国自己的文化传统都是糟粕，那么就会误入歧途。其实，国学是开放的，不是狭隘的，它包含了历朝历代消化吸收了的外来的各种文化，国学不只是汉民族的学术文化，它包含了历史上少数民族的语言、文字、学术文化及其与汉民族的交流史；国学也不只是上层精英传统，它还包括小传统，如民间民俗文化，各时段各地域各民族的传说、音乐、歌舞、技艺、建筑、服饰、礼仪、风俗、宗族、契约等，有点类似于今天我们所说的某些物质文化遗产与非物质文化遗产；国学还包括历史上中外地域文明的交融，如外域文明的传入、西域学、佛学及其中国化、西学东渐与中学西传的内容与历史过程等。也就是说，中华各民族共同创造、共同拥有的文化精神资源都包罗在国学范围之内，而展现出来的却是中国魂。这种魂，它是中华民族的主要精神动力，是我们的价值观的体现，也是我们中国人之所以为中国人的根本特质之处。所以，国学蕴涵和体现了一定的文化价值和民族精神。

国学教育可以滋养人的心灵，塑造我们的君子人格。梁启超曾指出，国学经典典籍，如《论语》《孟子》等"是两千年国人思想的总源泉，支配着中国人的内外生活，其中有益身心的圣哲格言，一部分久已在我们全社会形成共同意识，我们既做这社会的一分子，总要彻底了解它，才不致和共同意识生隔阂"，在梁启超看来，"四书"等国学经典所表达的是以"仁爱"为中心的"仁义礼智信"，这些是中华民族自古以来的核心价值观念，也是百姓的日用常行之道和生活信念。国学不是高深的文本教育，其大小传统是互通的，具有平民化、草根性的典型特点。"勿以善小而不为，勿以恶小而为之"，"老吾老以及人之老，幼吾幼以及人之幼"等，这些来自国学经典的基本精神，成为"百姓日用而不知"的行为举止规范。我们莘莘学子进入高等学府接受教育，接受的是"成人"教育，按照国学原典的基本要求，是成己、成人而成物，立己立人而立物的教育，因此，我们仅仅成才远远不够，成才教育并不能让我们成为完整、健康的人，我们的人格精神是空白的，故而，成己教育首先要塑造人格，涵养我们的性情，其次才是成才，这种成才是真正意义上的成才。在国学经典之一的《论语》中，孔子非常重视和反复强调智、仁、勇三达德，认为它们是人所具有的内在道德，同时随我们的行为而又形之于外；朱熹在其《家训》中说："事师长贵乎礼也，交朋友贵乎信也。见老者，敬之；见幼者，爱之。有德者，年虽下于我，我必尊之；不肖者，年虽高于我，我必远之。""人有小过，含容而忍之；人有大过，以理而谕之。勿以善小而不为，勿以恶小而为之。"又说："勿损人而利己，勿妒贤而嫉能。勿称忿而报横逆，勿非礼而害物命。见不义之财勿取，遇合理之事则从……子孙不可不教，童仆不可不恤。斯文不可不敬，患难不可不扶。"类似的说法还有很多，强调的都是日用常行之道，所以朱熹指出，"人不可一日无也"。蔡元培先生也强调："修德之道，先养良心……良心常有发现之时，如行善而惬，行恶而愧是也。乘其发现而扩充之，涵养之，则可为修德之基矣。"在蔡元培看来，善无分大小，改过迁善才谓进德自省之功。上述这些都是儒家传统的修身工夫与健全的君子人格所必备的基本要素，它来自于诗书礼乐之教，源自于儒家的孔孟之道，贴近民间大众人伦日常，是百姓的日常生活哲学，同时也是今天我们的学人，包括莘莘学子必须具备的基本人格素养。

概而言之，国学经典典籍中还有很多关于修身成德、培养君子人格的内容要求，可以肯定地说，中国古典教育，其实质就是一种博雅教育，它既拓展人的实际生活技能，更注重对人的熏陶和滋养，以使其养成乐善好群、敦厚优雅的品行。国学经典中的很多思想精髓可以滋养我们的心灵，培养我们健康的性格，塑造我们的阳光人格。

当今，我们的社会转型需要一种与革命时代不同的人文精神，由此促进的文化转型，构成了当今我们文化建设的大背景，在这一大背景下我们安身立命更多地体现在心灵精神的安顿上，在这方面的需求比以往更加突出。市场经济的发展带来了社会人际关系的新变化，也使得青年一代在寻找人际关系处理方法等方面出现了各种不适和迷茫，所以，学习国学，接受国学教育，重拾老祖宗留给我们的思想文化遗产，将有助于我们从中国古代文化的宝库中汲取很多待人、处世、律己的思想资源，以滋养我们的心灵，慰藉我们的情感，提升我们的精神，塑造我们健康阳光的人格，涵养我们的人文教养。

思考题：

1. 什么是国学？
2. 国学经历了怎样的发展历程？
3. 国学主要包括哪些内涵？怎样划分其范围？
4. 学习国学有什么现实意义？

参考文献：

1. 章太炎：《国学概论》，中华书局2009年版。
2. 章炳麟：《国学概述》，北京大学出版社2009年版。
3. 钱穆：《国学概论》，商务印书馆2008年版。
4. 曹胜高：《国学通论》，北京大学出版社2008年版。
5. 龚鹏程：《国学入门》，北京大学出版社2007年版。
6. 傅佩荣：《国学的天空》，陕西师范大学出版社2009年版。
7. 邹潞智：《写给年轻人的国学常识》，北京大学出版社2012年版。
8. 张志伟、干春松主编：《在人大听国学》，江西人民出版社2009年版。

第 二 章

儒家经典文化与人生

儒家经典作为国学经典的主要组成部分，其影响力一直延续至今，其中最主要的则是"四书五经"。"四书五经"是"四书"和"五经"的合称，是中国儒家经典书籍。

"四书"又称四子书，指的是《论语》《孟子》《大学》和《中庸》，为儒家传道、授业的基本教材。几百年来，"四书"在我国广泛流传，其中许多语句已成为脍炙人口的格言警句。在"四书"中，《论语》《孟子》分别是孔子、孟子及其弟子的言论集，《大学》《中庸》则是《礼记》中的两篇。首次把它们编在一起的是南宋著名学者朱熹。需要注意的是，在朱熹之前的程颢、程颐兄弟已大力提倡这几部书了，二程认为，《大学》是孔子讲授"初学入德之门"的要籍，经孔子的学生曾参整理成文；《中庸》则是"孔门传授心法"之书，是孔子的孙子子思"笔之子书，以授孟子"。这两部书与《论语》《孟子》一起表达了儒学的基本思想及其体系，是研治儒学最重要的文献。值得留意的是，正是根据这样的观点，南宋光宗绍熙元年（1190年），著名理学家朱熹在福建漳州将《大学》《论语》《孟子》《中庸》汇集到一起，作为一套经书刊刻问世。朱熹认为："先读《大学》，以定其规模；次读《论语》，以定其根本；次读《孟子》，以观其发越；次读《中庸》，以求古人之微妙处。"他还说："《四子》，《六经》之阶梯。"（《朱子语类》）也就是说，朱熹所编定的"四书"次序本来为《大学》《论语》《孟子》《中庸》，是按照由浅入深进修的顺序排列，后人因为《大学》《中庸》的篇幅较短，为了刻写出版的方便，把《中庸》提到《论语》之前，成了现在通行的《论语》《大学》《中庸》《孟子》这样的顺序。又因为这几部书分别出于早期儒家的四位代表性人物孔子、曾参、子思、孟子，所以朱熹把《论语》《大学》《中庸》《孟子》这四部书编在一起，称为"四子书"，简称为"四书"。朱熹分别为这四部书作了注释，其中，《大学》《中庸》的注释称为"章句"，《论语》《孟子》的注释因为引用他人的说法较多，所以称为"集注"。

朱熹注释的"四书"既融会了前人的学说，又有他自己的独特见解，切于世用，再加上以程颢、程颐兄弟和朱熹为代表的"程朱理学"的地位日益上升，宋元以后，《大学》《中庸》成为学校官定教科书和科举考试必读书。到元代延祐年间（1314—1320年）科举考试恢复，正式把出题范围限制在朱注"四书"之内，明、清沿袭而衍出"八股文"考试制度，题目也都是在朱注"四书"里。官方将朱熹所编定注释的"四书"审定为官书，对中国古代教育产生了极大的影响。这样，"四书"不仅成为儒学的重要经典，同时也成了每个读书人的必读书，成了直到近代全国统一的标准的小学教科书。

"四书"蕴含了儒家思想的核心内容，是儒学认识论和方法论的集中体现，同时，也在中华思想史上产生过深远影响。朱熹所著《四书章句集注》具有划时代意义，至今读来，仍具有很深刻的教育意义和重要的启迪价值，堪称源远流长的文化精华。有人把"四书"与西方的《圣经》相比，认为它是东方人的"圣经"。事实上，无论就其流传的广度来讲，还是就其对中国人人格心理铸造影响的深度而言，这种比拟都不为过（当然，"四书"中也存在个别思想的局限性）。

"五经"指的是《诗经》《尚书》《礼记》《周易》和《春秋》，简称为"诗、书、礼、易、春秋"，在之前，还有一本《乐经》，合称"诗、书、礼、乐、易、春秋"，这六本书也被称作"六经"，其中的《乐经》后来亡佚了（焚书坑儒导致），就只剩下了"五经"。"四书五经"是南宋以后儒学的基本书目，儒生学子的必读之书。

如果说汉唐是"五经"时代，那么宋之后则是"四书"时代。"四书五经"中首当其冲的是"四书"。"四书"不仅是儒学经典，还是每个读书人的必读书。

第一节 《论语》与为"仁"之智慧[①]

《论语》是记载孔子及其弟子言行的一部书，由其弟子及其再传弟子、门人等编辑而成，内容涉及哲学、政治、经济、教育、文艺等诸多方面，内容非常丰富，是儒学最主要的经典之一。《论语》一书比较忠实地记述了孔子的言行，也比较集中地反映了孔子的思想。今本《论语》共 20 篇，《论语》以记言为主，"论"是"论纂"的意思，"语"是话语、经典语句、箴言的意思，"论语"即为论纂（先师孔子的）箴言警句。《论语》在语言表达上精练而形象生动，是语录体散文的典范，汉语文章的典范性也发源于此；在文字编排上，《论语》没有严格的编纂体例，每一条就是一节，集节为篇，集篇为编，篇、章之间并无紧密联系，只是大致归类，在论述中偶见重复章节。直到汉代，流传的《论语》版本主要有《鲁论语》（20 篇）、《齐论语》（22 篇）、《古文论语》（21 篇）三种。东汉末年，

[①] 注：该教材编写排序是从国书《论语》开始，次之为《大学》《中庸》《孟子》。之所以如此排序，是为《论语》作为国书的重要性考虑。

郑玄以《鲁论语》为底本，参考《齐论语》和《古文论语》编校成了新的本子并加以注释，郑玄《论语》注本流传，《齐论语》和《古文论语》便逐渐亡佚，以后各代注释《论语》的版本主要有三国时魏国何晏的《论语集解》、南北朝时梁代皇侃的《论语义疏》、宋代邢昺的《论语注疏》、朱熹的《论语集注》和清代刘宝楠的《论语正义》等版本。

《论语》是我国古代文献中的一部巨著，是中华民族优秀的文化遗产，对我国古代几千年的政治、思想、文化产生了重要影响，即使在今天，其思想精华仍然对我们的生活产生重要影响。《论语》是关于如何修身的活的教科书，同时也是孔子身体力行、践行自己道德理想的生动写照。孔子认定："古之欲明明德于天下者，先治其国；欲治其国者，先齐其家；欲齐其家者，先修其身……自天子以至于庶人，壹是皆以修身为本。"（《大学》经论第一章）尽管孔子没有直接使用"修身"一词，但却通过他自己的"修己""修德"及与"修身"意义相同的词表达了其丰富的修身思想。"天地之大德曰生"，孔子认为修身是人之为人的唯一途径，同时也是人内在发展的需要。他认为，修身就是要努力提高自己的品性修养，使自己成为一个"达则兼济天下，穷则独善其身"，并"用之则行，舍之则藏"的仁者君子，这一理想和要求渗透于《论语》，始终引导士人高度重视自己的品性修养，提升自己的人格魅力。

孔子注重自身的修养，但他并不主张远离尘世，闭门苦修，他倡导"达则兼济天下，穷则独善其身"。值得注意的是，孔子不仅自己具有卓绝的智慧，同时他也提出了一套关于智慧的理论学说。这一理论学说具有永久的魅力，它对当今正在发展中的中国，以及世界文化与哲学的发展，仍然富有重要的启迪意义。

一 孔子其人其事

孔子（公元前551—前479年），姓孔，名丘，字仲尼，是家中的第二"子"①，因此，孔子也被称为"孔老二"。因父母曾为生子而祷于尼丘山，故名丘，又叫孔丘。据《史记·孔子世家》记载，"生而首上圩顶，故因名曰丘云。字仲尼，姓孔氏"。孔子生年一般按《史记·孔子世家》所记为鲁襄公二十二年，而生月生日《史记》未记，按《穀梁传》所记"十月庚子孔子生"，即于公元前551年9月28日生于鲁国陬邑昌平乡（今山东省曲阜市东南的鲁源村），公元前479年4月11日逝世，享年七十二岁，葬于曲阜城北泗水之上，即今日山东曲阜孔林所在地。孔子的远祖是宋国贵族，殷王室的后裔。周武王灭殷之后，封殷宗室微子启于宋，由微子经微仲衍、宋公稽、丁公申，四传而至湣公，湣公长子弗父何让国于其弟鲋祀，由此，弗父何即为卿之位。也就是，由诸侯之家转为公卿之家。弗父何之曾孙正考父，连续辅佐宋戴公、武公、宣公，并为上卿，他以谦恭著称于世。孔子六祖孔父嘉继任宋国大司马。按周礼制，大夫不得祖诸侯，"五世亲尽，别为公侯"，故其后代以孔为氏。后来，宋太宰华父督作乱，弑宋殇公，杀孔父嘉，其后代避难奔鲁（孔氏为鲁国人自此开始），卿位始失，下降为士。孔子曾祖父防叔曾任鲁防邑宰，祖父伯夏的事迹暂时无考。孔子父亲名纥，字叔，又称叔梁纥，为一名武士，以勇力著称。叔梁纥先娶施氏，无子，其妾生男，病足，复娶颜徵在，生孔子。

孔子生活在鲁国，鲁国为周公旦之子伯禽封地，对周代文物典

---

① "子"是古代对成年男子的尊称。在春秋战国时期，拥有一定社会地位的成年男子都可以称为"子"，"子"还是一种爵位，所谓"公侯伯子男"。但是，真正能获得别人以"子"相称的，一般是两种人：要么在社会上公信力较高的，如"老师"；要么就是较有道德的贵族，孔子、老子属于前者。

籍保存完好，素有"礼乐之邦"之称。鲁襄公二十九年（公元前544年）吴公子季札观乐于鲁，叹为观止，鲁昭公二年（公元前540年）晋大夫韩宣子访鲁，观书后赞叹："周礼尽在鲁矣！"鲁国文化传统与学术下移的时代背景对孔子思想的形成有很大影响。

孔子是我国春秋末期伟大的政治家、思想家、教育家、儒家学派创始人，同时也是世界十大历史名人之一。他以"因材施教"和"有教无类"的教学理念来教育学生，同时编撰了我国第一部编年体史书《春秋》。孔子弟子及其再传弟子把孔子及其弟子的言行语录和思想记录下来，作成《论语》，与其最为卓出的衣钵继承者孟子统称为"孔孟"，孔子被尊为"至圣""素王"，曾子为宗圣，孟子则被称之为"亚圣"，孔孟思想并称为孔孟之道。孔子在我国教育思想史上地位非常高，并倍受推崇，被称之为"圣人""万世师表"。孔子的思想及学说对后世产生了极其深远的影响。在我国两千多年的历史上，孔子一直享有"至圣先师"的美誉，直到今天，还依然为世人所尊敬与推崇。

孔子在春秋晚期的历史舞台上活动了约四十多年，先后提出了许多道德伦理规范与准则，影响极其深远。他年轻时做过几任小官，但他的一生，大部分时间都是从事教育。相传孔子收弟子多达三千人，教出不少有知识、才能的学生。他曾任鲁国司寇，后携弟子周游列国，最终返鲁，专心执教。在世时，孔子已被誉为"天纵之圣""天之木铎""千古圣人"，是当时社会上最博学者之一。孔子曾修《诗》《书》，定《礼》《乐》，序《周易》，作《春秋》。他一生整理和总结了中国古代几千年的文化成果，在《史记·孔子世家》中记载有其行事。孔子整理的《诗》《书》《礼》《易》《乐》《春秋》六种教本，被后人称为"六经"。

据有关记载，孔子的言行思想，除了主要记载于语录体散文集《论语》及先秦和秦汉保存下的《史记·孔子世家》中，同时还散见于《左传》《孟子》《礼记》和《孔子家语》等典籍中。第一个为孔子写出完整传记的是西汉时期的著名史学家司马迁。虽然后代学者多认为司马迁在《史记》中对史料并未作严格筛选，真伪相间，甚至条理有些紊乱，但不能否认，《孔子世家》的确是后人了解孔子生平的一个基础，另一点可以肯定的是，留存于一些可信典籍中的孔子形象，与大多数当代人心中的孔子，存在着巨大的差异。

孔子早年丧父，家境衰落。他曾说："吾少也贱，故多能鄙事。"孔子年轻时曾做过"委吏"（管理仓廪的官吏）与"乘田"（管放牧牛羊的小官）。据记载，孔子虽然生活贫苦，但十五岁即"志于学"。他善于取法他人，"三人行，必有吾师焉。择其善者而从之，其不善者而改之。"（《论语·述而》）孔子学无常师，好学不厌，乡人也赞他"博学"。

在这样的自立自强下，孔子"三十而立"，并开始授徒讲学。凡带上一点"束修"的，孔子都会收为学生，如颜路、曾点、子路、伯牛、冉有、子贡、颜渊等，这些都是较早的一批弟子。连当时著名的鲁大夫孟僖子，其子孟懿子和南宫敬叔都慕名而来拜孔子学礼，可见孔子在当时已闻名遐迩。在孔子的努力下，他创设私学，这种举措打破了"学在官府"的传统，并进一步促进了学术文化的下移和传播。

鲁国自宣公以后，政权主要操控在以季氏为首的三桓手中。鲁昭公初年，三桓又瓜分了鲁君的兵符军权，鲁国中央实力处于亏虚状态，孔子曾对三桓之一——季氏"八佾舞于庭"的僭越行为表示愤慨，然而无济于事。鲁昭公二十五年（公元前517年）鲁国出现内乱，孔子被逼无奈离鲁而奔赴齐国。当时，齐景公在任，齐景公向孔子问政。孔子说："君君，臣臣，父父，子子"，又说："政在节财"。齐景公听后大悦，然而齐政权当时被操纵在大夫陈氏手中，所以齐景公虽悦孔子言而不能用。孔子在齐不得志，遂又返鲁，"退而修诗书礼乐，弟子弥众"，从远方来求学的，几乎遍及各诸侯国。

当时，鲁政权被操控在季氏手中，而季氏又受制于其家臣阳货。孔子不满这种政不在君而在大夫的"陪臣执国命"的政治局面，所以他不愿出仕，"不义而富且贵，于我如浮云"（《论语·述而》）。

鲁定公九年（公元前501年）随着阳货被逐，孔子在鲁国受到重用，当时他被任命为中都宰，是年孔子五十一岁，"行之一年，四方则之"，因孔子治鲁有功，遂由中都宰被升迁为司空，再被升迁为大司寇。鲁定公十年（公元前500年），齐鲁两国夹谷会盟，鲁方由孔子相礼。孔子主张"有文事者必有武备，有武事者必有文备"，故而会盟之前孔子早有防范，使得会盟之时齐君想用武力劫持鲁君之预谋未能得逞，值得留意的是，孔子运用其卓绝的文化外交手段，收回了被齐侵占的郓、灌、龟阴之田。鲁定公十二年（公元前498年），孔子为加强鲁国公室、抑制三桓，援引古制"家不藏甲，邑无百雉之城"之说，提出"堕三都"之计划，并通过任季氏宰的弟子子路去实施。由于孔子利用了三桓与其家臣之间的尖锐矛盾，故而三桓中之季孙氏、叔孙氏同意各自拆掉其费邑与后邑。但三桓中之孟孙氏被家臣公敛处父所煽动而反对堕成邑。鲁定公围之不克，后来孔子"堕三都"计划受挫。

孔子仕鲁，齐人闻而惧，恐鲁强而并己，于是，馈女乐于鲁定公与季桓子。季桓子受齐女乐，三日不听朝政。孔子政治抱负难以施展，于是，带领颜回、子路、子贡、冉有等十余弟子离开"父母之邦"鲁国，开始了长达十四年之久颠沛流离的周游列国生涯。是年孔子已五十五岁。孔子一行先至卫国，始受卫灵公礼遇，后又受监视，恐获罪，将适于陈。孔子一行过匡地，被围困五天。解围后原欲过蒲至晋，因晋内乱而未往，只得又返卫。孔子曾见卫灵公之夫人南子，此举引起多方猜疑。卫灵公怠于政，不重用孔子。因而，孔子说："苟有用我者，期月而已，三年有成"。后卫国内乱，孔子离卫经曹至宋。宋司马桓魋欲杀孔子，孔子微服过宋经郑至陈，是年孔子六十岁。其后孔子往返陈蔡多次，曾"厄于陈蔡之间"。据《史记》记载：因楚昭王来礼聘孔子，陈、蔡之大夫围困孔子，致使其绝粮七日。解围后孔子至楚，不久楚昭王死。卫出公欲用孔子。返卫后，孔子虽受"养贤"之礼遇，但仍不被重用。鲁哀公十一年（公元前484年），冉有归鲁，率军在郎战胜齐军。季康子派人以迎孔子。孔子遂归鲁，时孔子年六十八。

孔子归鲁后，鲁人尊之以"国老"，初鲁哀公与季康子常以政事相询，但终不被重用。故此，孔子晚年主要致力于整理文献和继续从事教育活动。鲁哀公十六年（公元前479年）孔子卒，葬于鲁城北泗水之上。

在这里，有个问题需要澄清。在史料中，很少见有关于孔子妻子的记录。历朝历代研究孔子者甚多，然而，相关于孔子妻子的专门研究或者记录却少之又少。

第一个提供孔子妻子信息的人，是三国时代的王肃。他在《孔子家语》中简略地写了孔子生平，"孔子三岁而叔梁纥卒，葬于防。至十九，娶于宋之亓官氏，一岁而生伯鱼"。这些记录给我们提供了一些简单的信息，孔子结婚年龄为19岁，其妻子的姓氏为"亓官氏"，婚后一年，他们就有了一个儿子。这位"宋之亓官氏"，到底因为孔子的哪些优点而嫁给对方，材料中并没有记载。也许她认为孔子迟早能够出人头地。不过，孔子实在不是那种官场混混式的人物。等她发现并确认这一点之后，她已经跟在孔子后面吃了多年的苦了。这种苦日子终于过不下去，她对孔子青云直上的信念终于破灭，便离开了孔子。亓官氏大约死于公元前485年，多年后，孔子去世。司马迁记载了孔子去世的盛况，却没有一个字说到孔子夫妇合葬的事。

孔子一生从事传道、授业、解惑。综其一生，最重要的业绩在于，他不仅创办私学，倡导有教无类，开创了中国"平民教育"的崭新格局，同时创立儒家学说，成为中国思想文化的主脉，并对各类典籍进行整理，对传统文化的保存、传播起到了重要引领作用。值得注意的是，孔子还是中国古代突破对自然山水宗教式态度的第一人，他提出"智者乐水，仁者乐山"（《论语·雍也》）的著名美学命题。可以说，孔子是人类历史上少有的对中华民族的精神生活产生深刻影响并持续两千余年而不灭的伟大先哲之一。孔子是当之无愧的中华文化的代表。

二 孔子思想学说及其智慧

孔子的思想学说，以"仁"为核心，以"礼"为行为规范，以"中庸"为思想方法，他所提出的社会原则和社会理想包括多层次内涵：既强调人与人之间应该互相承担的责任和义务，同时又倡导一种从天子到庶人，从治世到修身都应当具有的，以"仁""德""忠""恕"为中心的道德精神。孔子的思想学说具有明显的政治伦理道德化、伦理道德政治化的特色。

孔子的思想学说体系在当时及其以后的战国时期，虽被尊为"显学"，但只是一派学说。直至汉代，经过总结秦朝灭亡的经验教训和对诸子百家各派的比较，汉武帝采纳董仲舒提出的"罢黜百家，独尊儒术"的主张，儒学才被确立为正统思想。在儒家思想成为正统思想以后，历代帝王为了表示对其开创者的尊崇，不断给孔子加封追谥。汉平帝始封孔子为"褒成宣尼公"，到元武宗时已升为"大成至圣文宣王"，至清初更被推崇为"万世师表"。孔子的弟子及重要传人也受到沾溉：颜回被尊为"复圣"；曾参被尊为"宗圣"；子思被尊为"述圣"；孟轲被尊为"亚圣"。孔子的嫡裔在汉高祖时被封为"奉祀君"，至宋代改封为世袭"衍圣公"，且此封号一直沿袭到中华民国二十四年（1935年）。两千多年以来，儒家思想备受当政者的推崇和优待。在封爵赠谥的同时，历代王朝对孔子的尊崇，还以种种物化形态表现出来，经长期积累，在孔子故里形成了一批极其珍贵的历史文化遗存。儒家思想体系本身在历史发展的过程中，经过不断发展和改造，并始终占支配地位。

孔子的思想不但在中国具有广泛而深远的影响，而且在海外的许多国家和地区也颇有影响。早在汉唐时期，它就越出国界，传播到东亚、东南亚很多国家，特别是朝鲜、日本、越南，曾对这些国家的政治、经济、文化发展起过积极作用，甚至成为这些国家传统思想的重要因素。（有些史学家把中国和上述几国视为"孔子文化圈"，这不是没有道理的。到了18世纪，孔子思想又超出"孔子文化圈"，越过重洋，传到欧洲，对法国启蒙思想、德国辩证法思想的形成、发展，也起过一定的触媒作用。）经过长时期的历史发展，孔子思想具有丰富的思想内涵和智慧。

（一）"为政以德"之达成——政治哲学思想

孔子是中国儒家学派的创始人，而"德政"又是孔子德治思想的主要内容。孔子以"德政"为主要内容的治国思想，发端于他对中国远古社会流传下来的文章典籍的研究整理。孔子十分推崇远古社会尧、舜、禹、汤、文、武时代的道德传统及礼乐文化，并系统地对远古流传下来的"六经"（《诗》《书》《礼》《乐》《易》《春秋》）进行了编删整理或重新编修，目的是发挥它们对后世"垂世立教"的作用。孔子也由此形成了"以仁为本"的伦理道德观和"以德治国"的社会政治思想。孔子一生的活动主要有两方面，一方面是编删整理历史文献，创立儒学，兴办教育，成为一代宗师，并用"德政"思想培养教育了一大批学生，促进了"德政"思想在当时的传播，为儒学影响后世奠定了基础；另一方面，率领其学生以"德政"思想周游列国，向诸侯君主宣传其德治思想，力图参与政治，改造社会。尽管历尽磨难挫折，然而孔子并不改变其初衷。孔子一生以高度的自我良知和社会责任感弘扬其道德思想主张和政治哲学思想。

其一，正名说。正名是孔子最重要的政治思想主张。正名的目的在于维系一个社会的良好秩序，使人们有一定的规范可以遵守，而不至于生活在一种不可预期的社会生活状态之中。当初，齐景公问政于孔子，他回答说："君君，臣臣，父父，子子。"后来，在弟子子路问学时，孔子不厌其烦地告知弟子："名不正，则言不顺，言不顺，则事不成，事不成，则礼乐不兴，礼乐不兴，则刑罚不中，刑罚不中，则民无所措手足。故君子名之必可言也，言之必可行也，君子于其言，无所苟而已矣。"可见，正名的目的在于维系一个秩序良好的社会，使人们有一定的规范遵循，而不致生活在一种不可预期的状态之中。很多人认为孔子希望能够恢复西周的礼乐，也有一些人认为他只是以复古的名义鼓吹一种新的世界秩序。其实，孔子并不是要复古，也并不是一味地鼓吹所谓新的世界秩序，他正是通过正名的政治主张来推行其政治哲学思想。

其二，为政以德。这是孔子政治哲学思想的纲领。孔子主张："政者正也，子帅以正，孰敢不正。"（《论语·颜渊》）孔子要求统治者首先自己做人要正："其身正，不令而行；其身不正，虽令不从。"（《论语·子路》）这表明国家统治者本身的行为有着巨大的影响力，百姓是否服从统治，取决于统治者本人是否英明、公正以及有没有道德感召力。孔子又说："为政以德，譬如北辰，居其所，而众星拱之。"（《论语·为政》）孔子认为，用道德的感召力来治理国家就犹如北斗星一样，众星环绕在其周围，同样地，治理国家也是如此，如果能以个人的德性治理国家，那么老百姓就会围绕在君主的身边来拥护君主的管理统治。孔子对一些诸侯王采用严刑峻法治理国家，以防止臣民犯上作乱的做法非常反感，他明确表示："道之以政，齐之以刑，民免而无耻；道之以德，齐之以礼，有耻且格。"（《论语·为政》）孔子曾任掌刑罚的大司寇，但是，他深深感受到"民免而无耻"的社会隐忧，所以他才提倡用道德伦理来教化民众以洗涤人心，激发人的善性。孔子认为，严刑峻法只能使老百姓因害怕刑杀而不敢做坏事，但不能使人自觉知耻而避免做违法之事；相反，如果能以道德治理国家，以礼乐教化民众，那么就可以使老百姓做到自我规范、自我约束。当然，孔子不是完全不讲刑杀，而是主张德与刑应宽猛相济、重德轻刑："善人为邦百年，亦可以胜残去杀矣。"（《论语·颜渊》）这一说法充分说明孔子希望用道德教化代替刑杀。孔子一直把消除残暴、善人为邦，创建"四海之内皆兄弟"的理想德治社会作为自己终生的政治理想目标和追求。

其三，忠孝修身。这是孔子政治哲学思想付诸实施的前提。在儒家思想中，忠孝包括忠恕和孝悌两对范畴，泛指君与臣、父与子、长与幼之间存在的自我道德规范，实际上都反映了管理者与被管理者之间的自我道德约束。《论语·里仁》中记载："子曰：'参乎，吾道一以贯之。'曾子曰：'唯。'子出，门人问曰：'何谓也？'曾子曰：'夫子之道，忠恕而已矣。'""一以贯之"的"忠恕"不仅是"尽己之心，推己及人"的人生哲学，同时从根本上来说，也是儒家思想的主要方法论。也就是说，在儒家思想中，自我构成了整个行为的出发点，但又不能停留在立己、达己之上，儒家不是要求培养独特的个性，而是主张推己及人乃至立人、达人。可以说，立人、达人正是立己、达己的内容与目的，是在成就他人的过程中自我德性的进一步完成。值得注意的是，在孔子这里，这意味着个体的自我实现超越一己之域而指向了群体之域，这就是儒家所主张和追求的仁的境界。所以就忠恕而言，"忠"是指尽心竭力、忠心耿耿，如"臣事君以忠"（《论语·八佾》）；"恕"则是指宽容、体谅，如"夫仁者，己欲立而立人，己欲达而达人"（《论语·雍也》）。"其恕乎，己所不欲，勿施于人"（《论语·颜渊》）。"我不欲人之加诸我，吾亦无加诸人"（《论语·公冶长》）。这就是孔子关于"以己度人"和"推己及人"的修身思想。忠与恕意味着管理者与被管理者双方的相互信任和通力合作。而孝悌，则是忠恕原则向家庭伦理准则的延伸，它对全社会具有普遍的道德约束力，并能使每个人按照基本的道德要求来规范自己的行为。在孔子看来，如果能以忠恕、孝悌作为人之修身根本，使人人都能道德自律，那么整个社会实现德治就有可能，"子欲善而民善矣"（《论语·颜渊》）。孔子强调了德治的动机与效果之间的关系。也就是说，只要管理者具有实行德治的动机，并身体力行，那么社会治理就有可能实现德治。

其四，礼乐教化。"礼"是孔子政治哲学思想学说的一个重要范畴。孔子曾说，"殷因于夏礼，所损益可知也；周因于殷礼，所损益可知也。其或继周者，虽百世可知也"（《论语·为政》）。孔子还说，"周监于二代，郁郁乎文哉！吾从周"（《论语·八佾》）。在儒家思想体系中，"礼"一直作为一种社会行为规范。孔子认为，到了周代，"礼"发展得最完备，因而，他非常崇奉周礼。在他看来，"礼"是从天子到庶人、从官吏到普通老百姓，人人所必须遵守的行为规范。孔子所讲的"礼"包含两个方面，即内在精神和外在形式。礼的内在精神是指各种伦理关系，"非礼，无以节事天地之神也；非礼，无以辨君臣上下长幼之位也；非礼，无以别男女父子兄弟之亲，婚姻疏数之交也"（《礼记·哀公问》）。孔子认为，重要的不在于礼的形式，而在于贯彻其内在精神。他曾感叹："礼云礼云，玉帛云乎哉？乐云乐云，钟鼓云乎哉？"（《论语·阳货》）当林放问孔子礼之本质时（林放为孔子弟子），孔子回答说："礼，与其奢也，宁俭；丧，与其易也，宁戚。"（《论语·八佾》）在儒家思想中，礼是德治的基本手段和措施，也是孔子政治哲学得以实现的基本手段。孔子主张应大力进行"礼"和"乐"的教育以进行社会教化，其中先要重礼，即进行礼仪规范教育。孔子认为管理者应"为国以礼"（《论语·先进》），大力进行以"礼"为中心内容的社会教育，同时指出，"上好礼而民易使也"（《论语·宪问》）。当然，需要注意的是，按照《周礼》的记载，礼包括政治、军事、生活、往来、起居、婚庆、丧葬等关于社会生活的各种礼仪行为和基本内容要求，它对人们的行为规范进行了相关的规定，并要求人们依礼严格执行，做到"非礼勿视，非礼勿听，非礼勿言，非礼勿动"，"一日克己复礼，则天下归仁焉"（《论语·颜渊》）。反之，如果一个人不依礼而行，那么也就没有仁的存在。因而，孔子说："恭而无礼则劳，慎而无礼则葸（畏缩不前），勇而无礼则乱，直而无礼则绞（出口伤人）。"（《论语·泰伯》）由此可见，礼与仁之间的确关系密切，它们为表里关系，同时又不可分割、相依相存。在重礼的基础上还要尚乐。孔子认为尚乐可以陶冶人的性情，提升人的道德。由此，孔子对《韶》《武》《雅》《颂》等乐舞的评价非常高。他认为《韶》乐尽美尽善，可以使人进入高尚境界。他所向往的理想社会一直是礼乐兴盛、文化繁荣的社会，因而他尤其强调以礼乐治国的重要性："兴于《诗》，立于礼，成于乐。"（《论语·泰伯》）孔子认为尚礼习乐社会风气的普遍养成将有助于社会治理和民风民俗的好转，反之，"君子三年不为礼，礼必坏；三年不为乐，乐必崩"（《论语·阳货》）。

其五，选贤任能。这是孔子政治哲学思想的管理方式。孔子明确提出了"举贤才"的思想，要求"君子尊贤而容众"（《论语·子张》），主张政治治理应侧重于选拔贤德贤能之士来对政治予以辅佐，并对邪恶之人予以鄙弃，"举直错诸枉，则民服；举枉错诸直，则民不服"（《论语·为政》）。孔子主张提拔正直的人，罢黜邪恶的人，对于此举，孔子认为老百姓是非常拥护的；反之，如果将邪恶无才之人凌驾于正直之人之上，那么老百姓就一定会起而反之。所以孔子再三强调，"举直错诸枉，能使枉者直"（《论语·颜渊》），他主张把正直的人安排在邪恶的人之上，这样可以迫使邪恶之人改邪归正。在这里，我们可以看到，孔子之所以重视"举贤才"，看重唯才是举，是因为他认为"文武之道，贤者识其大者，不贤者识其小者"（《论语·子张》）。也就是说，孔子非常看重"见贤思齐，见不贤而内自省"（《论语·里仁》）。由此，在如何选拔贤德贤才的问题上，孔子提出"不以言举人，不以人废言"（《论语·卫灵公》）。也就是说，重用人才并不因对方花言巧语，话说得好听就赏识他，也不因对方有缺点、不足就放弃或者搁置对方的正确观点、意见，反之，应该在用人方面"听其言而观其行"（《论语·公冶长》），选拔有才实学的那些贤德贤才之人。

其六，仁者爱人。这是孔子政治哲学思想的最终理想目标和指向。孔子关于以德治国的政治哲学思想，就是其"古之为政，爱人为大"（《礼记·哀公问》）的思想主张。孔子认为，贤明政治的关键在于君主要贤明，"君子学道则爱人"（《论语·阳货》），君主一定要做到"博施于民而能济众"（《论语·雍也》）。这里，孔子给管理者提出了施政的苛刻要求，认为如果想让百姓服从管理而心服口服，就必须带头做到贤明并爱护百姓，"百姓足，君孰与不足；百姓不足，君孰与足？"（《论语·颜渊》）孔子要求政治管理者"君子之行也，度于礼，施取其厚，事取其中，敛从其薄"（《左传》）。也就是说，一定要按照礼法规定来施政，对老百姓要尽可能施恩从厚，让老百姓做事要适可而止，向老百姓征赋征税要尽可能少。孔子还特别强调，"古之听民者，察贫穷，哀孤独，矜寡，宥老幼"（《尚书大传》）。君主还要体察民情，同情贫弱百姓，关心老人和孩子。这充分体现了孔子为民请命的思想，同时也能明显地看出孔子的政治哲学思想体现了其德治理念的民本主义精神。

（二）"为仁由己"之人生观——道德修养哲学思想

孔子"为仁由己"的道德哲学修养思想实际上就是孔子的人生哲学思想。"为仁由己，而由人乎哉？"（《论语·颜渊》），孔子提出，做一个仁义之人，关键在于个人，而不在于他人，任何他人决定不了自己想做什么或者怎么做的问题，所以孔子再三强调，"君子求诸己，小人求诸人"（《论语·卫灵公》）。有道德涵养的君子士人通过对自己的严格要求来提升自己的修养，而低俗不济的小人则通过委身于他人来做事，在孔子这里，"为仁由己"道德修养思想的实现包括多个方面。

其一，"仁"之内涵。"仁"的范畴虽然在孔子之前已经出现，但作为一个思想形成系统的理论，是由孔子提出的。"仁者人也"，在《论语》中关于"仁"的阐释多处可见，"仁"内涵丰富，它是关于人的本质规定，是人之所以为人者。孔子以"仁"为人立极，同时"求仁"、致道也是孔子仁学思想的核心。"仁"首先要求人做一个具有高尚品德的人；其次，"仁者爱人"，强调人的价值以及对人的关爱；最后，"泛爱众"，仁将目光投向人与自然的和谐相处，致力于协调人与自然之间的关系。整部《论语》基本上都是围绕着教人如何求仁致道来展开的论述，故而朱熹曾说，"学者须是求仁"，"圣人亦只是教人求仁"。既然仁是为人之道，那么如何为人才算仁？《论语》有载："子张问仁于孔子。孔子曰：'能行五者于天下为仁矣。''请问之。'曰：'恭、宽、信、敏、惠。'"（《论语·阳货》）孔子还说："刚、毅、木、讷近仁。"（《论语·子路》）也就是说，"爱人"不足以释仁，"克己复礼"亦不足以释仁，"恭、宽、信、敏、惠"还不足以释仁。仁到底是什么？在《论语》中，一方面，"仁"作为人修行的目标，它高深悠远，代表为人之道的极致，是生命个体的一种完美人格的体现；另一方面，"仁"又是生命个体修行的基本途径和方法，它是日常的为人之道，是任何一个人在日常处事中的道德修养和躬行践履，而这种践履过程就是向"仁"的境界进发的过程，"有能一日用其力于仁矣"。"仁"可以让人不断地在道德、学问及为人处世方面磨砺自己，提升自己，以期向"仁"这个目标不断靠近，向完美品性、德行不断靠近，从而造就理想人格。

由此可见,"仁"作为最高的道德修养准则,它统摄"义、礼、忠、恕、孝、悌、慈、爱、勇、温、良、俭、让"以及"恭、宽、信、敏、惠"等德育条目,而以上诸德即是实现"仁"的基本标志,同时也贯穿和体现着"仁"的基本精神和要求。

其二,为仁之径。孔子释仁主要是通过君子、小人之分来进行阐释的。在孔子以前,君子与小人是一对对应的概念。君子对应的是有地位、有身份的贵族子弟(一般是通称),小人则对应的是普通百姓。孔子以来的儒家把"君子"尽量从古代专指"位"的旧义中解放了出来,而强调其"德"的新义,故而,及至春秋时期,君子和小人开始有了道德的内涵,孔子把君子小人做了道德意义上的划分,君子转而成为儒家"君子"的理想[1]。孔子把君子设定为德育的目标,那么,君子的本质是什么?对此,孔子说,"君子务本,本立而道生。孝弟也者,其为仁之本也欤"(《论语·学而》)。他认为真正的君子是"无终食之间违仁"(《论语·里仁》)。这里,君子成了道德程度的基本标志,孔子赋予"君子"一词丰富的道德内涵。在孔子这里,"君子"主要是指有道德修养、品行端正和人格高尚的人,而孔子道德修养思想所要达到的教育目的就是以塑造君子人格作为指向的。君子首先是以"仁"的道德原则要求自己,正因为如此,"君子去仁,恶乎成名?君子无终食之间违仁,造次必于是,颠沛必于是"[2],也就是说,即使在颠沛流离之时,君子也会保持"仁"品;"文,莫吾犹人也。躬行君子,则吾未之有得"[3],这里强调,君子不但有"仁心",而且通过躬行之"礼"实现自我提升和完善,从而成为仁人君子;儒家更有"质胜文则野,文胜质则史。

---

[1] 余英时:《中国思想传统的现代诠释》,江苏人民出版社1989年版,第121页。
[2] 杨伯峻:《论语译注·里仁》,中华书局2006年版,第39页。
[3] 杨伯峻:《论语译注·述而》,中华书局2006年版,第86页。

文质彬彬，然后君子"①之说，从这里可以看出，孔子是强调礼的约束与规范的，他认为，如果只有仁爱之心，但不受礼的熏陶约束，就有可能信马由缰而粗俗卑劣，同样地，如果只有礼的规范约束而没有仁心之道德情感内置于心性深处，那么礼之规范就如同无源之水、无根之木而易于流于表象和空虚。君子还以谋道不谋食作为自己的理想追求。在孔子这里，他强调，君子注重的是内在精神的追求，由此，君子"敏而好学"②而严以律己且谨言慎行。孔子还要求，君子亦应注重孝、忠、勇等品德的切身践履，不断加强自身道德修养的提升，只有做到如此，才能博学多闻而达到"修己以敬，修己以安人，修己以安百姓"的最终结果。

在孔子思想体系中，君子与小人虽然是以身份地位区分开的，然而，孔子并不认为这是唯一的区别。他认为君子和小人更重要的区别在于修养和境界的区别。"君子中庸，小人反中庸"，"君子喻于义，小人喻于利"（《论语·里仁》），"君子博学于文，约之以礼"（《论语·颜渊》），"君子坦荡荡，小人长戚戚"（《论语·述而》），"君子道者三，我无能焉，仁者不忧，知者不惑，勇者不惧"（《论语·宪问》），"君子不以言举人，不以人废言"（《论语·卫灵公》），"君子泰而不骄，小人骄而不泰"（《论语·子路》），等等。关于这方面的阐释很多，孔子之所以进行这样的探讨，是因为，在他的道德修养思想中，君子和小人主要是在道德修养和人格境界方面的不同，而身份和地位却是其次的。

"《论语》之所以经久不衰，并不在于它阐释了一套哲学或者思想体系，而在于它通过孔子展现了一个动人的君子形象"③，而孔子

---

① 杨伯峻：《论语译注·雍也》，中华书局 2006 年版，第 68 页。
② 杨伯峻：《论语译注·公冶长》，中华书局 2006 年版，第 52 页。
③ ［美］狄柏瑞，黄水婴译：《儒家的困境》，北京大学出版社 2009 年版，第 34 页。

则积极致力于培养塑造"君子"型道德人格的教育活动,为社会"举贤才"。

可见,"仁"是君子的核心精神表现,而求"仁"则是君子的本质特征。

其三,道德修养哲学必须具备的几个基本前提。针对道德修养的最终实现,孔子提出了其实现的基本前提。

第一,笃志。笃志是孔子道德修养思想得以实现的基本前提,所谓"笃志",即指对"为仁"信念的坚守,孔子认为这是"为仁"所必须具备的基础。孔子后来总结他的一生修养过程,"吾十有五而志于学,三十而立,四十而不惑,五十而知天命,六十而耳顺,七十从心所欲,不逾矩"(《论语·为政》),可以明显地看出,孔子把修养过程的起点立足于"志于学",并以此为出发点,进而扩充到每一个年龄段,从三十岁到七十岁,每个年龄段的体悟都不一样,而体悟都是基于"志于学"来完成的。由此,孔子才有了"三军可夺帅也,匹夫不可夺志也"(《论语·子罕》)的要求,他把人的"笃志"看得比指挥千军万马去打仗的将帅还要重要。需要注意的是,在孔子这里,他强调,要使自己成为有道德修养的"仁人",不仅要"志于学",同时,还必须要有"求仁"的崇高志向,双重结合,"求仁"才能使人生有一个明确的进取路径和方向,这是"求仁"所坚守的毕生方向,由此孔子又说,"苟志于仁矣,无恶也"(《论语·里仁》),只要志于"求仁",则会仁善,从而减少恶的产生。在此基础上,孔子更指出,"仁远乎哉?我欲仁,斯仁至矣"(《论语·述而》),他认为,只要作为生命个体,内心深处是真心实意地追求仁善并执着坚定、切身实践、躬行践履,就一定会求得仁,仁离人并不远,它就在我们身边。能够看出,孔子强调笃志、求仁重要性即在此,只要有笃志和求仁的强烈愿望和信心,有提升自己人格的需求,那么,我们就一定会像渴而欲饮、饥而欲食、困而欲息那样的欲求一样，主动驱使自己去做自己渴望做的事情，同样地，主动去进行道德修养的践履和提升，由此可见笃志的重要性。

第二，博学。有了"笃志"作为前提，孔子又进一步提出了"为仁由己"道德修养思想实现的另一要求，即博学。孔子认为："好仁不好学，其弊也愚；好知不好学，其蔽也荡；好信不好学，其蔽也贼；好直不好学，其蔽也绞；好勇不好学，其蔽也乱；好刚不好学，其蔽也狂。"（《论语·阳货》）"笃志"固然重要，然而如果只有"好仁"之志，一味地"笃志"于求仁，而没有进一步的学习工夫，那么"求仁"的实现则会遥遥无期，"冰冻三尺非一日之寒"讲的就是这个道理，同样地，"为仁由己"的道德修养工夫也是如此，它需要我们后天的长期践履工夫，故而，"为仁由己"需要博学工夫、好学工夫，"君子食无求饱，居无求安，敏于事而慎于言，就有道而正焉，可谓好学也"（《论语·学而》），好学是君子的必备之德，需要经过个人努力掌握必备的关于"仁"的道德认知和基本知识，缺乏了这个环节，践履"仁善"的道德自觉性和积极性就会受到限制，由此而缺失。所以，孔子认为，要"学而时习之"（《论语·学而》），坚持不懈地进行道德理论知识的学习并进行践履，也只有通过反复地学习实践，才能掌握所学知识并进行践履，并由此而有所创新和感触，总结出新的知识，"温故而知新"（《论语·为政》）。但是，需要留意的是，并不是有了博学的工夫就可以了，博学的同时还需要积极端正的学习态度。对此，孔子提出要求，"知之为知之，不知为不知，是知也"（《论语·为政》），孔子认为在学习态度方面要做到老老实实，不能弄虚作假，知道就是知道，不知道或者不懂的要谦虚谨慎，而不能虚装，故而在学习方面，孔子强调，真正知识的获取需要我们勤奋好学，不耻下问，虚心求教，只有秉持这样的学习态度，才能最终学到真知识，不仅仅于此，更要"学而不厌，诲人不倦"（《论语·述而》），这种学习精神就是求道的精神,只有坚持如此,才能通过"笃信好学"而"死守善道"(《论语·泰伯》),也就是说,在孔子这里,孔子认为求仁善、致仁道别无他法,只有端正学习态度积极用功博学,才能"君子学以致其道"(《论语·子张》),获得提升和完善的仁道品性。好学是致道的前提条件。

第三,慎思。有了"笃志"和"博学"的前提和工夫,还需要在此基础上以及在学习过程中进行慎思。孔子多次强调"思"的重要性,"学而不思则罔,思而不学则殆"(《论语·为政》),孔子认为,学习求仁的知识固然重要,然而求学的过程离不开思,否则学而无益于事,如果只是一味地学习而缺乏思考,则是无用的学习,反之,如果一味地思考而没有继续坚持学习也终属徒劳无功。孔子又说:"内省不疚,夫何忧何惧?"(《论语·为政》)经过内心的自我反省而无愧于心,就会心中坦然始终如一地坚守仁善,也就是说,没有内省的工夫,一个人不可能达到仁善的道德境界,故而孔子特地强调:"君子有九思:视思明,听思聪,色思温,貌思恭,言思忠,事思敬,疑思问,忿思难,见得思义。"(《论语·季氏》)孔子认为君子治学有九个需要注意的方面,在不同的场合、不同的事情和不同的时间等都应该时时注意思考和反省,通过视、听、色、貌、言、事等方面来获得明、聪、温、恭、忠、敬、问等结果,这样所学的道德知识才能最终由感性认识上升到理性认识,达到求仁、行仁的自觉性,从而做出正确的道德选择和判断。在孔子这里,"思"是一种内在的自我省察,是对自己所接触或者所学的内容乃至自己的言行进行的一种伦理道德意义上的省察和自我监督,以此来发现自己的错误乃至偏差,可以说,"思"是道德修养的一个重要环节。学与思之间是一种辩证关系,前者是后者的主导,而后者则以前者作为前提和基础,学思相长、并重,二者不可偏废。

第四,躬行。躬行的工夫,其实质就是躬行践履的实践工夫。

孔子一直很重视践履的重要性，有了"笃志""博学"和"慎思"的准备工作，最后一个环节就是如何付诸实践，以保证在求仁、致道的过程中着实提升自己的道德人格和修养。孔子强调学以致用、身体力行，他说，"君子讷于言而敏于行"（《论语·里仁》），又说，"敏于事而慎于行"（《论语·学而》），君子在行动方面是非常谨慎的，同时君子以夸夸其谈为耻辱，也就是说，君子永远把行动放在第一位，"君子耻其言而过其行"（《论语·宪问》）。在孔子的思想中，他经常鼓励学生注意个人的切身道德践履，告诫学生切勿徒托空言而夸夸其谈，他带领学生周游列国，正是为了让学生在实践中得到锻炼。由此可以看出，孔子非常重视"行"的地位和作用，他主张在为人处世中应该把"行"放在非常重要的地位而践履之。正因为如此，所以孔子又有"诵《诗》三百，授之以政，不达；使于四方，不能专对。虽多，亦奚以为"（《论语·子路》）之说，孔子把做一个身体力行的"躬行君子"当作终生的追求。也就是说，在孔子的道德修养工夫论中，他是把所学的道德知识理论和道德践履合为一体的，"始吾于人也，听其言而信其行；今吾于人也，听其言而观其行"（《论语·公冶长》），孔子认为君子应该言行一致、知行合一，不仅要具备高尚的道德思想，同时还要付诸实践行动，将言化于事以验证。躬行实践是孔子道德修养思想的核心要义。

由此，孔子的道德修养思想在经过"笃志""博学""慎思"和"躬行"几个方面的历练以后，最终达成，而孔子所主张的"仁善"之人、"君子人格"以及"至诚"人生在通过这几个阶段的验证之后亦最终实现，这实质上也是孔子志—学—思—行（在《中庸》中，儒家把这一过程称之为博学、审问、慎思、明辨、笃行）过程的完成，达到儒家所主张的道德修养最高境界："七十从心所欲，不逾矩"。

(三) 见利思义、杀身以成仁之趋向——义利观

义利问题,或义利之辨,在孔子之前就早已有之。"义"是儒家的最高道德原则,也是孔子德治思想的道德取舍标准。作为具有强烈社会责任感的道德思想家和实践家,孔子对义利问题给予了充分重视,并形成和提出了自己独特而完整的义利思想观点。"君子喻于义,小人喻于利"(《论语·里仁》),到底以"义"还是以"利"为原则,这是君子与小人的一个根本区别,明"义利之辨"是儒家所共同认可的原则,也是孔子判定义利的基本原则。一般来说,"义"是指社会公利及个人合乎道德的行为标准,"利"是个人私利或小集团的局部利益,因而义与利的关系就是公与私的关系,对此,在义利的关系问题上,孔子有自己相关的认识,孔子认为,义利既不可分割,又以义为先,以义制利。他要求人们在谋求利益时,要符合道义,见利思义。依据上述义利关系的基本原则,孔子形成了自己先义后利、求利循义、义利统一的伦理价值观,即以"重义轻利"为特征的义利观。

首先,孔子承认、肯定人们求利的合理性。孔子明确指出:"富与贵,是人之所欲也,不以其道得之,不处也;贫与贱,是人之所恶也,不以其道得之,不去也。"(《论语·里仁》)孔子认为,一个人之求利以谋富贵、以避贫贱,当属当然、合理之事,它是人之求利所本然,这里,我们可以看出,孔子不仅充分肯定人逐利的合理性,同时还主张人应该主动、积极地去谋求利益,然而,他所主张追求的利一定是合理、合义的,如果不合理,则"不处""不去",弱国贫贱不以道得之,则可以"不去"。由此,孔子自己坦率地说:"富而可求也,虽执鞭之士,吾亦为之。"(《论语·述而》)由此可见,只要有利可求,孔子还是主张积极追求。

其次,孔子力倡以义制利,重义轻利,反对不义而富。在孔子看来,人们的逐利行为是否正当,应以是否合"义"作为基本的判

定标准。凡合乎义的求利行为皆属正当行为；反之，所有那些追逐一己之狭隘私利的行为，则当属不义之举和不义之利，对此，孔子鄙夷有加且深恶痛绝，在他的弟子冉求支持鲁国季氏进行土地改革而聚敛不义之财时，孔子愤慨异常，不仅与冉求断绝师生关系，而且令门下弟子对其大力挞伐，"非吾徒也，小子鸣鼓而攻之可也"（《论语·先进》）。孔子所倡导的谋利之道，决非不义而富，而是以义谋利，"邦有道，贫且贱焉，耻也；邦无道，富且贵焉，耻也"（《论语·泰伯》），在孔子看来，国家政治清明的时候，有人贫穷且身份地位卑微，这对于国家而言是可耻的；在国家政治腐败的时候，有人却富裕而且身份尊贵，这样的人也是可耻的。也就是说，孔子要求居无道之邦，人应该担承道义，并以匡扶救世为己任，而不应求得自安而抛却苍生。孔子主张以义律己、以义制利、修身正心、完善自我的人生境界，反对不义而富且贵，且终生躬行，他说，"见利思义，见危授命，久不忘平生之言，亦可以为成人矣"（《论语·宪问》），并慨叹，"群居终日，言不及义，好行小惠，难矣哉"（《论语·卫灵公》）。孔子倡导大利、轻小利，告诫人们要重"公利"，要把大利、公利、整体利益置于小利、私利和个人利益之上，主张公利要高于小利、私利的价值观，然而，需要注意的是，孔子对于个人的正当物质欲求和利益是持肯定态度的。也就是说，他所轻之利乃不正当之小利和私利，这些私利是在侵凌、掠夺公利、大利或者他人正当物质利益的前提下实现的，对于这样的利，孔子是鄙弃和排斥的。孔子认为，只要人们重公利、大利，轻私利、小利，就属"义"；反之，如果只知道追逐小利、私利，这一行径不仅属于"不义"之行，而且长此以往，会导致个体道德修养日趋下滑。故而，孔子又说："无欲速，无见小利，欲速，则不达，见小利，则大事不成。"（《论语·子路》）可以说，孔子一生奉行的都是提升人格以"成人"的义利价值观，这一价值观实现的根本途径便是以义自律。

再次，孔子关于"义"的阐释。孔子认为义与利相互贯通、相互包含，"智者利仁"（《论语·里仁》），"因民之利而利之"（《论语·尧曰》），更提出"不义而富且贵，于我如浮云"（《论语·述而》）的呼吁，他认为一个人即便非常富有，然而如果他的财富不是通过正当手段所获取，那么这种财富对自己来说就跟天上飘过的浮云一般，从这段阐释能看出，孔子对物质的富裕看得非常淡，他已经把义的取舍标准具体地深化为仁的基本道德要求和礼的基本道德规范标准，认为人在求仁过程中的孝亲、习礼、忠恕等都成为义不可或缺的科目和节制准则，"君子义以为质，礼以行之"（《论语·卫灵公》）。孔子还进一步强调指出，聪明仁厚的人首先满足的是社会公众和他人的利益，然后才考虑自己获利的问题。由此可以看出，孔子反对见利忘义、先利而后义的行为，同时，孔子强调，"放于利而行，多怨"（《论语·里仁》），"无见小利，见小利则大事不成"（《论语·子路》），孔子极力反对对于利益的追求和索求，他认为，有意逐利则容易招致埋怨和仇恨，更容易因小失大，成大事的前提就在于要有处事的大格局，而不是斤斤计较于眼前的小恩小惠或者既得利益，他认为，当面临义、利的矛盾或者冲突时，应该把"公利"放在第一位，而把"私利"放在第二位，要以义为重，"见利思义""义然后取"（《论语·宪问》），不宜违背公德去追逐私利的满足。

最后，孔子关于义与仁关系的探讨。在孔子的义利观中，义之目标正是指向仁义之道德规定，其目的在于，使人向仁靠近，在道德修养上有所进步，所以，孔子认为理智的选择，使人的行为更合于义，且合于仁之要求。这里，孔子强调，义既是道德规范，又是仁与各种道德规范之间权衡的标准，所以孔子说"君子义以为质，礼以行之，孙以出之，信以成之。君子哉"（《论语·卫灵公》），君子对于处事，以合宜为原则，依礼节实行它，用谦逊的言语说出它，用诚实的态度完成它，可见，君子正是以礼、逊、信组成了义的内涵，在人们逐仁求道中发挥作用。在孔子仁爱思想中，他一直强调要学会换位思考，学会爱人，不能把对自己不利或有害的事物加诸他人，损害他人利益，由此，孔子首先主张采取正确的方式和手段追求个人利益，同时，他强调"事君，敬其事而后其食"①，孔子反对不劳而获，反对损人利己，认为应该通过个人努力获取利益，在追求和获取个人利益的同时还要兼顾他人利益。可以说，孔子的这种义利观是贯穿于其仁学思想体系中的，它调节着个人与他人、个人与群体、私利与公利关系，同时也协调着人的物质欲求与精神境界之间的关系，从而提升人的道德修养。

需要注意的是，孔子探讨行义的问题，还涉及义与勇、义与信之间的关系问题。

义与勇。"君子义以为上。君子有勇无义为乱，小人有勇无义为盗。"（《论语·阳货》）孔子认为，一个君子，他会把义看得很贵重，但是，如果君子只有勇没有义，就会捣乱造反；而小人如果只有勇没有义，就会做土匪强盗。"仁者必有勇，勇者不必有仁"（《论语·宪问》），一个人只要是仁者，那他就是勇敢的，但勇者却不一定是仁者，如果仁者有勇却无义，就有可能起而作乱，而小人有勇无义就有可能沦为盗贼。那么，如何发挥勇者的积极作用，使其成为求仁过程中的有益因素？这就需要义来进行约束，需要仁来进行"充实"，所以当弟子子路问及"君子尚勇乎"时，孔子以"君子义以为上"之语进行回应。他认为义可以对人进行约束，使人知道何者当为，何者不当为，从而督促人遵法守礼，由此，孔子强调，"见义不为，无勇也"（《论语·为政》），何者为义，何者为不

---

① 杨伯峻：《论语译注·卫灵公》，中华书局 2006 年版，第 192 页。

义，孔子认为，不能见义勇为就是缺乏义的一种表现，因此，义与勇相辅相成，二者不能偏废。

义与信。信在个人修身中起极重要的作用。在弟子司马牛问仁时，孔子答之："我未见好仁者，恶不仁者。好仁者，无以尚之；恶不仁者，其为仁矣，不使不仁者加乎其身。有能一日用其力于仁矣乎？我未见力不足者。盖有之矣，我未之见也。"（《论语·里仁》）孔子指出，我没有见到喜好于仁和憎恶于不仁的人，如果喜好于仁了，他自会觉得世上没有事物能胜过于仁了，如果能憎恶于不仁，那人也就是仁人了，因为他将不让那些不仁的事物加于他身上。孔子强调诚实守信，他认为仁者所具德之一端即为不轻言。孔子对巧言之人、之行持明显排斥态度，他说，"巧言令色，鲜矣仁"，"巧言、令色、足恭，左丘明耻之，丘亦耻之"（《论语·公冶长》）。孔子之所以反对"巧言"，是因为"其言之不怍，则为之也难"，所以孔子指出，如果言过其行，则必失信，更强调，"巧言乱德"，而巧言所乱之德即为"信"。在《论语》第一章中，那些开章明义大纲性的修身条目，关于信的教诲占了很大比重，如"曾子曰：吾日三省吾身，为人谋而不忠乎？与朋友交而不信乎？"（《论语·学而》）曾子强调，我每天多次反省自己，替别人做事有没有尽心竭力？与朋友交往合作是否做到诚信？信是孔子修身诸多科目中的重要科目之一，他告诫弟子应该"主忠信"，"入则孝，出则悌，谨而信，泛爱众而亲仁。行有余力，则以学文"（《论语·学而》）。子夏也指出："贤贤易色，事父母，能竭其力，事君，能致其身，与朋友交，言而有信。虽曰未学，吾必谓之学矣。"（《论语·学而》）在子夏这里，他认为，一个人有没有学问及其好坏，主要不是看他的文化知识，而是要看他能不能信守"孝、忠、信"等传统道德，在他看来，如果做到了这几点，即使他说自己没有学习过，他也已经是很有学问的人了。可见，无论是孔子、曾子还是子夏，都对"信"在个人修养中的地位和作用极为重视。

孔子对信在求仁过程中的重要作用专门进行了阐释。他指出，信是人立身行事之基础，"人而无信，不知其可也。大车无輗（ní），小车无軏（yuè），其何以行之哉"（《论语·为政》）。一个人如果不讲信用，不知道他可以做什么，那么他就会像大车没有輗（车横木上的关键），小车没有軏（车辕横木上的关键）一样，怎么能走路？也就是说，人在世间的立身处世也是如此，人无信义，则寸步难行。我们俗语中常说的人"无信不立"，也正是这个意思；信是安人之根本。人只有守信才能得到别人信任，在子张向孔子问仁时，孔子说："'能行五者于天下，可以为仁矣。'请问之，曰：恭、宽、信、敏、惠。恭则不侮，宽则得众，信则人任焉，敏则有功，惠则足以使人。"（《论语·阳货》）孔子的回答非常典型，他认为庄重、宽厚、诚实、勤敏、慈惠是做仁人的根本，庄重就不致遭人侮辱，宽厚就会得到众人的拥护，诚信就能得到别人的任用，勤敏就会提高工作效率，慈惠就能够使唤别人。从孔子的回答中可以看出孔子对信的重视程度。子夏又说："君子信而后劳其民；未信，则以为厉己也，信而后谏；未信，则以为谤己也。"（《论语·颜渊》）他认为君子获得百姓信赖之后才去动员他们工作，否则百姓会以为自己受到虐待；百姓获得君子信赖之后，才会去进谏他；人只有诚信，才能得到别人的信任，行动才不会被人有所误解，而最终取得良好效果。

孔子在坚持守信的同时，还强调"君子贞而不谅"（《论语·卫灵公》），君子固守正道而不会不顾是非地讲究信用，也就是说，君子讲大信，而不拘泥于守小信。所以守信也需要学习之滋养，以进德修业和仁义为根基，在此基础上审时度势，信近于义，才可以守小信，又不伤害于物。

总之，在孔子看来，一个社会伦理共同体，一定要以"义"为最高原则，而不能以"利"为最高原则，这是区分君子与小人的基本原则和尺度。

（四）达道成德之路径——忠恕之道

忠恕既是一个沟通的原则，同时又是差异或限制性的原则，也就是说，"沟通"一定是建立在"限制"或等差性的基础之上。孔子弟子曾子曾说，"夫子之道，忠恕而已"（《论语·里仁》），孔子的忠恕之道，首先是对自己的要求，而非对他人的要求，也就是说，它强调的是在待人、接物、处事时的限制：不能以己而加于人、加于物。孔子学说的思想核心是"仁"，然而孔子并没有对仁下一个抽象的定义，孔子所说的仁，就是道，它不可直接界定，所以孔子以"忠恕之道"来作为达到和实现"仁"的方法和途径。在仲弓"问仁"时，孔子说："出门如见大宾，使民如承大祭。己所不欲，勿施于人。"（《论语·颜渊》）在这里，见大宾、承大祭必是隆重之礼，故而要求施以诚敬之心，诚和敬就是"忠"，而"己所不欲，勿施于人"就是恕。"忠者"，中心，内心要真诚，"恕者"，如心，要求要以真诚之心对待他人。《论语》有言："夫仁者，己欲立而立人，己欲达而达人。能近取譬，可谓仁之方也已。"（《论语·雍也》）自己有所立有所成就，也要让别人有所立有所成就。忠恕其实是一个概念，但是可以分开来讲。宋明理学家朱熹说："尽己之为忠，推己之为恕。"忠恕之道，讲的就是己与人、成己与成物、自成与成人、内与外的关系。忠恕是孔子为人所指出的一条达到"仁"或"道"的方法和途径；当然，它不仅是方法、途径，而且是一种实践的工夫。仁或道，需要我们通过切实的修养、践履工夫，真实地实现和拥有。概括起来讲，忠恕之道，就是从自己最切己的欲望、要求和意愿出发，推己及人，通过这种推己及人的践履工夫，达到内外、人己、物我的一体相通，就是"仁"。《大学》中有"所恶于上，毋以使下；所恶于下，毋以事上；所恶于前，毋以先后；所恶于后，毋以从前；所恶于右，毋以交于左；所恶于左，毋以交于右"之说，这是一种"絜矩之道",絜矩之道就是孔子的忠恕之道。

总之,忠恕之道是成就德性的一种方法和工夫,"成己"与"成物",是相辅相成的两个方面。因他人他物之"宜"而成就之,在人我、物我差异性实现的前提下,才能真正做到合外内、通物我而实现"仁"德。

(五)"为仁之本"之基础——孝悌之道

在《孝经》中,"孝"被提升到"天之经也,地之义也,民之行也"的地位。儒家的孝道思想不仅体现出一种家庭伦理思想,同时也是人类对于自身生命的关怀,可以说,这一孝悌思想正是通过孔子的孝悌之道展现出来,它是人类所特有的一种生命价值观,是人类对生命永恒的一种追求。孝悌之道不仅包括对生命的爱敬意识,同时也是对生命追思意识的一种体现,是对生命延伸意识的一种解读,它以孝养父母、祭祀祖先等内容外现。孔子的孝悌思想正是通过这些层面进行展现,这也正是孔子孝悌之道的独特魅力之所在。

其一,对生命的肯定意识。家庭是社会的细胞,家庭和美,社会就会有序稳定。孔子主张孝悌之道,这里的孝不仅包含对父母物质上的孝悌,同时也指对父母精神上的孝敬,孝即为尊敬,悌即为敬爱兄长,后世孝悌连用,指孝敬长辈和友爱兄弟姐妹乃至朋友。孔子强调做人第一,学问第二,"弟子入则孝,出则悌,谨而信,泛爱众,而亲仁"(《论语·学而》)。

孔子首先强调对生命的养亲意识。他要求子女首先在物质上保证父母双亲的生命得以延续下去,"老者安之,朋友信之,少者怀之"(《论语·公冶长》),孔子希望做到能够因为有这样一个孩子而让父母得到物质、生命上的安顿,同时让朋友对自己信任,让年轻人因为自己的好(在孔子这里最主要还是指道德修养到位)对自己怀念,需要注意的是,在这里面,摆在第一位的是"老者安之"。什么是"老者安之"?就是指让父母能够外在得安其身,在物质方面得以"苟且";内在得安其心,在内心深处能够因为受到子女的尊敬和爱戴而安心。其实,在孔子这里,他更重视精神上对父母的赡养,孔子认为只有如此,才堪称"孝",如果抛弃精神赡养,纵使物质供养再丰厚,也与饲养犬马没有什么区别,所以在对生命的肯定意识方面,孔子更注重精神上的赡养。

在对生命养亲意识阐释的基础上,孔子还强调对生命的敬亲意识。他认为孝既要在物质上养亲,更要在精神上敬亲,即从精神层面发自内心地表达对父母的孝悌。可见在几千年以前孔子就已认识到,精神赡养对于父母心理健康的至关重要性。在弟子子游问孝时,孔子说:"今之孝者,是谓能养,至于犬马,皆能有养,不敬,何以别乎。"(《论语·为政》)孔子认为子女产生于内心深处的敬意,并能够做到在父母面前和颜悦色,才真正懂得了孝,这是孝达到真实有效的根本要求,故而,孔子才提出,对于父母,仅仅"养"是不够的,对犬马的养也是养,如果对父母不尊敬,与饲养犬马有什么区别?所谓敬亲,就是子女从内心发出的对父母的真诚的尊敬之情,使父母在心情上愉快、欣慰。也就是说,对父母尊敬,便要做到容色和婉。弟子子夏问孝时,孔子回应对方:"色难。有事,弟子服其劳;有酒食,先生馔,曾是以为孝乎。"(《论语·为政》)孔子用反问的方式表达了自己对孝的看法,他认为子女在替父母做事情时,要给父母好脸色看,要顾及父母的心理感受,这才是孝,孝不是给父母吃了美食、穿了漂亮衣服或者跑前跑后帮父母做了一些事情就算是真正的孝,真正的孝表现在对待父母的态度上,也就是说,心中有孝,态度要敬,不让父母感到厌烦、难过,心中对父母有敬意、深爱,这才是对父母的孝。

同时,孔子还提出:"父母在,不远游,游必有方。"(《论语·里仁》)父母在世时,不要经年累月地远游,如果要出行的话,也要有一定的方向和目标。需要留意的是,此处,孔子所强调的是子女对父母的责任。不远游的前提是"父母在",对孔子而言,他认为父母健在时,子女的义务便是在家陪伴父母,与父母共同生活。这里,在家或不远游可以有多重意义:或是以农耕赡养父母,或是照顾父母的起居,或是避免父母因子女远游而担心,等等。如果子女出远门而又没有一定的去处,那么父母的牵挂之情势必更甚,所以孔子特别强调"游必有方",其重点是对父母尽责,也表明孔子既强调子女应奉养并孝顺父母,但又不反对一个人在有了正当明确的目标时外出奋斗。"身体发肤,受之父母,不敢损伤,孝之始也。立身行道,扬名于后世,以显父母,孝之终也。夫孝,始于事亲,终于事君,终于立身。"(《孝经·开宗明义章》)人的躯干四肢、毛发皮肤等,都是父母赋予的,所以不敢有丝毫损毁,这是实行孝道的开始。修养自身,推行道义,显扬名声于后世,从而使父母显赫荣耀,这是实行孝道的归宿。儒家把"孝"贯穿于人的一切行为之中。如果撇开其局限性的一面(孝道,从侍奉父母开始,以服侍君主作为延续,成就自己忠孝两全作为最终归宿),实际上儒家之孝悌思想在这里强调的是子女孝道中应该包括修养自身、推行道义,这是孝悌必有之义。在孟武伯问孝时,孔子又说:"父母惟其疾之忧。"(《论语·为政》)他要求,只有子女在生病的时候才可以让父母为自己担忧,除此之外,都不能给父母添麻烦,朱熹曾注曰:"父母爱子之心,无所不至,唯恐其有疾病,常以为忧也。人子体此,而以父母之心为心,则凡所以守其身者,自不容于不谨矣,岂不可以为孝乎。"曾子临终之时,也曾召门人弟子,"启予足启予手诗云'战战兢兢,如临深渊,如履薄冰',今而后吾知免矣夫",此句道出了子女尽孝的持守之谨慎与不易。要做到孝,还要无违父之道,"父在,观其志;父没,观其行;三年无改于父之道,可谓孝矣"(《论语·学而》),孔子认为,父亲在的时候,要看做儿子的理想志向;父亲过世以后,要看做儿子的是否能继承父亲的遗志,按照父亲的志向去做事情，如果能够做到三年都不改变，就可以算得上是"孝"了。这里，孔子主要强调的是子女对父母良好意愿的继承，不至于在丧失父母教诲的情况下误入歧途。

所以，孔子强调，在父母的有生之年，做子女的务必要留意父母的身体健康状态等，"父母之年，不可不知也。一则以喜，一则以惧"（《论语·里仁》）。因为，在子女忙于业务之时，可能会有自己预想不到的悲怆发生，"子欲养而亲不待"，这是人间最至深的悲怆，当子女想表达对父母的孝悌的时候，一切为时已晚，即便子女再如何捶胸顿足或者号啕大哭，都已来不及。尤其在孝悌修养尽失的今天，这点尤其值得重视。

其二，对生命的谏亲意识。服从父母为孝，孔子指出，"事父母几谏，见志不从，又敬不违，劳而不怨"（《论语·里仁》），对于父母的过错，子女可以采取合适的方式给出建议，即柔声以谏，而不因为孝道不闻不问，但是给出建议的方法、方式非常重要，要委婉地、采取艺术化的方式让父母知道自己的错误在什么地方，如果父母拒绝或者没有采纳，做子女的则一如既往地恭敬服从，而不能因为父母拒绝接受建议而跟父母作对，违其意志。但是，需要留意的是，对父母的一如既往"又敬不违，劳而不怨"并不是逆来顺受、唯唯诺诺，而是在不属于大是大非面前、伦理道德正义面前，只要是鸡毛蒜皮的一些小事情，都可以一概忽略不计，不跟父母斤斤计较，这才是真正的"劳而不怨"，也就是说，儒家强调孝顺，但孝顺并非一味顺从。

《礼记·祭统》中说，"生则养"，"养则观其顺也"，《祭统》对"顺"的解释是，"无所不顺者谓之备，言内尽于己，而外顺于道也"，顺要内尽于己，尽心尽性尽力，外顺于道，合乎伦理和礼制。父母有过，必须劝谏以挽回父母的过错，使之回归正道；《孝经·谏诤》亦有记载，孔子回答曾子的话时明确表示，子女不能无原则地"从父之令",认为"父有争子,则身不陷于不义。故当不义,则子不可以不争于父",等等。然而,在劝谏和纠正父母的过错时,必须耐心细致,方法适当,懂得"几谏";《礼记·内则》中也有相关的规定:"父母有过,下气怡色,柔声以谏。谏若不入,起敬起孝,说则复谏,不说,与其得罪于乡党州间,宁熟谏。父母怒不悦,而挞之流血,不敢疾怨,起敬起孝","下气怡色,柔声以谏"是要求劝谏父母的态度要婉转;"谏若不入,起敬起孝,悦则复谏",实际上就是前述讲到的"见志不从,又敬不违";"父母怒不悦,而挞之流血,不敢疾怨,起敬起孝"就是"劳而不怨"之意。对此,后来孔颖达《疏》云:"宁熟谏者,犯颜而谏。使父母不悦,其罪轻;畏惧不谏,使父母得罪于乡党州间,其罪重。故二者之间,宁可熟谏。"熟谏,相当于反复地几谏,所以《疏》中又有云:"熟谏,谓纯熟殷勤而谏,若物之成熟然。"反复劝谏父母,并且殷勤尽心,同食物做熟即可食的道理是一样的。在这一点上,荀子也曾说:"从道不从君,从义不从父,人之大行也。""故可以从而不从,是不子也;未可以从而从,是不衷也;明于从不从之义,而能致恭敬忠信端悫以慎行之,则可谓大孝矣。"(《荀子·子道》)可以说,"从义不从父"是儒家事亲的原则,"几谏"则是谏父母使之合义的方法。

其三,对生命的追思。孔子的孝悌之道还表现在对父母生命的追思方面。

孔子认为,对父母孝敬,不仅要表现在父母生前,更要体现在父母去世后,那就是守孝,而且要守足三年。孔子的弟子宰予来向老师请教父母去世,子女要为父母守孝的问题。"宰我问:'三年之丧,期已久矣。君子三年不为礼,礼必坏,三年不为乐,乐必崩。旧谷既没,新谷既升,钻燧改火,期可已矣。'子曰:'食夫稻,衣夫锦,于女安乎。'曰:'安。''女安则为之,夫君子之居丧,食旨不甘，闻乐不乐，居处不安，故不为也。今女安，则为之。'宰我出。子曰：'予之不仁也。子生三年，然后免于父母之怀。夫三年之丧，天下之通丧也。予也有三年之爱于父母乎？'"（《论语·阳货》）孔子认为，守孝是对父母之爱与敬的延续，通过守孝追思父母，以报父母之德，然而，宰予却认为服丧三年时间太长，并指出，君子三年不讲究礼仪，礼仪必然败坏；三年不演奏音乐，音乐就会荒废。旧谷吃完，新谷登场，钻燧取火的木头轮过了一遍，有一年守孝的时间就可以，无须那么长时间，他认为没必要把时间浪费在形式上，一年就足够了。他说人人都有父母，父丧母丧加起来就是六年。要把这六年好好利用起来，能做不少大事。宰予不愿给父母守孝三年，故而遭到孔子责骂，这就是引发孔子论孝的导火索。

我们知道，孔子对孝道看得非常重，他曾在《论语·学而》中说，"孝弟也者，其为仁之本"，意思是对父母的孝与对兄弟的爱是求仁的根本，做不到这两点，就不要奢望能够成为仁者。在《论语·宪问》中，孔子还专门提到三年之丧，这在《尚书》中亦有记载，可见由来已久。孔子认为三年之丧上至君主，下至百姓，人人都得遵守这个礼数，这是理所当然。所以，孔子对宰予的说法很不满，内心认为他忤逆。即便宰予否定孔子的根本原则，他也没有怒火，而是与宰予进行深入探讨，他说父母死后一年，如果子女就不服丧了，开始吃喝玩乐，这样能否做到心安理得？而在宰予不假思索地回应说："心安啊，有什么不安的！"此时，孔子才勃然大怒，认为宰予所做不是君子所为。

宰予所谈到的丧礼流于形式的问题也确实存在，如果每个人都为了走形式而浪费3—6年，势必会影响到整个社会的发展。当然，后来的人们发现了这些不合理性，对丧礼进行了改革，并大大缩短了丧期。与之相应，提出了要为父母服丧三年的说法，以此来代替三年丧期。但是这并不表明当时孔子的坚持是错误的，这是时代造成的局限性。处于现代社会的我们,需要从这一孝悌思想中进行反思:孝是发自内心的回报,而不是做给别人看的形式主义,这才是孔子孝悌思想的真正意义。其实,真正让孔子生气的并不是宰予对三年丧期的质疑,而是宰予内心对孝的态度。

孔子还要求做到追思之礼不违礼。在孟懿子问孝时,孔子答曰:"无违。"樊迟御,子告之曰:"孟孙问孝于我,我对曰:'无违'。"樊迟曰:"何谓也?"子曰:"生,事之以礼;死,葬之以礼,祭之以礼。"(《论语·为政》)生则事之,死则葬祭,事亲之事毕于此,而贯穿于此过程之始终者为礼。不管是生前的侍奉,还是去世后的殡葬、祭祀,一切皆应依礼而行。人之欲孝其亲,心虽无穷,而分则有限。父母在世时的侍奉与去世后的葬祭,都不能越过礼的规定,这也是尽孝。对于这一点,曾子进一步阐释:"吾闻诸夫子,孟庄子之孝也,其他可能也,其不改父之臣与父之政,是难能也。"(《论语·子张》)[孟庄子,鲁国大夫孟孙速。其父是孟孙蔑(孟献子),品德好,有贤名。]意指孟庄子之孝,最难能可贵之处即在于用其父之臣,守其父之政,也就是说,孟庄子的孝在于,他不更换父亲任用的家臣与父亲所定的政策,继续采用父亲在任时的英明决策,继续任用父亲的得力人手,这一点别人很难做到。"夫孝者,善继人之志,善述人之事者"(《中庸》),孔子主张把继承祖先、父母的思想、事业和行为作为孝道的重要内容之一,当然,这种继承指的是正面积极的值得继承的思想、事业等。由此,孔子进一步提出:"敬其所尊,爱其所亲,事死如事生,事亡如事存,孝之至也。"(《中庸》)

孔子对孝悌行为评价极高,他把"孝悌"视为仁之根本,认为"孝悌也者,其为仁之本欤"(《论语·学而》),在孔子这里,木无本不活,人无本不立,一个不孝不悌的人,将会被世人所不齿。

美国心理学家摩根曾对纽约的退休老人做过调查,经常受到子女或晚辈看望、宽慰的老人，比那些很少被看望、宽慰的老人有更多的幸福感。这种幸福感对身心健康颇有裨益：由于心情舒畅，体内的新陈代谢和神经调节处于良好的水平，因而能够延年益寿。反之，那些得不到晚辈的敬重、晚年孤独者，容易产生不良心理，这种不良心理对很多老年性疾病的发生起着推波助澜的作用。

百善孝为先。家无孝子，则社会无仁人，国家无忠臣。然而，如今"孝子"一词已经变异。早在20世纪30年代，梁实秋已经说过："'孝子'，就是孝顺儿子。"梁先生的幽默中含着辛辣的讽刺，讽刺了中国家庭在当今的不正常现象，这种现象愈演愈烈，多少家庭的孩子成了"奴隶的儿子"！而父母变成了"儿子的奴隶"！对中国家庭人际关系的描述，有人比梁实秋先生的说法更甚：中国家庭中，媳妇像婆婆，儿子像老子，孙子像爷爷；反之，则婆婆像媳妇，老子像儿子，爷爷像孙子……"啃老族"遍及神州，着实令人扼腕。"生命不息，战斗不止""鞠躬尽瘁，死而后已"，这些原本用于国家与民族英雄的豪言壮语，现在借来描述"孝顺"子孙的父母们，再合适不过，有鉴于此，我们急切呼唤挖掘传承孝悌的正面积极思想，传承孝悌之道的正面价值意义。

孝顺父母，是中华民族的传统美德。乌鸦反哺，羊羔跪乳，动物尚且如此，更何况身为万物之灵的人类！作为人，更应报答父母的养育之恩。但是很多人对孝顺父母的理解出现了误区，简单地将其理解为一种物的回报，而非情感的回报。而且，很少有人能像当年父母养育我们一样无私地付出感情，他们所能做的，就是让父母衣食无忧。物质方面的回报当然是必要的，因为父母的付出换来了我们子女现在的成长，到他们不能再付出之时，就该子女对父母予以回报。但是，真正的孝道是发自内心地替父母着想，尽心尽力地满足父母的需要，而不是仅仅在物质上对父母的满足。

总之，儒家的孝悌是仁之本，也是人之本，做到孝悌，便是做到了务本。本立则道自然生，同时也为个人修养奠定了基础。

（六）君子人格之培育——教育哲学思想

自古以来，中国就很重视理想人格的培育，尤以儒家学说的开创者孔子为代表。孔子提出了"君子"这一系统的理想人格模式，并将其视为教育思想的主要目标，同时，孔子一生都致力于推行君子人格培育。因为，在孔子看来，要变"天下无道"为"天下有道"，实现"仁""礼"统一的理想社会伦理模式，就必须靠"志士仁人"的不懈努力。因此，孔子十分重视高尚人格的塑造，通过创造人们共同景仰的人格范型，引导社会成员攀登崇高道德境界。当然，孔子对君子的要求是非常高的，"天行健，君子自强不息"，孔子认为君子应该孜孜不倦追求自身道德的完善，而不是蝇营狗苟、见利忘义。由此，孔子在教育方面围绕着这一人格理想提出了诸多要求。

第一，教育目标——培养贤才和君子型理想人格。需要说明的是，孔子的教育哲学思想，其实质是道德教育哲学思想，他教育的目的，在于把人的道德修养与社会政治紧密结合，从而确立教育的道德目标——培养君子型理想人格，为社会治理培养贤才。

孔子所追求的理想道德人格是圣人、君子。圣人是道德人格的最高境界，代表着孔子道德教育的最高人格目标，其标准是"博施于民而能济众"。从孔子简单的论述中，可以看出圣人的道德目标难以企及。由此，孔子通过圣人与君子的比较，来突出君子人格实现的现实性，"圣人，吾不得而见之矣；得见君子者，斯可矣"（《论语·里仁》），孔子认为成圣只是人们追求的理想人格境界，而"君子"才是现实生活中可以实现的道德人格，它在社会生活中相对容易达到。所以，孔子道德教育的首要目标便是培养有德有才的仁人君子。由此可知，通过道德教育完善道德人格是教育的第一步，在此基础上，孔子强调，正人先正己，自身有德，才能起到身先垂范的作用,才能治理好国家。《论语》中多次记载了季康子向孔子问政的场景。季康子向孔子请教治国安邦之道,孔子回应:"政者,正也。子帅以正,孰敢不正。"(《论语·颜渊》)孔子在这里强调为政者加强自身道德修养以使品行端正的重要性。同样地,在对弟子的教育中,孔子也多次强调:"苟正其身矣,于从政乎何有?不能正其身,如正人何?""其身正,不令而行;其身不正,虽令不从。"(《论语·子路》)可见,孔子把自我道德修养的提升和塑造视为治国平天下以安人、安百姓、实现德治的前提条件。一个人虽然有扎实渊博的学问,但如果不能发挥经世致用的实际效应,这样的学问也是无用的。贤才的标准就是能"成仁",不仅能做到"修己以敬",还能做到"修己以安人,修己以安百姓"。孔子的贤才思想是孟子"老吾老以及人之老,幼吾幼以及人之幼"[①]的"内圣外王"思想的基础。关于君子人格塑造,孔子认为君子之道包括欲仁、学习、克己内省的内转功夫以及推己及人、层层外推的外推之方。他指出,理想人格的最高境界是"志士仁人,无求生以害仁,有杀身以成仁"(《论语·卫灵公》),也就是说,志士仁人不因贪生而损害仁德,相反,他只会勇于牺牲自己而保全仁德。孔子又指出,"君子喻于义,小人喻于利"(《论语·里仁》),君子的人格必须具有道德自觉和道德修养,君子所关心的是道德、道义、上进和自我修养。不仅如此,孔子还列举了君子人格的多种表现,如"君子周而不比,小人比而不周"(《论语·为政》),君子善于团结周围的人让其如沐春风而其乐融融。还有"君子不忧不惧""君子和而不同""君子矜而不争,群而不党""君子泰而不骄"等。君子的这些品质都会让君子在自我修养中做到庄重自守、坚持原则追求和谐而不盲目攀附、合群而不拉帮结派、安详舒泰而不骄傲凌人,而这些都会造就君子

[①] 杨伯峻:《孟子译注·梁惠王上》,中华书局2015年版,第12页。

的"坦荡荡"品性，它与小人"长戚戚"特性形成鲜明的对比，也就是说，孔子所设置的君子人格是以仁为核心而行之以礼来实现的。

由此，我们能够看出，孔子关于君子的教化和教养的要求，尤其强调君子作为个体的自我认同，以证显道体对君子个体存有之奠基的意义。"子曰：'赐也，女以予为多学而识之者与？'对曰：'然，非与？'曰：'非也，予一以贯之。'"（《论语·卫灵公》）孔子的"吾道一以贯之"，按曾子的解释，孔子这个一贯之道，就是"忠恕"的行仁之道。建立这个"一贯之道"，就是要在人的存在中建立起其超越性的基础，使其行为能找到一种统一连贯性的解释，其所表现出的是一种人格的纯一性。正如《礼记·中庸》中所描述的："诗曰：维天之命，於穆不已。盖曰天之所以为天也。於乎不显，文王之德之纯。盖曰文王之所以为文也。纯亦不已。"这个"於穆不已""纯亦不已"，就是个体之种种实存表现因其内在实体性的确立和贯通而臻于精纯，由之而统合为一体。也就是说，在君子的修养生命中真正地拥有这个"道"和"理"，就能从内在精神生活、情感以至于形色的一系列转变中，真正地把它挺立起来，所以，《礼记·中庸》又有"诚则形，形则著，著则明，明则动，动则变，变则化，唯天下至诚为能化"之说。对此，《孟子·尽心上》中也有类似的描述："形色天性也，惟圣人然后可以践形。"宋明理学关学开山者张载也强调，学问之道在于"知礼成性，变化气质"。也就是说，形色是人的"天性"，但是，只有修养至"圣人"的高度，"形色"作为人的"天性"之本有价值才能得以实现。"仁义礼智根于心"，在内心里面将这个超越的基础挺立起来，它会推动个体的形色、气质发生一系列的转变，使其言谈举止、言动语默之间尽显精、气、神的光辉。

在孔子这里，他认为一个人的天性本来是很好的，但是如果不注重修养的话，好的天性会被丢掉。所以人一定要通过一种形上认同的超越价值的内在奠基（在儒家看来，这个内在根基就是天命、天理，于孔子而言就是"一以贯之"之道），并经历一种实存转变的教养历程，真正成为一个具有独立君子人格的人，这是孔子一直期盼和追求的目标，其教育理念和目标即在于此。故而，孔子认为只有对仁热爱向往，君子的仁德境界才会更近，它并非高不可攀。"仁远乎哉？我欲仁，斯仁至矣"（《论语·述而》），人一旦产生对"仁"的向往，那么就离"仁"不远了。在孔子这里，有了这个"一贯之道"作基础，个体的人格才能真正具有他的纯一性，因此能够有真实的提升和塑造，从而造就君子，成就贤才。

孔子所推崇的"仁人君子"的理想人格，对后世产生了深远的影响。它反映在民族意识上的崇高品德，陶冶了不少志士仁人。如宋朝时期文坛大师范仲淹的"先天下之忧而忧，后天下之乐而乐"之箴言，文天祥"人生自古谁无死，留取丹心照汗青"的警示名言以及顾炎武的"天下兴亡，匹夫有责"等名句，在今天，仍然传颂于世。孔子的"君子"人格思想依然具有方法论指导意义，它对于敦促人们修身正心、提高道德水准、塑造君子人格无疑具有不可低估的重要价值和引导意义。

第二，教育内容——"仁""义""礼"合一的素质教育。可以说，独特的经济政治条件和思想文化条件为孔子道德教育思想的形成提供了土壤。正是在如此深厚的历史背景下，孔子结合多年的教学实践经验，逐渐形成了完整而系统的道德教育理论体系，在实践中培养出了无数杰出弟子。

孔子道德教育的内容主要包括以"仁"为核心，以"义"为道德准则，以"礼"为基本的规范形式，这三个方面合并即为"德、才"教育两个方面，孔子一生所进行的贤才人格教育主要围绕这些方面来进行。"仁"作为孔子思想的核心内容，在《论语》中出现的频率极高，可以说，它是孔子整个道德教育内容的最高纲领。在孔子看来，"仁"是人的基本本质，是一种道德规范、道德理性，是人最高的思想道德境界。由此，孔子以"仁"为出发点，把"德"放在第一位，提倡"孝悌忠信，礼义廉耻"，并把"仁义礼智信"作为五常。他认为"弟子入则孝，出则悌，谨而信，泛爱众，而亲仁。行有余力，则以学文"，而"才"则是"德"中应有之义，有了道德修养的提升才能使得才能外现，否则才能就成了作乱的东西而无补于世、于己无用。孔子认为"爱人"不足以释仁，"克己复礼"也不足以释仁，"恭、宽、信、敏、惠"也不足以释仁。那么"仁"到底是什么？孔子说，"仁者，人也"，所谓仁，就是人道，是朱熹所说的"人之所以为人之理也"，也就是说，《论语》中的仁，一方面作为人修行的目标，代表为人之道的极致——完美人格，这种完美人格，它无远弗届、无有极致，人只能以达此目标为己任，不断在道德、学问及为人的方方面面修行、磨砺以不断提高自己，以期向"仁"这个完美目标不断靠近，向完美的品性、德行不断靠近，从而造就自己；另一方面，"仁"又是人修行的途径和方法。孔子指出，仁是日常的为人之道，任何人只要能以仁为己任，就一定能用力于仁，并在个人修养上有所进步，从而向仁的境界迸发，"有能一日用其力于仁矣乎？我未见力不足者。盖有之矣，我未之见也"，"仁远乎哉？我欲仁，斯仁至矣"（《论语·述而》），孔子强调，只要能"苟志于仁矣"，就能"无恶"。

孔子还强调义。《中庸》说"义者，宜也"，就是说人们的行为要做到适宜，要符合社会的道德规范。"义"要求个体的道德行为习惯符合"仁"的要求，并通过"礼"展现出来。换言之，"仁"是君子应该具备的品质，"义"是对君子的道德要求，"礼"是"仁"的外在规范，是"义"的具体表现形式。合乎"仁""礼"要求的道德行为就是"义"，正所谓"君子义以为质，礼以行之，孙以出之，信以成之。君子哉！"① 由此，孔子要求围绕仁、义、礼，在学习方面勤奋好学、讲究方法、注重实效、治学严谨、抓住规律，他认为这是治学的重要条件。"知之为知之，不知为不知，是知也"（《论语·为政》），几乎人人都知道孔子这句话，这是孔子做学问的态度——严谨、求实，他要求治学一定要实事求是，严谨细心，不能弄虚作假，欺骗和糊弄自己。孔子曾说："夏礼，吾能言之，杞不足征之；殷礼，吾能言之，宋不足征也。文献不足故也，足则吾能征之矣。"（《论语·八佾》）意思是说，夏朝的礼，我能说出来，但是，它的后代杞国不足以作出证明；殷朝的礼，我能说出来，但它的后代宋国不足以作出证明。杞、宋两国描述夏礼、殷礼的文献资料不够多，如果足够多，那么我就可以用来作证明了。这足以说明孔子治学严谨、扎实广博的教育修养。

孔子还强调："知之者不如好之者，好之者不如乐之者。"（《论语·雍也》）孔子这句话为我们揭示了怎样才能取得好的学习效果的秘密，那就是对学习的热爱，不同的人在同样的学习环境下学习效果不一样。个体自身的道德素质是"好之者"的重要前提条件，同时也在于学习者对学习内容的态度、悟性以及心态。正所谓"兴趣是最好的老师"，当一个人对一门科目产生了兴趣之后，自然会学得比别人好。需要留意的是，孔子所施教的基本内容大多是道德学问，"子以四教，文、行、忠、信"（《论语·述而》），行、忠、信三者都是道德内容，而"文"则是次要的。也就是说，在孔子的教育思想体系中，修养才是重中之重，而"文"一类的才学则是次要的，文是外在的他律，而行、忠、信则是内在的自律。虽然道德之本质在于自律，但就具体个体而言，道德品格的塑造是一个由他律到自律的过程，是君子离不开且长期由外向内的学习过程。所以，孔子

---

① 杨伯峻：《论语译注·卫灵公》，中华书局2006年版，第187页。

强调自修的同时，还要求他律的外在教育。不仅仅于此，孔子还提出了明确的教育要求。他说，治学最忌讳和反对四种毛病："子绝四：毋臆，毋必，毋固，毋我。"（《论语·子罕》）意即，学习要尽量杜绝凭空想象、绝对肯定、固执拘泥和自以为是，孔子认为只有坚持这种学习态度，治学才能"闻一以知十"，即活学活用、举一反三。也只有如此，才能将仁之"忠恕之道"一以贯之，在多变的道德情境下使道德选择不至于偏离居仁由礼的原则。除了接受专门的教育外，孔子又指出，提升个人的道德修养，造就品性渗透于生活中的每时每处："三人行必有我师焉。择其善者而从之，其不善者而改之。"（《论语·述而》）孔子主张学习要因时因地因人而有不同的收获，要谦虚谨慎善于向人请教和学习，积极学习他人的优点和积极进步的一面，鄙弃他人不足的方面，并同时修正自己向良善的方面转换。

在孔子这里，治学过程伴随仁礼学习的过程，这些一定是以义的形式表现出来，只有这样，才能完成自我完善的超越历程，为人格塑造和成为贤才做准备。

第三，教育方法——因材施教为主的多样施教法。重视学习方法，是每个学生应有的学习态度。在孔子这里，教育方法并不是枯燥乏味、呆板机械的，相反，孔子的教育方法是以因材施教为主的多样施教法。

因材施教的教育方法。这一方法是指教育者切实了解、考虑到受教育者的不同实际状况，在尊重和遵循学生身心发展规律的前提下，有针对性、目标性地对学生进行教育实践活动，由此而将社会发展所要求的基本规范、思想观点转化为受教育者的内涵，从而提升受教育的水平。在孔子这里，其因材施教法正是基于这样的理念对其学生进行教育。需要注意的是，在春秋末期，周王室政治权力衰微，学术下移，民间办学活动异彩纷呈。孔子的众多弟子由于年龄、身份各异而参差不齐，学问水平更是有别。对此，孔子认为，身份、地位可以有差别，然而，在知识学习面前一视同仁，每个人都是一样的，每个个体都有受教育的机会。因此，他提出了著名的"有教无类"的思想，进而又提出了因材施教法。

孔子教学生因其"材质"不同而采取不同的方法。孔子强调，教育学生必须先要了解学生的性格特征及其思想实际，正所谓"视其所以，观其所由，察其所安。人焉廋哉？人焉廋哉？"（《论语·为政》）孔子认为，要了解学生，不光要看他言行的动机，观察他所走过的道路，还要考察他的目的是什么，只有这样，才能做到对学生的了解而"对症下药"。孔子在这里讲的是怎样观察人的道理，他认为，首先要考察一个人的品行、才干、能力；其次要看他的动机、目的如何，看他的来源、整个生活过程如何；最后再看看他平常的做人状况，做到这三点之后，对方也就没什么可藏匿的了。孔子正是从这三点对学生进行观察的。他从"视其所以，观其所由，察其所安"三个方面去观察学生，从其思想和行为来看对方的道德涵养，以此剖析对方安于逸乐，还是安于贫困抑或平淡，由此采取不同的教育方法。

究于此，孔子指出："人有五仪，有庸人，有士人，有君子，有贤人，有圣人。审此五者，则治道毕矣。"（《孔子家语·五仪解》）孔子认为人可以分为五类，分别为庸人、士人、君子、贤者、圣人，只有做到能鉴别这五类人，才能算得上真正掌握了治人之道。那么，如何鉴别？孔子认为诀窍就在于掌握前述所说的知人、识人的三个要素，因为，在孔子看来，这三个方面涵盖了对一个人的行为动机、目的及其行为整个过程的考察，以及平常的业余爱好、兴趣、涵养等方面，也就是说，通过这三种要素的考察，就可以从显性和隐性两个角度把握和了解对方，从而"全方位"考察对方,做到有的放矢。在这方面,据《列子·仲尼》记载,子夏问孔子曰:"颜回之为人奚若?"子曰:"回之仁贤于丘也。"曰:"子贡之为人奚若?"子曰:"赐之辩贤于丘也。"曰:"子路之为人奚若?"子曰:"由之勇贤于丘也。"曰:"子张之为人奚若?"子曰:"师之庄贤于丘也。"子夏避席而问曰:"然则四子者何为事夫子?"曰:"居!吾语汝。夫回能仁而不能反,赐能辩而不能讷,由能勇而不能怯,师能庄而不能同。兼四子之有以易吾,吾弗许也。此其所以事吾而不贰也。"在弟子子夏向孔子问起其诸多弟子的为人时,孔子进行了多方解答,从他的解答中,能够看出,孔子既能看到学生身上的优点,也能看到对方的缺点,他的这番评论充分说明孔子能培养出众多优秀学生的原因就在于,他对每个弟子的性格、素养特征了解得非常清楚,他全面掌握了对方的个性特点,由此探究学生的思想行为动机。

孔子认为了解了学生的不同情况之后,要针对其不同的特点,采取针对性措施,实施不同的教育。同样是孝道的问题,孔子针对孟懿子,是用简单的"无违"两个字回答,要求他在父母健在或者辞世时依礼节侍奉或者埋葬、祭祀他们,而不能违背礼节;而对孟武伯,因为他不知父母冷暖疾病,故而孔子提醒孟武伯要经常留意父母的身体是否欠安;对子游问孝,孔子希望他继续对父母恭敬,"至于牛马,皆能有养,不敬,又何以别乎?";对于子夏而言,孔子认为孝就是要做到避免"色难",也就是说,孔子要求子夏在保证父母物质生活无忧的基础上,应更注意对父母态度的和颜悦色,避免"色难"。后来朱熹在评价孔子的道德教育方法时指出:"弟子因孔子之言,记此十人,而并目其所长,分为四科。"(《论语集注·先进第十一》)

启发诱导式的教育方法。孔子是世界上最早提出启发诱导式教育方法的教育家。在长期的道德教育实践活动中,孔子总结出,只有充分调动学生的积极主动性,发挥受教育者的主体作用,才能引导受教育者积极主动地加强自身的道德修养,道德教育活动才能趋向成功。由此,为了进一步提高学生自身的道德水平,孔子提倡启发诱导式教学,积极引导学生独立思考,提高个体独立思考的能力,为进一步提升道德修养水平提供方法上的保证。在这方面,孔子强调:"不愤不启,不悱不发,举一隅不以三隅反,则不复也。"[1] 这就是众所周知的"愤启悱发"教育思想理论,对此,朱熹这样解释:"愤者,心求通而未得之意。悱者,口欲言而未能之貌。启,谓开其意。发,谓达其辞。"在朱熹看来,愤悱是认识的意境,而启发则是开意达辞之术。

除上述两种教育方法外,孔子还主张身教示范法。所谓身教示范法,就是教育者以身作则、率先垂范,通过自身的实际行动来体现教育要求,为受教育者树立良好的道德示范作用。以孔子的视域来看,在道德教育过程中,身教重于言传,教育者自身可以成为活生生的教育示范"材料",而教育者的道德人格就是道德教育的工具,是道德教育方法的有机组成部分。教育方法只有与教育者的道德人格结合在一起才能发挥真正的教育功效。孔子本身就是道德修养的模范,他也正是这样做的。孔子以其自身的躬行行为影响着众多弟子,他始终以"圣人""君子"的道德标准要求自己,并保持积极乐观向上的精神状态,注重道德修养的提升。《论语》中这样的记载很多,如,"颜渊喟然叹曰:仰之弥高,钻之弥坚,瞻之在前,忽焉在后。夫子循循然善诱人,博我以文,约我以礼,欲罢不能,既竭吾才。如有所立卓尔。虽欲从之,末由也已"(《论语·子罕》)。

从颜渊的描述中,我们可以看到孔子作为老师的渊博学识,对

---

[1] 杨伯峻:《论语译注·述而》,中华书局2006年版,第77页。

学生的孜孜不倦和认真耐心,这正是对一名教育者尽职尽责的形象描述。孔子以自身的言谈举止、修养才能、治学态度为学生做了模范表率作用,也正因为如此,弟子们对孔子恭敬有加,更在孔子因在鲁国落难被逼无奈外出周游列国时,纷纷追随老师而伴其左右,这正是孔子身教示范作用的体现。

孔子还主张学、思、行三者的统一。他指出,要真正成为君子,还需要长期的修养功夫,其中学习尤为重要。"百工居肆以成其事,君子学以致其道"(《论语·子张》),学习是君子不断自我完善并最终实现天道的必然途径。"好仁不好学,其蔽也愚;好知不好学,其蔽也荡;好信不好学,其蔽也贼;好直不好学,其蔽也绞;好勇不好学,其蔽也乱;好刚不好学,其蔽也狂。"(《论语·阳货》)光有欲仁好勇的向善渴望还不够,只有好学才能把握正确的方向和适合的分寸,才能成就居仁由礼、文质彬彬的人格,否则必然陷入片面,造成人格上的缺陷。孔子之所以强调学习的重要性,主要源于其对人性的深层理解,后世的孟子认为人天生具有四端之善心,即恻隐之心、羞恶之心、礼让之心和是非之心。他强调,人的道德行为是这些"善端""扩而充之"之结果。孔子虽未言明人性善恶,但他认为"性相近,习相远",人与人生而之初的本性差别并不大,是后天学习程度的差异使人有了君子、小人之分。所以,孔子将人分成"生而知之""学而知之""困而学之"和"困而不学"四种,他认为人有学习与接受教育的必要性。但是,孔子认为学只是起点,而学的过程中还需要有自己的思考,学思结合而最终付诸行动,取得实际的躬行效果。也就是说,在道德教育过程中,受教育者不仅要获取理论知识,还要对其进行一定的思考,并最终通过躬行实践获得直接经验,即"多闻,择其善者而从之;多见而识之",孔子认为,如果只学习相关的道德知识,而不进行自身思考以提升或者内化于心性之中的话,道德规范就有可能形同虚设而徒有其形式。所以，孔子要求学生在有了一定的知识积累之后，还要学思结合，采取多种多样的思考形式予以独立思考而追根思源、"不耻下问"，通过思考而内求于心性，通过寻找自身原因对自身的道德行为进行反思。孔子用自己的行动证明了这一观点："吾十有五而志于学，三十而立，四十而不惑，五十而知天命，六十而耳顺，七十而从心所欲，不逾矩。"（《论语·为政》）除了"学"，孔子还十分强调"思"的作用，他提倡将"学"与"思"相结合，"学而不思则罔，思而不学则殆"（《论语·为政》），学习离不开独立思考，但思考必须以认真读书为基础。在这方面，孔子曾多次表扬颜回。他主张"温故而知新，可以为师矣"（《论语·为政》），认为经常温习旧知识从而获得新的理解与体会，这样就可以成为老师了，可见温习的重要性。孔子又说，"学而时习之，不亦说乎"（《论语·学而》），孔子认为学习待人处世的道理并适时践履练习，是一件令人心生喜悦的事情，所以学习的过程是快乐的。

我国近现代著名语言文字学家杨树达先生认为："罔者无也，学而不思，其失至于丧己；殆者危也，思而不学，其病可以误人。殆之害甚于罔。故孔子曰：'思无益也。'"他认为"学"与"思"互为前提，"学""思"辩证统一。"学"侧重的是对知识的积累，对已有的诗书礼乐"传统"的继承，"思"则更强调的是创新、批判与发展，以便将所学知识用于躬行实践。孔子认为，道德修养是需要实践去磨炼的，将道德认识和道德情感付诸实践才会有一定的修养效果。孔子常常带学生周游列国，体验生活，培养学生处事应变的能力，强调道德理论知识在实际生活中的运用，"诵《诗》三百，授之以政，不达；使于四方，不能专对；虽多，亦奚以为"（《论语·子路》），孔子认为一个人学了再多的知识，如果不运用到实践中的话，那么这种知识还是无用。总之，孔子道德教育中的"学、思、行"三者辩证统一、相辅相成，而《中庸》中也对"学、思、行"相结合的教学要求有详细的概括:"博学之,审问之,慎思之,明辨之,笃行之",这样的概括不可谓不经典。

孔子以因材施教为主的多样教学法最终成就了其在教育学界的崇高地位,并为当时的社会培养了大批优秀的精英。

第四,教育途径——以文会友与寓教于乐的道德践履。孔子一生,主要从事教育实践活动,其道德教育的途径极其丰富多样,概而言之,孔子主要是通过以文会友和寓教于乐的道德践履和礼乐活动并以聚徒讲学的形式进行正面教导、热烈讨论展开的。

以文会友的道德践履。春秋时期,人们经常在政治、外交等场合通过"赋诗言志""听诗观志"等形式来进行交际,以文会友并非直接出于孔子。然而,这种活动形式却受到孔子道德教育理念的直接影响,孔子弟子曾参非常擅长以文交友,这无疑也是因当时社会文化背景的影响,在孔子以文会友教学途径的启发下产生。以文交友这种教学模式的具体实施,在《论语》中多有记载。孔子及其弟子经常围绕着《诗》《书》《礼》《乐》中的相关问题聚徒而探讨,他经常通过正面的教导以及公开的聚徒讲学来进行教授。需要注意的是,这里的"文"并不是我们现在所理解的阅读文章,而是专指在特定社会历史文化背景下,人们通过特定的语言文字以及由当时流行的语言文字而界定的相关文章、典籍著作,其内容大部分是以道德礼仪文化的形式来展现。而孔子及其弟子正是通过这样的形式,以热烈讨论的方式相互之间进行思想上的交流和沟通,以使所探讨的"仁""礼""义"等问题清楚明白。这种途径方式,不仅可以相互之间进行切磋交流以学文,同时还可以提高个人的学问学养,在辩论中相互有所启发,更重要的是在启发提高个人的道德认识的同时,互相督促,在躬行实践中体验这种道德认识,以陶冶道德情感,提升道德境界和人格修养。基于此,孔子在与弟子讨论学思问题时常说:"君子有九思:视思明,听思聪,色思温,貌思恭,言思忠,事思敬,疑思问,忿思难,见得思义。"(《论语·季氏》)在他的引导中,曾子耳濡目染,也提出:"吾日三省吾身——为人谋而不忠乎?与朋友交而不信乎?传不习乎?"(《论语·学而》)并强调:"君子以文会友,以友辅仁。"(《论语·颜渊》)曾子认为,道德修养高的人,乐于和学问高的人结识,互相研究文化知识,一起探讨人生哲理,共同提高品德素质,培养仁德修为。这是儒家的交友观,它主张以文会友,志趣相同,互相促进,共同进步。可见,曾子对以文会友形式的重视。通过这种途径方式,孔子引导弟子内省而求诸己,进一步将道德学问通过内省内化为自己的本质,并不断将自身与"礼"及有德之人进行比较,反思差距、认识到自己的不足并着手改进。正因为如此,孔子才发出了"七十而从心所欲,不逾矩"的呼唤,道德由外在的规范内化为个体自觉的精神需求和心灵呼唤。孔子以文会友的途径方式,把向善的道德选择一步步推向了君子人格,从而向更高层次仁道合一的本质自我迈进,为成为贤才做准备。

寓教于乐的礼乐活动。孔子的道德教育并不是机械呆板的,他非常注重教育的趣味性,主张寓教于乐的礼乐教育活动,他的这种教学活动经常是以聚徒讲学的形式来进行。孔子认为诗乐教育与道德教育以及"礼"教紧密相连,所以他主张把诗歌、音乐教育作为对道德教育的辅助补充,强调以情感、形象教育作为道德教育的出发点,"兴于诗,立于礼,成于乐"(《论语·泰伯》),"文之以礼乐,亦可成人矣"(《论语·宪问》)。不仅仅于此,孔子还认为,仁的品格接近乐的精神,而义理的实质则接近于礼的精神,所以他强调守"礼",认为"礼"就是条理、秩序、理性、规范,就是合理的社会秩序,"仁近于乐,义近于礼"(《礼记·乐记》),孔子认为,仁是内在的精神实质,礼是来自外在的行为规范,而乐的精神则为和谐、宁静、仁爱,乐是人内在的情感表现,它可以使不同等差的人互相认同而和睦相处、尊卑有序、长幼有序。所以，孔子强调通过诗、乐的教育来进一步完善对"礼"的规范教育，进而实现仁、礼、乐的和谐统一。孔子肯定了乐教对于个人道德品性的熏陶作用。在道德教育过程中，孔子把《诗》《乐》作为教学的重要教材之一，反复要求弟子能按照其中的要求为人处世。孔子诗教和乐教的教学法，是对德育的重视，同时对今天我们在德育教育中艺术和审美教育的要求。孔子创办私学，开创了平民化教育的先河。他从事教育活动四十多年，始终把思想道德教育作为教学的主要内容，他"删诗书，定礼乐，修春秋，序易传"（《孔子大辞典·孔子·著述》），使教学有了统一的教材。据《史记·孔子世家》中记载，"孔子以诗、书、礼乐教，弟子盖三千焉，身通六艺者七十有二人"，"故所居堂、弟子内，后世因庙，藏孔子衣冠琴车书"，由此可见，孔子办的私塾中不仅有固定的教材，而且弟子云集，其中还设有讲学的"堂"和学生居住的"内"，规模相当可观，足见孔子的办学规模及其教育影响力。

孔子追求"崇高自我"、知情意相统一的君子人格教育思想在历史长河中积淀为中华民族重要的精神文化资源，它对塑造中华民族的性格起了至关重要的作用，同时对当代人构建完整人格体系，克服泛功利化浮躁与空虚，树立正确的人生观、价值观、道德观，依然具有重要的借鉴意义和参考价值。

事实上，孔子不仅影响了中国人的生活方式，而且，其道德教育思想长期影响着中国人的思维方式，是中国思想文化的重要纽带。

（七）旷达乐观之心境——积极进取精神

以孔子为代表的儒家文化，作为中华民族传统文化的重要组成部分，它是中华民族长期以来主要的精神支柱之一，时至今天，儒家文化仍然具有凝聚民族向心力的作用。与西方把快乐和痛苦对立起来的快乐主义观有所不同,儒家文化从整体上来讲,是把快乐与痛苦统而为一的快乐哲学观。积极进取的快乐观是儒家文化一直以来孜孜以求的一种乐观有为的精神境界。

作为儒家思想和学派的创始人,孔子的后传弟子及其门人根据孔子及其弟子言行编撰而成的《论语》被奉为儒家思想和学派的经典代表作。这部经典著作从头至尾很少见到"苦"字,全书以"乐"开篇,"乐"字在《论语》中出现的频率非常高,关于其论述最主要集中在《论语》的《学而》《雍也》《述而》《里仁》等篇章中,且主要围绕学习、悟道、交友、休闲等方面体现出其快乐的思想元素及其积极阳光的精神。

其一,学习之乐。在《论语·学而》第一篇中,孔子就用"说""乐""不愠"四个字,给学习定下了一个快乐的基调,"学而时习之,不亦说乎?有朋自远方来,不亦乐乎?人不知而不愠,不亦君子乎?"在孔子看来,学习本身就是一件快乐的事情,同时,在学习了新知识之后,又能经常进行温习也是很值得高兴的事情。孔子又说:"知之者不如好之者,好之者不如乐之者。"(《论语·雍也》)孔子认为,懂得学问不如爱好学习的人,爱好学习又不如身处其中而自得其乐的人,也就是说,懂得学习并不是最好的,最好的状态是以学习为乐的那些人。孔子对于学习是以从低到高的知之、好之、乐之三个层次和境界进行划分的:"知之",是停留在认知层面上的,它具有明显的功利性色彩;而"好之"则比"知之"的层次要高出很多,"好之"是从一个人的兴趣层面来进行考察,所以"好之"具有明显的主体性感情色彩,同时也在境界方面有所提升;然而这还不是读书学习的最高境界,当"好之"的读书境界跃入"乐之"这一读书境界时,才把短暂、具有一定功利性的兴趣爱好带入了一种发自主体内心的快乐人生境界层面,这一层面展现出来的是读书的积极有为和乐观向上,由此所达到的读书的持久性和一以贯之性。"乐之"将生命主体所追求的知识和人生境界融为一体,从而把生命主体对于知识求索所带有的兴趣爱好及其快乐感受转换为"好之"状态下的主体生命之乐和精神境界的满足,这才是真正的乐,它达到了主体生命境界的巅峰。孔子晚年的时候在对弟子子路讲述自己的为人时,曾说,"发愤忘食,乐以忘忧,不知老之将至也。"(《论语·述而》)孔子用功学习的时候便忘了吃饭,快乐的时候便忘记了忧愁,甚至不知道衰老将会到来。这里,孔子这种"不知老之将至"的读书境界,其实质就是"乐之"境界的展现。孔子一生以学习为乐,曾经在上课的时候,他诱导弟子:"十室之邑,必有忠信如丘者焉,不如丘之好学也。"(《论语·公冶长》)孔子强调,能够做到忠心耿耿而又诚信的人一定会有很多,然而,能够做到既忠心耿耿而又诚信,且如孔子一样喜欢读书治学的人就不一定很多了。从这里可以看出,孔子把读书治学当作人生乐事且终生追求,这其实是对孔子对待知识学问和读书境界及其心态的真实写照,孔子在字里行间展现出来的并不是骄傲自满或者自吹自擂,而是他对学问的态度和执着,也正是因为"好学"乃至"乐学",孔子才会成为中国文化发展史上的"至圣先师"。

正是由于这样快乐有为的"乐之"精神,在有人问起孔子的弟子子路,其老师是怎样的人时,子路转述孔子对自己的描述:"饭疏食饮水,曲肱而枕之,乐亦在其中矣。不义而富且贵,于我如浮云。"(《论语·述而》)能够看出,尽管孔子粗茶淡饭、居于陋室却仍能乐而视之,其旷达洒脱显然可见。然而,孔子这种旷达洒脱、超然物外的快乐人生态度并不仅仅局限于此。《史记·孔子世家》中记载,有一次孔子"在绝陈粮,从者病,莫能兴"(《论语·卫灵公》),孔子保持镇定,坚持讲诵且弦歌不断。子路极为不满,生气道,"君子亦有穷乎?"子路质疑,难到君子也会走投无路吗?孔子见众弟子在困难面前有点颓废动摇，于是他分别约见他的三个弟子说："《诗》云：'匪兕匪虎，率彼旷野。'吾道非邪？吾何为于此？"（《史记·孔子世家》）孔子自我解嘲，我们既非野牛，亦非老虎，怎么会沦落到这狂野之地？不同于子路、子贡的急躁，颜回不愠不火地说："夫子之道至大，故天下莫能容。虽然，夫子推而行之不容何病？不容然后见君子！夫道之不修也，是吾丑也；夫道既已大修而不用，是有国者之丑也。不容何病？不容然后见君子！"（《史记·孔子世家》）颜回解释说，老师的思想学说博大到极点了，所以天下没有一个国家能容纳老师。即便如此，老师还是要推行自己的学说，不被天下接受又有什么关系？一个人不研修自己的学说，那才是自己的耻辱。至于已下大力研修的学说不被人所用，那是当权者的耻辱。不被天下接受又有什么关系？不被接受，这样才能显出君子的真正本色。在生死关头，能听到淡定的弟子如此解说，孔子发自内心地高兴，所以不管不顾生存环境的恶劣和艰苦，孔子调侃道："有是哉颜氏之子，使尔多财，吾为尔宰。"（《史记·孔子世家》）在这一描述下，俨然一个快乐的老顽童跃然纸上，也的确，当孔子描述自己"饭疏食饮水，曲肱而枕之，乐亦在其中矣"时，这正是一个乐天派的真实写照。也就是说，孔子认为快乐很简单，哪怕吃着粗饭，喝着白水，曲着臂膊当枕头用，快乐也会在其中。通过干不正当的事而得到的富贵，对孔子而言，就如同浮云一般。孔子能做到"饭疏食饮水，曲肱而枕之"，正是因为心中这份乐观有为的信念作为支撑，他才会"乐亦在其中"。正因为如此的心态，孔子曾赞美其弟子颜回："一箪食，一瓢饮，在陋巷，人不堪其忧，回也不改其乐。"孔子对颜回的赞美也正是他自己本人对乐的真实体会和感受，这种乐，其实就是后来的宋明理学家所津津乐道的孔颜之乐，它是一种安贫乐道的至圣之乐。

由上文可见，孔子即使是身处逆境，面对重重困境，依然保持着自己内心的乐观与心态的平静，从容面对一切。这种旷达之乐是我们在面对困境时需要学习与借鉴的。

《论语》中还有很多类似的对快乐的描述。孔子一直追求一种快乐而率真的生活方式，他讨厌和憎恶虚假与伪善，倡导快乐积极的生活态度，孔子用他自己的真实生活证明了生活的真谛：快乐不仅仅是一种生活理想，更是生活中不可或缺的一部分。可见，在孔子那里，快乐是很容易达到和实现的，可能也正因为孔子是一个充满了快乐精神、乐观有为的积极主义者，所以即使在政治仕途上常常四处碰壁，孔子总是能从碰壁和打击甚至失意落魄的不快中走出来。

其二，悟道之乐。孔子及其弟子皆以悟道为乐，孔子甚至把"朝闻道，夕死可矣"（《论语·里仁》）当作毕生的理想追求，他认为只要早上悟得生命的真谛，晚上立马没了性命都是可以的。其实，从这里可以看出，孔子苦苦追求的生命真谛就是儒家士人所津津乐道的"道"，这种道不是普通的道，它是生命之道，真理之道，它是一个人生活的奔头，而孔子，一直是以此作为追求的。可见"道"在孔子心目中的地位。只要得以修道，那就一定是人生追求的实现，它可以让生命个体达到自身精神的愉悦和快乐。在孔子众多弟子、门人中，大多都以悟道为乐，其中颜回是最受孔子赏识的一位弟子。颜回性情冷静沉着，尽管他家境贫寒，生活困顿，但是他并未因生活的贫困而退缩；相反，一如既往地好学不倦、积极思考，且终身追随孔子，这正是颜回学道之乐的支撑力所使然。孔子曾多次赞叹颜回，"不迁怒，不贰过"（《论语·雍也》），认为他道德修养极高，有着安贫乐道的悟道之乐和对道忘我追求的精神境界，正因为如此，孔子赞美颜回："贤哉，回也！一箪食，一瓢饮，在陋巷，人不堪其忧，回也不改其乐。贤哉，回也！"（《论语·雍也》）

《孔子家语》中记载：子路向老师孔子问学，"君子亦有忧乎？"孔子回应："无也。君子之修行也，其未得之，则乐其意；既得之，又乐其道，是以有终身之乐，无一日之忧。小人则不然，其未得也，患弗得之；既得之，又恐失之，是以有终身之忧，无一日之乐。"在孔子看来，君子不应该整日为无足轻重的小事担忧。君子在修行过程中，尽管还没悟得道，但是，君子会自得其乐享受追寻道的过程；在悟得道以后，君子就会以追求自己的理想目标而感到愉悦和快乐，所以君子在求道的过程中终生快乐，没有一天是郁郁寡欢的。反之，小人则不一样，小人在没悟得道时，一直怕得不到；在悟得道以后，又怕会失去道，所以小人日日担忧，天天担忧，甚至终生担忧，没有一天是快乐的。其实，从孔子的分析中可以明显看出，君子和小人在追求道的过程中发生了分岔——不管是否得道，君子都会"乐其意"而"乐其道"，也就是说，君子把"道"作为终生追求的目标而为之努力，并以此为乐而有"终身之乐"且"无一日之忧"，而小人则一直处于"患弗得"而"恐失之"的焦虑之中，因为总是处于患得患失的境况中，所以小人有"终身之忧"而无"一日之乐"。孔子及其弟子把求道和悟道以及求道悟道的过程当作人生之乐事，尽管求道悟道之途充满艰辛与磨难，但是孔子并未因此而放弃或者忧虑，也并未因自身所受磨难和荣辱得失而焦虑不安，他"忧道不忧贫"，这才是真正的"仁者不忧"境界。孔子心中这份求道的信念和执着决定了他乐观有为的理想信念，他把外在的物质贫穷甚或是物质的财富当作浮云一般的存在。孔子赞美颜回处于贫困之境仍安贫乐道，这一安贫乐道的精神在后来的宋明理学家那里被进一步关注和重视。

儒家一直把道德价值和理想信念看作超越物质欲求且比个体生命更为重要的价值。在宋明理学开山鼻祖周敦颐看来，富贵是普通人共同追求的对象，但那只是俗人对生活的态度和追求，而作为君子士人，其追求必须超乎富贵。在儒家看来，对于君子士人而言，比富贵更宝贵的东西是生命个体的道德价值，这种价值可以使人在内心深处实现一种高度的充实、平静和快乐。周敦颐提出"圣希天，贤希圣，士希贤"的观点，认为一个"士"应当"志伊尹之所志，学颜子之所学"，把成圣成贤作为一生追求的目标和理想。这里，颜回代表了儒家自我修养思想的典范，而学颜子之所学正是暗指像颜回一样躬行践履、道德自修。周敦颐还指出："颜子'一箪食，一瓢饮，在陋巷，人不堪其忧，而不改其乐'。夫富贵，人所爱也，颜子不爱不求，而乐于贫者，独何心哉？天地间有至富至贵可爱可求而异乎彼者，见其大而忘其小焉尔。见其大则心泰，心泰则无不足。"（《通书·颜子第二十三》）这里的"乐"来自"见其大"，而"见其大"就是周敦颐追求的道，是他所强调的"见道"或"体道"。在周敦颐看来，乐在颜回内心深处达到了一种超乎富贵的人生境界，有了这种境界，即使再贫贱艰辛也不会影响他所体会到的乐，因为这种乐是他的道德精神境界所带给他的，而不是感性欲望的满足所引起的感性愉悦，它是一种高级的精神享受、幸福和愉悦，是内心境界的超越，在理学家那里，人生应当追求的最高境界就是这种乐的境界，而这一境界也就是对道追求过程中的满足之乐。周敦颐继续强调："君子以道充为贵，身安为富，故常泰无不足，而铢视轩冕、尘视金玉，其重无加焉尔。"（《通书》）周敦颐这里的阐释与其《颜子》章相互印证，他认为人只要真心体"道"，就一定会超越对功名利禄的物质欲求不满，获得一种更高层次的精神愉悦和快乐。"孔颜乐处"是一个生命个体的人生理想，同时也是一个理想境界，而这一境界正是以孔子的理想人格为范型，从唐末儒生韩愈以来，成圣成贤便逐步成为儒家士人的理想追求和目标。

洛学创始人之一的程颢在回忆早年濂溪先生周敦颐对他的教诲时感慨："昔受学于周茂叔，每令寻颜子仲尼乐处，所乐何事。"此处，程颢所乐者即为孔颜乐处。宋明理学家把寻"孔颜乐处"当作终生追求的理想。

其三，交友之乐。交友方面，孔子在《论语》中提到的非常少，但是少并不代表着孔子不重视交友，相反，孔子非常重视交友乃至交友之乐。在《论语》开篇首句，便有"有朋自远方来，不亦乐乎"之语，孔子提出，有志同道合之友从远方来看你，并和你一起学习谈论学问，不是很快乐吗？的确，孔子是把跟人交往当作人生快乐之事，认为与远方的朋友相聚，不仅可以相互学习切磋学问，同时还可以通过彼此沟通获得各自不懂的知识，以此来提升自己，弥补自己的不足，孔子认为跟朋友相处是一件很快乐的事情。然而，值得注意的是，在孔子这里，交友之乐一定是来自益友，来自于对自己有所帮助、有所提升的友人，而不是无选择性的、跟任何人都要交往。孔子在《论语》中把交友之乐分为两类：有益之乐和有害之乐两类。有益之乐是指以结交有益的朋友为人生之乐。"乐多益友"，君子结交朋友的目的是"以文会友""以友辅仁"，如同孔子开篇所讲到的朋友，就属于这类友人，通过结交贤友，来培养和提携双方以提升仁德。需要注意的是，在孔子这里，与"益友"相对的便是"损友"。关于"益友"与"损友"，孔子给出了自己的具体标准："益者三友，损者三友。友直，友谅，友多闻，益矣。友便辟，友善柔，有便佞，损矣。"（《论语·季氏》）孔子认为，人一生中结交的有益的朋友有三种，有害的朋友也有三种。益者三友包括正直、坦荡的人，宽恕的人，博闻强识的人，这样的朋友终生有益；损者三友包括急躁冒进的人，优柔寡断、犹豫不决的人，心思邪恶小人式的人。益者三友是结交贤友的基本标准，而损者三友则是人一生中应该回避的朋友，此处，孔子给出了明确的交友标准，且一生行之。而关于朋友之间如何相处方面，孔子也给出了自己的看法："切切偲偲，怡怡如也，可谓士矣。朋友切切偲偲，兄弟怡怡。"（《论语·子路》）孔子认为，真正的朋友，相互之间应该敢于批评，指出对方的错误，而不应过于顾忌颜面，这样敢于直言彼此错误的朋友才是真正的朋友。同时，真正的朋友之间应该做到"君子之交淡如水"，相互之间没有过多的利益得失的纠缠和彼此间的阿谀奉承，正如俗语中所说的："万两黄金容易得，知音一个也难求。"朋友之间要淡化物质利益关系，要真正做到开诚布公、互相提携，孔子以交"益友"为乐的精神和其快乐的交友之道仍然对当今社会的人际交往具有重要的启迪和引导意义。

其四，休闲自娱之乐。在当今大多数人看来，孔子只是一个注重道德修养、追求道义的夫子形象，似乎对人间烟火从不问津。其实，孔子的生活并非我们现代人想象的那般乏味。除了平日的修行悟道，孔子还有着丰富而充实的休闲娱乐生活。

在饮食方面，孔子非常讲究，并经常从中享受饮食之乐。在孔子的生活中，他并不赞成生活的奢靡，但是孔子对饮食的卫生和营养、养生非常讲究。《论语》中记载孔子对饮食的要求："食不厌精，脍不厌细。食饐而餲，鱼馁而肉败，不食。色恶，不食。臭恶，不食。失饪，不食，不时，不食。割不正，不食。不得其酱，不食。肉虽多，不使胜食气。惟酒无量，不及乱。沽酒市脯，不食。不撤姜食，不多食。"（《论语·乡党》）孔子对饮食卫生、质量等非常挑剔，饭不因为做得精致而饱食，肉类菜肴不因为烹调得细致味美就暴食暴饮。凡是饭因久放，味道变了，鱼放坏了，肉腐败了，孔子都拒绝吃。同时，孔子还主张食物颜色变坏了不能吃，味道变臭了不能吃。食物煮得不熟或者太生，或过熟、太烂都不能吃。饭如果不是吃饭的正餐时间不能吃，不按照正规的方法割的肉也不能吃。做饭放的调味品不适合不能吃。食肉不能吃太多，不能吃得比青菜米饭还要多。孔子对饮酒并无限制，但前提是以不喝醉、不捣乱、不闹事为基本原则。这就是孔子著名的饮食方面的"八不食"讲究，它涉及饮食的多个方面，包括饮食原材料的精挑细选、新鲜度，原料的色、味以及不同时节的不同原料要求，同时在烹饪技术方面也有一定的要求。从上述孔子"八不食"的基本饮食规定可以看出，孔子对于饮食的卫生、营养等要求非常苛刻，在孔子这里，饮食不只是为了在饥饿时予以果腹，而是通过对饮食各工序的苛刻要求真正享受饮食。正因为如此，孔子才强调"食精则能养人"，他认为精挑细选的食物对人体健康有一定的滋养作用。不可否认的是，在孔子那里，食物精美与否并不重要，重要的是是否对饮食的各工序进行严格把关，由此才能享受饮食之乐。从孔子对饮食的各种苛刻要求中，我们可以看出孔子对于饮食生活的讲究和热爱，在孔子那里，即便是简单的吃吃喝喝这些生活琐事，也照样能自得其乐，"疏食饮水，乐在其中"。

除了休闲之余的饮食之乐，孔子还从自然山水中体会心境之乐。"知者乐水，仁者乐山。知者动，仁者静。知者乐，仁者寿"（《论语·雍也》），文中"知"同"智"，"知者"就是"智者"；"乐"指喜欢、爱好，"乐水""乐山""知者乐水""仁者乐山""知水仁山""乐水乐山"等都是孔子从大自然中领悟到的山水之乐，这种乐是一种从欣赏自然山水中超脱了世间世俗名利的自在之乐。孔子还说："子在川上曰：逝者如斯夫！不舍昼夜。"（《论语·子罕》）时间的流逝就像流水，日夜不停地流逝。这段话乍一看貌似孔子在感慨光阴之流逝，实则通过自己的生命体悟去感受和解读天地自然之变化，感触到水之流、时间之流和生命之流同出一辙，都在不舍昼夜地流走，在生活的瞬间即可流逝，通过这样的解读，孔子想告诉后人，要珍惜有限的时间和生命，充分利用有生之年来做些有益的事情，否则后悔无用，因为"逝者如斯夫！不舍昼夜"。孔子这种对珍惜有限生命的警示，凸显出来的是他对生命的大爱精神。关于这样的解说，在孔子与其诸多弟子的对话中也可以读到："以吾一日长乎尔，毋吾以也。居则曰：'不吾知也！'如或知尔，则何以哉？子路率尔而对曰：'千乘之国，摄乎大国之间，加之以师旅，因之以饥馑；由也为之，比及三年，可使有勇，且知方也。'夫子哂之。'求！尔何如？'对曰：'方六七十，如五六十，求也为之，比及三年，可使足民。如其礼乐，以俟君子。''赤！尔何如？'对曰：'非曰能之，愿学焉。宗庙之事，如会同，端章甫，愿为小相焉。''点！尔何如？'鼓瑟希，铿尔，舍瑟而作，对曰：'异乎三子者之撰。'子曰：'何伤乎？亦各言其志也。'曰：'莫春者，春服既成，冠者五六人，童子六七人，浴乎沂，风乎舞雩，咏而归。'夫子喟然叹曰：'吾与点也。'"（《论语·先进》）这段话是记录孔子和弟子子路、曾皙、冉有、公西华等人的谈话，通过这段对话，可以明显地看出，尽管孔子一向以道德修养的践履和培养以及行道救世的志向示人，然而在求道过程中，孔子并不是一个呆板机械不食人间烟火的学者，他的求道路途中不乏对生活和自然山水的热爱，这种乐食、乐山、乐水的情怀，是一种诗意生活，一种对于生活和大自然的眷恋情怀，此处曾点的回应与其老师孔子产生了共鸣，故而孔子才有"吾与点也"的感叹，而这一点正是孔子休闲自娱之乐心境的体现。

孔子的旷达乐观、积极向上的快乐观和精神对于当今心浮气躁、过分在意外在功名利禄的现代人来讲，具有重要的价值引导意义。这种精神无疑会伴随着人类的社会实践内化到人类创造的各种文化中，孔子"安贫乐道"的精神、"乐而不淫"的追求等要求人们树立正确的价值观念和理想信念，积极乐观地与人相处，以豁达之心面对生活中的各种困难与挫折，以用心地享受生活、感恩生活，为进入职场、步入社会做好充分的心理准备。

三 《论语》原文选释

《论语》成于众手，孔子的言论主要保存在《论语》中，《论语》就是孔子之学的载体。孔子没有像老子、庄子、孟子、荀子一样，对自己的学说有长篇大论成系统的论述，他以文、行、忠、信教育弟子，从不语"怪、力、乱、神"，孔子只是踏踏实实地教人注意自己的言行，去躬行仁道，守住自己的道义，同时，《论语》也没有玄虚出世之谈，它主张一种脚踏实地的入世学问，可以说，孔子其人其学皆为入世之人、之学，正因为如此，宋代宰相赵普曾言以半部《论语》治天下。《论语》中蕴含着丰富的哲学思想、管理思想以及道德修养、教育思想等，值得我们今天重新进行解读。

【原文】子曰[1]："学而时习之[2]，不亦说（yuè）乎[3]？有朋自远方来，不亦乐乎？人不知而不愠（yùn）[4]，不亦君子乎？"（《论语·学而》）

【注释】

[1]子：古时对男子的尊称，与现在所说的"先生"类似。《论语》中"子曰"的"子"都是特指孔子。

[2]时：适当的时候。习：实习，实践。

[3]说：同"悦"，高兴，愉快。

[4]愠：生气，愤怒。

【翻译】孔子说："学习并在适当的时候运用于实践，不是很愉快吗？有志同道合的朋友从远方来相聚，不是很快乐吗？别人不了解我，我并不生气，这不正是君子吗？"

【评析】《论语》开篇明义，指出学习的目的就是获得快乐，而不是后世所谓的"学海无涯苦作舟"。我们读《论语》如果没有获得快乐，那是因为没有真正读懂《论语》。这里所说的"学"，指的就是学习做人，学习为人处世。儒家的学问都是从修身开始，然后齐家、治国、平天下，由近及远，推己及人，它既不好高骛远，也不故步自封。古代交通不便，有志趣相同的朋友从远方来切磋学问、相互砥砺，这是非常愉快的事情。坚持原则、追求理想人格，往往会比较孤独，这时如果有朋友的鼓励，将会令人欣慰，同时还能从中获得友谊的快乐。

现代心理学认为，我们所有的心理问题，究其本质，都是人际关系的问题。良好的人际关系是内心幸福感的源泉，良好的人际关系的匮乏导致我们内心的空虚。而孔子提出的"仁"的理念，则是建立良好人际关系的基础。只要我们内心充满仁爱，就一定会从中获得快乐。"古之学者为己，今之学者为人""君子求诸己，小人求诸人"，求仁是自我感悟的生命过程，它需要我们在学的过程中慢慢体悟。

孔子告诉我们，凡事要向自己的内心寻找答案，时刻听从自己内心的良知，满足自己人性向善的需要，去做让自己快乐的事情，这才是人生的正道。只要我们能够仰不愧于天、俯不怍于人，走到任何地方都堂堂正正，那自然会时时感受到内心真正的喜悦。《论语》就是这样一本告诉我们如何获得快乐的书，让我们以孔子为师，去追寻圣人的足迹，在学习中逐渐体验人生的快乐。

【原文】有子曰[①]："其为人也孝弟（tì）[②]，而好（hào）犯上者，鲜（xiǎn）[③]矣；不好犯上，而好作乱者，未之有也[④]。君子务本[⑤]，本立而道生。孝弟也者，其为仁之本与（yú）[⑥]！"（《论语·学而》）

【注释】

①有子：孔子学生，姓有，名若，字子有，鲁国人，据说比孔子小33岁。《论语》中记载孔子弟子时一般称字，只对曾参和有若称为子，据此有很多人认为《论语》一书是曾参和有若的弟子记录而成的。

②弟：同"悌"，尊重兄长。

③鲜：指少。

④未之有也：即"未有之也"，古汉语中否定句的代词宾语，提到动词之前。

⑤务：致力于。

⑥与：同"欤"，是疑问语气词。

【翻译】有子说："一个人孝敬父母，尊敬兄长，却喜欢冒犯上级，这是极为罕见的；不喜欢冒犯上级，而喜欢破坏秩序，这样的人从未有过。君子致力于根本，根本确立，人生的正途就自然产生。孝敬父母与尊敬兄长，就是为仁的根本啊！"

【评析】在孔子那个时代，读书人要学习礼、乐、射、御、书、数这六艺，孔子本人就能文善武，射箭与驾车都相当出色。有若也文武双全、忠勇兼备。《左传》里记载，有一次吴王夫差攻打鲁国，有若就加入夜袭的敢死队，吓退吴军。

那么什么是孝悌？儒家认为善事父母为孝，也就是我们常说的孝敬父母；善事兄长为悌，悌就是尊敬兄长的意思。孝悌是仁的根本，也就是做人的基础。

根据现代西方心理学的研究，人在生命的头几年与父母建立的情感模式、互动模式，会成为我们一生与人交往的模板。我们以为自己不断地在遇到各种新的人际关系，其实我们是把最初与父母建立的人际关系不断地在复制。所以，如果这个基础的关系没有建立好的话，我们的内心就会缺少爱，而内心缺少爱的人是没有创造力也没有忍耐性的，在社会上就很难处理好与他人的关系，也非常难以获得成功。所以，维护好与父母之间的这种人类最基本的情感，是我们处理社会所有人际关系的基础。我们设想，一个人如果连自己的父母都不爱，都不关心，他是不可能真正去关心和爱其他人的。所以说"百善孝为先"，先处理好和父母的关系，我们其他的人际关系自然就会融洽和谐。

那么为什么修身要从孝开始？因为儒家讲的是人生大道。所谓人生大道，就是人人都要走的路。如果只是少数人要走的路，那就不是大道，而是小道。我们在世界上生存、发展就必须处理好各种人际关系，因为我们无法脱离人际关系而存在。而在所有的关系中，与父母的关系最重要，与父母的关系，这是其他一切人际关系的基础。

【原文】曾子曰[1]："吾日三省（xǐng）吾身[2]：为人谋而不忠乎[3]？与朋友交而不信乎[4]？传不习乎？"（《论语·学而》）

【注释】

[1]曾子：孔子晚年时期所收的学生，小孔子四十六岁（公元前505—前435年）。姓曾名参（shēn），字子舆，鲁国南武城（故城在今天山东平邑县附近）人。

[2]三省：多次反省。"三"在这里是"多次""反复"的意思。古代汉语中数词做状语修饰动词时，一般表示动作频率；而"三""九"等一般又表示次数的多，不是实数。

[3]忠：尽心竭力的意思。

[4]信：诚信。

【翻译】曾子说："我每天多次反省自己：是否尽心竭力帮助别人办事？是否诚信待人？是否对别人传授的道理进行过实践？"

【评析】曾子告诉我们每天要对自己的所作所为进行反省。反省是自由的代价，同时反省也是增进自由的手段，没有反省，就没有自由和尊严可言。西方文化以神为本，认为人人都犯有原罪，所以非常重视忏悔，以表示对神的尊重与崇拜。中国文化以人为本，认为只有经过反省，才能不断提高自我修养，以彰显人的价值。曾子认为我们应该反省以下诸行为：首先，我们帮助别人办事的时候是否做到"忠"。什么是"忠"？忠者，心在中，不偏不倚，即谓正道而行。就是说，我们替人办事，要真心实意、尽心竭力，把别人的事情当成自己的事情来做，这就是"忠"；其次，与朋友交往是否做到诚信待人。什么是"信"？人言为信，我们答应朋友的事情就要努力做到，如果没有把握做到，就不能轻易承诺或者答应；最后，让别人做的事情，自己首先要做到，即所谓"正人先正己，己正人自正"，自己做不到的事情就不要去要求别人。我们非常熟悉的王阳明的《传习录》书名就是从曾子的"传不习乎"而来的。

"传不习乎"就是一种非常好的教育方式，你希望孩子成为什么样的人，你自己就先要做到，而不是一味地说教。

有一次，曾子的妻子要到集市上去，她的孩子跟在她后边不停地闹，曾子的妻子有点不耐烦，就哄孩子说："你先回去，等我回家后杀猪给你做猪肉吃。"妻子从集市回来之后，就看见曾子要抓住猪把它杀了。妻子劝阻他说："刚才只不过是和孩子开玩笑罢了。"曾子说："孩子是不能和他随便开玩笑的。孩子是不懂事的，是要向父母学习的，听从父母的教导。如今你欺骗他，你这就是教导他学会欺骗。而母亲欺骗孩子，孩子就不会再相信母亲了，这不是教育孩子应该用的方法。"于是曾子就把猪杀了，并给孩子做猪肉吃。

就是这样孔子口中愚钝的曾子，最终把孔子的道统传给孔子的孙子子思，子思的门人再传给孟子，到孟子最后把孔子的思想发扬光大，而曾子本人也被后世尊称为宗圣。古往今来，阐扬孔子思想最好的还是孟子，所以后世并称孔孟。

【原文】子曰："弟子①入则孝，出则弟，谨而信，泛爱众，而亲仁②。行有余力，则以学文③。"（《论语·学而》）

【注释】

①弟子：指年纪幼小的人。

②仁：有仁德、仁义的人。

③行：品行修养；文：书本上的文献知识。

【翻译】孔子说："年轻人在家孝敬父母，出外尊敬师长，做事谨慎，言而有信，广泛关心他人，亲近有仁德的人。这些事做好后还有空闲时间，要再去学习书本知识。"

【评析】我们所熟知的《弟子规》就是以这段话为大纲编写出来的。《弟子规》原名《训蒙文》，为清朝康熙年间秀才李毓秀所作。所谓弟子，古代称学生为弟子，也可指后辈晚生。中国古代的文化，师生之间情同父子，故有"一日为师，终身为父"的说法。学生要尊敬老师一辈子，当然，老师也要对学生负责一辈子。所以老师讲学，都是尽心竭力，不敢有丝毫马虎与懈怠。

孔子强调，"行有余力，则以学文"，先把人做好了，修行有余力，再向书本文字上用心。这句话再次印证了"学而时习之"的"习"躬行践履之意，而不是指复习。书读得好，只是有知识，不是有文化；文章写得好，只是我们细枝末流的追求。行正道，坚持仁义，才是孔子讲的大道。我们生活中不乏很多有知识、没文化的野蛮人。书读了不少，然而却缺乏做人的道德标准，其实，孔子想告诉我们的是，做人就是人生最大的学问。

【原文】子夏①曰："贤贤易色②，事父母能竭其力；事君能致其身③，与朋友交言而有信。虽曰未学，吾必谓之学矣。"（《论语·学而》）

【注释】

①子夏：孔子晚年所收学生，小孔子四十四岁，姓卜名商，字子夏。名列文学科，尤其擅长整理文献。

②贤贤易色：以贤为贤。第一个"贤"为动词，崇尚之意；第二个"贤"为名词，即实际的德行。易，为轻视、看轻的意思。色，容色，指表面的态度。全句的意思为：崇尚实际的好品行，轻视矫

揉造作的表面态度。

③致：委弃、献纳，这里指"奋不顾身"。

【翻译】子夏说："崇尚实际的德行，看轻表面的态度，侍奉父母，能竭尽全力；效力君主，能奋不顾身；与朋友交往，言而有信。这样的人虽然没有读过书，我一定说他学习过了。"

【评析】孔子去世后，子夏去魏国的西河讲学，曾被战国时期第一个霸主魏文侯请为老师。子夏曾经因为偏重文化知识的学习而忽视实际的德行修养，受到孔子的告诫：女为君子儒，无为小人儒。纸上得来终觉浅，绝知此事要躬行。儒家最重视知行合一，如果只是学了一些书本知识或者大道理，而不能在实际生活中躬行践履，那么学再多的知识也是于己无补的。

同样地，孔子认为如果一个人能孝敬父母、忠于职守、言而有信，那么，这就是人生最大的学问。书本知识不是拿来炫耀的，也不是用来当摆设的，而是用来提升自己的品行修养的。

【原文】子曰："父在，观其志①；父没（mò）②，观其行；三年无改于父之道③，可谓孝矣。"（《论语·学而》）

【注释】

①其：这里指儿子。

②没：辞世，去世。

③三年：概数，指长时间，多年的意思。道：原意指的是路，引申为应行之道、人生理想，最后引申为真理、正义等，这里指父亲符合道义的处事原则和做法。

【翻译】孔子说："父亲在世的时候，观察儿子的志向；父亲去世之后，观察他的行为；若是他多年能坚持父亲正确的处事原则，这就可以算是孝了。"

【评析】孔子最反感的，就是两面三刀之人，当面一套，背后一套,同样地,作为儿女,孔子认为能够把父母正面、积极的意愿继承过来好好发展就是自己对父母最大的孝。孔子这段话的意思就是告诉我们,孝敬父母要表里如一,以诚为本。无论父母在不在儿女面前,都要自始至终诚恳笃行、言行一致,就算父母去世了,做儿女的应该依然不改初衷、信守承诺,这才是真正的孝。其实,真正的孝,不是凡事都按父母的意愿去行事,而是继承父母正确的为人处世原则,让父母的正道得到弘扬。正确理解"道",才能将道上升到符合天道、人道的高度,这种高度是一种正确的、积极的、向善的处世原则,正如孔子所讲,"朝闻道,夕死可矣"。

【原文】有子曰:"信近于义①,言可复也②;恭近于礼,远(yuàn)耻辱也③;因不失其亲④,亦可宗也⑤。"(《论语·学而》)

【注释】

①近:接近、符合。

②复:履行诺言。

③远:动词,使动用法,指使之远离,此处亦可译为避免。

④因:亲近。

⑤宗:尊重、效法。

【翻译】有子说:"讲信用必须符合道义,才能履行承诺。恭敬必须符合礼的要求,才能远离耻辱。亲近的人中不能遗漏自己的亲人,那也是值得尊敬的。"

【评析】在待人接物时务必做到说话谨慎而符合时宜,否则所说的话就不容易实现;对他人恭敬有礼,自然就不会自取其辱。这就要求我们在与人交往的时候,务必做到慎始慎终,而不能随随便便,否则会给自己带来很多麻烦。需要注意的是,实践诺言、讲求信用必须以符合道义作为前提,"言必信,行必果,硁硁然小人哉!"这里孔子说得很明确,孟子说得更清楚,他直指主题:"大人者,言不必信，行不必果，惟义所在。"在儒家看来，信守诺言如果是合乎道义的，就可以放心大胆地去实践，而不合道义的小信，则为君子所不齿。

在儒家看来，谦恭是美德，但必须适度，如果过分谦恭就是谄媚，轻则自取其辱，重则丧失人性。我们待人接物要符合礼节，不卑不亢，热情而不谄媚，包容而不讨好，人际关系自然会越来越好。儒家还强调为人处世，要有一个由近及远、推己及人的先后顺序，由自己身边的人推及他人，最后达至"四海之内皆兄弟"的境界。一个不关心自己亲人的人，他也不会去关心他人。所以，孔子强调"因不失其亲，亦可宗也"，就是说亲近的人中也包括自己的亲人，对亲人要有真诚的情感，同样地，对他人也要带着这份真诚的情感，它是我们与他人建立良好关系的基础，打好这个基础，人生的正道自然会出现。

【原文】子曰："里仁为美[1]。择不处仁[2]，焉得知[3]？"（《论语·里仁》）

【注释】

①里：作动词用，即是"居"，住在某处。仁：仁道。里仁：居于仁道，即以仁道为立身的根本。钱穆《论语新解》中有解："里，即居义。居仁为美，犹孟子云：'仁，人之安宅也。'"

②择：选择。处：居住。择不处仁：不选择仁道作为立身的基础。钱穆《论语新解》："处仁，即居仁里仁义。人贵能择仁道而处，非谓择仁者之里而处。"

③知：通假字，通"智"。

【翻译】孔子说："以仁道为立身的根本，这是最美好的。立身处世不选择仁道，哪能算明智呢？"

【评析】钱穆《论语新解》中有解："孔子论学论政，皆忠礼乐，仁则为礼乐之本。孔子言礼乐本于周公，其言仁，则好古敏求自得之。礼必随时而变，仁则古今通道，故《论语》编者以里仁次八佾之后。"孔子在传承周公礼乐文明的基础上，"承礼启仁"，开创了今后中国两千多年的仁道文明，为中国文化奠定了不可动摇的基础。"仁"是孔子思想的核心概念，南怀瑾在《论语别裁》中对"里仁"也有阐述："里的意义就是'自处'，'里仁'的意思也就是一个人如何处在仁的境界。处世、处人，尤其是自处，都要有'自处之道'。再明白点讲，什么叫'里仁'呢？就是我们随时要把修养、精神放在仁的境界。"人一生学问的最后安顿处，不在外界的物质成就，而在于我们内心是否安于仁，安于仁爱精神。朱熹《论语集注》解释："里有仁厚之俗为美。择里而不居于是焉，则失其是非之本心，而不得为知矣。"我们很多人就是因为"失其本心"，所以终日惶惶不可终日、焦虑不安，没有安全感，而"本心"的丧失其实质就是仁的缺失。

【原文】子曰："富与贵，是人之所欲也，不以其道得之，不处也。贫与贱，是人之所恶（wù）①也，不以其道得之，不去②也。君子去仁，恶（wū）③乎成名？君子无终食之间④违仁，造次必于是，颠沛必于是⑤。"（《论语·里仁》）

【注释】

①恶：动词，指憎恶。

②去：避开，摆脱。

③恶：通假字，通"乌"，相当于"何"，疑问副词，指怎样、如何。

④终食之间：指一顿饭的工夫。

⑤造次：急遽，仓促。颠沛：跌倒。

【翻译】孔子说："富和贵，是人们喜欢的，但不通过正确合适的方式，就算遇到富贵，也不能接受；贫和贱，是人们所厌恶的，但不通过正确的方式，就算遭遇贫穷，也不能拒绝。"

【评析】 钱穆在《论语新解》中有解："人之不仁，非由于难得之，乃由于轻去之。惟君子能处一切境而不去仁，在一切时而无不安于仁，故谓之君子。此章仍是里仁为美之意。"按照他的解释，君子时时刻刻以仁为核心来处事，安处于仁才是君子所追求的至善至美之境。这章是对仁这一主旨的继续深入，"我欲仁，斯仁至矣"，人一生中最难的是对行仁的持之以恒，"造次必于是，颠沛必于是"，以致"杀身成仁"也不放弃对"仁"的追求，这才是君子的真正追求，越是艰难困苦的境况，越能看出一个人是否真诚追求"仁"。钱逊在其《论语读本》中说："精神生命和物质生命的关系，是人生共同的根本问题。物质生活本于人的生理本能，本质上与禽兽没有区别；精神生活则是人所独有的，是之所以为人之所在。所以人应该把精神生命的追求放在第一位；如果只知追求物质的享受，那就近于禽兽了。"可惜的是，我们身边总有些人，宁愿做禽兽，不愿意好好做人，整天想着如何谋取私利，以至违背道义，也在所不惜。儒家认为，君子不会有片刻时间脱离人生的正道，他会一直把正道作为人生的目标和追求。

【原文】 子曰："我未见好仁者、恶不仁者。好仁者，无以尚[①]之；恶不仁者，其为仁矣，不使不仁者加乎其身。有能一日用其力于仁矣乎？我未见力不足者。盖[②]有之矣，我未之见[③]也。"（《论语·里仁》）

【注释】

①尚：动词，超过。

②盖：疑问词，大概。

③未之见：未见之，指没有看到。

【翻译】孔子说:"我没有见到过爱好仁德的人,我也不厌恶不仁德的人。爱好仁德的人,是再好不过了;厌恶不仁德的人,他行仁德,不让不仁德的东西影响自己。有人能在一天的时间里把力量都用在实行仁德上吗?我没有见过力量不够的。大概力量不够的人还是有的,我没有见过罢了。"

【评析】仁是孔子思想的核心概念,成为仁人也是一生的奋斗目标。所以说"无以尚之",即使要付出所有的代价,也要坚守仁义的理想。但是,需要注意的是,仁并不是高不可攀,只要一心向善,就可以做到。仁是属于内心的,只要有仁爱之心,就随时可以有仁爱的行为。钱穆在其《论语新解》中解释说:"仁者,人心。然必择而安之,久而不去,始可成德,故仁亦有待于用力……然孔子亦仅谓人人可以用力于仁,并不谓用了一天力,便得为仁人。只说用一天力即见一天功,人不肯日常用力,故知非力不足。"仁只有愿不愿意持之以恒坚持下去的问题,而没有做不做得到的问题,所以孔子说"我欲仁,斯仁至矣",只要一心向善,生活中就不会缺少行善的机会。关键在于我们能否持之以恒,每天重复不断地行仁,日积月累,才会有所收获。

儒家最重视人的主动自觉的精神,它反对用外在的规范强加于人。人的道德修养完全要依靠个人自觉的修养和努力,自觉自愿去做该做的事情,日常点滴积累,终会有所成就。仁义无价,贵在坚持,不错过每一个行善的机会,就会有所提升。

【原文】子曰:"朝闻道,夕死可矣。"(《论语·里仁》)

【翻译】孔子说:"早上知道了人生大道,即使晚上死去,也没有什么遗憾。"

【评析】这段话只有短短七个字,然而含义却非常深刻。朱熹在《论语集注》中解释道:"道者,事物当然之理。苟得闻之,则生顺死安，无复遗恨矣。朝夕，所以甚言其时之近。"钱逊《论语读本》中也有阐释："人与禽兽的区别，人之所以为人，就在于人有做人之道，有人文的精神的生活。生命的意义在于精神生命。懂得做人之道，人生才能有意义；如不知为人之道，只知追求物质生活的满足，则近于禽兽，形同行尸走肉……事实上对道的追求、学习、践行和卫护，贯穿于人的一生，构成生命的全部。"孔子认为，人生中最至关紧要的事情，就是闻道、行道，如果求索一生，终于闻道，但不幸遽死，也没有关系，因为在孔子看来，求索终生而闻道总比没有闻道强，道是支撑君子走下去的核心力量，它可以解决我们为何而生、为何而死的问题。也就是说，在孔子看来，凡是能被别人剥夺的东西，如财富、健康生命，其价值都不是最大，对于君子而言，最大的价值是永远不能被别人剥夺的东西，如理想、信念、人生真谛等，也就是孔子所说的"道"。现在社会上流行一些蛊惑人心的观点，例如生命的价值大于一切，不要论是非，只要活着就好，等等。这样的观点危害非常巨大，因为如果我们认为这世界没有比生命更重要的价值，那么为了活着，我们就会无恶不作，最后有可能沦为禽兽不如的境地。文天祥临行前说"吾事毕矣"，这正是"朝闻道，夕死可矣"的最好诠释。任何学问最后必须面对生死，都必须有终极关怀，如果看不透生死，那就是学养尚未到家，也就是还没有闻道，而悟道之人，内心就会充满对他人的爱、对世界的爱，这种爱会让我们无惧生死，坚守道义，也会让我们获得内心真正的自由。

【原文】子曰："君子怀[1]德，小人怀土[2]；君子怀刑[3]，小人怀惠。"（《论语·里仁》）

【注释】

[1]怀：惦记，关心。

[2]土：乡土。

③刑：通假字，通"型"，一种铸造器物的范型，引申为铸造德性的表率之意。

【翻译】孔子说："君子惦记的是道德，小人惦记的是乡土；君子关心的是规矩，小人关心的是好处。"

【评析】君子与小人的区别之一就在于关注点之不同。君子更多关注的是如何为人处世的基本原则的问题，把道德修养放在首位，而小人则主要关心的是物质层面的利益和好处。鲍鹏山在其《论语导读》中说："君子致力于提高自己的道德水平；小人整天想的是提高自己的生活水平。君子做事，想的最多的是合于法度和规矩；小人做人，挖空心思要占一点小便宜，得一点小恩小惠。"君子和小人的关注点之所以有所不同，主要是因为两者的道德修养和境界有所不同。儒家考虑的不是一时的利害关系，它考虑的是跟人的内在生命有关的理想和原则，"计利当计天下利，求名当求万世名"，而不能以一时一己之得失为考虑的出发点，也正是在此处，君子和小人拉开了差距，所以孔子经常感慨"君子坦荡荡，小人长戚戚"。

【原文】子曰："放①于利而行，多怨②。"（《论语·里仁》）

【注释】

①放：通假字，通"仿"，依仿，依据。这里指行事皆按利害关系来进行。

②多怨：对他人滋生怨恨。

【翻译】孔子说："如果一切依照个人私利而做事的话，难免会滋生怨恨。"

【评析】钱穆在其《论语新解》中说："若专在利害上计算，我心对外将不免多所怨。孔子曰'求仁而得仁，又何怨。'若能依仁道，则不论利害得失，己心皆可无怨。"我们做事，但求心安，只要行为符合道义，仰不愧于天，俯不怍于人，自然无怨无悔。你和别人来往，完全看利益，看利害关系，而不讲道义的话，很容易引起怨恨。毕竟没人愿意与唯利是图的小人交朋友，人生的价值不在于攫取了多少利益，而在于为社会、为别人贡献了多少。违背道义，贪得无厌，或遭人怨，或遭天谴。孔子这里强调，不讲道义、一味以利益为行动指南的行为是会招致他人怨恨的。俗话说，"君子爱财，取之有道"。孔子并不反对追求利益，只是当利益和道义发生冲突的时候，应该把道义放在第一位，"求仁者总能得仁，求利者未必得利"。

【原文】子曰："君子喻①于义，小人喻于利。"（《论语·里仁》）

【注释】

①喻：知晓，懂得。

【翻译】孔子说："君子知晓道义，而小人知晓的是利益。"

【评析】朱熹在其《论语集注》中引用程子评论："君子之于义，犹小人之于利也。唯其深喻，是以笃好。"君子之所以能舍生取义，是因为志向高远，真正了解义的重要，愿意用生命去捍卫义的价值。小人格局有限，只能看到身边的小利，所以整日蝇营狗苟，被物质欲望所束缚，失去了人生的自由。钱穆《论语新解》中也有评论："君子于事必辨其是非，小人于事必计其利害。用心不同，故其所晓了亦异。"君子懂得以义为取舍标准，懂得见利思义，不取不义之财。而小人眼里只有利益，从不会考虑利益是否符合道义。朱熹《论语集注》中又有如此说法："君子有舍生而取义者。以利言之，则人之所欲无甚于生，所恶无甚于死，孰肯舍生而取义哉？其所喻者义而已，不知利之为利故也。小人反是。"他指出，不明白道义的重要，就不会舍生取义；不能够舍生取义，也就没有真正明白道义的重要性。儒家并不反对利益，它反对的是不论是非、不分对错，一切以利益为主的唯利是图的行为。当义与利发生矛盾时，它主张应该毫不犹豫地选择义而放弃利。

【原文】子曰："见贤思齐焉①，见不贤而内自省也。"（《论语·里仁》）

【注释】

①贤：贤人，贤德之人。齐：平等，向……看齐。

【翻译】孔子说："见到贤人，就要向他看齐；见到不贤的人，就要内心自我反省有没有如不贤者一样的毛病。"

【评析】朱熹在《论语集注》中说："见人之善恶不同，而无不反诸身者，则不徒羡人而甘自弃，不徒责人而忘自责矣。"朱熹认为，人们之所以会嫉妒羡慕别人，是因为自暴自弃，根本没打算靠自己的努力去改变提升自己。钱穆在其《论语新解》中这样评析："此章见与人相处，无论其人贤不贤，于己皆有益。若见贤而忌惮之，见不贤而讥轻之，则惟害己德而已。"儒家没有关起门的圣人，圣人就是要在日常生活中与他人交往，在交往中不断反思自己。见到别人好的就学习进步，见到别人不足的地方就要反省自身有没有类似的问题需要避免或者改正。做到如此，我们才能实现主体自觉，才会有不同的人生境界。

【原文】子曰："事父母几（jī）①谏，见志不从，又敬不违，劳②而不怨。"（《论语·里仁》）

【注释】

①几：微谏，指轻微，委婉。

②劳：忧愁。

【翻译】孔子说："侍奉父母，遇到父母不对的或者错误的地方要委婉劝谏。自己的意见表达了，父母不听从，要一如既往地保持恭敬，而不要违逆，虽然忧愁，但不怨恨。"

【评析】朱熹在《论语集注》中说："几，微也。微谏，所谓'父母有过，下气怡色，柔声以谏'也。见志不从，又敬不违，所谓'谏若不入，起敬起孝，悦则复谏'也。"宋儒以后论道学，便有"天下无不是的父母"的明训出现。因此，五四运动要打倒孔家店时，这些也成为一条重要的罪状。其实孔子思想并不是这样的，天下也有不是的父母，父母不一定完全对，作为一个孝子，父母有不对的地方，就要尽力劝阻，但是态度一定要委婉。因为父子关系与君臣关系不同，君臣是可以选择的，所以"以道事君，不可则止"，和父母的关系无法选择，所以要"又敬不违，劳而不怨"。钱穆在其《论语新解》中也说："此章见父子家人相处，情义当兼尽。为子女者，尤不当自处于义，而伤对父母之情。若对父母无情，则先自陷于大不义，故必一本于至情以冀父母只终归于义。"看到父母犯错而不劝谏，这是陷父母于不义，君子自然不能如此。劝谏父母时，若态度恶劣、自以为义，那么这也是无情，君子不能如此。作为君子就应该委婉地劝谏，这样才能有情有义。傅佩荣《论语三百讲》中强调："在《孝经》里面，就特别强调子女要勇敢地指出父母的缺点，但是态度要非常委婉，有这样的子女父母才会比较高兴……谈到孝顺，孟子就特别提到，如果父母要犯错，做子女的没有去劝阻，等于是陷父母于不义，让别人去批评嘲笑，这就是不孝。"他认为自己的父母不能改过迁善，这才是真正的不孝，是从心底对父母的不尊重。

【原文】子曰："父母之年，不可不知①也。一则以喜，一则以惧。"（《论语·里仁》）

【注释】

①知：了解，知道，这里指常记在心。

【翻译】孔子说:"父母的年龄不能不常记在心。一方面因为他们的长寿而高兴;一方面因为他们的日益衰老而恐惧。"

【评析】朱熹《论语集注》:"常知父母之年,则既喜其寿,又惧其衰,而于爱日之诚,自有不能已者。"孔子这段话反映的是人类普遍的感情。子女与父母的关系成为人生一世最重要的原生关系,如果与父母的关系不能处理好,那么其他的人际关系也不会好到哪里去。钱穆《论语新解》中又有解:"孝心即仁心。不孝何能仁?当知能对别人有同情,能关切,此乃人类心情之最可宝贵者,孔子特就孝道指点人心之仁。人当推广孝心以达于仁,若以自私之心对父母,处家庭,初视若亦无违孝道,然心不仁,亦将不孝。此心是一,即仁便是孝,即孝便是仁,非谓仁孝可有先后之分别。"从孝心开始培养,即是仁之大道。子女只要反推父母对子女关爱的情感,自然也会滋生对父母的年龄增长之矛盾心情。一方面因为父母长寿而喜悦;一方面因为父母离人生的终点越来越近而心生恐惧。这是一种成熟而又深刻细腻的情感体会。孔子能说得如此入木三分,可见其宽厚仁慈之心。鲍鹏山在其《论语导读》中强调:"父母对子女,有至恩,恩重如山。子女对父母,有至情,情深似海。既喜且惧,这种感情,非深有体会者道不出。"子女要及时尽孝,勿使自己后悔。人生至情,无过于此。

【原文】子曰:"德不孤,必有邻①。"(《论语·里仁》)

【注释】

①邻:邻人,邻居,这里指亲近的人。

【翻译】孔子说:"有德行的人不会感到孤单,一定会有人陪伴他亲近他。"

【评析】朱熹《论语集注》中说:"德不孤立,必以类应。故有德者,必有其类从之,如居之有邻也。"在追求仁道的路上,我们有时会感觉很孤独,这时我们既需要"人不知而不愠"的精神,同时也需要"德不孤,必有邻"的信心和温暖。人性向善,只要坚持正道而行,终会得到他人的理解与支持。钱穆在其《论语新解》中也说:"有德之人纵处衰乱之世,亦不孤立,必有同声相应,同气相求之邻,如孔子之有七十二弟子。""必"即必定。为什么"德必有邻"?这是因为,人性向善并施善,他人才"必定"会亲近我们。如果我们视道德为痛苦而不是享受,那么就很难讲真学问、真道德。这里,孔子强调,一个道德修养到位、处处为他人着想的人,绝不会孤苦伶仃,反之,拼搏之途一定会有他人相助。

"得道多助,失道寡助",讲的就是这个道理。

【原文】宰予[1]昼寝。子曰:"朽木不可雕也,粪土[2]之墙不可杇(wū)[3]也。于予与何诛[4]?"子曰:"始吾于人也,听其言而信其行;今吾于人也,听其言而观其行。于予与改是[5]。"(《论语·公冶长》)

【注释】

[1]宰予:姓宰名予,字子我,又称宰我,孔子弟子,以言语见长。

[2]粪土:废土、腐土。

[3]杇:抹墙用的抹子,粉刷墙壁也叫杇。

[4]于予与何诛:与,语气词;诛,责备。整句话可以译为:对于宰予还怎么责备呢?

[5]是:代词,指此、这。

【翻译】宰予白天睡觉。孔子说:"腐朽的木头无法雕刻,废土筑的墙无法粉刷。对于宰予还怎么责备呢?"孔子说:"开始我对他人,听见他说的就相信他一定会做到;现在我对于人,听见他说的还要观察一下他的行为。从宰予这件事我有了这个改变。"

【评析】朱熹在《论语集注》中说:"君子之于学,惟日孜孜,毙而后已,唯恐其不及也。宰予昼寝,自弃孰甚焉?故夫子责之。""天行健,君子以自强不息",孔子倡导勤奋,对于"饱食终日,言不及义"浑浑噩噩的生活状态,他是非常排斥的。立志学习儒学的人,每时每刻都在修行之中,不可有一丝一毫之懈怠。对于宰我的言行不一,孔子深为痛惜。后来王阳明提出知行合一,正是对儒家精神最精粹的理解。孔子很重视知人,因为只有了解别人我们才知道如何与他人相处,当事业上需要帮手的时候,我们也就知道该选择与谁合作。所以孔子说:"不患人之不己知,患不知人也。"不了解他人,对我们的损失确实很大,"听其言而观其行"是一个很好的谨慎了解他人的方法。我们往往为了省事,只根据一个人的言论就轻易下结论,结果给自己带来无尽的麻烦。

【原文】子贡问曰:"孔文子①何以谓之'文'也?"子曰:"敏②而好学,不耻下问,是以谓之'文'也。"(《论语·公冶长》)

【注释】

①孔文子:卫国的执政上卿,姓孔,名圉,字仲叔,文是其谥号。

②敏:敏捷,勤勉。

【翻译】子贡问道:"孔文子的谥号为什么叫作文呢?"孔子说:"他勤勉而又好学,不以向不如自己的人请教为耻,所以给他谥号为文。"

【评析】钱穆《论语新解》中说:"孔文子:卫大夫,名圉。文,其谥。《左传》载其人私德有秽,子贡疑其何以得谥为文,故问。"中国文化有一个传统,就是人去世之后用谥号来作为对其一生行为的评价,像"文"这样的谥号是非常高的评价。孔文子有劣行,而谥号为"文",所以子贡困惑而问。孔子德宏量广,乐道人之善,不愿揭人之恶,不因孔圉有错而抹杀其优点,故用"敏而好学,不耻下问"来形容孔文子之长处，此章可见孔子之心胸。朱熹在其《论语集注》中说："故《谥法》有以'勤学好问'为'文'者，盖亦人所难也。孔圉得谥为'文'，以此而已。"这里的"文"不是指"经天纬地""道德博厚"等意义，而主要指的是勤学好问。"敏而好学，不耻下问"这八个字看起来简单，实质上真正做需要我们持之以恒，所以钱穆说："敏而好学，不耻下问，则其进于善也不难矣。"在《论语》里，孔子评价过三个人好学：孔子自认为好学；孔子认为最优秀的学生颜回好学；孔子认为孔文子好学。由此可见好学之难，但比好学更难的就是"不耻下问"。问学能以能问于不能，以多问于寡，时时处处保持谦虚求教之心，需要我们有博大的胸怀和仁境。

【原文】子谓子产①"有君子之道四焉：其行己也恭，其事上也敬，其养民也惠，其使民也义。"（《论语·公冶长》）

【注释】

①子产：公孙侨，字子产，郑穆公之孙，为春秋时郑国的贤相，曾在郑国执政二十二年。

【翻译】孔子评论子产："他具有四种君子的品德：自身行为庄重，侍奉君上恭敬，养护民众有恩惠，役使民众有道义。"

【评析】子产在郑国执政之时，恰逢晋、楚两个大国争霸，战争不息。郑国的地理位置恰恰处于晋、楚之间，所谓"两大之间难为小"，要周旋于两个争霸的大国之间，其难度可想而知。然而，子产却能不卑不亢，使郑国在动荡的国际格局中获得尊严与安全，所以得到孔子的高度赞扬。钱穆在《论语新解》中说："子产在春秋时，事功著见，人尽知之。而孔子特表其有君子之道四，所举己尽修己治人敦伦笃行之大节，则孔子所称美于子产者至矣。"表面看来，钱穆赞美的是一个宰相的修养，其实也是我们每一个人为人处世必须践行的道理。曾子曾说："可以托六尺之孤，可以寄百里之命。"世上再伟大的事业，都需要我们从每天的日常行为开始修炼。

【原文】子曰："贤哉，回也！一箪（dān）食①，一瓢饮，在陋巷。人不堪其忧，回也不改其乐。贤哉，回也！"（《论语·雍也》）

【注释】

①箪：古时盛饭的竹器，圆形。

【翻译】孔子说："贤德呀，颜回！一筒饭，一瓢水，住在陋巷里，别人都受不了这种困苦忧愁，颜回却不改变他的乐趣。贤德呀，颜回！"

【评析】钱穆《论语新解》中评论此章："本章孔子再言贤哉回也，以深美其虽箪食瓢饮居陋室而能不改其乐。孔子亦自言，'饭疏食，饮水，曲肱而枕之，乐亦在其中。'宋儒有寻孔颜乐处所乐何事之教，其意深长。学者其善体之。"宋朝大儒周敦颐让二程寻找孔颜所乐为何事，这是我们理解《论语》的方便法门。一个人读《论语》，如果读不出感动与快乐，那就基本没有读懂《论语》。颜回不改其乐，反映了他对人生意义的理解和根本的人生态度。一个人面对穷困，还能坚持其进德行善的一贯人生信念，不为穷困所动，这样的人，才是真正的君子。颜回为什么快乐，这是问题的关键。人的生命不是由外在决定，而是由内在决定，"朝闻道，夕死可矣"，人生最大的痛苦就是对死亡的畏惧，孔子认为，知晓"道"之真谛，立马走向死亡都没有关系，可见他对做人之道的重视。可以说，君子之风，安贫乐道，这种道正是一种因为行道而获得的真正恒久之乐。

【原文】子谓子夏曰："女为君子儒，无为小人儒。"（《论语·雍也》）

【翻译】孔子对子夏说："你要做君子式的儒者，不要做小人式的儒者。"

【评析】 钱穆《论语新解》中说:"推孔子之所谓小人儒者,不出两义:一则溺情典籍,而心忘世道。一则专务章句训诂,而忽于义理。子夏之学,或谨密有余,而宏大不足,然终可免于小人儒之讥。而孔子之善为教育,亦即此可见。"孔子对子夏是有所寄托的,他希望子夏能将自己的道传之于后世,于是对子夏的告诫尤其语重心长。子夏后来确实也没有辜负老师的期望。钱穆《论语新解》中解说:"汉儒传经,皆溯源于子夏。"子夏铭记老师的嘱托,在孔子弟子中,子夏整理、传授的典籍最多,实现了做一个君子儒的信念,同时也实现了"为往圣继绝学"的梦想。后来子夏成为魏文侯的老师,成为孔子弟子中唯一的"帝王师",当时的一批名流,如田子方、段干木等,都是子夏的弟子。

子夏能够如此,还因为孔子因材施教的教育法。孔子希望子夏除了典籍方面的特长外,能开阔自己的心胸,有更高的追求。在孔子这里,君子是有器度恢宏之志向的。"小人儒"只看到眼前的需求和利益,根本谈不上志向,所以视域低下,境界层次不高。什么是"儒"?根据《说文解字》的解释:"儒"是人类社会所需要的人,所以在"人"字旁加一个需要的"需"字,便成了儒。"需人"是人类需要他,社会当中不可缺少的人,这就是"儒者"。什么叫小人儒?书读了不少,但是境界层次低,没有志向、目标,属"井底之蛙"之类,只顾眼前利益;而君子儒则人情练达,深通世故,不但才、德、学三者兼备,而且具备仁善的道德修养和人格境界。

【原文】 子曰:"质胜文则野①,文胜质则史②。文质彬彬③,然后君子。"(《论语·雍也》)

【注释】

①质:质朴,这里指内在的品质。文:文采,外在的礼节修饰

和约束。野：粗鲁，鄙野。

②史：掌文书的史官。这里指过分注重修饰文辞而诚信不足。

③彬彬：文质兼备融洽。

【翻译】孔子说："质朴胜于文采就流于粗鲁，文采胜于质朴就流于虚浮。文采与质朴兼备融洽，则能成为君子。"

【评析】本章主要强调对君子的要求，不仅要文质彬彬，还要内外合一，也就是内心的道德品质和外表的礼仪合一，这样才是君子的风度。质与文、内与外、仁与礼都不可偏废，文质要搭配得当。"文"的基础是"质"，"质"就是一个人生下来就有的自然的一种本性，在没有受教育前的一种自然状态，一般叫作质朴。"文"指文化、文学、文艺，一般是后天所学。孔子提倡文质彬彬，是强调外在和内在的合一，他认为真诚来自于内心真挚的情感，而外在的文饰、礼节再多，如果不是发于真诚，那都会是虚伪的行为，这是最为孔子所不齿的。文质彬彬的君子人格理想影响中国两千多年，今后仍将继续产生一定的影响。

【原文】子曰："知之者不如好之者，好之者不如乐之者。"（《论语·雍也》）

【翻译】孔子说："懂得它的人，不如爱好它的人；爱好它的人，不如以它为乐的人。"

【评析】孔子把学习分成三个层次，即为"知之""好之""乐之"。"知之"，就是知道道理的重要性，比如我们知道要孝敬父母，要友爱兄弟姐妹，要跟朋友讲信用。但这只是理性的认识，在社会生活中，随时都可能因各种原因而不去践行。"好之"，就是内心喜欢人性向善这个道理。但是，内心喜欢和实际的行为仍有距离。"乐之"，就是把道理应用于实际的生活，由于这些道理符合人性向善的本性，所以我们在实践的过程中就会获得快乐，而这种快乐会使我们今后更容易坚持这些道理。《论语》开篇,孔子就以"学而时习之,不亦说乎"开始,强调学问一定要践行,一定要知行合一。学问是为了提升自己,让人身心受用,而不是为了向他人炫耀。所以,孔子认为,只要我们践行这些道理,并因有所收获而内心喜悦,那么他人能否了解我们就不重要,这个时候才能做到"人不知而不愠"。学问之道,贵在快乐,而快乐往往来源于对于所学道理的实践。

【原文】子曰:"知者乐水,仁者乐山;知者动,仁者静;知者乐,仁者寿。"(《论语·雍也》)

【翻译】孔子说:"智者爱水,仁者爱山。智者活跃,仁者沉静。智者快乐,仁者长寿。"

【评析】朱熹在《论语集注》中释曰:"知者达于事理而周流无滞,有似于水,故乐水。仁者安于义理而厚重不迁,有似于山,故乐山。动静以体言,乐寿以效言。动而不括故乐,静而有常故寿。"中国人对山水的浓情确实代代不绝,诗有山水诗,画有山水画,弹曲自有"高山流水谢知音",总之,大有"万水千山总是情"之嫌。智者为什么喜爱流水?因为水有弹性,碰到山就拐弯,在任何情况下都能"随机应变"。孔子曾说自己"无可无不可",就是强调自己没有任何教条的束缚,只要是符合人性向善的要求,都会勇于去实践,所以孟子称赞孔子为"圣之时者"。孔子通过水永不止息、"与时俱进"而适应各种变化的特征,提醒人如果能从容应对各种局面,不因外界的变化而苦恼,也能从中获取快乐。

仁者为什么喜爱高山?因为山稳重,无所不包,山的包容性就和仁者一样,对所有的一切,仁者都可以欣赏。儒家的最高境界是仁,如果说智者是一种能力,是一种从手段、技巧上而言把事情做好的能力,那么仁则是生命的最高指向目标。仁者如山,所以沉静安详,包纳万物。也因为仁者的宽广心胸,所以不会与人斤斤计较,活得坦然舒畅，故而儒家有"心宽体胖"之说。

【原文】子曰："君子博学于文，约之以礼，亦可以弗畔矣夫①。"（《论语·雍也》）

【注释】

①畔：通假字，同"叛"，指违背，背叛。

【翻译】孔子说："君子广泛学习文化知识，用礼来约束自己，也就不至于背离正道了。"

【评析】朱熹《论语集注》中注解："君子学欲其博，故于文无不考；守欲其要，故其动必以礼。如此，则可以不背于道矣。"孔子所说的博学于文不是专指文学，而是指一切文化知识。孔子强调学习，从《论语》开篇"学而时习之"即可看出。在所有生物中，唯独人是未完成的，永远需要我们去实现自己的潜能。正如西方存在主义学派所说，"存在先于本质"，我们通过自己的行为来定义自己。

但需要注意的是，过于博学而没有中心思想，则知识容易出现碎片化趋势，所以还要约之以礼。儒家所谓的"礼"，不是仅仅指日常交往之礼仪，它还指礼仪制度之中的文化精神，"人而不仁，如礼何"，一个人内心没有真诚的情感，所有的礼仪就会成为空洞无物的虚饰，而这一点是孔子最反对的。在孔子看来，礼的内涵是人性向善的道德需要。

【原文】子贡曰："如有博施于民而能济众，何如？可谓仁乎？"子曰："何事于仁！必也圣乎！尧、舜其犹病诸①！夫仁者，己欲立而立人，己欲达而达人。能近取譬②，可谓仁之方也已。"（《论语·雍也》）

【注释】

①病：忧虑，犯难。

②譬：做比喻。

【翻译】子贡说："如果有人能广施恩惠、周济大众，怎么样呢？可以说是仁人吗？"孔子说："何止是仁人，那一定是圣人了！尧、舜尚且难以做到呢！至于仁，自己想在社会上立足，就帮助别人立足；自己想要通达，就帮助别人通达。能从身边的事情做起，可以说就是为仁的方法了。"

【评析】朱熹《论语集注》引吕氏曰："子贡有志于仁，徒事高远，未知其方。孔子教以于己取之，庶近而可入。是乃为仁之方，虽博施济众，亦由此进。"子贡经商很成功，家财万贯，说起话来财大气粗，所以能有"博施济众"之说。孔子知道子贡有好高骛远的毛病，不想和他讨论大而无当的问题。实际上，喜欢谈大而无当的问题的人，往往是对生活中应当承担责任的逃避，最终反倒给社会带来危害。李竞恒《论语新劄》中说："反观那些喜欢大谈特谈'热爱全人类'的人，却往往连自己身边的亲人、朋友也不爱。例如，号称'人类之友'的卢梭，却将自己的五个孩子全部抛弃。"一个连自己父母子女都不爱的人，所谓的爱全人类，也是虚伪的。所以在《中庸》中有"君子之道，辟如行远必自迩，辟如登高必自卑"之说，钱穆在其《论语新解》中也做了进一步阐释："人能近就己身取譬，立见人之与我，大相近似。以己所欲，譬之他人，知其所欲之亦尤己。然后推己及人，此即恕之事，而仁术在其中矣。"儒家待人的根本精神，也是孔子仁学的出发点，即由近及远、推己及人。

【原文】子曰："默而识（zhì）之①，学而不厌②，诲人不倦，何有于我哉？"（《论语·述而》）

【注释】

①识：记住。

②厌：厌烦，讨厌。

【翻译】孔子说："默默记住所学，坚持学习而不满足，教导别人而不知疲倦，这些事情我做到了多少呢？"

【评析】朱熹《论语集注》中说："三者已非圣人之极至，而犹不敢当，则谦而又谦之辞也。""默而识之"，是说做学问要宁静致远，不可心存旁骛，要默默领会于心。君子求诸己，小人求诸人，君子做学问是为了提高自身的修养，小人是为了向别人显摆，所以小人在为人处世时总是力求表现，生怕自己做的工作别人看不到，做了一点点工作就要到处吹嘘。"学而不厌"是说对做学问的志趣永不厌倦，这种不厌倦是在远大的志向的基础上得以坚持的。把这看似平凡的事情坚持做下去，即使"人不知而不愠"，亦能不改初心，就可以从平凡走向伟大了。"诲人不倦"则是孔子一生的事业，做起来更难。但正是因为孔子孜孜不倦的坚持，才有此后两千多年中华文化的灿烂辉煌。"何有于我哉"是孔子的自谦，也是孔子对自己的鞭策。我们不妨也用孔子坚持的这几点在每天的工作生活中不断鞭策自己。概而言之，学而不厌，诲人不倦；终身行之，不可倦怠。

【原文】子曰："志于道，据于德，依于仁，游于艺。"（《论语·述而》）

【翻译】孔子说："立志于行道，依据道德修养来行事，依靠仁爱来处事，游习于六艺之中。"

【评析】这里的"道"，和"朝闻道"的"道"意思相同，都指天下之有道。"德"是"为政以德""道之以德"的"德"，和武力诈谋相反。孔子认为，人生学以致用，当以天下太平为目的，而实现这一目的的手段是通过自身的修养与德行来实现。"行有不得，反求诸己"，目的没有实现，不要责怪外在条件而怨天尤人，那是因为自己的德性修养还有待进一步提高。"据"是紧紧抓住，因为德行随时可能会失去，比如你孝敬父母很长时间，最后放弃了，那就是失德，是前功尽弃。朱熹的《四书集注》解释"依"为"不违"，何晏的《集解》解释"依"为"倚也"，也就是"依靠"的意思，今人多从何晏。"依于仁"的意思很明显，意指，人生唯一的依靠就是自己的仁德，也就是王阳明所说的"良知"。做什么，不做什么，都要听从良知的，因为只有良知是可以靠得住的，金钱、权力、关系等外在的东西是靠不住的，它们终将离人而去，只有良知会因为人的执着而永远跟随你，所以孔子说"内省不疚，夫何忧何惧？"人生最后要"游于艺"，"艺"指的是礼、乐、射、御、书、数，即礼仪、音乐、射箭、驾车、书写、计算，孔子主张通过道德仁义而内外兼修，先文质彬彬，然后君子。

【原文】 子曰："不愤不启①，不悱（fěi）不发②。举一隅（yú）不以三隅反③，则不复也。"（《论语·述而》）

【注释】

①愤：冥思苦想而不得的样子。

②悱：急于表达而说不出的样子。

③隅：指角，角落。

【翻译】 孔子说："不到他冥思苦想而仍领会不了的时候，不去启发他；不到他努力想说而仍无法表达出来的时候，不去开导他。告诉他一个方面，他不能推知到其他相关方面，我就不再教他了。"

【评析】 孔子说过自己的教育是"有教无类"的，所以孔子曾说"自行束脩以上，吾未尝无诲焉"，只要自己主动愿意上进，孔子是不计报酬都愿意教导的，紧接着孔子就解释什么是自己主动愿意上进。朱熹《论语集注》中引程子曰："不待愤、悱而发，则知之不能坚固；待其愤、悱而后发，则沛然矣。"孔子的教育是启发式的教育，他非常重视学生的学习主动性，尊重学生的主观意愿和意志自由，此处就是最生动的说明。"愤"是指想懂而懂不了，心中难免愤愤。"悱"是指想说说不出，脸都涨红了。只有在这样的时刻，老师的点拨才能事半功倍，起到实际的作用。否则，老师苦口婆心，学生当耳旁风，那样的事情，孔子是不会做的。"隅"指房子的角落，看到一个角落的情况，就可以推想其他角落的情况，只要用心上进，这应该是不难的。孔子很重视学生学习的主动性和理解的过程，这是值得我们借鉴学习的。

【原文】冉有曰："夫子为卫君乎①？"子贡曰："诺。吾将问之②。"入，曰："伯夷、叔齐何人也？"曰："古之贤人也。"曰："怨乎？""求仁而得仁，又何怨？"出，曰："夫子不为也。"（《论语·述而》）

【注释】

①为：帮助。

②诺：象声词，指应答声。

【翻译】冉有问："老师会帮助卫君吗？"子贡说："嗯，我要去问问他。"子贡进去，说："伯夷、叔齐是什么样的人？"先生说："古代的贤人啊。"子贡问："他们有怨恨吗？"先生说："他们追求仁，又得到了仁，有什么可怨恨的呢？"子贡出来，说："老师不会帮助卫君的。"

【评析】卫君是指卫灵公的孙子卫出公蒯辄。他的父亲蒯聩是卫灵公所立的世子，谋杀卫灵公的夫人南子未成，被卫灵公驱逐，逃到了晋国。卫灵公死后，蒯辄被立为国君。这时晋国的赵简子又送蒯聩回卫国，形成了父子争国的局面。

伯夷、叔齐生活在周武王的时代，他们俩本来是孤竹国国君的儿子，兄弟俩互相谦让都不愿意当国君，后来就跑到西边周的地方。周武王起来革命后，把商纣王推翻了，这两个兄弟不愿意吃周朝的食物，逃到首阳山，活活饿死。朱熹《论语集注》中引程子曰："伯夷、叔齐逊国而逃，谏伐而饿，终无怨悔，夫子以为贤，故知其不与辄也。"蒯聩、蒯辄父子争位，而伯夷、叔齐兄弟互相让位，这形成了鲜明的对比。孔子坚守善道、笃守道义，所以孔子在这里态度鲜明地表示要礼让为国，自然不会和卫君合作。孔子说伯夷、叔齐求仁得仁、不会抱怨，是因为孔子理解伯夷、叔齐为人处世的基本原则，求仁得仁而无怨无悔。

【原文】子曰："饭疏食，饮水①，曲肱（gōng）而枕之②，乐亦在其中矣。不义而富且贵，于我如浮云。"（《论语·述而》）

【注释】

①饭：作动词用，指吃。疏食：粗食。

②肱：胳膊。

【翻译】孔子说："吃粗粮，喝冷水，弯起胳膊当枕头，快乐也在其中了。用不义的方式得到财富，对于我如同浮云一般。"

【评析】朱熹在《论语集注》中解析："圣人之心，浑然天理，随处困极，而乐亦无不在焉。其视不义之富贵，如浮云之无有，漠然无所动于其中也。"所谓修养，其实是指要修炼此心之不动。《中庸》中也说："素富贵，行乎富贵。素贫贱，行乎贫贱。君子无入而不自得。"只要内心光明，在什么样的处境下都可以自得其乐。

先秦时，诸子百家群起讲学，为什么最后只有孔子所创立的儒家影响最大？因为在那个时代，孔子对理想的坚持最坚决、最彻底。"明知不可而为之"是对孔子这种执着精神最好的写照，对孔子而言，功名利禄、权力财富，其实都像浮云一样，聚集的时候，如此显赫，然而转眼间消散、灰飞烟灭，所以孔子说"安贫乐道"。孔子认为贫穷本身并不可怕，贫穷时还能快乐，是因为有"道"让人快乐。穷亦乐，通亦乐，所乐不在穷通，而在于道。"道"就是我们每个人应该走的人生正途，只要走在人生正途上，内心就会有真正的快乐，那种快乐是不能被别人所左右的，是有尊严的人的快乐。所以孔子说："为仁由己，而由人乎哉？"

【原文】叶（shè）公问孔子于子路①，子路不对。子曰："女奚不曰②，其为人也，发愤忘食，乐以忘忧，不知老之将至云尔③。"（《论语·述而》）

【注释】

①叶公：姓沈，名诸梁，字子高。楚国大夫，任叶城的地方官。

②奚：指为何，为什么。

③云尔：云，代词，如此。尔同"耳"，指而已，罢了。

【翻译】叶公问子路有关孔子的为人，子路没有回答。先生说："你为什么不这样说，他这个人，发愤用功就忘记了吃饭，内心快乐就忘记了烦恼，连自己快要衰老了都不知道，如此而已。"

【评析】钱穆《论语新解》中说："此章乃孔子之自述。孔子生平，惟自言好学，而其好学之笃有如此。学而未得，愤而忘食。学有所得，乐以忘忧。学无止境，斯孔子之愤与乐亦无止境。"孔子一生孜孜不倦，把学习看作生命的主要内容。孔子很少自夸，只以用功自诩。他曾说过："十室之邑，必有忠信如丘者焉，未如丘之好学也。"孔子是终身学习的倡导者，更是终身学习的实践者。《论语》开篇就说"学而时习之"，学了，然后去实践，有所收获，自然"不亦说乎"。"叶"是楚国的一个县，叫作叶县。在楚国，大县的县长叫公，小县的县长叫尹。大县多是灭国而设，派重臣镇守的军事要地。春秋时除了周天子称王，楚国的国君也称王，楚国的国君的官比别的国家的官要高一级，这个地方就直接称叶公了。一般公是指在诸侯国国君的位置，比大夫更高的位置。孔子见过的叶公，是沈诸梁，字子高。孔子见叶公在公元前489年，当时孔子已经63

岁，在那个年代这已经算是高龄了，然而孔子依然勤学不辍，为了理想四处奔波，为了心中的"道"，即使牺牲生命也在所不惜。这种精神正是一种发愤忘食、乐以忘忧的精神。

【原文】子曰："三人行，必有我师焉。择其善者而从之，其不善者而改之。"(《论语·述而》)

【翻译】孔子说："几个人一起共事，其中一定会有可以做我老师的人。我选择他们善良的品德来学习，看到他们不善的地方就提醒自己不要犯类似的错误。"

【评析】首先，"三"在古代不是确指，而是概数，比如"事不过三"的意思是：事情不能反复多次发生。"行"在古代是做事的意思，比如"知行合一""言行一致"等。所以，"三人行"就是几个人一起做事的意思，言下之意，只要你不是自己把自己关在屋子里，只要和别人打交道，都属于"三人行"的范畴，都有改进自己、完善自己的机会。朱熹《论语集注》中引尹氏曰："见贤思齐，见不贤而内自省，则善恶皆我之师，进善其有穷乎？"按照孔子的观点，只要我们和别人交往，就有提升自身修养，让自己趋近于"仁"的机会。因为二人为仁，仁就体现在人与人之间的关系中，离开人际关系，便无所谓仁的概念。所谓的善，就是人与人之间关系的恰当实现。儒家强调恰当，也就是"时"的概念，所以需要随时谨慎处事，寻找在当时的条件下最合适的言行，这就是中庸的概念，就是君子而时中。所以孟子评价孔子，称孔子是圣之时者，是圣人的最高境界。

只要与人有交往，孔子无时无处不在学习。见到好的行为可以学习，见到不好的行为，同样可以学习，提醒自己不要犯同样的错误即可。我们往往是见到别人的优点就妒忌，见到别人的缺点就嘲笑，最后自己没有任何改观。儒家认为，所有的思考最后如果没有落到自己身上而"反诸其身"的话，那么这个思考也就没有意义了。"古之学者为己，今之学者为人"，我们学习的目的就是改善自己，提升自己的修养。

【原文】子以四教：文①、行②、忠③、信④。(《论语·述而》)

【注释】

①文：文献知识。钱穆《论语新解》中说："文，谓先代之遗文。"

②行：指德行。钱穆《论语新解》中有"行，指德行"之说。

③忠：指为人处世尽心竭力。

④信：指诚实的意思。钱穆《论语新解》中有"以实之谓信"之解析。

【翻译】孔子教学有四个重点：文献、德行、忠实、诚信。

【评析】"文"指的是一个民族的文化传统，包括文献、典籍、文学、文艺以及礼仪等各种社会规范。"文"是人类走向文明必然产生的一种文化现象，而其传承与发展也是一个文明得以延续并发展的基础。学习"文"的知识，是为了指导自己的行为，而不是为了炫耀。儒家最反对卖弄文采的宵小之徒，它强调知行合一的君子作风。在修养德行的过程中，"忠"和"信"都是需要特别注意的。"忠"并不是我们后世所理解的忠于君主的含义。忠者，从中，从心，心在正中，也是说心要正的意思，做事不偏不倚，为人正直，坚持真理就是"忠"的意思。所以"忠"其实是自己和自己内心的关系，通俗来讲，听从自己良知的指引，真诚引发内在的力量就是"忠"。"信"者，从人，从言，人言为"信"，也就是人要说话算话，这才是人之言。说话不算话，那就不是人之言，与禽兽无异了。言而有信是做人最基本的要求。朱熹《论语集注》引程子曰："教人以学文修行而存忠信也。忠信，本也。"钱穆《论语新解》中也有阐释："忠信，人之心性，为立行之本。文为前言往行所萃，非博文，亦无以约礼。然则四教以行为主。"孔子从四个方面教育学生，既有文献的学习，更有自身行为的示范，以及自己在日常行为中表现出来的忠实与诚信，而其核心还在于人的德行。

【原文】曾子曰："以能问于不能，以多问于寡；有若无，实若虚，犯而不校①，昔者吾友尝从事于斯矣②。"（《论语·泰伯》）

【注释】

①校：计较。

②吾友：一般认为是颜回。何晏《论语集解》引马融曰："友谓颜渊。"

【翻译】曾参说："以自己多才多能却向没有才能的人请教，以自己博学多闻却向学浅寡闻的人请教，有学问却好像没有学问，很充实却好像很空虚，被人冒犯也不计较，从前我的一位朋友曾这样做过。"

【评析】朱熹《论语集注》中说："颜子之心，惟知义理之无穷，不见物我之有间，故能如此。"又引谢氏曰："不知有余在我，不足在人，不必得为在己，失为在人，非几于无我者不能也。"真正学问做到家的人都是温、良、恭、俭、让，越是有学问就越是显得平凡。孔子曾说："如有周公之才之美，使骄且吝，其余不足观也。"即使有周公那样美好的才能，如果骄傲自大而又吝啬小气，那其他方面也就不值得一提了。像颜回这样本身很有才能，又不耻下问，虚心向人请教的人，真是少之又少，所以曾子才对颜回的品行如此赞赏。钱穆《论语新解》中说："犯者，人以非礼犯我。校，计较义。然人先立乎无过之地，不得罪于人，人以非礼相加，始可言校。若先以非礼加人，人以非礼答我，此不为犯，亦无所谓不校矣。""犯而不校"是指别人冒犯我们，我们却不计较，这是一种修养、一种境界，其实也是一种行之有效的策略。别人冒犯我们，我们计较，首先痛苦的是我们自己。所以，儒家主张，海纳百川，有容乃大。

【原文】子曰："兴于诗①，立于礼②，成于乐③。"（《论语·泰伯》）

【注释】

①兴：兴起，开始。

②立：立身处世。

③成：完成，达到。

【翻译】孔子说："以《诗经》开始来进行人生修养，以礼来立身处世，以音乐健全人格。"

【评析】钱穆《论语新解》中说："本章见孔子之重诗教，又重礼乐教化。后世诗学既不尽正，而礼乐沦丧，几于无存，徒慕孔门之教于语言文字间，于是孔学遂不免有若为干枯，少活泼滋润之功。"诗、礼、乐都是古代传承下来的传统，也是孔子教育弟子以及自己做学问的具体内容。周公制礼作乐，粲然完备；诗本是民间流行的歌谣，官府采集之后加以整理。在何晏《论语集解》中引包咸注："兴，起也，言修身当先学《诗》。礼者，所以立身。乐所以成性"，可见诗、礼、乐的重要性。

第一个要求是要兴于诗。这一点主要强调诗教的内容。孔子曾经说过，《诗经》三百篇用一句话来概括就是"思无邪"，即一切都出于真诚的情感，而只有真诚才能引发真诚。

第二要求是要"立于礼"。在古代，礼包括很多具体的行为规范。人在社会上立身处世就需要立于礼。

第三个要求是要"成于乐"。音乐是最能沟通人与人之间的感情的。所以音乐的乐和快乐的乐用的是同一个字。因为人生而孤独，所以渴望与他人沟通，能够沟通就有快乐。只可惜《乐经》最后失传了，不然那将会是非常宝贵的文化宝藏。

鲍鹏山在《论语导读》中也作了注解："所以，诗、礼、乐可以看作是人生修养的三境界，人格养成的三阶段，于终生不可须臾离之的生命滋养。"

【原文】子绝四：毋意，毋必，毋固，毋我。（《论语·子罕》）

【翻译】孔子杜绝了四种毛病：不凭空猜测，不坚持己见，不拘泥固执，不以自我为中心。

【评析】孔子杜绝的四种毛病，恰恰是我们最容易犯错的地方。这四个弊端，重点在"毋我"，所谓"毋我"，就是在与人交往时，能换位思考，设身处地为他人考虑，意识到他人与自己一样，也是有人格尊严之辈。只要能做到"毋我"，我们就会发现人生之路宽阔平坦，做任何事都会游刃有余。人往往因为自我的私心而扭曲了自己正常的认识，做出不符合实际情况的判断，最后导致错误决策。"君子喻于义，小人喻于利"，儒家做事只考虑事情应该怎么办，什么当为，什么不当为，而不考虑自己在事情上能获得多少利益。朱熹《论语集注》中引杨氏曰："非知足以知圣人，详视而默识之，不足以记此。"朱熹对孔子杜绝这四个缺点的观察甚为精辟，他看到了孔子为人处世的精髓之所在：杜绝这四个弊端，人生境界也会越来越通达，学识也会融会贯通而愈来愈宽厚仁慈。

【原文】子在川上，曰："逝者如斯夫！不舍昼夜。"（《论语·子罕》）

【翻译】孔子站在河边，说："消逝的一切就像这河水啊，白天黑夜永不停息。"

【评析】古希腊哲学家赫拉克利特说，"人不可能两次踏进同一条河流"，万事万物都在不停地运动变化中，有始有终，有开始的一天就终会有结束的一天。孔子的这句话提醒我们世间充满了变化，时间一去不复返，所以我们要珍惜眼前的时间，做好该做的事情。朱熹《论语集注》中解析："天地之化，往者过，来者续，无一息之停，乃道体之本然。然其可指而易见者，莫如川流。故于此发以示人，欲学者时时省察，而无毫发之间断也。"《易经》的乾卦中也说："天行健，君子以自强不息。"天体运行刚健不已，君子要自强不息，自强不息，就是每天都要积极行善，培养自己良好的德行而努力为仁行善，因为在人有限的生命里，只有仁德完全由自己所掌控，也只有仁善才是人生中最有价值和意义的事情。

【原文】食不厌精①，脍（kuài）不厌细②。食饐（yì）而餲（ài）③，鱼馁而肉败④，不食。色恶，不食。臭（xiù）恶⑤，不食。失饪⑥，不食。不时⑦，不食。割不正，不食。不得其酱，不食。肉虽多，不使胜食气⑧。惟酒无量，不及乱⑨。沽酒市脯，不食⑩。不撤姜食，不多食。（《论语·乡党》）

【注释】

①厌：贪求。

②脍：切得很细的鱼和肉。

③饐：食物腐败变味。餲：与饐同义，而程度较深。

④馁：鱼腐烂叫馁。败：肉腐烂叫败。

⑤臭（chòu）：气味。

⑥饪：煮熟。失饪：食物生熟的火候不合适。

⑦不时：不合时令的食物。

⑧食气：饭食。

⑨乱：酒醉。

⑩脯：干肉。

【翻译】食物不贪求精致，鱼肉不贪求细美。食物变质，鱼肉腐烂，不吃。食物颜色变了，不吃。气味变了，不吃。烹调不当，不吃。不合时令的东西，不吃。切割方式不对的肉，不吃。没有适当的调味酱，不吃。即使吃的肉较多，也不超过所吃的饭量。只有喝酒不限量，但从不喝醉。买来的酒与肉干，不吃。姜不随着食物撤走，但不多吃。

【评析】这章是对孔子日常饮食的介绍。本章的头一句话"食不厌精，脍不厌细"，一直被理解为孔子对饮食很挑剔，要求食物要做得很精致。其实这句话恰恰说明孔子对食物的精细并不追求，关键是要健康饮食。孔子一再强调君子对饮食不要有过高的要求，如"士志于道，而耻恶衣恶食者，未足与议也"，"饭疏食，饮水，曲肱而枕之，乐亦在其中矣"，所以孔子不会去挑剔食物的精细，但是他对食物的营养质量却非常讲究，以现在科学的视角来看，孔子坚持的是一种健康的饮食习惯，在今天依然不过时，值得我们借鉴和学习。

【原文】子曰："君子成人之美，不成人之恶。小人反是。"（《论语·颜渊》）

【翻译】孔子说："君子成全别人的美好，不助长别人的罪恶。小人却与这相反。"

【评析】君子，在儒家教育体系中，是典范人格，是教育的方向与理想。"成人之美，不成人之恶"，就是要隐恶扬善，发扬人性向善的优点，而避免、淡化人性中恶的因素发挥作用。让受教育者在"见贤思齐"的正向引导中，不断实践内心向善的愿望，让向善的人性不断得到充分的实现。

【原文】子夏为莒父宰，问政。子曰："无欲速，无见小利。欲速则不达，见小利则大事不成。"（《论语·子路》）

【翻译】 子夏担任莒父的县长，请教政治的做法。先生说："不求快速，不要贪图小利。求快反而达不到目的，贪图小利则会坏大事。"

【评析】 孔子所说一针见血、直指人心。"欲速则不达，见小利则大事不成"已成为千古名句，只要人性没变，这句话就会永远熠熠生辉。求快速、好大喜功，图小利、目光短浅，这些习气至今依然不绝，甚至有愈演愈烈的趋势，足见孔子洞察人性的深刻性与前瞻性。现在的形象工程、政绩工程、面子工程等，还有以污染环境为代价的所谓"发展"等，其实十之八九都是急功近利之徒，为了实现一己之私利、小利，透支后世子孙的生存资源，以后世子孙的幸福为代价，换取一时的表面繁荣。个人的成长也不可急功近利，因为欲速则不达。有人认为儒家不求名利，其实也不尽然。儒家也追求名利，只是"计利当计天下利，求名当求万世名"，儒家追求的是大多数人的幸福，在乎的名誉也是千秋万世的名誉，而不能被眼前的小名小利所迷惑。

【原文】 叶公语孔子曰："吾党有直躬者，其父攘羊，而子证之。"孔子曰："吾党之直者异于是。父为子隐，子为父隐，直在其中矣。"（《论语·子路》）

【翻译】 叶公告诉孔子说："我家乡有个正直的人，他父亲偷了羊，他告发了父亲。"孔子说："我家乡中正直的人不是这样。父亲为儿子隐瞒，儿子为父亲隐瞒，正直就在其中了。"

【评析】 这段话自古以来就引发了很多争议。儒家被人批评只重人情、忽视法律，不能现代化，都和这段话有关。其实这是对孔子莫大的误解，孔子要维护的人间善良的根基，亲亲相隐，善莫大焉。儒家不是为了人情而忽视法律，而是要维护法律的根本，就是人间真诚而正直的感情。儒家思想是不破坏司法正义，也不能对亲人落井下石。其实，这里是一个角色伦理和伦理情景的问题，是儒家具体理性或实践理性的展现，在中国伦理法系中，儒家所强调的"亲亲相隐"成为法律的依据，而未将"大义灭亲"作为法律之依据，其区分，实际上蕴含了私人领域充分自治与公共领域依法而治的深刻思想以及反对国家公权力垂直到底、肆意干涉私人领域事务的观念。在这一点上，与孟德斯鸠的《论法的精神》以及现代美国亲属作证特免权的精神是相通的。近现代以来，欧美等西方文明国家都逐渐建立了亲亲相隐的法律制度。这些恰恰是具有人类性的、符合人性的、人道的，因而具有普遍性的价值。

【原文】子曰："君子和而不同，小人同而不和。"（《论语·子路》）

【翻译】孔子说："君子追求和谐而不强求一致，小人强求一致而不追求和谐。"

【评析】和而不同的精神实质，其实体现了对他人的尊重，善待他人是一种修养。儒家常说"己所不欲，勿施于人"，因为别人和我是一样的人，我们之间是平等的，所以我不愿遭受的，我们也要不强加于别人。通观《论语》，无处不体现了孔子的人本精神，体现了孔子尽一切可能去维护他人的尊严、幸福与自由。尊重别人的不同，就是尊重别人选择的自由，尊重别人的主体性，而不把别人当工具看待，孔子这种内心深处对他人尊严与自由的尊重，恰恰是和谐的人际关系的前提。

【原文】子曰："刚、毅、木、讷，近仁。"（《论语·子路》）

【翻译】孔子说："刚强、果敢、朴实、谨言，接近于仁。"

【评析】成语"无欲则刚"就是从《论语》中引申出来的。孔子认为一个人内心有欲望就做不到刚强。因为有欲望就会有所求，别人就会按照我们的欲望来控制、左右我们，迫使我们做一些自己不愿意做的事情。而真正的刚强者，只按照自己内心的原则做事，不会受别人的左右。"毅"就是果敢，是遇到事情勇于担当，不会瞻前顾后、患得患失的勇气。孔子说"仁者必有勇"，在危难时刻要有"杀身成仁"的勇气。儒家绝不是唯唯诺诺、弱不禁风的文弱书生，而一定要有担当道义的勇气。"木"就是朴实、实在，这种质朴是憨厚质朴的素养。"讷"就是说话笨嘴笨舌，好像不太会说话的样子。真正实干的人往往不喜欢夸夸其谈。所以木讷之人往往不会巧言令色，然而却是行动上的实干家。朱熹《论语集注》中解析说，"杨氏曰：'刚、毅不屈于物欲，木、讷则不至于外驰，故近仁。'"人既能不为物欲所动，又能反求诸己，那么就离仁比较近了。

【原文】宪问耻。子曰："邦有道，谷；邦无道，谷，耻也。""克、伐、怨、欲不行焉，可以为仁矣？"子曰："可以为难矣，仁则吾不知也。"（《论语·宪问》）

【翻译】原宪请教什么是耻辱。孔子说："国家政治清明，才可做官领俸禄；国家政治黑暗，做官领俸禄，这就是耻辱。"原宪又问："好胜、自夸、怨恨、贪婪都能避免，这可以说是仁人了吧？"孔子说："算是难得了，是否是仁人我就不知道了。"

【评析】"耻"是中国文化中一个很重要的概念，其重要性相当于西方文化的"罪"。西方的基督教文化特别重视罪感，认为人来到世间是因为带有原罪，人必须遵守戒律以赎罪。而中国人最重视的就是羞耻，因为耻于不如别人，所以有些事情就不敢去做。孔子说一个国家政治清明的时候，社会有最基本的公平正义，这时你出来做官为大众服务，这是很正常的。但是当国家的政治黑暗，基本的公平正义得不到保障，你出来拿俸禄做官，就难免要做一些违背良知的事情，这是非常羞耻的事情。原宪又问，好胜、自夸、怨恨、贪婪这些缺点都能避免，是否就达到仁的标准了呢？孔子认为这四个缺点确实是人容易犯的错误，能够避免当然不容易，但是可能离仁还是有距离的。因为人的修养有两个方面，一方面避免一些不好的行为，比如"克、伐、怨、欲"，这是消极的方面，层次较低。还有一方面是积极培养一些好的行为，比如"温、良、恭、俭、让"，这是层次较高、积极的方面。

【原文】子曰："君子道者三，我无能焉：仁者不忧，知者不惑，勇者不惧。"子贡曰："夫子自道也。"（《论语·宪问》）

【翻译】孔子说："君子之道有三，我没能做到：仁者不忧愁，智者不迷惑，勇者不畏惧。"子贡说："这正是老师的自我描述啊！"

【评析】儒家认为，仁、知、勇是一个君子应该具备的三个非常重要的品德，《中庸》把它们称为三达德。孔子很谦虚地说这些他一个也没有做到。第一是仁者不忧愁。内心充满仁爱的人，只有快乐，没有忧愁。第二是知者不惑。这里的"知"不是聪明的意思，而是能分别判断是非、善恶的能力和良知。知道什么是应该做，什么是不应该做的，所以就不会迷惑。第三是勇者不惧。在具备了仁者不忧、知者不惑的素质和修养的时候，自然而然会勇敢无畏，这种勇敢不是莽撞式勇敢，而是一种来自内心深处的仁爱和信心。

【原文】子曰："赐也，女以予为多学而识（zhì）之者与[1]？"对曰："然。非与？"曰："非也。予一以贯之[2]。"（《论语·卫灵公》）

【注释】
①识：记。
②一以贯之：用核心思想仁加以渗透和贯穿。

【翻译】孔子说："赐啊，你以为我是广泛学习并记住各种知识的人吗?"子贡答道:"是啊,难道不是吗?"孔子说:"不是的,我是用一个核心思想来贯穿这些知识的。"

【评析】我们一般人理解有学问,就是知道的知识多,子贡看来也未能免俗,所以孔子特意点破子贡,他的学问是有核心思想贯穿。可惜子贡没有接着追问,所以孔子也没有给出答案,"一"究竟指的是什么。"一"应指仁,也就是北宋时期二程所说的天理,王阳明后来以良知来论之。孔子的学问,有继承,有发展,他继承的是周公的礼乐文化,发展则是从礼乐的形式中挖掘出其仁的内涵,并发扬光大。也正是因为仁含义深刻,所以孔子很少评价别人是否能达到仁的境界。仁爱为本,知识为末。只要内心充满仁爱,获取知识那自然是水到渠成的事情;反之,如果内心没有仁爱,知识越多则危害越大。

【原文】子曰:"君子义以为质,礼以行之,孙以出之[1],信以成之。君子哉!"(《论语·卫灵公》)

【注释】

[1]出:出言。

【翻译】孔子说:"君子以道义为根本,按照礼来行事,用谦逊的态度讲话,靠诚实取得成功。这才是君子啊!"

【评析】人生的价值在于坚守道义,如果没有道义,即使活的时间再长,又有什么意义?所以孔子强调指出,君子一定要以道义为根本。这个根本确立了,人生的正路才会自然显现。而在为人处世时,我们又需要按照礼与人交往。因为礼是用来表达敬意的,依礼而行,人际关系才会融洽。

【原文】子曰:"人能弘道,非道弘人。"(《论语·卫灵公》)

【翻译】孔子说:"人能够弘扬道义,而不是靠道义来弘扬人。"

【评析】"人能弘道,非道弘人",是对儒家人文理性主义思想的最精彩的总结,值得我们深思与努力践行。儒家思想有一个非常特殊的地方,就是对人的尊严的高度尊重,用一句比较通俗的话来说,就是"人的尊严神圣不可侵犯"。而维护人的尊严的方法就是孔子在《论语》中一再强调的:要维护人的主休性,维护人的自由意志,所以,孔子说"三军可夺帅也,匹夫不可夺志也。"离开人的自由意志,也就无所谓道义,道义与否因人的存在而存在。儒家特别重视群体,从家庭到社会,然而儒家并不忽略个性。在《论语》中,我们随处可见孔子高扬人文理性精神,强调人的主体选择,强调人自己对自身的负责,在孔子的眼里,所有"逃避自由"的懦夫都被归入"小人"的行列而为世人所不齿。"人能弘道,非道弘人",就是要求我们无论在什么样险恶的处境,都要坚守人间的道义,不避艰险,勇于担当。

【原文】子张问仁于孔子。孔子曰:"能行五者于天下,为仁矣。"请问之。曰:"恭、宽、信、敏、惠。恭则不侮,宽则得众,信则人任焉,敏则有功,惠则足以使人。"(《论语·阳货》)

【翻译】子张向孔子问仁。孔子说:"能在天下施行五种德行就是仁了。"子张请教说是哪五种,孔子说:"恭敬、宽厚、诚实、勤敏、慈惠。恭敬就不致遭受侮辱;宽厚就会得到众人的拥护;诚实就能得到别人的任用;勤敏就会有成绩;慈惠就能够指挥人。"

【评析】仁是儒学的核心内容,"仁"是一种道德观念,仅在《论语》中就出现了100多次,可见其重要地位。孔子认为,"庄重、宽厚、诚实、勤敏、慈惠"是君子必备的美德。由于孔子的教学方法是因材施教,所以,不同的学生问他同一个问题他的回答也是各不相同的,这又增加了"仁"的复义性。当子张问他什么是仁时,他作了一个较为具体的五方面回答,这当然还是仁德的修养和运用问题，而不是仁的本质问题。子张问怎样才能做到的时候，孔子回答说能够处处实行恭、宽、信、敏、惠这五种美德，便是"仁"了。在他看来，恭敬才不会受辱，宽厚才能得民心，诚信使人信任，勤敏能出政绩，给人慈惠则可以调度他人。孔子认为仁者方可行仁政，所以他竭力主张为政者修身致仁。

【原文】子曰："由也，女闻六言六蔽矣乎？"对曰："未也。""居①！吾语女。好仁不好学，其蔽也愚；好知不好学，其蔽也荡；好信不好学，其蔽也贼②；好直不好学，其蔽也绞③；好勇不好学，其蔽也乱；好刚不好学，其蔽也狂。"（《论语·阳货》）

【注释】

①居：坐。

②贼：败坏。

③绞：急切。

【翻译】孔子说："由呀，你听说过六字真言和六种弊病吗？"子路回答说："没有。"孔子说："坐下！我告诉你。爱好仁德而不爱好学习，它的弊病是受人愚弄；爱好智慧而不爱好学习，它的弊病是行为放荡；爱好诚信而不爱好学习，它的弊病是拘泥小信而败坏大事；爱好直率却不爱好学习，它的弊病是说话尖刻伤人；爱好勇敢却不爱好学习，它的弊病是好斗作乱；爱好刚强却不爱好学习，它的弊病是胆大妄为。"

【评析】孔子在《泰伯》篇中说："恭而无礼则劳，慎而无礼则葸，勇而无礼则乱，直而无礼则绞。"杨树达在《论语疏证》中也有相关的评述："本章言勇而无礼则乱；直而无礼则绞。而《阳货》篇则曰：'好直不好学，其蔽也贼；好勇不好学，其蔽也乱。勇之蔽同为乱，直之蔽同为绞。然则二章义实同。特彼言不好学，举其因，此章言无礼，明其果，为异耳。此知不好学者正谓不学礼也。"综上述，六言六蔽可以理解为仁而不知度，则为愚蠢；智而不知度，则为放荡；信而不知度，则为贼害；直而不知度，则为绞伤；勇而不知度，则为祸乱；刚而不知度，则为狂傲。孔子所有的道德范畴，一言以蔽之，"中"而已。"六言六蔽"实际上就是一种反对教条主义的说法。孔子反对本本主义，反对理论脱离实际，强调通权达变，掌握精髓和实质的道理，这与我们今天的理论与实践相结合、具体问题具体分析的主张是相通的。

四 《论语》经典名句诵读

1. 学而时习之，不亦说乎？有朋自远方来，不亦乐乎？人不知而不愠，不亦君子乎？（《论语·学而》）

2. 君子食无求饱，居无求安，敏于事而慎于言，就有道而正焉，可谓好学也已。（《论语·学而》）

3. 知之为知之，不知为不知，是知也。（《论语·为政》）

4. 学而不思则罔，思而不学则殆。（《论语·为政》）

5. 温故而知新，可以为师矣。（《论语·为政》）

6. 三人行，必有我师焉。择其善者而从之，其不善者而改之。（《论语·述而》）

7. 吾十有五而志于学，三十而立，四十而不惑，五十而知天命，六十而耳顺，七十而从心所欲，不逾矩。（《论语·为政》）

8. 朝闻道，夕死可矣。（《论语·里仁》）

9. 不愤不启，不悱不发，举一隅不以三隅反，则不复也。（《论语·述而》）

10. 发愤忘食，乐以忘忧，不知老之将至云尔。（《论语·述而》）

11. 古之学者为己，今之学者为人。（《论语·宪问》）

12. 知之者不如好之者，好之者不如乐之者。（《论语·雍也》）

13. 士不可以不弘毅，任重而道远。《论语·泰伯》

14. 三军可夺帅也，匹夫不可夺志也。(《论语·子罕》)

15. 岁寒，然后知松柏之后凋也。(《论语·子罕》)

16. 仁远乎哉？我欲仁，斯仁至矣。(《论语·述而》)

17. 其身正，不令而行；其身不正，虽令不从。(《论语·子路》)

18. 巧言令色，鲜矣仁！(《论语·学而》)

19. 过也，人皆见之；更也，人皆仰之。(《论语·子张》)

20. 德不孤，必有邻。(《论语·里仁》)

21. 文质彬彬，然后君子。(《论语·雍也》)

22. 君子不器。(《论语·为政》)

23. 君子不可小知，而可大受也；小人不可大受，而可小知也。(《论语·卫灵公》)

24. 士不可以不弘毅，任重而道远。仁以为己任，不亦重乎？死而后已，不亦远乎？(《论语·泰伯》)

25. 志士仁人，无求生以害仁，有杀身以成仁。(《论语·卫灵公》)

26. 不义而富且贵，于我如浮云。(《论语·述而》)

27. 知者不惑，仁者不忧，勇者不惧。(《论语·子罕》)

28. 知者乐水，仁者乐山；知者动，仁者静；知者乐，仁者寿。(《论语·雍也》)

29. 当仁，不让于师。(《论语·卫灵公》)

30. 君子喻于义，小人喻于利。(《论语·里仁》)

31. 过而不改，是谓过矣。(《论语·卫灵公》)

32. 君子不以言举人，不以人废言。(《论语·卫灵公》)

33. 孝弟（tì，通悌）也者，其为仁之本与！(《论语·学而》)

34. 见贤思齐焉，见不贤而内自省也。(《论语·里仁》)

35. 不患寡而患不均，不患贫而患不安。(《论语·季氏》)

36. 君子坦荡荡，小人长戚戚。(《论语·述而》)

37. 不患人之不己知，患不知人也。(《论语·学而》)

38. 君子不重则不威，学则不固。主忠信。无友不如己者。过则勿惮改。(《论语·学而》)

39. 己欲立而立人，己欲达而达人。能近取譬，可谓仁之方也已。(《论语·雍也》)

40. 名不正，则言不顺；言不顺，则事不成。(《论语·子路》)

41. 吾日三省吾身：为人谋而不忠乎？与朋友交而不信乎？传不习乎？(《论语·学而》)

42. 己所不欲，勿施于人。(《论语·颜渊》)

43. 君子成人之美，不成人之恶。(《论语·颜渊》)

44. 自古皆有死，民无信不立。(《论语·颜渊》)

45. 人而无信，不知其可也。(《论语·为政》)

46. 工欲善其事，必先利其器。(《论语·卫灵公》)

47. 益者三友，损者三友。友直，友谅，友多闻，益矣。(《论语·季氏》)

48. 见义不为，无勇也。(《论语·为政》)

49. 躬自厚而薄责于人，则远怨矣。(《论语·卫灵公》)

50. 尽美矣，又尽善也。(《论语·八佾》)

51. 不在其位，不谋其政。(《论语·泰伯》)

52. 往者不可谏，来者犹可追。(《论语·微子》)

53. 无欲速，无见小利。欲速则不达，见小利则大事不成。(《论语·子路》)

思考题：

1. 你怎样理解孔子？试谈谈你的看法。
2. 孔子主张孝悌之道，你赞同这一观点吗？
3. 儒家讲"和而不同，同而不和"，结合所学知识谈谈你的认识。

4. "德不孤，必有邻"这一观点正确吗？

5. 孔子是怎样形象地表述自己安贫乐道的思想和乐以忘忧的心境的？你怎样理解"浮云"的比喻义？

6. 你赞同孔子关于君子与小人的论述吗？你怎样看待君子与小人之间的区别？

7. 试评析孔子的义利观。

8. 说说你对孔子"因材施教"教育方法的体会。

9. 孔子的"有教无类"教育思想有何现实意义？请简要阐述。

10. 试从《论语》中找些例子，说说孔子在自己的言行中是怎样贯彻中庸之道的？

11. 请联系实际谈谈你对"和而不同"思想的理解。

12. "中庸""和"的精神实质是什么？有人把这种主张看成"折衷"主义，你赞同吗？

13. 老子说"报怨以德"，而孔子则主张"以直报怨"，这是否有违儒家的忠恕之道？

参考文献：

1. （宋）朱熹撰、金良年今译：《四书章句集注》（上），上海古籍出版社 2006 年版。

2. （清）刘宝楠：《论语正义》，中华书局 1990 年版。

3. 钱穆：《论语新解》，生活·读书·新知三联书店 2002 年版。

4. 杨伯峻：《论语译注》，中华书局 2009 年版。

5. 南怀瑾：《论语别裁》（上下册），复旦大学出版社 2016 年版。

6. 李泽厚：《论语今读》，生活·读书·新知三联书店 2008 年版。

7. 鲍鹏山：《论语新读》，中国青年出版社 2009 年版。

8. 傅佩荣：《傅佩荣〈论语〉心得》，国际文化出版公司 2007 年版。

9. 林语堂：《孔子的智慧》，湖南文艺出版社 2016 年版。

10. ［美］约翰·杜威著，王承绪译：《民主主义与教育》，人民出版社 2001 年版。

11. 范红霞、刘庆昌：《尊重学生需要，改进道德教育》，《教育研究》2002 年第 6 期。

第二节 《大学》与自身发展

《大学》一文出自《礼记》，原只是《礼记》一书中很普通的一篇文章，在南宋前从未单独刊印，成书于春秋时期，旧说为曾子所作，实为秦汉时期儒家的作品。

自唐代韩愈、李翱维护道统而推崇《大学》（与《中庸》），至北宋二程百般褒奖宣扬，甚至称"《大学》，孔氏之遗书而初学入德之门也"，再到南宋朱熹继承二程思想，便把《大学》从《礼记》中抽出来，经过儒家的挖掘，尤其经过南宋大儒朱熹的大力推崇，《大学》成为儒家最经典的代表作品之一，并贵为"四书五经"之首，成为"初学入德之门"的必读书，与《论语》《孟子》《中庸》并列。

据传，《大学》为春秋时孔子的门徒曾参所著，它深刻地阐述了修身、治国的道理和方法，所以《大学》一书实为立身处世所必读。这部看似简单的作品却包含着博大精深的思想。在《大学》一书中，儒家通过"三纲八目"的阐释，将儒家的道德论和政治论完美地结合在一起，全面而系统地阐释了"修己以安人"的人生理想。《大学》是儒家的经典著作之一。在这部作品中，儒家为后世建构了一套完美的人生理想图式，它的思想细密而精深，深刻地影响着中国历代知识分子。

《大学》开宗明义，提出"大学之道，在明明德，在亲民，在止于至善"，它明确提出了人修养的三大层次：最基础的修养底线——明明德，修养个人品德；较高的修养——亲民，以自己良好的品德服务于社会，为民众利益奔走而亲力亲为，以自己的躬行引导和影响民众向良善方向发展，即自新而新民，从而建立良好的社会秩序，树立良好的社会风尚；至高的境界——止于至善，达到德化的极致，实现人生终极最美好的"尽善尽美"道德至境。《大学》以人为中心，旨在提高个体修养，塑造高尚人格，成就个体的德行功业。由此，《大学》始终以人为主体，对人的终极性问题予以关注，关注人的现时、现世行为，并提出"修身齐家治国平天下"的修养历程和道德目标，以实现理想人格。

《大学》中的三纲、八目都围绕其主线"大学之道"展开，大学之道是关于如何做人的学问，其核心在于如何"正心修身"。这一思想至今深刻固化在中华民族的心灵之中，它所滋养的道德意识和人生信念深深地融入我们的血液中，从而深刻地影响着中华民族的思维方式等。今天我们重读《大学》，正是对其精髓思想的重新解读和慎思。

《大学》历代注本很多，主要有宋朱熹的《大学章句》《大学或问》，宋真德秀的《大学衍义》，明王守仁的《大学问》，清陈确的《大学辨》，清李塨的《大学传注》等。通行本有清阮元的《十三经注疏》校刻本。

一 曾子其人其事

曾子（公元前505—前435年），姓曾，名参，字子舆，春秋末年鲁国南武城（今山东嘉祥县）人，是中国著名的思想家，孔子的晚期弟子之一，与其父曾点同师孔子，是儒家学派的重要代表人物。

据说曾子是黄帝的后代，也是夏禹王的后代，是鄫国（缯国）太子巫的第五代孙。父亲曾点（曾晳），母亲上官氏。曾子十六岁拜孔子为师，他勤奋好学，颇得孔子真传，积极推行儒家主张，传播儒家思想。孔子的孙子孔伋（字子思）师从参公，孟子又师从孔伋。

因之，曾参上承孔子之道，下启思孟学派，对孔子思想既有继承，又有发展。曾参是孔子学说的主要继承人和传播者，在儒家文化中具有承上启下的重要地位。曾参以他的建树，终于走进大儒殿堂，与孔子、颜子（颜回）、子思、孟子比肩共称为五大圣人。曾子性情沉静，举止稳重，为人谨慎，待人谦恭，以孝著称。齐国欲聘之为卿，他因在家孝敬父母，辞而不就，曾提出"慎终，追远，民德归厚"的主张（慎终，慎重地办理父母的丧事；追远，虔诚地追念祖先；民德归厚，要注重人民的道德修养），又提出"吾日三省吾身"的道德修养方法等。

曾参为孔子的后进弟子，因入学时间上的延误，鲁钝的天资，其思想成熟晚于其他弟子；但另一方面，曾参又具有更深邃、更有耐力的特点。特别是孔子去世后，曾参在其独立生活实践的几十年间慢慢消化孔子教诲，结合自己的经验所得，深化发展了孔子学说的某些方面，并造就了其敦厚品格和在儒学方面的成就。

据传，曾参为养活父母仕于莒，曾当过"得粟三秉"的官职。虽有从政经历，但综观其一生，依然是一个孔子式的知识分子形象，根源在于曾参尽守礼约、躬守孝道、不苟同权贵的思想品格。曾参说："士不可以不弘毅，任重而道远。""仁以为己任，不亦重乎？死而后已，不亦远乎？""可以托六尺之孤，可以寄百里之命，临大节而不可夺也。君子人与？君子人也。"（《论语·泰伯》）这些都是曾参"以仁为任""临大节而不可夺"大丈夫气概的写照。以这种精神气概为向导，便使人很难想象曾参会持有做官从政、苟合政治权势的贪婪要求。据《说苑·立节》载："曾子敝衣以耕，鲁君使人往致邑焉。"曾参辞而不受。他说："臣闻之，受人者畏人，予人者骄人，纵君有赐，不我骄也，我能勿畏乎？"显然，他在与政治权势的交往中保持着无私无畏、议而不从的态度。难怪《韩诗外传》说曾参五十岁时，"齐聘以相，楚迎以令尹，晋迎以上卿，皆不应命",甚至对现实政治进行无情的揭露与鞭挞。在当时"礼崩乐坏"的形势面前,曾参的态度是"天下有道,则君子欣然以交同;天下无道,则衡言不革;诸侯不听,则不干其士;听而不贤,则不践其朝"(《大戴礼记·解诂》)。曾参不屈从、不苟合、刚直不阿的君子品格正是儒家做人基本准则的体现。

曾子常随父学诗书,有"伏案苦读"之说,孔子弟子颜回病故后,曾参就成了孔子学说的主要继承人。据说孔子曾呼而告之:"参乎,吾道一以贯之。"曾子回答说:"唯,夫子之道忠恕而已矣。"由此,孔子亲以《大学》授曾参。鲁哀公十六年(公元前479年),曾参二十七岁。是年,孔子卒,终年七十二岁,曾参"若父丧而无服",守孔子墓。孔子临终将其孙(孔鲤之遗孤)子思托付于曾参,鲁哀公十九年(公元前476年),曾参三十岁。三年守墓过后,孔门弟子子夏、子游、子张认为有若面貌很像孔子,要把有若当孔子来事奉,强叫曾参同意。曾参断然拒绝。鲁哀公二十年(公元前475年),曾参三十一岁。父病故,曾参"泪如涌泉,水浆不入口者七日",足见其对父亲的感情与孝心。鲁悼公三十一年(公元前436年),曾参七十岁,是年,曾参有病卧床不起,七十一岁病逝。

据传,孔子去世后,曾参聚徒讲学,有不少弟子。曾参在孔门弟子的地位原本不太高,不入"孔门十哲"之列,直到颜渊配享孔子后才升为"十哲"之一。唐玄宗时追封为"伯"。中唐以后,随着孟子地位的上升,曾参的地位也随之步步高升。北宋徽宗时加封为"武城侯",南宋度宗时加封为"国公",元至顺元年加封为"宗圣公",到明世宗时改称为"宗圣",地位仅次于"复圣"颜渊。

曾参是孔子的得意高徒之一,深得孔子思想的要领,扎实地掌握了孔子思想要旨,并加以发挥传承。孔子去世后,曾参率领其弟子和门人整理了《论语》,《论语》主要记录孔子与门徒的谈话,其中只有曾参、有若二人称"子"而不直名,故后人认定曾子及其门人是重要的参与者。《曾子》一书，也是曾子的门人整理。其中乐正子春、单居离、公明仪等人可能起了较大作用。曾子是历史上著名的孝子，他善事父母，对父母极为恭敬。传说有一次曾子做错了事，曾点气愤地杖击曾子，打得他昏迷。曾子苏醒后，不仅没有怨恨父亲，反而担心父亲会不会因为责罚他太用力而伤了自己。为了表明对父亲的责罚没有意见，他抚琴歌咏，以告慰父亲。孔子知道此事后认为曾子的做法有错，用舜接受瞽瞍的责罚时"小杖则受""大杖则逃"的事例教育曾子，批评曾子的做法有可能陷父亲于不义，类似的故事在"二十四孝"中还有很多，如啮指痛心、曾子烹彘、曾子避席、曾子居卫、曾子换席以及曾子再仕等故事，这些故事都体现了曾参所坚守的儒家道德修养原则以及孝悌精神。曾参的孝行被后世广为流传，到元朝时被列于"二十四孝"，成为中国古代社会褒扬孝敬父母的典型。

曾参参与编写了《大学》《孝经》《曾子十篇》等儒家经典。唐开元二十七年（公元739年）追封"郕伯"。宋大中祥符二年（公元1009年）加封"郕侯"（一作瑕丘侯），元至顺初年，加封为"郕国宗圣公"，明嘉靖九年（公元1530年）改称"宗圣"。在今天的山东省临沂市平邑县建有曾点墓和曾参墓。

二　曾子思想学说及其智慧

曾子继承了孔子的思想，虽然曾子天分并不高，但是曾子学习很有毅力，他一直苦心钻研孔子思想，尤其在孔子去世之后，更是为把孔子学术思想传承下去做出了很大的努力。曾子结合自己的生活阅历和体验，在继承孔子思想的基础上，逐渐形成并提出了自己的思想主张。

孔子思想以仁为核心基础，以礼为外在规范，曾子思想也深受其影响。在继承老师思想的基础上，曾子又有其独特的思想特质。

曾子在其著作《大学》中，开宗明义地提出了三纲（明明德、亲民、止于至善）、八目（格物、致知、诚意、正心、修身、齐家、治国、平天下）思想，建构了一套完整的伦理道德和政治哲学体系，而其修齐治平的政治观，内省、慎独的修养观，以孝为本、孝道为先的孝道观思想更构成了他独特的思想体系，影响中国两千多年，至今仍具有极其宝贵的现实意义和实用价值，是当今建立和谐社会的丰富思想道德营养元素。曾参是孔子学说的主要继承人和传播者，在儒家文化中具有承上启下的重要地位。

（一）修齐治平的政治观

"大学之道"的中心思想是"修己以安人"，这一思想是儒家学者立身立世的终极追求，也是其人生价值的最高体现。诚如儒家对"大学"一词的注说："大学者，大人之学也"，所谓"大人之学"，主要是指能够使人有所作为，能够成就一番大事业的学问，它是儒家经世治国的大学问。在儒家看来，这一大学问，在于通过学习"穷理、正心、修己、治人"之道来实现"安人"的政治抱负。因此，儒家要求年轻子弟"及其十有五年，则自天子之元子、众子，以至公、卿、大夫、元士之适子，与凡民之俊秀，皆入大学，而教之以穷理、正心、修己、治人之道"。这句话点明了《大学》的真正要旨。为了实现这一目标，儒家提出了"明明德、新民、止于至善"三个纲要，即所谓的"三纲"，以及为实现这一目标而开列的"格物、致知、诚意、正心、修身、齐家、治国、平天下"八个条目，即"八目"。"三纲八目"集中体现了《大学》的主要思想。

曾子在《大学》中首先阐释的是一种修己治人之道，修己是治人的前提，修己的目的是治国平天下，亦即儒家思想一以贯之的内圣外王之道。曾子一开始便讲"自天子以至于庶人，壹是皆以修身为本"，把修身作为其整个政治思想的价值目标和根本目的，并且成为其治国平天下的逻辑出发点,在个人道德修养与治国平天下之间建立起了内在联系。也就是说,曾子在《大学》中明确提出了两条最基本的政治思想原则,即三纲领说和八条目说。

第一,明德、新民以至善的三纲领。

曾子在《大学》一开始就提出了其修齐治平政治观的第一条原则,即三纲领:"大学之道,在明明德,在新民,在止于至善。"朱熹在注释中把这三者称为"大学之纲领也"。显然,后人认为这三点是理想人格实践的"纲领",可能与朱熹对《大学》的重视与推崇有关。"三纲领"说所要阐述的精神实质和春秋战国时期儒家的政治思想是一脉相承的。

纲领之一:明明德。"明明德"重在"明德"。"明德"一词最早出自《尚书·周书·康诰》,所谓"明明德"就是说要彰显人类天生质朴的美德,而德的思想在周初时就已经出现,周人"明德慎罚""敬德保民"的观念深刻影响了后来的儒家思想对德观念的认识,此时的德,是指先王圣哲的政治行为或高尚的个性品德。也就是说,孔子、曾子所主张的德具有政治与道德的双层含义。曾子引用古典文献对"明德"进行了解释:"康诰曰:'克明德。'大甲曰:'顾諟天之明命。'帝典曰:'克明峻德。'皆自明也。"这一段引文中,我们需要注意的是"自明",这是理解《大学》"明明德"的关键。人固有之德性被欲望所迷惑,只有通过积极的学习、修为,才能最终达到恢复自我本性的目的,这一过程就是所谓的"自明"。可见,从孔子开其端,曾子继其绪,已经把人的致思趋向由外在的天命以"性"作为中介转向了内在的自我,朱熹也是从这一角度对"明德"进行诠释:"大学者,大人之学也。明,明之也。明德者,人之所得乎民,而虚灵不昧,以具众理而应万事者也。但为气禀所拘,人欲所敝,则有时而昏,然其本体之明,则有未尝息者。故学者当因其所发而遂明之,以复其初也。"朱熹的诠释与曾子相合:德之内涵是人本来所固有，是一种先验的内在存在；由于被个人气质或欲望所迷惑，"气禀所拘，人欲所敬"，人的潜在本质未能发明出来，需通通过明的工夫，通过学习修为以恢复显现本性。道德主体后天的行为都是为了能寻求本来具有的内在潜质。正是由于人先天之本性被后天环境、人欲所蒙蔽，才有必要明，才有必要进行道德修为，以便恢复人性中朴质美好的一面。由周初之德到孔子之德，再到曾子之明明德，在内涵上经历了一个不断丰富、充实的演进历程。在这一演进历程中，始终有一条以政治—伦理为主线的思想贯穿其中。

纲领之二：新民。"新民"之"新"，旧版作"亲民"。"亲"字有两解：一释为"爱"，"亲民"即为"亲"（qīn），指"爱民，亲近民众"，王阳明取此意；另一释为"新"（xīn），程朱认为"亲，当作新"，一般取程朱之意。曾子以"新（xīn）民"作为三纲领说的第二条政治原则，那么，曾子之"新民"究为何意？曾子引经据典，对"新民"做了新的诠解，"汤之《盘铭》曰：'苟日新，日日新，又日新。'康诰曰：'作新民。'诗曰：'周虽旧邦，其命维新。'是故，君子无所不用其极"。曾子在这里所表述的"新"是一种"革新"的政治作为，也即朱熹所言"新者，革其旧之谓也"。朱熹在解释"作新民"时说，"鼓之舞之之谓作，言振起其自新之民也"。鼓舞民众志气，振奋民众精神，称为"作新民"。朱熹还说："言周国虽旧，至于文王，能新其德以及于民，而始受天命也。"这是对"周虽旧邦，其命惟新"的解释。如果说"明明德"所注重的是对个体主观精神状态的一种规定或启发，那么，"在新民"则涉及个体道德完善之后如何运用到群体中的外用之道。由个体之善扩充至天下万民，不仅成就了曾子的新民理论，同时还启发孟子由修心、养性到仁政的思路。自春秋以来，民本思想成为社会发展的一股思潮，受到广泛关注。无论是《管子》提出的"以人为本"，还是《孟子》提出的"民贵君轻"，其实都是对人的尊严和价值的思考和尊重。曾子热切呼唤具有高尚道德情怀的"新民"出现，呼唤对人的价值与尊严的尊重与回归，把"作新民"作为其三纲领之一，并把它纳入自己的政治思想体系之中，使之成为是否达到理想人格境界的评判准则和道德修养纲领。

正是由于有"新民"这一纲领性的规定，才有"八条目"中"治国、平天下"思想的出现，二者之间有着极其密切的关联。"君子无所不用其极"，这句话正是对"作新民"的概括、补充，如朱熹所言："自新民，皆欲止于至善也。"明明德、新民最终都是为止于至善这一根本目标服务的。很显然，三纲领之间的逻辑关系是一种层层递进的关系，都是以达到至善为终极目标。

纲领之三：止于至善。曾子在《大学》中提出的第三条纲领是"止于至善"，"止"指在追求真、善、美这里有所终止，即为，君子是把仁善的追求当作最终的追求目标，它始终致力于"至善"的道德追求和修为。也就是说，"至善"是一种道德目标和境界，万物运动变化发展的最根本规律就体现为一种"至善"。朱熹说："止者，必至于是而不迁之意。至善，则事理当然之极也。"他认为"至善"是"明明德"和"亲民"这两个纲领的最终发展归宿，也是对二者发展的目标要求：通过实践把"明明德"的内在修为和"亲民"的外在事功结合起来，以充分发挥个体的主动性，所以，朱熹又说："盖必其有以尽夫天理之极，而无一毫人欲之私也。"需要注意的是，在中国漫长的封建伦理社会中，由于政治势力的干预以及对人欲的压制，中国政治文化的发展一直没有体现其真正对人的关心和尊重，更无权利一说，理论上的提倡与社会存在的现实相差甚远，然而，不可否认的是，作为儒家思想的传承者，曾子所提出的政治主张和原则试图从道德入手，从思想、行为方面对社会各阶层进行控制，从而为政治治理"出谋划策"，实则，曾子的"至善"理论只是一种理想的乌托邦梦想。在这一政治模式下，个体追求理想人格的方式也同样有所局限。然而，不能因此就否定曾子至善理论的合理性及其值得我们关注的一面。至善要求个体在内修以明德的基础上开展外王事业，拓展业务能力而有所收获，而这些要求都必须以人格至善作为最终的依归，也就是说，内圣外王不是空壳子，不是形式主义，而是与至善的人格修养相辅相成的，前者是后者的前提，而后者则又为前者指引更好的发展方向，以引导良善、修养人生，这一人生过程就是一种追求真、善、美的过程。

曾子的"三纲领"以简明扼要的语言表明了明明德给群体或个体以内心的道德设定，这就是曾子所昭示于我们的第一条基本政治思想原则。"明明德"意即彰明美好的品德。"明明德"所要诠释的思想在于，每个生命个体都有善良的美德，但是却因人世之芜杂和人后天之欲求而被遮掩。所以，儒家呼吁，一个人要想提高品行修养，发展自己，就必须彰明自我的先天美德，所以必须要修己德以修心德，由此而推及他人，这种修养程序要求"正人先正己"。"新民"意在通过教化，使人能够不断去除旧染之污，进而提高道德修养以发展外在业务，然而，此外在业务的成功是必须依于"明德"的。"止于至善"则是强调人的一种自觉意识，要求人对"所止之境"有明确的目标和认识，这样才不至于追求茫然而有所失，正如宋代卫湜所说："古之善学者，必先知其所止，然后可以渐进。"所以，在儒家看来，人应该明晓自己在家庭、社会、国家中所扮演的角色，知道自己该做什么和怎样做，这样才能对自己有所约束，而不断提升自我道德修养，也才能在人生境界上向更高层次迈进。正由于如此，《大学》开篇以"知止而后有定，定而后有静，静而后能安，安而后能虑，虑而后能得"来为人生发展提出基本要求。也就是说，只有知道应达之境，才能明确自我定位，由此而心有定而不妄为，最终才会有所得，这种得一定是道德修养之得，而非歪门邪道之得。

由此，我们可以说，"明明德"是儒家追求"大学之道"的根本原则，而"新民"则是儒家追求"大学之道"的根本任务，"止于至善"则是儒家追求"大学之道"的根本目的和目标，此三者构成了《大学》的纲领，指明《大学》之要旨。

也由此，我们能看出三纲之间的一种递进逻辑关系，它要求道德主体从"明明德"的道德修养出发，经过"新民"外王社会业务的发展，最终达到"止于至善"的理想人格境界，这种对主体修为实践活动的规定直接引发出内、外相互联系的具体修为方式，并以逻辑发展的合理结果为三纲的具体操作实践提供了进一步的解决方案，即八条目。

第二，实施"三纲"的八条目。

《大学》三纲领的提出为道德主体的修为设定了基本的行为准则和价值目标，而确保这一准则得以实现，还要有具体的步骤才能完成。为此，曾子的《大学》又重提出了其著名的八条目说："古之欲明明德于天下者，先治其国；欲治其国者，先齐其家；欲齐其家者，先修其身；欲修其身者，先正其心；欲正其心者，先诚其意；欲诚其意者，先致其知；致知在格物。物格而后知至，知至而后意诚，意诚而后心正，心正而后身修，身修而后家齐，家齐而后国治，国治而后天下平。自天子以至于庶人，壹是皆以修身为本。"朱熹把这八条称之为"大学之条目也"。曾子以精练的话语将逻辑严密的八条目提了出来，让人对以修身为本的道德实践有了更加明确的认识和操作步骤：格物、致知、诚意、正心、修身、齐家、治国、平天下，通过这八个步骤来实现人生至善之目标，由此，曾子强调知、定、静、安、虑、得六个方法，主张搞清楚先后、本末、厚薄、始终孰轻孰重的关系。曾子以逆推、反证的手法强调了修身的重要性，认为道德主体，其理想人格的修为过程应该首先从格物开始，才能通过致知、诚意、正心，一步步走向修身，而齐家、治国、平天下则必须有前几条作为基础，否则外王业务无以开出，其中，修身起到了承上启下的重要核心作用，它需要前四者做铺垫，又为后三者的具体实行提供修养上的法宝，修身成了内外兼修的关键结合点，这正是曾子修齐治平政治观的步骤展开过程：格物、致知、诚意、正心是道德主体的内在修为，而修身、齐家、治国、平天下则是道德主体的外在修为，这八个步骤紧密联系，顺承递推，曾子为我们详尽勾勒了儒家子弟实现自我人生价值的完美路径。

格物致知以诚意正心——修身之步骤

曾子提出的修身途径主要是指八条目中的格物、致知、诚意、正心这一途径。这个途径可以概括为格物致知以诚意正心。曾子认为，修身的起点是格物致知。"格"主要是指一种寻求、探求、学习，"物"则是一种独立于主体之外的客观存在，所谓格物，就是指生命个体对外界事物的认识和把握及其研究，曾子这里所谓的格物，则非一般意义上人对外在世界的认识和把握，而是一种道德主体对个人言行举止的反观、内求，是"反求诸身"，它是一种主体思想深层次的潜在意识，通过这种形式，曾子强调它是正心、诚意的基础；致知，在曾子的思想体系中，致知和格物是紧密联系、层层递进的关系。致知是对格物的结果进行的体悟和感知，"物格而后知致"，也就是说，它是对构筑在格物基础上的儒家伦理道德原则的体悟与感知，朱熹后来解析说："物格者，物理之极处无不到也。知至者，吾心之所知无不尽也。""致，推极也。知，犹识也。推极吾之知识，欲其所知无不尽也。格，至也。物，犹事也。欲其极处无不到也。"他认为穷至事物之理，达至无穷之境，是一种明理，即格物以明理。也就是说，曾子所强调的格物、致知主要还是侧重于社会伦理道德层面，置于社会生活的人际关系中，在人与人、人与社会、人与自我的关系上进行探究和修养（当然，曾子也注重人与自然的关系，而对于自然界的探究只是其思想理论中极小的一部分），这从另一个层面反映了曾子思想的政治伦理特征。格物、致知作为修身修己的重要方式，它从社会伦理的层面丰富和限定了人的认识范围。在格物致知的基础上，曾子又进一步提出了诚意、正心的具体步骤要求，"欲诚其意，先致其知"，"所谓诚其意者，毋自欺也，如恶恶臭，如好好色，此之谓自谦。故君子必慎其独也"，曾子首先提出要对社会及其伦理预先认识，然后才能在个体内心树立修己之诚意，"富润屋，德润身，心广体胖，故君子必诚其意"。诚意就是诚实而不自欺欺人，自己不欺骗自己，表里如一而独善其身。关于正心，曾子说："所谓修身，在正其心者，身有所忿，则不得其正；有所恐惧，则不得其正；有所好乐，则不得其正；有所忧患，则不得其正。心不在焉，视而不见，听而不闻，食而不知其味。此谓修身，在正其心。"曾子认为，正心要求道德主体按照社会伦理所既定的要求来做，通过主体内心自觉自愿，接受道德修养的熏陶而在价值观上表现出来的道德伦理行为，也就是说，正心就必须摒弃外界干扰和不良社会情绪的影响，使"心"能按照社会伦理要求辨识外在事物，从而做到在喜怒爱恶欲面前的克制力，"非礼勿视""非礼勿听""非礼勿言""非礼勿动"，从而专心致志、精力集中，在这种情况下，正心并不受恐惧、忧患等不良情绪的影响而误入歧途。

在经过格物、致知、正心、诚意的体认步骤后，曾子又强调修身修己的重要功夫：慎独，慎独是一条非常重要的道德要求和人生修养原则。曾子说："小人闲居为不善，无所不至，见君子而后厌然，其不善，而著其善。人之视己，如见其肺肝然，则何益矣。此谓诚于中，形于外，故君子必慎其独也。"《大学》慎独是儒家政治思想中关于道德修养的重要概念。慎独要求君子在闲居独处而无人监督的情况下能够一如既往，甚至更谨慎地反省自我，"吾日三省吾身"以反求诸己。对此，朱熹说："独者，人所不知而己所独知之地也。言欲自修者知为善以去其恶，则当实用其力，而禁止其自欺……不可徒苟且以殉外而为人也。然其实与不实，盖有他人所不及知而己独知之者,故必谨之于此以审其几焉。"在这里,朱熹实际上强调的是一种个体对自己的道德自律,这一工夫在后世儒家思想的工夫论发展中一直起着重要作用。

由格物、致知到诚意、正心,明显地体现了儒家道德主体修养的基本层次和逻辑顺序,它经由道德主体内在道德自律的反求诸己工夫,而最终落实到外在的社会业务层面,即齐家治国平天下。很显然,这种工夫过程是一种由内到外的递进式修为过程,同时也是生命个体道德修养不断加强的过程,是道德观念付诸实际行动的躬行实践过程。"君子有诸己而后求诸人;无诸己而后非诸人",由此,曾子强调,"自天子以至于庶人,壹是皆以修身为本",他把修身作为其思想体系的核心及齐家治国平天下的逻辑起点和中介枢纽。修身是"道立"之始,修身向内表现为正心、诚意、致知、格物,向外则表现为齐家、治国、平天下,然而,需要注意的是,修身直接来自于道德主体的格物、致知、诚意、正心工夫,做到了这几条,那么修身之维便既成。

齐家以治国、平天下——修身之价值指向

在曾子思想体系中,修身是一切行为的起点,同时又是齐家以治国、平天下的中心枢纽。也就是说,曾子为人建构了一套由内到外、由小到大、由家到国乃至天下的具体实践步骤。

在修身的前提条件完成以后,曾子又提出了齐家。他认为齐家既是修身的终点,又是治国平天下的起点,"所谓齐其家,在修其身者。人之其所亲爱而辟焉,之其所贱恶而辟焉,之其所畏敬而辟焉,之其所哀矜而辟焉,之其所敖惰而辟焉。故好而知其恶,恶而知其美者,天下鲜矣!"《大学》曾子鲜明地指出了齐家与修身之间的关联。家庭是社会的最基本细胞,而人则是组成家庭的最基本元素,只有社会中的每一个独立个体在自身的整体素质方面有了全面提高,才有可能维系家庭的内部稳定,最终也才能保持社会的稳定,保持社会道德水平的进一步提高。从这个角度来说,曾子所提出的"身修而后家齐,家齐而后国治"的齐家理论有一定道理,他认为,齐家的重要作用依修身而定:"所谓治国,必先齐其家者,其家不可教而能教人者无之……一家仁,一国兴仁;一家让,一国兴让;一人贪戾,一国作乱。其机如此……所藏乎身不恕,而能喻诸人者,未之有也。故治国,在齐其家。"《大学》在中国传统社会结构中,家、国的关系是极为密切的,两者同质同构,家是缩小了的国,而国是放大了的家,家之不齐,则国必将不治。中国社会结构家、国不分的特有政治现象,使得中国传统的社会结构和价值观念一直基于以血缘关系为纽带的家庭、家族之上,这方面的确有其弊端和负面影响,它延缓了中国社会发展的历史进程,然而,它所提出的修养理论却对生命个体修养的提升和人格的健全起到了不可低估的道德引导作用。

在齐家的基础上,曾子又提出了治国平天下的絜矩之道。如果说格物致知诚意正心是齐家治国平天下的前提的话,那么要达到治国平天下的理想目标,还需要在修身的基础上做到以德行道,以絜矩之道来进行。"所恶于上,毋以使下;所恶于下,毋以事上;所恶于前,毋以先后;所恶于后,毋以从前;所恶于右,毋以交于左;所恶于左,毋以交于右。此之谓絜矩之道。"《大学》曾子认为,作为君王,在治理国家的时候,应该首先注重自我道德修养,关注百姓的生活之况,而臣属及百姓也同样要注意对君王的体谅,用"推己及人"的方式来体恤对方,并以此约束规范自己,这样的要求正是曾子所要求的道德修养规范,同时,也是儒家的道德修养规范要求,由此做到上下有序而等级有差,从而确保社会的和谐发展,这才是治国平天下理想能够得以实现的絜矩之道,所以,曾子又说:"民之所好好之,民之所恶恶之,此之谓民之父母。"《大学》朱熹曾经对絜矩之道进行了阐释:"言能矩而以民心为己心,则是爱民如子,而民爱之如父母矣。"需要注意的是,在曾子这里,矩之道就是絜矩之道,是一种规矩,而絜矩之道必须以德行道作为前提,它是个体道德修养在道中的体现。"道得众,则得国;失众,则失国,是故君子先慎乎德。有德此有人,有人此有土,有土此有财,有财此有用。德者,本也,财者,末也。外本内末,争民施夺。是故财聚则民散,财散则民聚。是故言悖而出者,亦悖而入;货悖而入者,亦悖而出。"《大学》曾子认为,君王治国平天下的前提是个人是否以德来御道,管理者的道德修养是絜矩之道得以实现的必要条件,管理者轻德重财,与民争财货,则会导致"财聚则民散"的结果,反之则然,所以,管理者是否以德行道、以德御道,关乎民心向背,关乎管理者的统治,关乎国家的兴衰存亡。当然,需要注意的是,曾子过度重视道德的作用,而忽略了刑的作用,这一点也是儒家思想的局限性。儒家强调道德至上论,认为道德是衡量一切的价值准则,由此,把道德与物质、财富予以对立,陷入道德至上论的泥潭。在曾子看来,君主是实现治国平天下的主体,是实现治国平天下的推动者,"所谓平天下,在治其国者,上老老而民兴孝,上长长而民兴弟,上恤孤而民不倍。是以君子有矩之道也。"《大学》为了进一步论证,曾子还用远古时代的尧舜及夏商末年的暴君桀纣进行论证,"尧、舜帅天下以仁而民从之。桀、纣帅天下以暴而民从之。其所令,反其所好,而民不从。"《大学》曾子过分扩大君主个人的作用,强调君王个人的道德修养对治国的约束作用,把国家之兴衰完全维系在管理者的道德修养层面,而忽略了道德背后的经济力量,最终陷入伦理道德至上论、君主至上论的漩涡中,这一政治伦理思想与今天的法治社会治理格格不入,然而,如果我们能将曾子的道德伦理思想很好地应用,那么不失为社会治理的有益补充。

在"八目"中,"修身"是"格物、致知、诚意、正心"和"齐家、治国、平天下"之间得以联系的关节点,是对"格物、致知、诚意、正心"内容的总体概括,同时也是对"齐家、治国、平天下"思想内核的高度凝练,而"齐家、治国、平天下"又是修身的价值体现,也是儒家"外王"理论的具体外现。实质上,家、国、天下是三位一体的,家是国与天下的缩小,国与天下则是家的放大,三者在方法上是一致的,所以曾子说,"君子不出家而成教于国"《大学》。

所以,概而言之,曾子修齐治平的政治观,以三纲为目标,引导人注重道德修为,同时又以八目为实现三纲的具体步骤,两者相辅相成,不可分割,前者是后者的前提,后者是前者得以实现的路径,"三纲八目"构成了一个由上而下、由内而外、相互关联、不能任意颠倒的统一整体,它是儒家价值观与世界观的集中体现,是穷尽内圣外王之道的严密逻辑体系。从当代社会治理的角度来看,尽管这种道德伦理至上论有糟粕之处,然而,它在具体的道德修为和社会道德实践的方法论上却有着非常重要的价值论启迪意义,同时,它在调适现代人的心态、性情,稳定社会关系,塑造理想人格等方面都具有重要的价值。

(二)内省、慎独的道德修养观

曾子的道德修养论思想主要以孝作为其思想主旨,同时通过"内省""慎独"等修养途径来实现。尽管孔子对曾子多有"愚"之评价,但不难看出孔子对曾子德行的赞美和欣赏。"孝,德之始也;悌,德之序也;信,德之厚也;忠,德之正也。参中夫四德者也。"(《孔子家语·弟子行》)孔子认为曾子具备了"孝、悌、信、忠"四种德性,而曾子维护这些德性的内敛功夫又是通过其内省、慎独的方法来进行的。

其一,内省思过的内敛工夫。在曾子这里,他秉承了孔子儒学的基本精神,一直坚持把道德修养的完善作为人生的终极追求,由此,他对自己的言行举止时时进行检讨和反省,形成了他注重内省的道德修养方法,"吾日三省吾身。为人谋而不忠乎?与朋友交而不信乎?传不习乎?"《论语·学而》曾子事事谨慎,无一日停息,其中,忠、信、习三者又是经常要做的事情。在曾子看来,忠是对他人的尽职尽责,信是为人处世中的诚实不欺,而习则是对知识学问的执着追求。曾子认为这是人在进行社会活动或者人际交往时必须存有的德行,而他自己也经常在这三方面进行反思,"日旦就业,夕而自省,思以没其身,亦可谓守业矣"(《曾子·立事》)。曾子把这种反省法作为自己日常生活的必修课,可以说,真是旦夕警惕,终生持之以恒而从不放弃。

那么,在曾子的道德修养方法中,所谓反省是怎样的反省法?曾子认为,所谓反省,就是将自己的言行举止与自己所认可的道德准则进行比照,从而通过反身而诚、反躬自省的方式来提携自己不断进步,这种反省思过的修养特点是对个体自己的严格要求,也就是说,是从自己身上找问题,而不是怨天尤人、迁怒于他人,"君子攻其恶,求其过,强其所不能,去私欲,从事于义"(《曾子·立事》)。曾子的这种反省法其实又是一种"内讼"法,即自己通过反思来提携自己,对现实行为进行道德观照,从而进行自觉地调整和制约,这种模式下,个体不是为自己进行辩护,更不是将责任推诿于他人,而是通过反观自觉地承担道德责任,"同游而不见爱者,吾必不仁也;交而不见敬者,吾必不长也;临财而不见信者,吾必不信也。三者在身,曷怨人,怨人者穷,怨天者无识。失之己而反诸人,岂不亦迂哉"(《荀子·法行》),在荀子记录的曾子这段话中,可以看出,曾子认为,当一个人跟他人交往而得不到对方认可时,一定是自己道德修养不够使然;如果和他人交往而得不到对方尊重,一定是自己缺乏长者的风度;当面对财物时他人不信任自己,一定是因为自己不值得对方信任。也就是说,在曾子这里,所有的行为举止都是"反诸己",从自己身上入手来找问题,而不是"反诸人"。这是一种自觉的道德选择，它不由外在强制而实行，正因为如此，儒家才一直呼吁"为仁由己，而由乎人哉？"这种"反求诸己"的反省精神，在道德风气日渐低下的今天，非常值得我们学习。

不仅如此，曾子在经常思考自己的不足之处时，还对自己提出了很高的言行要求，"无内人之疏而外人之亲，无身不善而怨人，无刑已至而呼天。内人之疏而外人之亲，不亦远乎！身不善而怨人，不亦反！乎刑已至而呼天，不亦晚乎"（《荀子·法行》），荀子专门记载了曾子"反求诸己"的道德修养行为，强调他一直坚持行为上的"三不"原则：不疏远自己的亲人而去亲近外人，曾子家庭观念很强，在他看来，亲人是一种血浓于水的亲情情怀，如果一个人连亲人都不珍惜，而去亲近、谄媚于他人，那么就是亲疏、里外不分，就是对推己及人的反叛，这一点正是孔子"爱有差等"思想的体现，也是把家庭之爱作为社会一切爱的基础的外现；不要因为自身没有做好而去埋怨他人，面对事情和问题时，首先要自我反省、自我检查、自我批评，而不是迁怒于他人；不要已经知道要遭受刑罚还呼天喊地，遭遇刑罚处分是因为自己的过错所招致，曾子认为此时只有勇敢面对，坦白接受，才是一种承担责任的道德态度。正是通过这样的方式，曾子认为，人才能不断发现不足，提升自己，这是一个人进步的基本道德修养准则，"君子不先人以恶，不疑人以不信，不说人之过，成人之美，存往者，在来者，朝有过，夕改，则与之，夕有过，朝改，则与之"（《曾子·本孝》）。

其二，慎独自律的高度自觉。曾子不但在思想上常常总结自己的不足，还进一步要求自己在独处时时刻注意自己的言行。曾子认为个体的道德修养提升，不是做给他人看的，而是自己对自己的高度负责，曾子把这一高度自律方法称之为"慎独"，"十目所视，十手所指，其严乎"（《礼记·大学》），也就是说，个体对自己独处时的苛刻要求就如同他人在公众场合的监督一样，自己要对自我进行高度自律要求，但是，由于独处时，容易在脱离他人监督的情况下思想上有所松懈，从而放宽对自己的要求，不能将自己信奉的道德准则贯彻到底，因而，曾子强调在道德修养上的"慎独"原则。一方面，要先思后行。"君子虑胜气，思而后动，论而后行，行必思言之，言之必思复之，思复之必思无悔言，亦可谓慎矣"（《曾子·本孝》），曾子认为为人处世应该小心谨慎，避免武断、鲁莽，在做任何决断之前要先进行周全考虑，以做好思想准备，从而保证思想与行为的前后一致性。在曾子这里，所谓的慎独，就是独处时的谨慎，这突出了曾子处事的严密性，同时也是他胸怀坦荡道德修养的外现；另一方面，要博学。曾子一直主张博学，"君子博学而孱守之，微言而笃行之，行必先人，言必后人，君子终身守此悒悒"（《曾子·本孝》），曾子认为，对于学问的自觉追求是提升和完善个人道德修养的必备条件，"君子既学之，患其不博也，既博之，患其不习也，既习之，患其无知也，既知之，患其不能行也，既能行之，贵其能让也，君子之学，致此五者而已矣"，前期的知识储备是一个人认识事物本质、提高辨别事物能力的必要途径，只有如此，才能提高判断是非的能力而避免出现不必要的失误或者错误，才能"不以善小而不为，不以恶小而为之"，而慎独是与知识储备相辅相成的过程，独处时的慎思与学问的求索并不冲突，反之，正是在学问的追求中，个体才会通过掌握的道德知识对自己进行各种慎思。博闻多识是个体处理问题时所能选择的更好的方式。需要注意的是，慎独而慎思并不是谨小慎微，而是对道德原则有深刻把握的严格自律。

所以，曾子认为学是坚守道德原则的前提和基础，"多知而无亲，博学而无方，好多而无定者，君子弗与也。君子多知而择焉，博学而算焉，多言而慎焉"（《曾子·子思子》）。当然，这种学习能力的培养也是需要人格自律的，需要从内心深处的道德原则入手对自己进行严格要求，从而不至于在知识求索方面有所懈怠，"君子不绝小，不矜微也，行自微也，不微人，人知之，则愿也，人不知，苟吾自知也，君子终身守此勿勿也"（《曾子·本孝》），也就是说，在曾子这里，对知识的求索同样不求人知，但求自知，这也是慎独的严格要求，曾子认为，对一个道行高的人来讲，应该终身坚守这种道德修养自律，以做到时时慎思。

曾子要求个体在道德修养上的"慎独"，并不是一种清高或者与世隔绝，而沉溺于自我理想的精神世界中，这是曾子在深知环境对人影响的重要性的同时，对个体提出的严格要求，正是通过这样的方式，个体才能塑造独立人格，以培养高贵品行。因而，曾子讲的慎独不是要独善其身，把自己封闭起来而与世隔离，相反，它是一种无论同处还是独居，都严守道德原则的修养方法。

（三）以孝为本的孝道观

曾子以"孝"统贯孔子的"仁"和"礼"，并提出孝以"养志"说，认为孝的主要精神在于敬，他以孝统率一切伦理道德，认为孝不仅是个人行为和治理家庭的准绳，同时，也是治国平天下的基本纲领，是天经地义、永恒普遍的基本原则。曾子提高"孝"在儒学思想体系中的地位，成为儒学发展中一位承前启后的关键人物。

虽然孔子极力提倡"孝道"，但却苦于父母早亡没有机会践行其孝道观，而曾子则不然，他不仅在孔门弟子中以孝著称，在理论上重视孝道，而且在行动上重视孝道的践行，并由此在孝行的基础上对孔子的孝道理论进行了丰富和发展。

其一，以"孝"统贯"仁""礼"——孝之内涵。

曾子的特色就在于以"孝"作为根本点来统贯"仁"和"礼"，他把"礼"和"忠"作为支撑"孝"的两个基本点，"君子立孝，其忠之用，礼之贵"（《大戴礼记·曾子立孝》）。《孝经》中又有"礼者，敬而已矣"之说，认为敬为孝之要道，"忠则必爱，有礼故敬"，曾子认为，孝是发自内心的爱敬之情，是将孝敬之情外化为具体行为的过程，并使这种行为符合礼之要求而内外一致。需要注意的是，曾子以"孝"统贯"仁"和"礼"的基本方法就是降低"仁"的高远性，同时提升"礼"之中的情感因素，使之与忠、敬更好地统一在"孝"的范畴之内，由此，增加了儒学向内的倾向。

"仁"是对"孝"的存养。"孝"思想在我国早已有之，甲骨文中就有"孝"字出现。在孔子那里，"孝"已经演变成了实践仁的一个方面，"弟子入则孝，出则悌，谨而信，泛爱众，而亲仁。行有余力，则以学文"（《论语·学而》），由此可以看出，"孝"还是个人修身和家庭伦理道德必有之意，也就是说，孝是为人子弟所必须具备的道德素质，在曾子这里，"孝"在儒学中的地位开始得到提升，他认为"孝"突破了家庭的局限，扩大至整个社会范围之内，"是故未有君而忠臣可知者，孝子之谓也；未有长而顺下可知者，弟弟之谓也；未有治而能仕可知者，先修之谓也。故曰孝子善事君，弟弟善事长。君子一孝一弟，可谓知终矣"（《大戴礼记·曾子立孝》）。曾子还认为"民之本教曰孝"，孝是民众教育之本，"夫仁者，仁此者也；义者，宜此者也；忠者，中此者也；信者，信此者也；礼者，体此者也；行者，行此者也；强者，强此者也；乐自顺此生，刑自反此作"（《大戴礼记·曾子大孝》），很显然，在曾子的思想体系中，"孝"是仁、义、忠、信、礼之根本所在，仁的展开是对孝的存养，同时也是音乐和刑罚等产生的根据。不仅如此，曾子还提出："孝有三：大孝尊亲，其次不辱，其下能养。"（《大戴礼记·曾子大孝》）他给孝安排了一个行为等级序列，使"孝"更好地落实到人们的日常生活之中，使之在现实层面更易于操作，从而更好地发挥其社会教化功能。曾子进一步把孝的行为与不同的身份联系在一起，"君子之孝也，以正致谏；士之孝也，以德从命；庶人之孝也，以力恶食。任善不敢臣三德"（《大戴礼记·曾子本孝》），曾子把"孝"的要求具体到每个人，使孝具有了耳提面命的震撼力，从而扩大了"孝"的普遍性，孝被称为"天下之大经"，"置之而塞于天地，衡之而衡于四海，施诸后世而无朝夕，推而放诸东海而准，推而放诸西海而准，推而放诸南海而准，推而放诸北海而准"（《大戴礼记·曾子大孝》），孝道的作用何其之大，不仅可以充塞天地、横披四海，同时又可以穿行万世、朝夕不离。曾子把孝的范围推向极致，并将本于血缘亲情而被孔子格外重视的"仁"落实于孝中，以增强"仁"对现实生活的指导。

孔子之"仁"包括恭、宽、信、敏、惠、智、勇、忠、恕、孝、弟等内容，而曾子的"孝"也包含庄、敬、忠、信、勇五种德目，"居处不庄，非孝也；事君不忠，非孝也；莅官不敬，非孝也；朋友不笃，非孝也；战阵不勇，非孝也；五者不遂，灾及乎亲，敢不敬乎"（《大戴礼记·曾子大孝》），庄即庄重、严肃，敬是曾子在论及"孝"时每每提及的重要概念之一，由此可看出，曾子强调肃与敬，合在一起即为孔子所讲之恭，忠是恕的前提，是推己及人之前对自己内心感受的把握，是恕的前提。当曾子强调"躬自厚而薄责于人"时，则又是孔子"宽"之精神的重申，可见，曾子也强调宽的原则，不可否认的是，在曾子孝的思想体系中，并没有孔子所讲的敏和智的概念，即便如此，曾子讲孝的时候，的确是通过仁的推行来加强对孝的存养的。

"礼"是对"孝"的遵行。孔子论"礼"，着眼点在于对历史的缅怀和对理想的憧憬，从社会功能上讲，多是一种节制人之行为的准则——"不知礼，无以立"（《论语·尧曰》），"君子义以为质，礼以行之，孙以出之，信以成之，君子哉"（《论语·卫灵公》），同时也强调情感投入，"礼云礼云！玉帛云乎哉！乐云乐云！钟鼓云乎哉"（《论语·阳货》），很显然，孔子也在追求"礼"的形式与"仁"的情感的统合，当然，在孔子这里，他暂时没找到具体实现这种统合的具体概念或者途径，而曾子在其思想体系中，却通过孝实现了这一点，他将礼进行了一定的发展，"故孝之于亲也，生则有义以辅之，死则哀以莅焉，以敬如此，而成于孝子也"（《大戴礼记·曾子本孝》），可以明显地看出，曾子通过义、哀二字把子女"以礼侍亲"的礼原则具体化到了平日的孝悌行为之中，而当曾子以"礼者，体此者也"作进一步诠释时，则又是对"民之本教曰孝"孝悌思想的阐释，也就是说，礼是对孝的遵行、体行，孝是通过礼的具体形式、规范等形式被践行。在《论语·学而》中，曾子说，"慎终追远，民德归厚矣"，他主张通过治丧以尽其礼，祭祀以尽其诚，这都是要通过礼的外在表现形式来体现或者体验亲人与自己生命之不离，感受孝道之下人的自然亲情之永恒，由此而反观自己生命之价值和意义，以进一步成就自我。也就是说，在曾子这里，他是通过礼的外现将亲情感召予以落实，以实现内心情感与外在礼仪形式的统合，以阐释和演绎孝道之内涵。其实，在孔子那里，他也主张用"礼"来规范、诠释"孝"，如，他主张对父母要"生，事之以礼；逝，葬之以礼，祭之以礼"等，然而，需要留意的是，孔子的礼更多的是区分等级贵贱之礼，而曾子所讲的礼则更多地包含了对人的关心和爱心，他把"仁"之爱的情感和"礼"之合理行为予以统合并落实于"孝"的具体行为之中，从而进一步在理论和实践的层面对孝的内涵予以深化，在这一点上，曾子已经与孔子所强调的礼有很大不同。曾子对"孝"的理解就是他对孔子的"仁"和"礼"的基因的继承和发展。只是，在曾子这里发展得更加详尽，并且是以礼的各种形式来演绎孝的内涵。"君子之孝也，忠爱以敬；反是，乱也。尽力而有礼，庄敬而安之；微谏不倦，听从而不怠，懽欣忠信，咎故不生，可谓孝矣。尽力无礼，则小人也；致敬而不忠，则不入也。是故礼以将其力，敬以入其忠，饮食移味，居处温愉，著心于此，济其志也。"（《大戴礼记·曾子立孝》）在曾子这里，日常生活中孝的行为，成为忠和礼的具体体现，在"礼"的外在形式架构下，曾子所讲的孝的价值和作用更加明显，"孝"因为得到了"礼"的外在形式的保证而获得更好地落实，"孝"与"礼"结合，是"合则两美"。曾子在这方面所做的努力使"孝"在维持社会稳定、增强人际和谐、淳化民德民风等方面的社会伦理作用更加凸显。

在曾子的思想和行为中，孝行占据突出地位，他被后世列入"二十四孝"是当之无愧的。

其二，孝养以"养志"为上——孝之实质。

曾子继承了孔子关于"孝"的思想，认为"君子之孝也，忠爱以敬，反是，乱也"《大戴礼记·曾子立孝》，他认为敬亲是养亲的伦理尺度，是一种基于血缘之爱而发自于内心的真情流露，也只有建立在敬基础上的养才是合乎人伦之道的，由此，曾子将孝养分为"养口体"和"养志"两类。所谓"养口体"，即为，给父母提供物质上的赡养保证，"烹熟鲜香，尝而进之，非孝也，养也"（《大戴礼记·曾子大孝》），曾子认为这不是真正的孝。这点孔子也曾专门论述过，"今之孝者，是谓能养，至于牛马皆能有养，不敬，何以别乎"（《论语·为政》），孔子强调对父母的孝应源自于内心的尊敬。曾子赞同孔子的观点，他认为物质上的赡养并不是真正的孝，真正的孝来自"养志"，何谓"养志"？"养有五道：修宫室、安床第、节饮食，养体之道也；树五色、施五采、列文章，养目之道也；正六律、和五声、杂八音，养耳之道也；熟五谷、烹六畜、和煎调，养口之道也；和颜色，悦言语，敬进退，养志之道也。"（《吕氏春秋·孝行览》）曾子认为"养志"即为"忠养"，"忠，敬也"，"孝子之养老也，乐其心，不违其志，乐其耳目，安其寝处，以其饮食忠养之。孝子之身终，终身也者，非终父母之身，终其身也。是故父母之所爱亦爱之，父母之所敬亦敬之。至于犬马尽然，而况于人乎"（《礼记·内则》）。也就是说，曾子所说的"忠养"就是敬养，也就是"养志"，即"乐其心，喻父母于道也。不违其志，能养志也。

饮食忠养之上，是终父母之身，爱所爱，敬所敬，则终孝子之身也"。曾子不只在理论上继承和发展了孔子"敬养"父母的孝敬观念，而且身体力行，忠实地践行了这一思想。能够很明显地看出，曾子之所以排斥"养口体"，是因为他认为"养口体"不是遵以礼制、真心去奉养父母，而"养志"却是发自内心对父母的尊敬和孝顺。

曾子养父母，重在孝养父母之志。他认为养父母之体易，而敬父母并持久地坚持下去，却是常人难以做到的，所以公明仪问曾子"夫子可谓孝乎"时，曾子回应对方，"君子之所谓孝者，先意承志，谕父母以道。参直养者也，安能为孝乎？"又说，"孝有三，大孝尊亲，其次弗辱，其下能养"，"养可能也，敬为难敬可能也，安为难安可能也，久为难久可能也，卒为难父母既殁，慎行其身，不遗父母恶名，可谓能终矣"（《大戴礼记·曾子大孝》），所以，后来孟子在总结曾子这一思想时，专门提出"孝子之至，莫大于尊亲"（《孟子·万章上》）的说法。

由此可见，曾子被公认为历史上著名的大孝子，最主要的原因是其对父母的奉养，"养口体"而"养志"，曾子不仅重视对父母物质上"养口体"的奉养，更侧重于在精神上"养志"的奉养。当然，当曾子继承了孔子"敬亲"孝道思想的时候，的确对其进行了发挥，然而，曾子之孝最终导致其愚孝观念的形成。孔子的孝道观念是以人格平等为前提的，这是孔子孝道观念精髓之所在，而当曾子侧重于"养志"之孝，并主张以"父母所忧忧之，父母所乐乐之"（《大戴礼记·曾子事父母》）时，就引发出了一个问题：父母有过，子女应曲意顺从，还是应以义劝谏？对此问题，孔子的解决办法是"几谏"，"事父母几谏，见志不从，又敬不违，劳而不怨"（《论语·为政》）。曾子将孔子的这一孝悌观念进一步明确化、具体化，他明确指出，"君子之孝也，以正致谏"，"父母之行，若中道则从，若不中道则谏……从而不谏，非孝也"（《大戴礼记·曾子事父母》),"不耻其亲,君子之孝也"(《大戴礼记·曾子立孝》),如果父母有过错,子女不能盲从父母,而应以义谏亲,对父母进行劝谏,使父母免于过错,如此做法才是君子之孝,同时,曾子还要求子女谏亲应把握"父母有过,谏而不逆"的原则,一旦"谏而不用,行之如由己……谏而不从,亦非孝也。孝子之谏,达善而不敢争辩。争辩者,作乱之所由兴也"(《大戴礼记·曾子事父母》)。曾子如此主张,其实有二难悖论之嫌:父母犯错,子女不劝谏是不孝;父母有过,劝谏无效后不循父道而行,则也是一种不孝行为。那么,作为子女究竟如何做才适中?对此,曾子提出:"微谏不倦,听从而不怠,懂欣忠信,咎故不生,可谓孝矣。"(《大戴礼记·曾子立孝》)所谓"微谏",即通过柔和委婉的方式来对父母进行劝谏,"下气怡色,柔声以谏也"(《礼记·内则》)。曾子有意维护家庭的和谐气氛,认为真正的孝子,应该不惜委曲求全以确保家庭气氛的和睦。

曾子也继承了孔子"生,事之以礼,死,葬之以礼,祭之以礼"(《论语·里仁》)的思想,提出"生事之以礼,死葬之以礼,祭之以礼,可谓孝矣"(《孟子·滕文公上》),而且认为"孝子养老也……孝子之身终。终身也者,非终父母之身,终其身也"(《礼记·内则》)。曾子非常注重丧亲之情,认为情重于礼。也就是说,丧礼、祭礼必须以内心真诚的情感作为基础,"吾闻诸夫子人未有自致者也,必也亲丧乎"(《论语·子张》),曾子自己因丧亲"水浆不入于口者七日",他认为只有在亲人的丧事上,人才能尽致心中的真情实感。在曾子这里,葬、祭之礼以内在感情为基础,又寓之以礼仪,通过外在礼仪进行外现,由此将人的内在情感与外在礼仪形式予以统合。

当曾子劝谏子女委曲求全以尽孝时,有愚孝之嫌,尽管他主张是为了整个家庭氛围的和谐,然而在某种意义上来说,抹杀和否定了生命个体的主体性,这点在今天并不可取。如果撇开这点,那么,曾子的孝道思想在今天仍然具有重要的道德伦理教育意义。

其三,敬——孝之精神。

在"养志"中,曾子专门提到了"敬"的问题,其实养志是离不开敬的。曾子孝的精神实质就是"敬",无论养亲、尊亲,都必须贯穿一个"敬"字,"君子之孝也,忠爱以敬;反是,乱也。尽力而有礼,庄敬而安之;微谏不倦,听从而不怠,懽欣忠信,咎故不生,可谓孝矣"(《大戴礼记·曾子立孝》),可见,"敬"在曾子孝道思想体系中的地位。

敬养。曾子认为,孝敬父母首当其冲,是要养其亲,物质上对父母进行赡养,但是,曾子认为这只是最基本的养,孝的更高层次应该是敬养父母,孝养父母不是简单的养,而是要养之以敬,养之以尊,不只是满足父母物质生活层面上的需求,而是发自内心对父母尊重,以满足其精神需求。由此,曾子强调,孝养父母应该做到让父母因为子女的孝顺而感到安逸、舒心,直到父母去世,自始至终,尽心尽力、无微不至,以心诚对待父母。曾子对自己就是这样要求的,"曾子孝于父母,昏定晨省,调寒温、适轻重,勉之于糜粥之间,行之于衽席之上,而德美重于后世",曾子尽量要求自己能够照顾到父母平时的日常生活起居,他经常早晚到父母榻前问安,并根据节气变化安排父母的饮食生活,保证父母衣食住行的舒适,在跟父母沟通时尽量保证说话声音的大小。在曾子这里,敬养的实质就是对父母的内心之诚,时刻将父母放在心中,而非仅仅物质生活上的供给。《韩诗外传》曾记载:"吾尝仕为吏,禄不过钟釜,尚犹欣欣而喜者,非以为多也,乐其逮亲也。既没之后,吾尝南游于楚,得尊官焉,堂高九仞,榱题三围,转毂百乘,犹北向而泣涕者,非为贱也,悲不逮吾亲也。"《庄子·寓言》中也有相关的记载:"吾及亲仕,三釜而心乐;后仕,三千钟而不洎,吾心悲。"在曾子看来，人生快乐与否，关键在于是否奉养、敬爱父母，如果做到了，即便没有做大官享受俸禄，心里也是高兴的，反之，尽管身居高位享受俸禄，却无法享有真正的快乐，因为纵有高官厚禄，却无法对父母再尽孝。

敬体。曾子认为身体发肤是父母给予的，在某种意义上来说，子女的身体是父母身体的延续，所以他非常重视"敬体"，并一再强调敬体的必要性。曾子认为，"敬体"不仅是对父母身体的担忧和敬重，同时也包括子女对自己身体的爱护和敬重。

《孝经》开宗明义地指出："身体发肤受之父母，不敢毁伤，孝之始也。"子女如果损残了自己的身体，那无异于对父母身体的损伤，曾子认为这是一种不孝行为的表现，"身者，亲之遗体也。行亲之遗体，敢不敬乎？"（《大戴礼记·曾子大孝》）父母将子女视为自己的血肉，同样地，子女的肉体之躯也是父母身体的延续，所以，子女应该爱护自己的身体，珍爱自己的生命，将父母生命的延续传承下去，这是对父母最起码的孝。其实，曾子这一思想受到了孔子的影响，"曾子闻诸夫子曰'天之所生，地之所养，人为大矣。父母全而生之，子全而归之，可谓孝矣；不亏其体，可谓全矣。故君子顷步之不敢忘也。'……故君子一举足不敢忘父母，一出言不敢忘父母。一举足不敢忘父母，故道而不径，舟而不游，不敢以先父母之遗体行殆也。一出言不敢忘父母，是故恶言不出于口，忿言不及于己，然后不辱其身，不忧其亲，则可谓孝矣"（《大戴礼记·曾子大孝》）。曾子认为天地间人为大，有父母才有子女生命的延续，所以，子女应该珍惜自己的身体和生命，这既是对天地的敬重，也是对父母的敬爱。"故孝子之事亲也，居易以俟命，不兴险行以徼幸，孝子游之，暴人违之，出门而使，不以或为父母忧也，险涂隘巷，不求先焉，以爱其身，以不敢忘其亲也。"（《大戴礼记·曾子本孝》）曾子对身体发肤爱护的强调，直到年老时，他都一直小心翼翼，在他生病时,"曾子有疾,召门弟子曰'……战战兢兢,如临深渊,如履薄冰'"。可见,曾子注重的是透过礼表现出来的道德蕴涵,而不是礼仪的外在形式。

曾子不但忠实地践行了孔子的孝道观念,而且在理论方面,无论从深度还是广度,都对孝道观念进行了一定的发展和深化。可以说,曾子终生践行和发展了孔子的孝道思想,并以"孝"德著称,他是先秦儒家孝道理论的集大成者。所以,孔子后来赞美曾子:"孝,德之始也;悌,德之序也;信,德之厚也;忠,德之正也。参中夫四德者也。"(《孔子家语·弟子行》)

三 《大学》原文选释

朱熹认为《大学》是"为学纲目",且"四书"中以《大学》为最易晓,故读"四书",要"先读《大学》,以定其规模;次读《论语》,以立其根本;次读《孟子》,以观其发越;次读《中庸》,以求古人之微妙处"。《大学》论述的主题是"道德",曾子把它更加条理化、人格化、具体化,重在观照人生所面临的具体问题以及应采取的态度,提出修德的"三纲要""八条目",以及"修身、齐家、治国、平天下"等命题,阐明儒家关于学习内容、目标以及为学的次序、途径问题,探讨提高个人修养、培养良好的道德品质与治理国家、天下的关系,旨在阐释儒家的君子修德之学和国家治政之道,使之更贴近社会现实和人们的日常生活需要。《大学》的中心思想可概括为"修己以安百姓",并以三纲领"明明德、亲民、止于至善"和八条目"格物、致知、诚意、正心、修身、齐家、治国、平天下"为主题。《大学》提出的人生观与儒家思想有千丝万缕的联系,基本上是儒家人生观的进一步扩展。这种人生观要求注重个人修养,并以儒家的道德观为主要内涵,要求士人要有积极的奋斗目标。

总之，《大学》思想博大精深，探求《大学》的现代价值，需要我们秉持科学的态度进行理性分析，从中汲取精华、弃之糟粕，这样才能有助于我们更好地提高自己的修养、塑造君子人格，树立正确的价值观。

【原文】大学之道①，在明明德②，在亲民③，在止于至善④。知止而后有定⑤，定而后能静，静而后能安，安而后能虑，虑而后能得。物有本末⑥，事有终始，知所先后，则近道矣。

【注释】

①道：宗旨，纲领。

②明：第一个"明"是动词，指彰明，显发。第二个"明"是形容词，指光明的。德：德行。

③亲：通假字，通"新"，指更新。

④止：有达成和维持之意。至善：最完善圆满的境界。

⑤定：心志的定向。

⑥本：原指树根，这里指根本。末：原指树梢，这里指次要的。

【翻译】大学的宗旨，就在于发扬光明正大的德行，在于更新民风，在于达到德行完美的最高境界。知道所要追求达到的境界，然后志向就能有所确定。志向确定以后就能静下心来，静下心来以后就能心安理得，心安理得以后就能认真进行思考，认真思考以后就能有所收获。任何事物都有根本和枝节，任何事情都有终了和开始，知道什么在先，什么在后，就接近于合理了。

【评析】《大学》在开头便阐明其宗旨，目的在于彰明人类光明正大的德行，在于以身作则，树立榜样再通过礼乐教化，以启迪人的自觉，并去除物欲，不断更新自己的德行，而达到至善至美的道德修养境界。也就是说，对《大学》的纲领有所体会，自然会立定人生志向，以此为生命的理想方向。确定了心中志向，便不会轻易为外物所干扰，就会至死不渝地去追求。不论面对何事何物，都能认真思考，由此得到至善之理。明白明明德和亲民两者之间的关系，就会知晓孰重孰轻的问题，"知止"是开端，"能得"是最终的结果。对《大学》纲领有了深切地认识和体会，自然离大学之道的实现不会太远。《大学》强调"本末"和"终始"，认为德行的修养需要按发展阶段逐步进行，并对每个发展阶段作了具体要求。德行培养不是靠标语和口号就能做到的，它是由个体延伸到群体的深入人心的文化自救。

【原文】古之欲明明德于天下者，先治其国；欲治其国者，先齐其家[1]；欲齐其家者，先修其身[2]；欲修其身者，先正其心[3]；欲正其心者，先诚其意；欲诚其意者，先致其知[4]；致知在格物[5]。

【注释】

①齐：管理。

②修：修养。

③正：端正。

④致：推致，获取。

⑤格物：研究事物的原理。

【翻译】古时候想要使天下人都发扬光明正大的德行，就先要治理好自己的国家；想要治理好自己的国家，就先要管理好自己的家庭；想要管理好自己的家庭，就先要修养自己的身心；想要修养自己的身心，就先要端正自己的内心；想要端正自己的内心，就先要让自己做事的时候意念诚实；想要做事的时候意念诚实，就先要丰富自己的知识以明理；想要丰富自己的知识以明理，就在于先要广泛读书，深入研究事物之理。

【评析】在儒家看来，齐家、治国、平天下关键在于怎样做人的问题，而做人的问题又与一个人的道德修养紧密相关。所以，儒家要求，要平治天下，就必须归结到人的德行和道德人格方面。道德的理想人格具体表现在行为、节操之中，行为节操又由意念志向所决定，如果意念志向夹杂着私情物欲，那么表现在行为节操方面，就不会符合道德规范。所以只要思想真诚，心灵自然能够体现在各种行为事物之中，心志自然不为物欲所诱惑，道德人格也就由此建立。

道德修养的前提是通过学习获得知识，提高德行，掌握做人道理，然而，需要注意的是，德行并不完全来自人心自觉，它需要对外部世界进行观察和认识，从而通过在学习和实践中来培养德行。

【原文】 物格而后知至，知至而后意诚，意诚而后心正，心正而后身修，身修而后家齐，家齐而后国治，国治而后天下平。

【翻译】 对事物深入研究以后，知识就能丰富，知识丰富以后，做事就会意念诚实，做事意念诚实以后，心志就能端正，心志端正以后，身心就能得到修养，身心得到修养以后，家庭就能管理好，家庭管理好以后，国家就能治理好，国家治理好以后，天下就能得到大治。

【评析】 这段话是对"古之欲明明德于天下者，先治其国。欲治其国者……致知在格物"的复述，前一段话阐明要明明德平天下，最终离不开知识的学习和掌握，而后一段话则强调通过学习，修养德性，塑造道德人格。可以说，这两段话在说理逻辑上只是修辞手法上的先后而已，其目的都在于，阐述修齐治平的道理。

【原文】 为人君，止于仁①；为人臣，止于敬②；为人子，止于孝；为人父，止于慈③；与国人交，止于信④。

【注释】

①止：达到。

②敬：恭敬。

③慈：慈爱。

④信：信义，诚信。

【翻译】作为君主，就要达到仁爱；作为臣下，就要达到恭敬；作为儿子，就要达到孝顺；作为父亲，就要达到慈爱；与国民交往，就要达到诚信。

【评析】《大学》在首章就阐述了明明德、亲民与止于至善三纲领和格物、致知、诚意、正心、修身、齐家、治国、平天下八个条目，强调通过学习，丰富自己的知识以知书明理，通晓人生之道，修养品德，以实现"止于至善"的目标。在儒家这里，至善不是抽象不可及的，反之，它渗透和表现在人的日常生活和工作的事事物物之中，永不止息，所以，要想"止于至善"，就需要从平时的小事做起，从与他人的人际交往开始修养自己。

【原文】所谓诚其意者，毋自欺也①。如恶恶臭②，如好好色③，此之谓自谦。

【注释】

①毋：不要。

②恶：前一个"恶"指厌恶，后一个"恶"指污浊。

③好：前一个"好"指喜欢，后一个"好"指美丽。

【翻译】所说的意念诚实，就是指不要自我欺骗，如同厌恶污浊的臭味，如同喜欢美好的颜色一样，这叫作自我满足。

【评析】这段话主要是对诚意的含义进行阐释。《朱子语类》第十五卷中说："格物者知之始也；诚意者行之始也。"朱熹认为只要对事物能明白其理，以达到致知，然后对于道理就会无所不明。然而，有丰富的知识并不一定能守仁，明白事理也并不一定能切实依理而行，儒家认为，只有意念诚实不自欺欺人，才能真正为善去恶，这是正心以修身的前提。所以说，让意念真实而无妄、依理而发，就如同厌恶污秽的臭味、喜爱美好的色彩一样，不虚伪、不自欺。诚意、不自欺是修身的前提。

【原文】富润屋①，德润身，心广体胖②，故君子必诚其意。

【注释】

①润：润泽，润饰。

②广：宽平。胖：安舒。

【翻译】有钱的人能够装扮他的房屋使其光彩靓丽，有仁德的人，会修养他的身心，使自己心情舒畅，所以君子一定是意念诚实而不自欺欺人。

【评析】作为君子，一定要有诚意，在意念将发未发的瞬间要告诫自己，使自己意念诚实而真实无妄。意念诚实与否，必然会表现在各种言行举止上，而意念真诚又是美好道德品质的表现，所以儒家非常强调这一点，认为有仁德的君子，做事光明正大，内心毫无愧疚，自然心胸坦然开朗，身体舒适健壮，这全归于诚意的结果。当今之世，很多人喜欢用财富来装饰自身，用豪宅、豪金来证明自己，孰不知，能够实践修养身心而达到的高尚品德和极高境界才是最大的财富。

【原文】君子有诸己而后求诸人，无诸己而后非诸人。所藏乎身不恕①，而能喻诸人者②，未之有也。

【注释】

①不恕：不能推己及人。

②喻：使人明了。

【翻译】君子自己拥有优点以后才能去要求别人，自己身上没有缺点才能去批评别人。自己身上所拥有的不是恕道，能够去教导别人使之明了，是从来没有的。

【评析】要治国，先齐家，而齐家是以修身作为前提的，所以《大学》中说，"一家仁、一国兴仁；一家让，一国兴让"，一家之长修身与否，关系到家庭关系是否和睦的问题，同样，国君的修身养性，对民众起到表率和模范作用，所以儒家要求治国者必须谨言慎行、言行一致，凡是推行的礼乐政令，自己能做到身体力行，并能慈爱人民、体贴民心，熟谙养民教民之道，使老百姓心悦诚服地接受其礼义教化、信守政令法制。表面看来，这是政治治理的问题，实则作为生命个体，其个人修养问题的重要性，"为仁由己而由乎人哉"的质疑正是对这一问题的最好回应，做一个有道德修养的君子，全在个体自己去把握，而不是由他人来决定。

【原文】所谓平天下在治其国者：上老老而民兴孝[1]，上长长而民兴弟[2]，上恤孤而民不倍[3]。

【注释】

[1]上：国君。老老：第一个"老"指敬重，后一个"老"指长辈。

[2]长长：第一个"长"指尊重，第二个"长"指老人、长辈。弟：通假字，通"悌"，指孝悌。

[3]恤：怜惜，救助。孤：孤儿，指没有父母。倍：通假字，通"背"，指违背。

【翻译】所谓的平定天下在于治理好自己的国家，就是指国君如果敬重老人，百姓就会崇尚孝道；国君如果尊敬长者，百姓就会崇尚恭顺；国君如果怜惜孤儿，百姓也就不会背弃孤儿。

【评析】这章主要强调身教，即躬行的重要性。儒家认为，齐家的关键是修身，修身才能给家人做榜样和示范，由此，强调国君在治国中的表率作用。也就是说，只要在上者敬老尊长、怜恤孤苦，那么百姓自会兴起孝、慈，不背弃德志，这是儒家推己及人思想的典型体现。为人君者若能洁身自好，修养仁德，实行仁政，自然会得到人民的拥护而保有天下，即所谓国君有道，不令自行。治国之道便是此理。

【原文】所谓修身在正其心者：身有所忿懥，则不得其正；有所恐惧，则不得其正；有所好乐，则不得其正；有所忧患，则不得其正。

【翻译】之所以说修养自身的品性要先端正自己的心思，是因为心中有愤怒就不能够端正内心；心有恐惧就不能够端正内心；心有喜好就不能够端正内心；心有忧虑就不能够端正内心。

【评析】诚意是意念真诚、不自欺欺人，但是，仅有诚意还不够，因为，诚意可能被喜、怒、哀、乐、惧等情感支配，所以，在"诚其意"之后，还必须要"正其心"，也就是要端正自己的内心以驾驭情感，进行自我调节，以保持中正平和的心态，这种平和心态需要个体修养身心的品性功夫才能做到。这里需要注意的是，理与情，正心和诚意不是绝对对立、互不相容的。朱熹认为，喜、怒、哀、乐、惧等都是人心所不可缺少的，但是，一旦我们不能自察，任其左右自己的行为，便会使内心迷失方向。所以，正心不是要完全摒弃喜、怒、哀、乐、惧等情欲，而是要让理智来驾驭情欲，使内心不被情欲所左右，从而做到情理和谐、修身养性。其实，修身之难，关键在于我们即使意念诚实了，还是会受到自然情欲的影响，所谓"心不在焉，视而不见，听而不闻，食而不知其味。此谓修身在正其心"，讲的就是这个道理。

【原文】所谓齐其家在修其身者：人之其所亲爱而辟焉，之其所贱恶而辟焉，之其所畏敬而辟焉，之其所哀矜而辟焉，之其所敖惰而辟焉。故好而知其恶，恶而知其美者，天下鲜矣！故谚有之曰："人莫知其子之恶，莫知其苗之硕。"此谓身不修不可以齐其家。

【翻译】之所以说管理好家庭和家族要先修养自身，是因为人们对于自己亲爱的人会有偏爱；对于自己厌恶的人会有偏恨；对于自己敬畏的人会有偏向；对于自己同情的人会有偏心；对于自己轻视的人会有偏见。因此，很少有人能喜爱某人又看到其缺点，厌恶某人又看到其优点。所以有谚语说："人都不知道自己孩子的坏，人都不满足自己庄稼的好。"这就是不修养自身就不能管理好家庭和家族的道理。

【评析】在这里，修养自身的关键是克服感情上的偏私：正己，然后正人。

儒学的修为阶梯由内向外展开。在此之前的格物、致知、诚意、正心都在个体自身进行，在此之后的齐家、治国、平天下开始处理人与人之间的关系，并从家庭走向社会，从独善其身转向兼济天下。需要注意的是，程序依然由内向外逐步外推：首先是与自身密切相关的家庭和家族，然后才依次是国家、天下。正因为首先是与自身密切相关的家（家庭和家族），所以才有一个首当其冲地克服感情偏私的问题。也就是说，人往往在感情上是有偏私的，所以人要努力克服感情之偏，以博大的胸怀去关爱他人。

【原文】所恶于上，毋以使下；所恶于下，毋以事上；所恶于前，毋以先后；所恶于后，毋以从前；所恶于右，毋以交于左；所恶于左，毋以交于右：此之谓絜矩之道。

【翻译】如果厌恶上司对你的某种行为，就不要用这种行为去对待你的下属；如果厌恶下属对你的某种行为，就不要用这种行为去对待你的上司；如果厌恶在你前面的人对你的某种行为，就不要用这种行为去对待在你后面的人；如果厌恶在你后面的人对你的某种行为，就不要用这种行为去对待在你前面的人；如果厌恶在你右边的人对你的某种行为，就不要用这种行为去对待在你左边的人；如果厌恶在你左边的人对你的某种行为，就不要用这种行为去对待在你右边的人。这就叫作"絜矩之道"。

【评析】这是儒家著名的絜矩之道。所谓絜矩之道，其实质是与"恕道"一脉相承的。如果说，"恕道"重点强调的是"己所不欲，勿施于人"的将心比心、推己及人的一面，那么，"絜矩之道"则重在强调以身作则的示范作用方面。儒家一直主张上行下效，强调榜样的力量。所以，絜矩之道其实就是人格修养到位的个体的示范力量和作用。"己所不欲，勿施于人"这条伦理原则被学界称为"道德金律"（即黄金法则），君子"有诸己而后求诸人，无诸己而后非诸人"。

【原文】此谓唯仁人为能爱人，能恶人。见贤而不能举，举而不能先，命也；见不善而不能退，退而不能远，过也。好人之所恶，恶人之所好，是谓拂人之性，菑必逮夫身。是故君子有大道，必忠信以得之，骄泰以失之。

【翻译】这就是说，有德的人爱憎分明，发现贤才而不能选拔，选拔了而不能重用，这是轻慢；发现恶人而不能罢免，罢免了而不能把他驱逐得远远的，这是过错。喜欢众人所厌恶的，厌恶众人所喜欢的，这是违背人的本性，灾难必定要落到自己身上。所以，做国君的人有正确的治国方法：只要忠诚信义，便会获得一切；而骄奢放纵，则会失去一切。

【评析】"唯仁人为能爱人，能恶人"，这段话说明，一个人即使缺乏才能，但只要他心胸宽广，有包容之心，就可以试着重用他。反之，如果一个人才能突出，但心胸狭窄，嫉贤妒能，那么，这种人会危机四伏、危害无穷，所以不能任用。也就是说，当政者必须要有识别人才的本领。关于用人方面到底是"重德"还是"重才",这种争论一直存在,但是儒家一直主张重用贤德之人,同时要对"有才无德"的人加以限制和鄙弃,由此,儒家提出,仁者以财发身,不仁者以身发财的呼吁,强调仁善、求道的重要性。

四 《大学》经典名句诵读

1. 大学之道,在明明德,在亲民,在止于至善。

2. 知止而后有定,定而后能静,静而后能安,安而后能虑,虑而后能得。

3. 物有本末,事有终始,知所先后,则近道矣。

4. 古之欲明明德于天下者,先治其国;欲治其国者,先齐其家;欲齐其家者,先修其身;欲修其身者,先正其心;欲正其心者,先诚其意;欲诚其意者,先致其知;致知在格物。

5. 物格而后知至,知至而后意诚,意诚而后心正,心正而后身修,身修而后家齐,家齐而后国治,国治而后天下平。

6. 苟日新,日日新,又日新。

7. 诚于中,形于外,故君子必慎其独也。

8. 君子有诸己而后求诸人,无诸己而后非诸人。

9. 仁者以财发身,不仁者以身发财。

10. 君子先慎乎德。有德此有人,有人此有土,有土此有财,有财此有用。德者,本也;财者,末也。

11. 所谓修身在正其心者:身有所忿懥,则不得其正;有所恐惧,则不得其正。

12. 有所好乐,则不得其正;有所忧患,则不得其正。心不在焉,视而不见,听而不闻,食而不知其味。此谓修身在正其心。

13. 一家仁,一国兴仁;一家让,一国兴让;一人贪戾,一国作乱。

14. 自天子以至于庶人，壹是皆以修身为本。其本乱而末治者否矣。其所厚者薄，而其所薄者厚，未之有也。

15. 《诗》云："穆穆文王，于缉熙敬止！"为人君，止于仁；为人臣，止于敬；为人子，止于孝；为人父，止于慈；与国人交，止于信。

16. 所谓诚其意者，毋自欺也。如恶恶臭，如好好色，此之谓自谦。故君子必慎其独也。

17. 君子有诸己而后求诸人，无诸己而后非诸人。所藏乎身不恕，而能喻诸人者，未之有也。

思考题：

1. 如何认识曾子所说的"吾日三省吾身"？

2. 曾子的修身标准是什么？要达到修身，必须经过哪些步骤？

3. 简述曾子的孝道思想，并谈谈其逻辑起点。

4. "自天子至于庶人，壹是皆以修身为本"，这一思想贯穿于《大学》的始终，试谈谈你的见解。

5. 根据你对《大学》的阅读和理解，谈谈你对《大学》主旨思想的理解。

6. 儒家的忠恕之道主要是指什么？试谈谈你的理解。

7. 怎样理解修、齐、治、平四者之间的关系？

8. 简述三纲领与八条目之间的关系。

9. 什么是"君子慎独"？试谈谈你的看法。

10. 怎样理解"德者，本也，财者，末也"？试谈谈你的看法。

参考文献：

1.（宋）朱熹撰、金良年今译：《四书章句集注》（上），上海古籍出版社2006年版。

2. 钱穆：《先秦诸子系年通表》，中华书局 1985 年版。

3. 胡平生：《孝经译注》，中华书局 2007 年版。

4. 汪受宽：《孝经译注》，上海古籍出版社 2007 年版。

5. 康学伟：《先秦孝道研究》，吉林人民出版社 2000 年版。

6. 万本根、陈德述主编：《中华孝道文化》，巴蜀书社 2001 年版。

7. 肖群忠：《孝与中国文化》，人民出版社 2001 年版。

8. 冯友兰：《中国哲学史》上册，中华书局 1981 年版。

9. 郭沫若：《十批判书·儒家八派的批判》，东方出版社 1996 年版。

10. 郑淑媛：《先秦儒家的精神修养》，人民出版社 2006 年版。

11. 唐凯麟：《成仁与成圣》，湖南大学出版社 1999 年版。

12. 曾振宇：《曾子思想体系论纲》，《辽宁大学学报》（社会科学版）1994 年第 3 期。

13. 王杰：《曾子伦理政治思想述评》，《伦理学研究》2006 年第 5 期。

第三节　《中庸》与心性修炼

《中庸》是传统儒家经典之一，原是《礼记》中的其中一篇。在南宋前从未单独刊印，一般认为《中庸》出于孔子的孙子孔伋之手，《史记·孔子世家》亦称："子思作《中庸》。"唐代韩愈、李翱维护道统而推崇《中庸》以来，北宋二程极力尊崇，甚至认为《中庸》是"孔门传授心法"之作，将《中庸》从《礼记》中单列出来，南宋理学家朱熹继承二程思想，对《中庸》进行章句集注，将其与《论语》《孟子》《大学》并列，成为"四书"之一。从《中庸》和《孟子》的基本观点来看，两者大体相同，现存《中庸》已经过秦代儒者修改，大致成书于秦统一六国后不久，所以每篇体例已不同于《大学》。《中庸》不是取正文开头的两个字为题，而是提取文章的中心内容"中庸"为题。宋元以后，《中庸》成为学校官定的教科书和科举考试的必读书，对中国古代教育产生了极大的影响。

《中庸》是一篇论述儒家人性修养的哲学论文，是儒家阐述"中庸之道"并提出人性修养的经典论著。郑玄注《中庸》说："中庸者，以其记中和之为用也；庸，用也。孔子之孙子思作之，以昭明圣祖之德也。"儒家中庸的含义不是平庸之意，而是"适中"，"无过无不及"。《三字经》对中庸也进行了解析，"中不偏，庸不易"。程颐说："不偏之谓中，不易之谓庸；中者，天下之正道，庸者，天下之定理。"也就是说，中即为"适中"，不易即为"不改变"，中庸就是坚持适中、不偏不倚。在《中庸》中，子思认为"中庸之道"是道德行为的最高标准，他把"诚"看作世界的最高本原，认为"至诚"，则能达到人生之最高境界。在此基础上，子思强调，"中庸之道"是人们片刻也不能离开的，但要实行"中庸之道"，还必须尊重天赋之本性，通过后天的学习，即"天命之谓性，率性之谓道，修道之谓教"，并以"博学之，审问之，慎思之，明辨之，笃行之"的学习路径来达到人生的修养境界。也就是说，中庸之道的主题是教育人通过"五达道""三达德""慎独自修"以及"至诚尽性"等，自觉地进行自我修养、自我监督、自我教育、自我完善，把自己培养成为人格完善，从而至善、至仁、至诚、至道、至德、至圣、合内外之道的道德修养个体，而这一主旨正是《中庸》"致中和，天地位焉，万物育焉"思想的境界指向。

《中庸》中所提出的思想观点，对当今人们为人处事、修炼心性仍然具有重要的价值引导作用。

一　子思其人其事

子思（公元前483—前402年），姓孔名伋，字子思，孔子嫡孙、孔子之子孔鲤的儿子，据《史记·孔子世家》记载："孔子生鲤,字伯鱼。伯鱼生伋,字子思。"战国初期鲁国陬邑(今山东曲阜)人,祖籍河南商丘,生于东周敬王三十七年(公元前483年),卒于周威烈王二十四年(公元前402年),战国初期著名的思想家、哲学家,儒家学派的代表人物。

子思的生平事迹已难详考,据说子思自小活泼好动,非常聪颖。他虽然是孔子的孙子,但他4岁的时候孔子就病逝了,故而没有机会亲随孔子学习。孔子临终前,将子思托付给了弟子曾子(也有一说认为子思出于子游氏之儒)。孟子是子思再传弟子,又据《孟子》记载:子思曾被鲁缪公、费惠公尊为贤者,以师礼相待,但终未被起用。因子思受教于孔子的高足曾参,并由曾参传授孔子思想,子思门人再传孟子,因子思上承曾参,传孔子中庸之学,下启孟子,开孟子心性之论,后人把子思、孟子并称为思孟学派,与孔子、孟子、颜子、曾子比肩,共称为五大圣人。因此旧时以子思、孟子、颜子、曾子配祀孔子于孔庙,所以又与孟子、颜子、曾子并称"四配"。思孟学派对宋明理学产生了重要影响,北宋徽宗年间,子思被追封为"沂水侯",南宋咸淳三年(公元1267年),被封为"沂国公";元朝文宗至顺元年,又被追封为"沂国述圣公",明嘉靖九年(公元1530年)被封为"述圣"。这一学派在孔孟思想"道统"的传承中占有非常重要的地位。

子思生活于"礼崩乐坏"的乱世时期。面对整个社会的礼坏乐崩、人伦不理、诸侯争霸、民众涂炭的严峻局势,子思在掌握了孔子的思想精义之后,也像其祖父孔子一样,竭力倡扬儒家学说,力图拯救社会危机,展示了儒家学者明道救世的人格特点。子思未成冠礼之前,学识就已相当渊博。他曾在鲁国收徒授业,后又周游列国,到过宋、齐、卫等诸侯国,以儒家的仁政思想游说诸侯。虽然子思在当时的社会中并没有得到统治者认可和重用,但他没有因此而动摇其持守儒家之道的志向,更没有卑躬屈膝以求得荣华富贵,而是为了维护儒者的道德理想和人格尊严，为了弘扬儒家思想，抗节守道，不降其志，批斥诸侯残民、害道之行，他也不惧自己身处穷困危难之中的窘境，成为当时一位颇有影响的儒家代表人物。

子思既能以宣扬儒家学说为追求，又具有儒者执道弘毅的刚强精神。孔子的弟子曾参一方面为子思的高尚德性而感到高兴，另一方面，也为子思能否为世所容而感到担忧。他曾对子思说："昔者吾从夫子巡守于诸侯，夫子未尝失人臣之礼，而圣道不行。今吾观子有傲世主之心，无乃不容乎？"（《孔丛子·居卫》）子思回应曾参："时移世异，人有宜也。当吾先君，周制虽毁，君臣固位，上下相持，若一体然。夫欲行其道，不执礼以求之，则不能入也。今天下诸侯，方欲力争，竞英雄，以自辅翼，此乃得士则昌，失士则亡之秋也。伋于此时不自高，人将下吾；不自贵，人将贱吾。舜禹揖让，汤武用师，非相诡也，乃各时也。"（《孔丛子·居卫》）在子思看来，随着社会现实条件的变化，人的具体行为方式也要随之改变，尽管孔子时代的西周礼乐文化遭遇冲击，但是君臣上下之间的交往礼节仍有所保持，而当下则是天下诸侯极力招纳士人之际，所以子思认为自己不能折节曲从诸侯之要求，反之，要自尊自爱持守节义，由此，他强调，自己的行为方式是与祖父孔子有所不同，但这就如同舜禹因禅让而得到天下，汤武因用兵而获得政权一样，并不属于狡诈之行为。可以很明显地看到，子思卓尔不群、独立傲世的气节与当时现实社会争权夺利、喜好权谋的风气形成了鲜明对比，因而，曾参才对子思非常担忧。当然，子思的气节精神也造成了他所倡导的儒家思想在当时难行于世的尴尬。

子思并没有因此而气馁，更没有因此而贪享安逸、贪图荣华富贵。子思以其高尚、孤傲、卓尔不群的志节与当时人心不古、追名逐利的现实社会格格不入。

《孔丛子·公仪》中记载了一些关于子思志节的故事。

在当时，鲁国有个叫胡母豹的人，他对子思说："子好大，世莫能容子也。盖亦随时乎？"胡母豹非常反感子思的行为，他认为子思不顾现实情况，彰显不为时世所容的节气是不适之举。子思听到对方的讥笑，回应说："大非所病，所病不大也。凡所以求容于世，为行道也；毁道以求容，容何行焉？大不见容，命也；毁大而求容，罪也。吾弗改矣。"在子思看来，他所持守的高洁志向和所追求的宏远道义，并非可以随意让人非议的缺点，世人的缺点就在于志向和道义不够远大。在子思这里，他认为如果背弃做人的志节而反儒家之道义而求为世所容的话，那么也就意味着对儒家道义精神的抛弃，所以子思坚决不放弃对志向、道义的追求和坚守。

在鲁国还有一个叫公仪潜的人，平时非常注意自己的道德气节，又很有学问，对于名利比较恬淡，他不愿到诸侯那里当官。据《孔丛子·公仪》中记载："鲁人有公仪潜者，砥节砺行，乐道好古，恬于荣利，不事诸侯。子思与之友。穆公因子思，欲以为相，谓子思曰：'公仪子必辅寡人，参分鲁国而与之一，子其言之。'子思对曰：'如君之言，则公仪子愈所以不至也。君若饥渴待贤，纳用其谋。虽疏食水饮，伋亦愿在下风。今徒以高官厚禄，钓饵君子，无信用之义。公仪子之智若鱼鸟，可也。不然，则彼将终身不蹑乎君之庭矣。且臣不佞，又不任为君操竿下钓，以荡守节之士也。'"子思是他的好友，当时鲁国在任的鲁穆公想通过子思请公仪潜当国相，并以将国家分为三份并分封一份给子思好友公仪潜作为奖励的形式来游说子思，让其转告公仪潜。然而，子思断然拒绝，并告知对方此举只是在用高官厚禄去诱钓贤人，毫无信用，子思认为此种做法实乃对贤人节气的侮辱和糟蹋。

子思就是这样一个人，他敢说敢做、不畏权贵，气质高洁而不卑躬屈膝。

《孟子·万章》中还记载了这样一件事："缪公之于子思也，亟问，亟馈鼎肉。子思不悦。于卒也，摽使者出诸大门之外，北面稽首再拜而不受,曰:'今而后知君之犬马畜伋。'"鲁缪公敬重子思,多次派人问候他,并每次都送给他一些肉食,子思每次都要行礼接受。对鲁缪公此行为,子思很不高兴。他认为,国君喜欢尊重贤者,却不能加以任用,又不能以礼来对待他,而使贤者屡次为一块肉作揖行礼,这不仅不是对待贤者应有之态度,简直不啻对贤人的贬低和蔑视。所以,当鲁缪公再次派人来的时候,子思将来人拒之门外,拒绝接受鲁缪公的派送礼物。由此可见,子思的刚毅性格不仅体现了儒家所倡导的道德志气,同时对其弟子也影响很大。

看到子思如此节气,然而志向难达又身处贫困,于是,曾参的儿子曾申就对子思说:"屈己以伸道乎,抗志以贫贱乎?"子思回应说:"道伸,吾所愿也。今天下王侯,其孰能哉?与屈己以富贵,不若抗志以贫贱。屈己则制于人,抗志则不愧于道。"能够看出,子思在"道"与"势"的对峙上表现出了一位真正的儒者所具有的高风亮节和浩然正气,子思深谙儒家思想的真谛,并始终以此为主对自己的行为进行约束。

子思在交友中也持守这一原则。由此可以看出,子思所交之友都是具有高尚情操的贤德之人。

子思作为战国初期的儒家学者,他的抗节守道的刚毅性格,不仅反映了战国时代的士人特点,更鲜明地体现了儒家所倡导的道德风尚。可以说,子思正是孟子所说"富贵不能淫,贫贱不能移,威武不能屈"(《孟子·滕文公下》)的光辉典范。

子思提出的"诚"和与此紧密相连的五行说,是思孟学派思想的重要内容。"诚"是其思想体系的最高范畴,也是道德准则。子思说,"诚者天之道","诚"就是"天道",而"天道"即是"天命"。子思还认为,天命就是"性",遵循"性"就是"道"。也就是说,"诚"既是"天命",也是"性",是"道"。子思在《中庸》二十五章还说:"诚者,物之终始,不诚无物。"又说:"诚者,非自成己而已也，所以成物也。"也就是说，"诚"是产生万物的本源，如果没有"诚"，也就没有万物。"诚"是第一性的，而客观上存在的"物"则是第二性的。

子思的思想具有一大特色，那就是神秘性。《中庸》二十四章说："至诚如神。"达到"诚"便具有无比神奇的威力，甚至还认为，只要"至诚"，就可以预卜凶吉。国家将要兴旺，就一定有祯祥的预兆，而国家将灭亡，就一定有妖孽出现。可见"诚"与天、鬼神是一脉相通的，即为"天人合一"。子思认为，达到"诚"的途径，是要"尽其性"，进而"尽人之性"，再"尽物之性"，如此则可以"赞天地之化育"，达到"与天地参矣"。子思所说的这一过程，其实就是孟子所说的"尽心""知性""知天"。这一思想对汉代的董仲舒和宋儒都有较大影响。

子思提出的"诚"，在思想史上具有重要的意义。孔子提出"仁"的道德规范，企图用来调和人与人之间的矛盾，"仁"本身虽然没有上帝的成分，但孔子思想中仍保留了上帝的地位。而子思"诚"的提出，则是为了取代上帝的地位，并把上帝泛神化。这种思想是将孔子伦理思想扩大化，从而成为更广泛、趋向宗教性的思想。这是思孟学派对儒家思想的重大发展，也同时为儒家思想奠定了哲学基础。

子思是孔子和孟子之间一位极为关键的儒学人物。在周游列国的过程中，他一度迁居卫国，又至宋国，晚年才返回鲁国。子思不仅极力传承孔子的学术思想，同时也撰写了反映他的学术思想的经典著作。据《史记·孔子世家》记载："子思子作《中庸》。"《孔丛子·居卫》中也记载说，子思"撰《中庸》之书四十九篇"。《中庸》作为儒家经典的"四书"之一，到底是不是子思所作，历来学者持有不同的看法。但是，不可否认的是，《中庸》一书的确描述和反映了子思的学术思想。子思发挥了孔子的"中庸"思想并使之系统化而成为自己思想学说的核心。子思一生除授徒以外，主要致力于著述。《汉书·艺文志》中著录其著述23篇，相传《礼记》中之《丧记》《坊记》也出自子思之手。

子思去世后，被葬于孔子墓旁。在此之后的历朝历代，子思也如其祖父孔子一样，受到了官方的尊崇和追封，其在儒学发展中所作出的贡献得到高度肯定。

二　子思思想学说及其智慧

子思作为战国时期儒家学派的重要代表人物，在对儒家学说的丰富发展中，形成了其独特的思想智慧，其"反求诸己"的道德修养观，重德尚贤、不唯孝敬是举的孝道观以及至诚、尽仁以至善的中庸之道思想，对儒家思想学说的发展产生了重要的影响，尤其中庸之道思想影响深远。

（一）"反求诸己"的道德修养观

子思认为，人应当确立高远之志向，择天下之至道，行天下之正路，以修养自身之道德而不以私自累，不以利烦意，"君子高其行，则人莫能阶也；远其志，则人莫能及也。礼接于人，人不敢慢；辞交于人，人不敢侮。其唯高远乎？"（《孔丛子·居卫》）子思这一立志修身的思想是对孔子思想的继承。同时，子思在《中庸》中指出："君子之道，本诸身，征诸庶民。"在他看来，"君子修德，亦高而长之，将何患矣？故求己而不求诸人，非自强也，见其所存之富耳"，子思治己是以"修己"为主旨，他认为个体在修身过程中，应不因外在环境条件和自身的穷达际遇而有所动摇，国有道，则以义率身，国无道，则以身率义。穷达是由时世所决定，然而，修身却是由自己所决定的，故穷达与德行要守一，而修身持恒却是实现自身道德情操的前提保证。然而，需要注意的是，子思所主张的"反求诸己"思想是对孔子思想的继承，同时又有所发展。孔子在这方面主张"不患人之不己知，患不知人也"（《论语·学而》），意即，别人不了解我，我并不担心着急；相反，我着急的是自己不了解别人，这就比较麻烦。

子思认为，修养自身道德应以"五达道"和"三达德"作为规范准则，持守合于自身社会角色的行为规范准则和宗法伦理道德，所以，在《中庸》中，他说："君臣也，父子也，夫妇也，昆弟也，朋友之交也，五者天下之达道也。智、仁、勇三者，天下之达德也。"另据《郭店楚墓竹简》之《六德》篇，也可以看到，子思继承了早期儒家重视宗法血缘伦理道德的思想特点，对君臣、父子、夫妇、昆弟、朋友之间的亲疏远近关系，进行了梳理，并提出了君、臣、父、子、夫、妇"六位"说，主张以圣、智、仁、义、忠、信"六德"而配六位，并倡导义为君德、忠为臣德、智为夫德、信为妇德、圣为父德、仁为子德之说，强调父、子、夫在伦理道德中的地位，主张"为父绝君，不为君绝父；为昆弟绝妻，不为妻绝昆弟；为宗族杀朋友，不为朋友杀宗族"的观点，子思认为，君子修己不是伪装给别人看的，不是"为人"之学，而是为了更好地完善自身道德修养，进而提升修养的自觉性和主动性，是"为己"之学。很显然，这是对孔子"古之学者为己，今之学者为人"思想的进一步发展。

在君臣关系中，子思认为君权不是绝对的，在《郭店楚墓竹简》之《鲁穆公问子思》中记载："鲁穆公问于子思曰：'何如而可谓忠臣？'子思曰：'恒称其君之恶者，可谓忠臣矣。'"子思认为，做臣子的职责应当是辅佐国君就于正道，这才是真正的忠臣，也就是说，子思在这方面是以儒家所倡导的持守正义、不畏邪恶的刚正品格来要求臣子，他一直把"正"放在第一位，正己、正人、正君。

子思对儒家所倡导的礼仪非常熟谙，他认为精于礼仪风俗也是人对自己行为的一种规范要求，所以他主张要与时俱进，发展旧礼仪，适应社会现实发展，并适当改变更新。需要注意的是，这种改变更新是一种合于人情世事、利于身体健康的更新。《礼记·檀弓上》记载，子思的母亲亡后，柳若告知子思："子，圣人之后也，四方于子乎观礼，子盖慎诸。"对柳若的建议，子思回应说："吾何慎哉？吾闻之：有其礼，无其财，君子弗行也；有其礼，有其财，无其时，君子弗行也。吾何慎哉？"在他看来，礼是因于人情而产生，如果礼节已经超出了行为，则要加以适当约束和节制，以便更好地合于人情；如果有不合于礼节要求的行为，则要勉力持守礼节以合于人情。也就是说，子思关于反身诸己的要求渗透于方方面面。

其实，子思对于道德修养的要求，其突出之处在于，他从天人合一的视域揭示了反求诸己的道德修养在天道与人道之间的关系，并尤其注重"中庸"和"诚"的修身方法。在《中庸》中，他说："君子不可以不修身；思修身；不可以不事亲；思事亲；不可以不知人；思知人，不可以不知天。"子思强调，修身成德是达致天人合一的基本路径，是贯通天道、人道的修养方法，"天命之谓性，率性之谓道，修道之谓教。道也者，不可须臾离也；可离，非道也。是故君子戒慎乎其所不睹，恐惧乎其所不闻，莫见乎隐，莫显乎微，是故君子慎其独也。喜怒哀乐之未发谓之中，发而皆中节谓之和。中也者，天下之大本也。和也者，天下之达道也。致中和，天地位焉，万物育焉"。《中庸》第一章明确指出，人道和天道是通过道德教养贯通，所以，君子时时要求自己戒慎、恐惧，哪怕是一个人独处的时候也要通过"慎独"的方式一如既往地严格要求自己，修养之道片刻都不能缺失，如果它离人远了，那就不是道了，可见内修的重要性。由此，才能率性修道以达中和，而达到中和的前提，就是遵循以"诚"为本的修身方法，此处的"诚"就是做人之诚，做人的修养之诚，个体内心深处的"求己"之诚，故而，子思强调，"诚者，天之道也；诚之者，人之道也"，"诚者物之终始，不诚无物，是故君子诚之为贵","求己"之诚是一个人在人间的立足之基,是万物生生不息之前提,所以,君子才"诚之为贵"。需要注意的是,子思指出,持守以"诚"为本的修身方法,做到反求诸己,就要择善而固执之,并通过博学、审问、慎思、明辨、笃行的为学工夫,扎扎实实用功以达至成己成物之境,从容修己安人、参赞天地。

可以说,在整个《中庸》思想体系中,子思都一直把诚以修身放在第一位,并贯穿《中庸》始终,"自诚明,谓之性,自明诚,谓之教。诚则明矣,明则诚矣。唯天下至诚,为能尽其性。能尽其性,则能尽人之性。能尽人之性,则能尽物之性。能尽物之性,则可以与天地参矣",可以很明显地看出,子思对诚的关注,这种关注正是他对反求诸己修养工夫的关注。子思从天人合一视域强调修身方法,在某种意义上来说,是对其修养方法的丰富,由此而为其修养方法找到了形而上的根基。

孔子所倡导的反求诸己的道德修养思想,开启了后儒孟子尽心知性、存心养性、以事天道的心性论思想,从而为儒家思想的进一步发展作出了贡献,同时对于当今人们修身养性具有方法论意义上的重要借鉴作用。

(二) 重德尚贤、不唯孝敬是举的孝道观

作为孔子嫡孙,子思在继承家学的基础上将孝道思想进一步完善。

据《论语·子路》记载,叶公与孔子专门就"父攘羊而子如何"一事进行探讨,孔子认为血缘关系重大,"父为子隐,子为父隐",所以父亲顺手牵羊偷东西是不对,但是儿子可以采取委婉的不伤和气的方式劝谏父亲将所偷之羊还回去,而不是告官。所以,孔子认为孝悌的实质首先在血亲这里,任何其他的东西都不能替代它。子思继承孔子,遵从血缘关系、宗族亲情至上的原则,认为要"为父绝君,不为君绝父。为昆弟绝妻,不为妻绝昆弟。为宗族杀朋友,不为朋友杀宗族"①。在"家"和"国"出现冲突时，孔子选择血缘之亲的家，而忽略忠于君的"忠"。子思继承孔子重亲情的思想，明确提出父、昆弟与宗族均有血缘关系，他们重于君、妻和朋友，所以"君臣不相存也。则可已；不悦，可去也；不义而加诸己，弗受也"②，子思认为"为父绝君"就是重视亲情血缘关系的孝道表现，父子间血亲关系天然不可分割，由此，子思认为对父母的孝应是自然情感的一种流露，"为孝，此非孝也；为悌，此非悌也。不可为也，而不可不为也。为之，此非。弗为，此非也"③，子思认为孝不是刻意而为之，不可强力而为，父子是不可分割的天然关系，子对父的孝与生俱来。

据《郭店楚墓竹简·六德》记载，六德又涉及夫妇、父子、君臣之"六位"关系，进而派生出"六职"："有率人者，有从人者；有使人者，有事人者；有教人者，有受者"，"六职"涉及君臣、主从与上下之关系，它又可扩充为"六德"：圣、智、仁、义、忠、信，这样就展现了以"六位"为基础，以"六职""六德"为派生物的人伦规范体系，而子对父的孝是不可或缺的基本要素。只有顺应这些人伦大德，才能呈现理家报国、毁谤狂言毋生的大治局面，即"人有六德，三亲不断。门内之治恩掩义，门外之治义斩恩……男女别生焉，父子亲生焉，君臣义生焉。父圣，子仁，妇信，君义，臣忠。圣生仁，智率信，义使忠。故夫夫、妇妇、父父、子子、君君、臣臣，此六者各行其职，而谗谄无由作也"。由上述可知，子思的孝道思想是以源自于自然情感的父子之孝、夫妇之亲和君臣相协为基础，从而塑造圣、智、仁、义、忠、信的人伦道德规范，达到

---

① 刘钊：《郭店楚简校释》，福建人民出版社2005年版，第116页。
② 刘钊：《郭店楚简校释》，福建人民出版社2005年版，第211页。
③ 同上书，第192页。

治国理政的目标。在这一思想体系中,"家"孝与"国"忠相联系,有效地消除了"家"和"国"、"孝"与"忠"之间的紧张关系,这一点在《郭店楚墓竹简·六德》《孔丛子·巡守》中也有相关记载:"亲父子,和大臣,寝四邻之殃祸,非仁义者莫之能也……任诸父兄,任诸子弟……既生畜之,又从而教诲之,谓之圣。圣也者,父德也。子也者,会最长材以事上,谓之义,上恭下之义,以奉社稷,谓之孝。"由此可以看出,子思明确孝与国家、孝与禅让的关联性,这里父兄(子)、子弟牵涉到家庭伦理,而"社稷"则关乎国家政治。子思意欲将孝与忠相连,使孝加入到治国理政之中,并对国家管理模式发挥作用,其目的在于,国君治国理政时要教民行孝,正如《郭店楚墓竹简·唐虞之道》中所记载的:"夫圣人上事天,教民有尊也……亲事祖庙,教民孝也。太学之中,天子亲齿,教民悌也。"子思一再强调,君王应该教民敬天、事山川、行孝悌,进而管理天下。通过教民行孝的策略以养老、尊贤,也就是说,将孝渗透到国家治理之中,使之成为理政的一种策略。然而,需要注意的是,尽管子思将孝与国家政治管理相结合,但在选拔人才时,他又不唯孝是举,而是唯才、唯贤是举,在《韩非子·难三》中皆有记载:"鲁穆公问于子思曰:'吾闻庞氏之子不孝,其行奚如?'"子思回应说:"君子尊贤以崇德,举善以观民。若夫过行,是细人之所识也,臣不知也。"子思告诫穆公执政时不能把孝作为评判下属的唯一标准,不能因庞氏子不孝就否定其所有行为,而要根据"尊贤以崇德,举善以劝民"进行选拔,也就是说,以贤德、贤才的标准来选拔方为良策,此观点的确影响了鲁穆公。子思的这一观点与孔子、曾子的孝道观侧重于敬相比,更具有进步性:子思重德尚贤而不唯孝敬是举。

可见,子思在继承孔子、曾子等重血缘宗亲的孝、敬思想的同时,更注重人的贤德、贤良品质,他敢于公开发出"不相存""可去也""弗受也"的呐喊声，实属一大进步。当然，这也由于子思的特殊身份，在其成长过程中，得到孔门诸多弟子的照顾，他在继承乃祖乃父的思想时，也继承了曾子、子夏、子游等人的孝道思想，终成为"子思之儒"，在早期儒学发展中具有重要的思想地位。

（三）至诚、尽仁以至善的中庸之道思想

子思作为战国时期儒家的重要代表，对后世影响最大的是其中庸思想。

"中庸"一词最早出现于《论语》一书中，然而它作为一种思想方法却有更为久远的历史渊源。据说，尧让位于舜时就强调治理社会要"允执其中"，周公也力倡"中德"，他曾经强调折狱用刑时要做到"中正"，在此基础上，孔子进一步提出了"中庸"的概念，并把它作为最高的道德准则。后来，子思作《中庸》一书，对孔子的中庸思想进行了系统阐述。该书全篇以"中庸"作为最高的道德和自然法则，讲述天道和人道的关系，把"中庸"从"执两用中"的方法论提到了世界观的高度。"中庸"是指以不偏不倚、无过无不及的态度为人处世，"中"是"中和、中正"之意，"庸"是常、用之意。子思认为：喜怒哀乐之情感在未发泄出来时，心无所偏倚，这就是"中"；如果情感发泄出来并能合乎节度、把控有度，无过或不及，这就叫作"和"。子思认为，"中"是天下万事万物之本，"和"是天下万物共行之大道。如果能把"中""和"之理推而广之，那么万物就会各遂其生。

中庸反对"过"与"不及"，主张"执其两端而用其中于民"。在《中庸》中，中庸所反映出来的道就是一种中庸之道，如同《大学》中的大学之道一样，中庸之道是儒家修己治人的内圣外王之道。内圣方面，首先是性情的中和修养。"天命之谓性，率性之谓道，修道之谓教"，《中庸》开篇就强调性，此性为天道之性、天命之性，由人传承开来叫作人道，天道与人道的统一就是中庸之道所发挥的作用。"喜怒哀乐之未发,谓之中,发而皆中节,谓之和",这是讲情,情感发泄并能掌控有度即为和,《中庸》主张内中、外和。之所以将喜怒哀乐的情感合在一起讨论,是因为古代主张"和",该概念不是单一的,而是由多个要素组成才称之为和,正所谓"物一不讲"。子思认为"中"可以分为时中、中正、中和三种,时中是因时、因地而制宜以求其中,所以孟子赞美孔子"圣之时也",此为正;中正是一种认识论,要求要客观思考而不出其位,如儒家所强调的君君臣臣父父子子"正名"之说,就是强调秩序之中正;中和则是各个要素协调之后的一个外在和谐状态,此状态也是最高的境界,而子思主张的中庸之道就是一种中和之道,中是内、是本、是体,而和则是外、是末、是用,也就是说,没有中便没有和。这才是中庸之道的实质内涵。中庸之道绝非不偏不倚的调和之道、明哲保身之方,而是为人处世的一种和谐之道。

子思把中庸之道运用于修己治人治事,通过慎独自修、忠恕宽容和至诚尽性三条原则来展开。

慎独自修。这一原则要求人们在自我修养的过程中,坚持自我教育、自我监督、自我约束。"道也者,不可须臾离也,可离非道也。是故君子戒慎乎其所不睹,恐惧乎其所不闻。莫见乎隐,莫显乎微。故君子慎其独也。"子思指出,人必须自觉进行自我修养,尤其在一个人独处之时,更应该"慎独",谨慎地并一如既往地进行自我反省、自我约束、自我教育和自我监督。也就是说,不管有没有大众监督,都要非常谨慎,不胡乱言语,时刻恪守中庸之道以至诚、至仁、至善、至圣。这种坚守就是一种慎独自修,坚持这一原则,其乐无穷,其用无穷,其功无穷,"中也者,天下之大本也,和也者,天下之大道也"。"君子之道,淡而不厌,简而文,温而理。知远之近,知风之自,知微之显,可与入德矣。《诗》云:'潜虽伏矣,亦孔之昭。'故君子内省不疚,无恶于志。君子之所不可及者,其唯人之所不见乎！《诗》云：'相在尔室，尚不愧于屋漏。'故君子不动而敬，不言而信。《诗》曰：'奏假无言，时靡有争。'故君子不赏而民劝，不怒而民威于鈇钺。《诗》曰：'不显惟德，百辟其刑之。'是故君子笃恭而天下平。《诗》云：'予怀明德，不大声以色。'子曰：'声色之于以化民，末也。'《诗》曰：'德輶如毛。'毛犹有伦，'上天之载，无声无臭。'至矣！"（《中庸》）从《中庸》的论述中，可以明显地看出，中庸之道的功效不言而喻，不仅让人如沐春风，体会到君子的温润如玉，同时更能达到"上天之载，无声无臭"之境。

忠恕宽容。这一原则要求人们将心比心、互相谅解、忠恕宽容、体仁而行、并行而不相悖。"子曰：'道不远人。人之为道而远人，不可以为道。'《诗》云：伐柯伐柯，其则不远。执柯以伐柯，睨而视之，犹以为远。故君子以人治人，改而止。忠恕违道不远。施诸己而不愿，亦勿施于人。"子思认为中庸之道并不是远离人的抽象物，相反，它就在人的日用常为事中，它需要我们禀行"己而不愿，亦勿施于人"的原则来行事，也就是说，中庸之道就是一种君子之道。当孔子告诫曾子"吾道一以贯之"时，就是在强调君子之道的重要性，并告知曾子自己终生所遵循的就是君子之道、中庸之道。所以，在弟子向曾子质疑孔子所说为何意时，曾子回应说，"夫子之道，忠恕而已矣"，忠恕是为仁、行仁之方，也就是"己所不欲，勿施于人"思想的重申。"夫仁者，己欲立而立人，己欲达而达人。能近取譬，可谓仁之方也已"。《论语·雍也》这里所讨论的就是忠恕之道的具体实施，而"能近取譬"就是将心比心，推己及人。曾子将忠恕之道称为"絜矩之道"，"所恶于上，毋（勿）以使下。所恶于下，毋以先后。所恶于后，毋以从前。所恶于右，毋以交于左。所恶于左，毋以交于右。此之谓'絜矩之道'"（《大学》），这正是"己所不欲，勿施于人"的忠恕之道，其实质是仁善爱人、"我不欲人之加诸我也，吾亦欲无加诸人"（《论语·公冶长》），子思所倡导的中庸之道与此一脉相承。子思继承了孔子的"忠恕之道"和曾子的"絜矩之道"，进一步提出了君子之道的要求，强调只要慎独自省，按照中庸之道来行事，就会达到"素其位而行""无入而不自得焉"的思想境界，由此，子思说："君子素其位而行，不愿乎其外。素富贵，行乎富贵。素贫贱，行乎贫贱。素夷狄，行乎夷狄。素患难，行乎患难。君子无入而不自得焉。在上位不陵下，在下位不援上，正己而不求于人，则无怨。上不怨天，下不尤人。故君子居易以俟命，小人行险以徼幸。子曰：'射有似乎君子，失诸正鹄，反求诸其身。'"（《中庸》）

至诚尽性。至诚尽性的原则是渗透和贯穿于《中庸》中的重要原则："唯天下至诚，为能尽其性。能尽其性，则能尽人之性；能尽人之性，则能尽物之性；能尽物之性，则可以赞天地之化育；可以赞天地之化育，则可以与天地参矣。"子思认为，只有坚持至诚原则，才能尽可能挖掘和发挥自己良善之天性，从而感召、感化他人以尽物之性，从而化育万物。儒家认为，诚是天道，是一个人能尽己之性而尽人之性的前提和基础，这与《中庸》第一章最后一句话"致中和，天地位焉，万物育焉"相呼应，也是张载《西铭》中"乾父，坤母，民胞物与"实现的根基。一个人只有先对自己真诚，才能真诚地对待他人。儒家认为真诚可使人自己立于与天地并列为三的不朽地位，这一点都不为过。真诚是做人的前提和法宝。这一境界是每一个生命个体在追求仁道的过程中至诚之性的展现，否则不可能有尽人之性而能尽物之性，并达至仁善境界。儒家经常强调的天、地、人三参，讲的就是这个境界的实现，只有达到这一理想境界，生命个体才能悟得生命的真谛，从而找到自己在天地间、宇宙中的真正位置。

子思又说："诚者自成也，而道自道也。诚者物之终始，不诚无物。是故君子诚之为贵。诚者非自成己而已也，所以成物也。成己，仁也；成物，知也。性之德也，合外内之道也，故时措之宜也。"（《中庸》）在他看来，真诚是自我完善、成功的好方法，道是自我引导走上正道，真诚是万物的发端和归宿，没有真诚就不会生成世间万物。正因为如此，君子非常珍视自己的诚心，也就是说，真诚并不是自我完善就够了，还要使得他人他物也能趋于完善而至"诚"、至善。自我完善是仁，完善事物是智。仁和智都是出于本性的德行，是融合自身与万物的基本准则和前提，所以，任何时候，任何地方，"诚"这个字都是适宜的，要修养真诚，就必须做到物我同一，而要做到这一点就必须做到自我的真诚，由此而影响感染他人。

概而言之，中庸之道不是和稀泥，不是做事没有原则，不是做"老好人"，而是要求掌握好做事的分寸，它一定是常人之道，适中之道，可行之道，至诚之道。中国文化"极高明而道中庸"的境界追求即在于此。

三 《中庸》原文选释

《中庸》是儒家学说中最早而且也是最精密的一篇哲学论文，可以说，是儒家学说的思想理论基础，以孔子为代表的言天道与性命的哲学思想，至此一变，形成了思孟学派的心性哲学。孔子去世后，儒家分为八派，子思是其中一派。荀子把子思和孟子看成一派。从师承关系来看，子思学于孔子的得意弟子之一曾子，孟子又学于子思；从《中庸》和《孟子》的基本观点来看，也大体上是相同的。所以有"思孟学派"的说法。后代因此而尊称子思为"述圣"。朱熹认为《中庸》"忧深言切，虑远说详"，"历选前圣之书，所以提挈纲维，开示蕴奥，未有若是之明且尽者也"，并且在《中庸章句》的开头引用程颐的话，强调《中庸》是"孔门传授心法"之作，

"放之则弥六合,卷之则退藏于密",其味无穷,都是实用的学问。

作为儒家的重要经典之一,《中庸》在思想史和学术史上都具有极其重要的地位。其原因不只在于它是对孔子中庸思想的发挥,更在于它对儒家的基本价值观念作了宇宙论意义上的说明,它以道德形上学的方式彰显了儒家的义理纲维和全幅规模。作为极富宗教与哲学意味的著作,《中庸》所讨论的问题实质上也是"究天人之际"的问题,是对儒家天人观的阐发。深入理解《中庸》天人观的内涵与实质,对我们今天,正确处理人与自然的关系具有重要意义,同时,《中庸》还提出了"五达道""三达德""慎独自修""至诚尽性"等,对于日益急功近利的现代人来说,《中庸》的这些思想精髓对现代人的为人处事、道德修养皆有重要影响,并能在形成正确的人生观、价值观方面发挥其积极的价值指导作用。

概而言之,整篇《中庸》,讲的就是这样的一个道理:真正的中庸之道,不在天下之中,而在我们每个生命个体的心中。从这个角度来说,《中庸》是一种自我的心性修炼,是我们对完美的追求和对纯真的渴望,只有秉行这种中庸之道,才能把我们自己博大的仁爱之心扩散出去,和天地万物相融,由此,我们的社会才能真正走向和谐。

【原文】天命①之谓性,率性②之谓道,修道之谓教。道也者,不可须臾离也,可离非道也。是故君子戒慎乎其所不睹,恐惧乎其所不闻。莫见③乎隐,莫显乎微。故君子慎其独也。喜怒哀乐之未发,谓之中④;发而皆中节⑤,谓之和。中也者,天下之大本也;和也者,天下之达道也。致⑥中和,天地位焉,万物育焉。

【注释】

①天命:天赋的命。朱熹解释说:"天以阴阳五行化生万物,气以成形,而理亦赋焉,犹命令也。"这里的天命实际上就是指人的自

然禀赋，并无神秘色彩。

②率性：遵循本性。率，遵循，按照。

③莫：指"没有"。见（xiàn）：显现。乎：于。

④中（zhōng）：符合。

⑤节：节度，法度。

⑥致：达到。

【翻译】 人的自然（天然）禀赋叫作"性"，而顺着人的本性做事则谓之"道"，按照"道"的原则修养谓之"教"。"道"是片刻都不可以离开的，如果可以离开，那就不是"道"了。所以，有道德修养的人（君子）要见微知著，即便独居也要常常心存戒惧，不可须臾离道。暗得看不见的地方叫隐，细得看不见的事物叫微，暗得看不见的地方却是最显露的，细得看不见的事物却是最显著的。在他人看不见的地方也是谨慎的，在他人听不见的地方也是有所戒惧的。越是隐蔽的地方越是明显，越是细微的地方越是显著。所以，道德修养之人在一人独处的时候一定也是谨慎而有道德修养的。中是性之德，和是情之德，喜、怒、哀、乐是人人都有的感情，但是，当喜、怒、哀、乐的感情没有接触事物、未表露的时候，此心寂然不动，所以就无过与不及的弊病，这种状态叫作"中"。如果感情迸发出来，也能无过无不及，恰中其节，符合自然发展的规律，这就叫作中和。中是天下事物之大本，和是天下事物之大道，在天下都可以通行。所以说中是道之体，和是道之用。达到中和的境界，则天心与人心合一，本我一体，天地由此而运行不息，万物由此而生生不已。

【评析】 此章重点强调中庸之道是片刻都不能离开的，由此要求人们加强道德修养的自觉性，按道的原则修养自身。

在古代社会，有许多在慎独方面达到相当高的境界的优秀知识分子，如范仲淹、于谦、海瑞等。然而，在今日中国，当工具理性充溢于我们生活的方方面面的时候，我们竟然在道德修养方面出现了严重的问题，君子少之又少，人性黑暗，社会风气戾气暴涨。希望我们的有识之士从自身做起，从自我做起，涵养自身，提升人格魅力，成为当之无愧的读书人。

【原文】仲尼[1]曰："君子中庸[2]，小人反中庸。君子之中庸也，君子而时中；小人之中庸也[3]，小人而无忌惮[4]也。"

【注释】

[1]仲尼：即孔子，名丘，字仲尼。

[2]中庸：即中和。庸，"常"之意。

[3]小人之中庸也：本句即为"小人之反中庸也"。

[4]忌惮：顾忌、畏惧。

【翻译】孔子说："君子遵循中庸，小人违背中庸。君子之所以遵循中庸，是因为君子随时做到适中，无过而无不及；小人之所以违背中庸，是因为小人做事肆无忌惮，容易走极端。"

【评析】这里所提的"小人"，是指不能因时因地制宜而执时中者。当今社会，这样的"小人"很多，他们做事总是本末倒置，或浮于表面，或做得过火，或做得不及，简而言之，总是不能把握"火候"或者场景而因地制宜、因时而异去做好该做的事情。在工作、生活中，我们不管做什么事情，都应该察言观色并因地、因时而进行实时的方案、方法乃至方式的调整，这样才能在做任何事情的时候不至于"露丑"，以致给自己带来尴尬或者不必要的麻烦。由此，我们可以看出，中庸还指恰到好处，而恰到好处正是做事的一种道德标准。

【原文】子曰："舜其大知也与！舜好问而好察迩言[1]，隐恶而扬善，执其两端，用其中于民，其斯以为舜乎！②"

【注释】

①迩言：指浅近的话。迩，近。

②其斯以为舜乎：其，语气词，表示推测。斯，这。"舜"字的本义是指仁义盛明。该句可译为：这就是舜之所以为舜的地方吧！

【翻译】孔子说："舜可真是有大智慧的人啊！舜喜欢询问，同时又善于分析别人浅近话语里的含义，隐恶扬善，把握住两个极端，取其折中而施行于民众之中，这就是舜之所以为舜的地方吧！"

【评析】隐恶扬善、执两用中既是不偏不倚、无过无不及的中庸之道，同时又是杰出的领导艺术，这就需要我们不仅要有对中庸之道的自觉意识，而且还要有丰富的经验和过人的见识，其中拥有博大的胸襟和宽容的气度是重中之重。而这一点正是我们读书人的"要肋"。

【原文】子曰："人皆曰'予知'①，驱而纳诸罟擭陷阱之中②，而莫之知辟也③。人皆曰'予知'，择乎中庸而不能期月守④也。"

【注释】

①予：我。

②罟（gǔ）：捕兽的网。擭（huò）：装有机关的捕兽木笼。

③辟（bì）：同"避"，指回避。

④期月：一整月。

【翻译】孔子说："人人都说自己聪明，可是被驱赶到罗网陷阱中去却不知躲避。人人都说自己聪明，可是选择了中庸之道却连一个月的时间也不能坚持。"

【评析】本章用比兴手法说明人们不知避罟、网、陷阱而被物欲所蔽而不能行中庸之道。在我们的生活中，总有那么一拨人自以为聪明而好走极端，满满的好胜心欲壑难填，难以满足，结果越走越远，不知不觉间背离了适可而止的中庸之道，所以往往自投罗网却不自知，就像孔子所惋惜的那样，往往连一个月都不能坚持。这样的错误其实就是"聪明反被聪明误"所导致的恶果。

【原文】子曰："回①之为人也，择乎中庸，得一善，则拳拳服膺②而弗失之矣。"

【注释】

①回：指孔子的学生颜回。

②拳拳服膺：牢牢地放在心上。拳拳，牢握但又不舍的样子。这里引申为恳切。服，放置。膺，胸口。

【翻译】孔子说："颜回就是这样一个人，他坚持了中庸之道，有一点点进步就把它牢牢地放在心上而不失掉它。"

【评析】本章称赞颜回，认为他作为孔门的高足，乃大知之人，能拳拳服膺并坚持行中庸之道。这正是对那些耍小聪明而不能长期坚持中庸之道的人的反衬。其实，中庸之道并不是什么抽象而玄妙的东西，它需要我们身体力行，需要我们言行一致并持之以恒，由此才能使自己的品德得以"修洁"而涵养身心，一句话：得善固执并身体力行。

【原文】子路问强①。子曰："南方之强与？北方之强与？抑而强与②？宽柔以教，不报无道③，南方之强也，君子居之④。衽金革⑤，死而不厌⑥，北方之强也，而强者居之。故君子和而不流⑦，强哉矫⑧！中立而不倚，强哉矫！国有道，不变塞焉⑨，强哉矫！国无道，至死不变，强哉矫！"

【注释】

①子路：名仲由，孔子的学生。

②抑：选择性连词，意为"还是"。而：代词，指你。与：疑问语气词。

③报：报复。

④居：处。

⑤衽：此处用为动词，指卧席。金：指铁制的兵器。革：指皮革制成的甲盾。

⑥死而不厌："死而后已"之意。

⑦和而不流：性情平和而又不随波逐流。

⑧矫：坚强的样子。

⑨不变塞：不改变志向。

【翻译】子路询问什么是强。孔子说："（你问的是）南方的强，北方的强，还是你认为的强？用宽容去教育人，人家对我蛮横无理也不报复，这是南方的强，君子具备这一秉性。用兵器甲盾当枕席，死而后已，这是北方的强，强悍者具备这种秉性。所以，君子和顺而不随波逐流，这才是真强啊！保持中立而不偏不倚，这才是真强啊！国家有道，不放弃穷困时的操守，这才是真强啊！国家无道，至死都不会改变志向，这才是真强啊！"

【评析】子路是孔子弟子，性情鲁莽，勇武好斗，所以孔子通过启发式的反问教导他，真正的强不是体力的强，而是精神力量的强，即：待人和蔼可亲而又不人云亦云，和而不流而又能与众人和谐相处；柔中有刚，坚持自己的信念不动摇，宁死不改变志向和操守。我们周围的大多数知识分子明哲保身，但求无过，已经失却了精神力量之强，这与士人的使命是大不相符的。

【原文】子曰："素隐行怪①，后世有述焉②，吾弗为之矣。君子遵道而行，半途而废，吾弗能已矣③。君子依乎中庸，遁世不见知而不悔④，唯圣者能之。"

【注释】

①素：据《汉书》，应为"索"。隐：隐僻。怪：怪异。

②述：记述。

③已：止，停止。

④见知：被知。见，被。

【翻译】孔子说："寻找隐僻的歪道理，做些怪诞的事情来欺世盗名，后世也许会有人来记述他，为他立传，但我是绝不会这样做的。有些品德不错的人按照中庸之道去做，但是半途而废，不能坚持下去，而我是绝不会停止的。真正的君子遵循中庸之道，即使一生默默无闻不被人知道也不后悔，这只有圣人才能做得到。"

【评析】在本章中，孔子教育人们勿做欺世盗名、半途而废的人，而应该做无怨无悔追求中庸之道的人。在我们生活的周围，总有那么一些钻牛角尖，喜欢出风头以及行为怪诞的人，然而，我们需要注意的是，这些欺世盗名的搞法根本不合中庸之道的规范，唯有正道直行，才是唯一的生存之道和真理，正如屈原所言："路漫漫其修远兮，吾将上下而求索。"

【原文】君子之道费而隐①。夫妇②之愚，可以与知焉③，及其至也，虽圣人亦有所不知焉；夫妇之不肖，可以能行焉，及其至也，虽圣人亦有所不能焉。天地之大也，人犹有所憾。故君子语大，天下莫能载焉；语小，天下莫能破焉④。《诗》云："鸢飞戾天，鱼跃于渊⑤。"言其上下察也⑥。君子之道，造端乎夫妇⑦，及其至也，察乎天地。

【注释】

①费：广大。隐：精微。

②夫妇：指普通男女。

③与：动词，参与。

④破：分开。

⑤鸢飞戾天，鱼跃于渊：引自《诗经·大雅·旱麓》。鸢，老

鹰。戾，到达。

⑥察：昭著，明显。

⑦造端：开始。

【翻译】君子的道广大而又精微。普通男女虽然愚昧，也可能知晓，但它的高深境界，即便是圣人也有不知晓的地方；普通男女这样的不贤者也可以实行君子之道，但它的高深境界，即便是圣人也有做不到的地方。天地如此之大，人们仍有所缺憾。所以，君子说的大，大得连整个天下都无法承载；君子所说的小，小到整个天下都不能例外。《诗经》说："鹰飞向天空，鱼儿跳跃深水。"这是说大道昭著于天地之中。君子的道，开始于普通男女，但它的高深境界却昭著于整个天地。

【评析】知"道"是一回事，践履"道"又是一回事，要进入其高深境界则又是另一回事。所以，道有既费又隐两方面，隐者，即为精微，费者，即为显用，它存在于我们生活的方方面面，需要我们提高个人的自觉性，即便在慎独时也不例外。道不可须臾离开，是"放之四海而皆准"的人生之道，连匹夫匹妇（即普通男女）都可以知道、学习和实践，更何况我们高级知识分子？是该"醒醒"了。

【原文】子曰："道不远人。人之为道而远人，不可以为道。《诗》云：'伐柯伐柯，其则不远。'①执柯以伐柯，睨②而视之，犹以为远。故君子以人治人，改而止。忠恕违道不远③，施诸己而不愿，亦勿施于人。君子之道四，丘未能一焉：所求乎子，以事父，未能也；所求乎臣，以事君，未能也；所求乎弟，以事兄，未能也；所求乎朋友，先施之，未能也。庸④德之行，庸言之谨，有所不足，不敢不勉，有余不敢尽。言顾行，行顾言，君子胡不慥慥尔⑤！"

【注释】

①伐柯伐柯，其则不远：引自《诗经·豳风·伐柯》。伐柯，砍

削斧柄。柯，斧柄。则，法则，这里指斧柄的式样。

②睨：斜视。

③违道：离道。违，离。

④庸：平常。

⑤胡：何、怎么。慥慥（zào），忠厚诚实的样子。

【翻译】孔子说："道并不远离人。人所实行的道却远离了人，那么它就不能成为道了。《诗经》说：'砍削斧柄，砍削斧柄，斧柄的式样就在眼前。'握着斧柄砍削斧柄，斜眼一看，还是会发现差异很大。所以，君子总是根据不同人的情况采取不同的办法治理，只要他能改正错误实行正道就行。忠恕离道不远，自己不愿意做的事，也不要施加于他人。君子之道有四个方面，我孔丘连其中的一项也没能做到：作为儿女应该对父母做到的，我没能做到；作为臣民应该对君王做到的，我没能做到；作为弟弟应该对兄长做到的，我没能做到；作为朋友应该率先做到的，我没能做到。平常的德行努力实践，平常的言谈要尽量谨慎，有不足之处不敢不勉励自己去努力，自己能够做到的则不敢骄傲自满。个人的言论要符合自己的行为，行为要符合自己的言论，如此，君子怎么会不忠厚诚实呢！"

【评析】"道"不可须臾离开的前提条件是道不远人，道就在每个人的生活之中、内心深处，每个人走在"道"上；推行"道"的另一个前提条件是，从不同人不同的具体情况出发，使"道"既具有"放之四海而皆准"的普遍性，又能够适应不同个体的特殊性。这就是普遍性与特殊性的结合。

所以，我们为人处世，不应对人求全责备，而应设身处地、将心比心地为他人着想，自己不愿意的事，也不要施加于他人。金无足赤，人无完人，要"言顾行，行顾言"，凡事不走偏锋，不走极端，这就是"中庸"的原则，即中庸之道。

【原文】君子素其位①而行，不愿乎其外。素富贵，行乎富贵；素贫贱，行乎贫贱；素夷狄②，行乎夷狄；素患难，行乎患难。君子无入③而不自得焉。在上位不陵④下，在下位不援⑤上，正己而不求于人则无怨。上不怨天，下不尤⑥人。故君子居易⑦以俟命⑧，小人行险以徼幸。子曰："射⑨有似乎君子，失诸正鹄⑩，反求诸其身。"

【注释】

①素其位：按其本分行事。素，平素。

②夷：指东部的部族；狄：指西部的部族，泛指当时的少数民族。

③无入：无论处于什么情况下。入，处于。

④陵：欺侮。

⑤援：攀援，本指抓着东西往上爬，引申为投靠有势力的人往上爬。

⑥尤：抱怨。

⑦居易：居于平安的地位，这里指安居现状。易，平安。

⑧俟（sì）命：等候命运的安排。

⑨射：指射箭。

⑩正（zhèng）鹄（gǔ）：画在布上的叫正，画在皮上的叫鹄，指箭靶的中心。

【翻译】君子据于所处之位去做应做的事，从不生非分之想。处于富贵之位，行为就合乎富贵身份；处于贫贱之状，行为就合乎贫贱身份；处于夷狄之区，行为就合乎夷狄身份；处于患难之境，行为就合乎患难身份。如此，则君子无论处于什么境地都能安然自得。地位高的不欺侮地位低的，地位低的不攀援地位高的，端正自身而不苛求于他人，这样就不会有什么怨恨了。上不抱怨老天，下不责怪他人。所以，君子安然自处顺从天命，小人却铤而走险寻求侥幸。孔子说："射艺有点类似于君子之作为，射不中，不怪靶子不正，只怪自己箭术不行（君子是转而检讨自身的）。"

【评析】 素位而行重点在于反身自省，它近于《大学》所说的"知其所止"，换句话说，也就是人们常说的"安分守己"。这种安分守己是对现状的积极适应：是什么角色，就做好什么事，自己是什么就做什么，如此才能游刃有余，进一步积累、创造自己的价值。

事实上，任何成功都是在对自己的现状进行适时地定位后取得的。很难说一个面对现实手足无措的人能够最终走向成功。我们的现实生活中这种人太多，总是"这山望着那山高"，其实质则在于没有清楚地认识到自己的长处和缺点，因而迷失方向，陷入无休止的勾心斗角和无尽的烦恼之中，迷失了自我本性。

【原文】 君子之道，辟①如行远必自迩②，辟如登高必自卑③。《诗》曰："妻子好合，如鼓瑟琴。兄弟既翕，和乐且耽。宜尔室家，乐尔妻帑④。"子曰："父母其顺矣乎！"

【注释】

①辟：同"譬"。

②迩：近。

③卑：低处。

④"妻子好合……"：引自《诗经·小雅·常棣》。妻子，妻与子。好合，和睦。鼓，弹奏。翕（xī），融洽。耽，安乐。帑（nú），通"孥"，指子孙。

【翻译】 君子实行中庸之道，就好比走远路一样，必定要从近处开始，就好比登高山一样，必定要从低处起步。《诗经》说："妻子儿女和睦，如同弹琴鼓瑟一样。兄弟关系融洽，和顺、快乐。你的家庭美满，你的妻儿幸福。"孔子说："这样，父母也就称心如意了吧！"

【评析】 本章叙述君子进德修道，必须有由近及远，由低到高的次序。

在儒家看来,"千里之行,始于足下","不积跬步,无以至千里;不积小流,无以成江海",一切都应该从自我做起,从自己身边的小事做起。求道也是一样,不能好高骛远,而要从浅近处、平易处、细小处和平凡处入手,这样才能事半功倍,而修、齐、治、平正需要循序渐进之理。

【原文】子曰:"鬼神之为德,其盛矣乎!视之而弗见,听之而弗闻,体物而不可遗。使天下之人齐明盛服①,以承祭祀。洋洋乎!如在其上,如在其左右。《诗》曰:'神之格思,不可度思,矧可射思!'②夫微之显,诚之不可掩③如此夫!"

【注释】

①齐(zhāi):通"斋",斋戒。明,洁净。盛服:即盛装。

②"神之格思……":引自《诗经·大雅·抑》。格,至。思,语尾助词。度,揣度。矧(shěn),何况。射(yì),怠慢。

③掩:掩盖。

【翻译】孔子说:"鬼神的德行可真是盛大啊!看它也看不见,听它也听不到,但它却体现在万物之中使人无法离开它。天下的人都斋戒净心,穿着干净整齐的盛装进行祭祀。无所不在啊!好像就在人们的头上,好像就在人们的身边。《诗经》说:'神明的降临不可揣测,怎么能够怠慢不敬呢!'从细微到显著,真实的东西无法掩盖就如同神明一样!"

【评析】这一章借孔子对鬼神的论述说明道无所不在,"不可须臾离开"。

需要注意的是,这章并不是论鬼神,而是以鬼神之道来比喻中庸之道。鬼神视之弗见,听之弗闻,这就是所谓"隐"。但鬼神又无处不在,体物不遗,能使天下所有人都斋戒沐浴,以侍奉祭祀。祭祀时又如在其上，如在其左右，这就是费。由此来说明中庸之道用费体隐，用之广而体精微，而其中，诚为根本。诚是做人的根本和前提，它就如同鬼神一样，像空气一般，看不见，听不到，但却无处不在，无时不在，任何人也离不开它。

【原文】子曰："舜其大孝也与！德为圣人，尊为天子，富有四海之内。宗庙飨之①，子孙保之。故大德必得其位，必得其禄，必得其名，必得其寿。故天之生物，必因其材②而笃③焉。故栽者培之④，倾者覆之⑤。《诗》曰：'嘉乐君子，宪宪令德。宜民宜人，受禄于天。保佑命之，自天申之。'⑥故大德者必受命。"

【注释】

①宗庙：古代天子、诸侯祭祀先王的地方。飨（xiǎng）：祭祀形式，祭。之，代词，指舜。

②材：本性。

③笃：厚，这里指厚待。

④培：培育。

⑤覆：倾覆。

⑥"嘉乐君子……"：引自《诗经·大雅·假乐》。嘉乐，美好而欢乐。宪宪，兴盛的样子。令，美好。申，重申。

【翻译】孔子说："舜该是个大孝的人了吧！德行上他是圣人，地位上尊他为天子，财富上他拥有整个天下，宗庙里祭祀他，子孙都保持他的功业。所以，有大德的人必定得到他应得的地位，必定得到他应得的财富，必定得到他应得的名声，必定得到他应得的长寿。所以，上天生养万物，必定根据它们的资质而厚待它们。能成材的得到培育，不能成材的遭到淘汰。《诗经》说：'优雅的君子，有美好的德行，和睦百姓，享受上天赐予的福禄。上天保佑他，给他以重大的使命。'所以，大德者必定会承受天命。"

【评析】儒家强调从内功修炼，修养自身，提高自身的德行和才能，然后顺其自然地获得自己应该获得的一切。只要我们"居易以俟命"，修身而贵德，总有一天会受实现自己的理想，到那时，名誉、地位、财富都已不在话下，应有的都会有。这其实强调的正是中庸之道的一种精神——凡事循序渐进，一步一个脚印扎扎实实走下去。再反观我们当今的教育，从小学，到中学，到大学都是在走急功近利的路子，人文教养严重缺失。

【原文】天下之达道五，所以行之者三。曰君臣也，父子也，夫妇也，昆弟也①，朋友之交也，五者天下之达道也。知、仁、勇三者，天下之达德也。所以行之者一也。或生而知之，或学而知之，或困而知之，及其知之，一也。或安而行之，或利而行之，或勉强而行之，及其成功，一也。子曰："好学近乎知，力行近乎仁，知耻近乎勇。"知斯三者，则知所以修身；知所以修身，则知所以治人；知所以治人，则知所以治天下国家矣。

【注释】

①昆弟：这里指兄和弟，包括堂兄、堂弟。

【翻译】普天下之人所共同遵循的伦常关系有五项，用来处理这五项伦常关系的德行主要有三种。这五项伦常关系主要是：君臣、父子、夫妇、兄弟、朋友之间的关系，这五项关系是天下人应该做好的伦常关系。智、仁、勇这三者则是用来处理这五项伦常关系的必备德行。用来行使这三项德行的只有一个，即为诚恳笃实。比如说，有的人资质好，生来就知晓大道，有的人差一些，但通过学习可以知晓大道，有的人资质很差，学了还不明晓，要下工夫才可以了解大道，但只要他们最终都知晓了，结果也就是一样的了。又比如说，有的人自愿去实行大道，有的人为了某种好处去实行大道，有的人勉强去实行大道，但只要他们最终都实行了大道，那么结果也就是一样的了。孔子说:"喜欢学习就离智慧不远了,努力践履就离仁不远了,知道羞耻就离勇不远了。"明白这三点,就知道怎样修养自身,知道怎样修养自身,就知道如何管理他人,知道如何管理他人,就知道如何去治理天下和国家了。

【评析】"五达道"和"三达德"的实行只落实在一个"诚"字上,它依靠诚而实行。在我国古代,五伦关系是最基本的常行之道,现今,除了君臣关系外,其他几层关系依然与我们不可分割,也是需要我们正确处理而不可忽视的关系,而其中的智、仁这两种德行都是这几层关系的进展中必不可缺、不言而喻的东西。

关于"知耻近乎勇"一点,儒家一向有"羞耻之心,人皆有之"的古训,羞耻是让个人充满正义,赶超他人的要件之一,个人如此,国家如此,一个民族也是如此。当今之世,丧失礼义廉耻之人多之又多,我想,更多的正是由于缺乏了"羞耻之心",丧失了"知耻近乎勇"的基本文化素养。这正是"知耻近乎勇"的真谛之所在。

【原文】 凡为天下国家有九经①,曰修身也,尊贤也,亲亲也,敬大臣也,体②群臣也,子庶民也③,来百工也④,柔远人也⑤,怀诸侯也⑥。修身则道立,尊贤则不惑,亲亲则诸父昆弟不怨,敬大臣则不眩,体群臣则士之报礼重,子庶民则百姓劝⑦,来百工则财用足,柔远人则四方归之,怀诸侯则天下畏之。齐明盛服,非礼不动,所以修身也;去谗⑧远色,贱货而贵德,所以劝贤也;尊其位,重其禄,同其好恶,所以劝亲亲也;官盛任使⑨,所以劝大臣也;忠信重禄,所以劝士也;时使薄敛⑩,所以劝百姓也;日省月试,既廪称事,所以劝百工也;送往迎来,嘉善而矜不能,所以柔远人也;继绝世,举废国,治乱持危,朝聘以时,厚往而薄来,所以怀诸侯也。凡为天下国家有九经,所以行之者一也。

【注释】

①九经：经，准则。这里指九条准则。

②体：体察。

③子庶民：以庶民为子。子，动词。庶民，老百姓，平民。

④来：招来。百工：各种工匠。

⑤柔远人：安抚边远地区来的人。

⑥怀：安抚。

⑦劝：勉励。

⑧谗：说别人的坏话，这里指说坏话的人。

⑨盛：多。任使：足够使用。

⑩时使：指使用百姓劳役有一定时间。薄敛：赋税轻。

【翻译】 治理天下和国家必须重视九项基本原则，即：修养自身，尊敬贤人，亲爱亲属，敬重能办事的大臣，体恤一般的臣下，爱民如子，招纳工匠，优待远客，安抚诸侯。修养自身则能确立中庸大道，礼尊贤人就不会遇事困惑，亲近亲属就不会招致亲属之间的怨恨，敬重办事的大臣就不会遇事迷乱，能体恤一般的臣子，他们就一定会心怀感激而报以隆重之礼，爱民如子，则百姓就会忠心耿耿勤勉为国，招纳工匠，则国家财物就会丰足，优待远客，则四方百姓就会闻风而来以归顺，安抚诸侯，则天下之人都会敬畏。这就像斋戒时须虔诚净心，穿着庄重，不做不符合礼仪的事，由此才能修养自身；远离小人，疏远红颜祸水，看轻财物而看重德行，由此而尊重贤德之人；提高亲人的地位，给亲人以俸禄，与亲人爱憎一致，由此而亲近亲族；对于高级官员，要多为他们配置吏员以表敬重，从而让他们专心办好大事；对于士人，要真心实意地给他们以俸禄，以使他们努力做好分内之事；对于一般百姓，要少收租税，让百姓安心，这是爱民如子；对于工匠，要经常视察考核，按劳付酬，以激发他们的工作热情而招纳贤匠；来时欢迎，去时欢送，嘉奖有才之人，救济有困难之人，以让他们心甘情愿地归顺；延续绝后的家族，复兴灭亡的国家，帮其治理祸乱，扶持危难，并按时接受朝见，赠送丰厚之礼，而接受菲薄之供奉，以让各国君主服从我。治理天下国家有九条基本原则，但实行这些原则的道理都是一致的，都是以做人之"诚"作为核心的。

【评析】治理天下国家的九项原则实际上是《大学》里提出的八目原则，即修身、齐家、治国、平天下等的具体展开，它是实用的政治管理理论，值得我们思考和借鉴。

【原文】凡事豫①则立，不豫则废。言前定则不跲②；事前定则不困；行前定则不疚，道前定则不穷。在下位不获乎上，民不可得而治矣；获乎上有道，不信乎朋友，不获乎上矣；信乎朋友有道，不顺乎亲，不信乎朋友矣；顺乎亲有道，反诸身不诚，不顺乎亲矣；诚身有道，不明乎善，不诚乎身矣③。

【注释】

①豫：同"预"，指预备。

②跲（jiá）：绊倒，说话不通畅。

③这一段与《孟子·离娄上》中的片段基本相同，这引发了《中庸》引《孟子》还是《孟子》引《中庸》的质疑和讨论，张岱年先生在其《中国哲学史史料学》中认为是《孟子》引用了《中庸》。

【翻译】凡做任何事情，只要有诚心就一定会成功，事先没有诚心则会失败。说话先有预备，就不会语无伦次；做事前事先进行充分的准备，就不会在办事过程中遇到挫折；品行在立之前要真心准备，就不会不安；道路预先选定，就不会走投无路。下位之人如果得不到上位之人的信任，那么就会轻视他的权威，就不可能治理好百姓。要想获得上位之人的信任，就必须按照以下来做，即，得不到朋友的信任就得不到上位之人的信任；要想获得朋友的信任，就必须孝顺父母；要想顺着父母的心尽心行孝，就必须做到以下：反躬自省，如果自己不诚信，就不能尽心行孝；要诚实自身，如果不明白做人之诚、做人之善，就不能使自己真诚了。

【评析】这里尤其值得我们注意的是，"人无远虑，必有近忧"，尤其当儒家提出"凡事豫则立，不豫则废"时，其实它强调了防患于未然的思想。在我们的实际生活中，做任何事之前，我们都应该以诚挚来做充分准备。

这一思想具有深刻的哲学韵味，值得我们关注。

【原文】诚者，天之道也；诚之者，人之道也。诚者，不勉而中，不思而得，从容中道，圣人也。诚之者，择善而固执之者也。

【翻译】诚恳笃实是上天的原则；而追求真诚则是做人的准则。诚恳笃实的人不用勉强就能做到，不用思考就能拥有，这一点与大道自然而然地相符，能达到这一境界的人便是圣人。要做到诚恳笃实，就必须用心去选择做人之诚而执着地追求。

【评析】这部分主要论述诚的重要性。其实，在我们学习、工作、生活的方方面面，无论是物质的追求，抑或是精神的感知，都要求我们有一个为人处世的真诚态度，诚是我们做人的根基，是我们为人处世的出发点，更是我们走向成功的法宝。

修身的前提在于做人之诚！

【原文】博学之，审问之，慎思之，明辨之，笃行之。有弗学，学之弗能弗措也[1]；有弗问，问之弗知弗措也；有弗思，思之弗得弗措也；有弗辨，辨之弗明弗措也；有弗行，行之弗笃弗措也。人一能之，己百之；人十能之，己千之。果能此道矣，虽愚必明，虽柔必强。

【注释】

①弗措：不罢休。弗，不。措，停止，罢休。

【翻译】执着于做人之诚的途径方法在于：广泛学习，详细询问，周密思考，明辨是非，切实笃行。要么不学，学了没有学会绝不罢休；要么不问，问了没有懂绝不罢休；要么不思考，思考了没有想通绝不罢休；要么不明辨，明辨了没有搞清楚绝不罢休；要么不笃行，笃行了没有一定的效果绝不罢休。别人用一分的努力做到的，我用一百分的努力去做；别人用十分的努力做到的，我用一千分的努力去做。如果真能够做到如此，即使愚笨也一定能变得聪慧，即使柔弱也一定能变得坚强。

【评析】这里主要阐述如何做到真诚的问题。"择善固执"是纲，而"博学、审问、慎思、明辨、笃行"则是固守和追求的途径、方法。立于"弗措"的精神，是执着精神，是"锲而不舍，金石可镂"的精神。只要我们坚持这样的精神与态度，又有什么样的困难不能克服？

其实，在我们的现实生活中，现代人，尤其大部分士人，其缺乏的是一种据理力争、自强不息的创新和上进精神。

【原文】自诚明①，谓之性；自明诚，谓之教。诚则②明矣，明则诚矣。

【注释】

①自：从，由。明：明白。

②则：就。

【翻译】由真诚出发去弄清楚道理，这叫作自然的天性；由明白道理而后做到真诚，这叫作人为的教养。真诚，人自然会明白道理，明白道理后也就会做到真诚。

【评析】自诚而明，这合于天道，完全是从天性而来的，所以说自诚明，谓之性。自明而诚，即为之前所提到的明善而诚身，这是从努力于学问思辨而说的,两者都是要求人从"诚"做起。其实,不论是天性,还是后天人为的教育,只要我们为人处世以真诚相待,就一定能贤达而得道。

【原文】唯天下至诚,为能尽其性①;能尽其性,则能尽人之性;能尽人之性,则能尽物之性;能尽物之性,则可以赞天地之化育②;可以赞天地之化育,则可以与天地参矣③。

【注释】

①尽其性:充分发挥本性。

②赞:赞助。化育:化生和养育。

③天地参:与天地并列为三。参,并列。

【翻译】只有天下最真诚的人,才能充分发挥他的本性;能充分发挥他的本性,就能充分明了众人的本性;能明了并发展众人的本性,就能充分发挥万物的本性;能充分发挥万物的本性,就可以帮助天地间万物参与它们的生长发育了;能帮助万物生长发育,那么他就伟大之极,可以与天地并列为三大了。

【评析】儒家认为,诚是天道,是一个人能尽己之性而尽人之性的前提和基础,这与《中庸》经论第一章最后一句话"致中和,天地位焉,万物育焉"相呼应,也是张载《西铭》中"乾父,坤母,民胞物与"得以实现的根基。

一个人只有先对自己真诚,才能真诚地对待他人。儒家认为真诚可使人自己立于与天地并列为三大的不朽地位,这一点都不为过。真诚是做人的前提和法宝。

【原文】诚者自成也①,而道自道也②。诚者物之终始,不诚无物。是故君子诚之为贵。诚者非自成己而已也,所以成物也。成己,仁也;成物,知也。性之德也,合外内之道也,故时措之宜也。

【注释】

①自成：自我完善。

②自道：自我引导（走上正道）。

【翻译】 真诚是自我完善、成功的好方法，道是自我引导走上正道。真诚是万物的发端和归宿，没有真诚就不会生成世间万物。正因为如此，君子是非常珍视自己的诚心的。真诚并不是自我完善就够了，还要使得他人他物也能趋于完善而至"诚"、至善。自我完善是仁，完善事物是智。仁和智都是出于本性的德行，是融合自身与万物的基本准则和前提，所以，在任何时候、任何地方"诚"这个字都是适宜的啊。

【评析】 本章论述人道之自成而成物，这就是《论语》所说的"己欲立而立人，己欲达而达人"，也是《大学》所说的"明明德而新民"。真诚从大的方面来说，是事物的发端和归宿；从小的方面来说，是自我的内心完善。所以，要修养真诚就必须做到物我同一，而要做到这一点就必须做到自我的真诚，由此而影响感染他人。

真诚无时不在，无所不在，世界的美好即在于此。

【原文】 故至诚无息①。不息则久，久则征②，征则悠远，悠远则博厚，博厚则高明。博厚，所以载物也；高明，所以覆物也；悠久，所以成物也。博厚配地，高明配天，悠久无疆③。如此者，不见而章④，不动而变，无为而成。天地之道，可一言而尽也⑤：其为物不贰⑥，则其生物不测。天地之道：博也，厚也，高也，明也，悠也，久也。今夫天，斯昭昭之多⑦，及其无穷也，日月星辰系焉，万物覆焉。今夫地，一撮土之多，及其广厚，载华岳⑧而不重，振⑨河海而不泄，万物载焉。今夫山，一卷石⑩之多，及其广大，草木生之，禽兽居之，宝藏兴焉。今夫水，一勺之多，及其不测，鼋鼍、蛟龙、鱼鳖生焉，货财殖焉。《诗》云："维天之命，於穆不已！"

盖曰天之所以为天也。"於乎不显，文王之德之纯！"盖曰文王之所以为文也，纯亦不已。

【注释】

①息：止息。

②征：显露于外。

③无疆：没有尽头。

④见（xiàn）：显现。章：即彰，彰明。

⑤一言：即一字，这里指"诚"。

⑥不贰：诚忠诚如一，所以不贰。

⑦斯：此，这。昭昭：光明。

⑧华岳：即为华山。

⑨振：整治，约束。

⑩一卷（quán）石：卷，通"拳"，指一拳头大的石头。

【翻译】所以，真诚的人时时刻刻都报有诚心，没有一刻停止。没有停止就会保持长久，保持长久自然会产生效果，产生效果便会越发的长远了，能够长远就会广博深厚，广博深厚就会高大光明。广博深厚就能承载万物；高大光明就能覆盖万物；悠久长远就能生成万物。广博深厚可以配得上地，高大光明可以配得上天，这长远的效用是无边际的。达到这样的境界，不等到它自动表现，就已经彰显了，不等到它自己行动，就已经变化了，无所作为也会有所成就。天地的道理，可以用一句话来概括：化育万物只需要诚心，而不需要他心，诚化生万物没有限量。天地之大道广博、深厚、高大、光明、悠远、长久。现在所说的天，我们所看见的不过是这一点点不多的亮光，讲到它的无穷时，日月和星辰都会缀在它上面，世上万物都被它覆盖。今天我们所说的地，原本是由一撮撮土聚集起来的，可等到它广博深厚时，承载像华山那样的高山也不觉得重，容纳那么多的江河湖海也不会泄漏一点儿水，世间万物都载在它的上面。今天我们所说的山，不过是由拳头大的石块聚集起来的，可等到它高大无比时，草木在上面生长，禽兽在它上面居住，宝藏在它上面储藏。今天我们所说的水，原本不过是一勺一勺聚集起来的，可等到它浩瀚无边时，蛟龙鱼鳖等都在里面生长，水中的珍珠珊瑚等都在里面繁殖。《诗经》说："天命多么好啊，永远没有穷尽！"这两句诗大概说的就是天之所以为天的原因吧。"这很明显，文王的品德多么纯正！"这大概说的就是文王之所以成为伟大文王的原因吧，这便是至诚不息啊。

【评析】生命不息，真诚不已。这是儒家修身的基本要求。儒家认为至诚无息。而且说这种至诚，能够博厚、高明、悠久，只要人修养到一定程度，就一定可以具备。

至善、至诚的中庸之道可以让人受益终生。

【原文】大哉圣人之道！洋洋乎[①]！发育万物，峻极于天。优优[②]大哉！礼仪[③]三百，威仪[④]三千。待其人[⑤]而后行。故曰：苟不至德[⑥]，至道不凝焉[⑦]。故君子尊德性而道问学，致广大而尽精微，极高明而道中庸，温故而知新，敦厚以崇礼。是故居上不骄，为下不倍[⑧]。国有道，其言足以兴，国无道，其默足以容[⑨]。《诗》曰："既明且哲，以保其身。"[⑩]其此之谓与！

【注释】

①洋洋：盛大，浩瀚。

②优优：充足有余。

③礼仪：古代礼节的主要规则，又称经礼。

④威仪：古代典礼中的动作规范及待人接物的礼节，又称曲礼。

⑤其人：指道德的人。

⑥苟不至德：苟，如果。这里指如果没有极高的德行。

⑦凝：这里指成功。

⑧倍：通"背"，指背弃。

⑨容：容身，指保全自己。

⑩既明且哲，以保其身：引自《诗经·大雅·烝民》。哲，智慧，指通达事理的智慧。

【翻译】圣人之道多么伟大啊！它化育万物，高可及于天。它是这样的充裕广大啊！这大道，礼仪规矩有三百条，小的规矩有三千条。这些都有待于有道德的人去做。所以说：倘若没有极高的德行，就不能成功地实行大道。因此，有道德的君子看重道德修养，然后再去追求知识学问，他用力于精微之处达致广博境界，穷尽大道而又奉行中庸之道，温习学过的知识，从而获得新的知识，诚心诚意地尊崇礼仪。所以，能够做到这些，即便他身居高位也不会目中无人，身居低位也不会背叛。国家政治清明时，他的大道言论足以使国人改过而振兴，国家政治黑暗时，他的缄默足以保全自己。《诗经》说："既明智又通达事理，可以保全自身。"大概说的就是这个意思吧！

【评析】本章论述中庸之道的醇厚、博大，要求做人应该以中庸之道为准则。儒家强调尊德性而道问学，以追求做人的至诚之道，由此而明能任事，哲能保身，进退自如。然而，需要强调的是，明哲保身与那种"事不关己，高高挂起"的自由主义思想风马牛不相及，我们不可将其混为一谈。

我们为人处世要居上不骄，居下不倍，作为我们每个人，都发挥着承上启下的作用：角色不同，位置不同，定位亦不同；发出适合自己的声音，做出适合自己的事情。这不是保守，不是甘居人下，而是一种道德修为。

【原文】唯天下至圣，为能聪明睿知①，足以有临也②；宽裕温柔，足以有容也③；发强刚毅，足以有执也④；齐庄中正，足以有敬也⑤；文理密察，足以有别也⑥。溥博渊泉⑦，而时出之。溥博如天，渊泉如渊。见而民莫不敬⑧，言而民莫不信，行而民莫不说⑨。是以声名洋溢乎中国，施及蛮貊⑩。舟车所至，人力所通，天之所覆，地之所载，日月所照，霜露所队，凡有血气者，莫不尊亲，故曰配天。

【注释】

①睿（ruì）知：知，通"智"，指聪明智慧。

②有临：《论语·为政》中有"临之以庄，则敬"之说。临，本指高处向低处，后引申为上对下，这里指居上临下。

③宽裕：宽，广大。裕，舒缓。有容：容纳，包容。

④发强：发，奋发。强，勇力。有执：决断天下大事。

⑤齐庄：恭敬庄重。中正：不偏不倚。

⑥文理：条理。密察：细辨详察。有别：辨别是非。

⑦溥博渊泉：《列子·黄帝》中有"心如渊泉，形如处女"之说，后引申为思虑深远。溥，普遍，辽阔。溥博：辽阔广大。渊泉：深潭。

⑧见（xiàn）：表现，这里指仪容。

⑨说：通"悦"，指喜悦。

⑩洋溢：广泛传播。施及蛮貊：施及，蔓延。蛮貊：古代两个边远部族的名称。

【翻译】只有天下崇高的圣人，才能做到耳聪目明，用足够的才智居上位而临下民；宽量平和，有足够广阔的胸怀来容纳他人；刚强坚毅，能够坚持自己的正确主张而决断天下大事；威严庄重而中正平和，威仪足以使人肃然起敬；详辨明察，有足够的眼光辨别是非真伪。他的美德就像那深深的泉水一样，时时流泻出来。他的德性广博如天，深厚如渊。他的厚德表现在外的时候，百姓无不恭恭敬敬，他的言说，百姓无不信服，他的行动，百姓无不喜悦。由此，他的美名在广大的中国广泛流传,并一直传播到边远的少数民族地区,凡是车船行驶的地方,人力通行的地方,天所覆盖的地方,地所负载的地方,霜露降落的地方,凡是有血气的生物,没有一个不尊重和不亲近他的,所以说圣人的美德能与天相匹配。

【评析】本章集中于对至德君子醇厚美德的赞美。自古以来,中国文化就非常重视德性,更有"天行健,君子以自强不息;地势坤,君子以厚德载物"的要求和传统,它要求君子不仅要奋进不已,同时还应修身养性,修德和立业同时并进、相辅相成,也只有如此,才能增厚美德,容载万物。

的确,修诚厚德是当今的我们(尤其士人)立足的根基:修己以成己而成物、厚德才能载物。

四 《中庸》经典名句诵读

1. 人一能之,己百之;人十能之,己千之。果能此道矣,虽愚必明,虽柔必强。

2. 天命之谓性,率性之谓道,修道之谓教。

3. 是故君子戒慎乎其所不睹,恐惧乎其所不闻。莫见乎隐,莫显乎微。

4. 君子慎其独也。

5. 喜怒哀乐之未发,谓之中;发而皆中节,谓之和。

6. 君子之中庸也,君子而时中;小人之中庸也,小人而无忌惮也。

7. 温故而知新,敦厚以崇礼。

8. 道不远人。人之为道而远人,不可以为道。

9. 君子居易以俟命,小人行险以徼幸。

10. 君子动而世为天下道,行而世为天下法,言而世为天下则。

11. 君子之道,淡而不厌,简而文,温而理。

12. 君子之道，造端乎夫妇；及其至也，察乎天地。

13. 忠恕，违道不远，施诸己而不愿，亦勿施于人。

14. 好学近乎知，力行近乎仁，知耻近乎勇。

15. 诚者不勉而中，不思而得，从容中道，圣人也。诚之者，择善而固执之者也。

16. 自诚明，谓之性；自明诚，谓之教。诚则明矣，明则诚矣。

17. 唯天下至诚，为能经纶天下之大经，立天下之大本，知天地之化育。

18. 诚者，物之终始；不诚，无物，是故君子诚之为贵。

19. 博学之，审问之，慎思之，明辨之，笃行之。

20. 凡事豫则立，不豫则废。言前定则不跲；事前定则不困；行前定则不疚；道前定则不穷。

21. 故至诚无息。不息则久，久则征，征则悠远，悠远则博厚，博厚则高明。博厚，所以载物也；高明，所以覆物也；悠久，所以成物也。博厚配地，高明配天，悠久无疆。

22. 君子尊德性而道问学，致广大而尽精微，极高明而道中庸。

思考题：

1. 《中庸》具有怎样的特点？

2. 什么是中庸之道？其内涵和特征是什么？

3. 《中庸》是一本怎样的书？试谈谈你的认识。

4. 怎样评价儒家的中庸观？

5. 儒家的"致中和"思想主要讲了什么？

6. 何谓三达道？何谓五达德？它们之间的修学次第关系如何？

7. 什么是知、仁、勇？试谈谈你的看法。

8. 如何理解"好学近乎知，力行近乎仁，知耻近乎勇"？

参考文献：

1. （宋）朱熹撰、金良年今译：《四书章句集注》（上），上海古籍出版社 2006 年版。

2. 钱穆：《先秦诸子系年》，商务印书馆 2002 年版。

3. 李学勤：《郭店楚简〈六德〉的文献学意义》，载《郭店楚简国际学术研讨会论文集》（中国哲学二十一辑），湖北人民出版社 2000 年版。

4. 郭沂：《郭店竹简与先秦学术思想》，上海教育出版社 2001 年版。

5. 李零：《郭店楚简校读记》（增订本），北京大学出版社 2002 年版。

6. 刘钊：《郭店楚简校释》，福建人民出版社 2005 年版。

7. 王肃：《孔子家语注》，上海古籍出版社 1990 年版。

8. 梁奇：《〈论语·述而〉"执礼"指归与孔子的再认识》，《河南师范大学学报》（哲学社会科学版）2017 年第 2 期。

9. 李健胜：《子思从学考释》，《青海师范大学学报》（社会科学版）2003 年第 2 期。

10. 孙希国：《子思学派新探》，《古代文明》2011 年第 3 期。

11. 谢耀亭：《思孟学派考辨》，《史学集刊》2013 年第 2 期。

第四节 《孟子》与内圣之道

《孟子》一书的来历历来众说纷纭，说法不一。

《史记·孟荀列传》记载："孟轲所如不合，退与万章之徒序《诗》《书》，述仲尼之意，作《孟子》七篇。"司马迁认为《孟子》七篇由孟轲自作。东汉的赵岐在《孟子题辞》中说："此书孟子之所作也，故总谓之《孟子》。"又说："于是退而论集，所与高第弟子公孙丑、万章之徒，难疑答问，又自撰其法度之言，著书七篇。"这一观点也认为《孟子》一书是孟子自撰。清阎若璩在《孟子生卒年月考》中说《孟子》一书是孟子自作，并且补充说："《论语》成于门人之手，故记圣人容貌甚悉。七篇成于己手，故但记言语或出处耳。"也就是说，司马迁等人认为《孟子》一书是孟子自著，其弟子万章、公孙丑等人参与；赵岐等认为《孟子》是孟子自著；韩愈、苏辙、晁公武等人认为《孟子》是其弟子万章、公孙丑等人追记，但目前学术界倾向于采用司马迁的说法，认为《孟子》一书，是记载孟子及其弟子门人言行的一部书，由孟子及其弟子共同编写而成，完成于战国中后期，该书翔实地记载了孟子的思想、言论和各种事迹。

《汉书·艺文志》把《孟子》放在诸子略中，视其为子书，但实际上汉代人已经把它看作辅助"经书"的"传"书：汉文帝把《论语》《孝经》《孟子》《尔雅》各置博士，叫作"传记博士"。孟子是儒家最主要的代表人物之一，但孟子的地位在宋代以前并不很高。自中唐的韩愈著《原道》，把孟子列为先秦儒家中唯一继承孔子"道统"的人物开始，出现了一个孟子的"升格运动"，孟子其人其书的地位逐渐上升。到五代后蜀时，后蜀主孟昶命人用楷书十一经刻石，其中包括《孟子》，这可能是《孟子》列入"经书"的开始。南宋孝宗时，朱熹将《孟子》列入了"四书"，正式把《孟子》推到了与《大学》《论语》等同的地位和高度，四书被列入科举考试科目之中。元丰六年（公元1083年），孟子首次被官方追封为"邹国公"，翌年被批准配享孔庙。以后《孟子》一书升格为儒家经典，其实际地位更在"五经"之上。元朝至顺元年（公元1330年），孟子被加封为"亚圣公"，以后就称为"亚圣"，地位仅次于孔子。传说明太祖朱元璋因不满孟子的民本思想，曾命人删节《孟子》中的有关内容：朱元璋辑有《孟子节文》，删掉《孟子》里的章句，如"民为贵，社稷次之，君为轻""残贼之人谓之一夫，闻诛一夫纣矣，未闻弑君也"等。元、明以后"四书"成为科举考试的主要内容,更是读书人的必读书,直到清末,"四书"一直是科举必考内容。

《孟子》一书,集中记录了孟子的政治哲学、人性论以及教育哲学思想和人格理想,是一部儒家经典著作,属语录体散文集,共有七篇传世,分别为《梁惠王》(上、下);《公孙丑》(上、下);《滕文公》(上、下);《离娄》(上、下);《万章》(上、下);《告子》(上、下);《尽心》(上、下)。

性善论是孟子学说的出发点,由此他提出以王道治理天下的仁政思想。孟子的政治思想与孔子一脉相承,他把孔子以"仁"为核心的政治思想发展为"仁政"学说。这一学说主张施仁政于民,以王道治理国家,反对以力服人、实行霸道;对臣民应减轻刑罚与赋税,发展农业生产;对百姓应施行道德教化,使他们能够"诚意、正心、修身、齐家",从而使国家长治久安;《孟子》强调"民为贵,社稷次之,君为轻",这是一种典型的民本主义思想,主张重视民众的力量和作用;《孟子》也非常重视教育对人的影响作用,强调人的自我教育和修身养性,提倡"养吾浩然之气"以不断完善自我,由此他提出"苦其心志""劳其筋骨""饿其体肤"的吃苦耐劳精神,并倡导"富贵不能淫,贫贱不能移,威武不能屈"的道德人格标准。

在孟子所处的时代,政治斗争激烈,各派学说蜂起,为了宣传自己的思想主张,孟子不得不与其他各派思想学派进行交锋,这就使得《孟子》中的许多言辞充满了论辩性。孟子满腹经纶、善于雄辩,善于运用逻辑推理的方式欲擒故纵、反复诘难论辩对手,使得该书充满了强大的渲染力,且雄健优美、气势浩然,对后世影响深远。

《孟子》的注本主要有东汉人赵岐的《孟子章句》、南宋朱熹的《孟子集注》、清朝人焦循的《孟子正义》和今人杨伯峻的《孟子译注》等。

一　孟子其人其事

孟子（约公元前 372—前 289 年），名轲，字子舆，又字子车、子居，父名激，母仉氏。孟子是战国中期邹国（今山东邹城东南）人，相传本为"鲁国三桓"之后，其远祖是鲁国贵族孟孙氏的后裔，后家道衰微，沦落为"士"——不官、不农、不工、不商。孟子家乡离孔子故乡曲阜不远，是战国时期儒家代表人物之一，著名的政治家、思想家、教育家。

孟子父亲早亡，他自幼便和母亲相依为命。孟子的母亲十分重视对孩子的教育，典籍中记载了不少孟母教子的故事，像"孟母三迁""买豚不欺子""断织劝学"等故事成为千古美谈，是后世母教之典范。可以说，孟子后来的成就与其幼年时所受的家庭教育是分不开的。

大约十五六岁时，孟子受业于子思的门人，而子思相传师从孔子晚年的著名弟子曾参。由此看来，孟子的思想基础与孔子的学说一脉相承。孟子本人对孔子非常崇拜，他说"自有生民以来未有孔子也"，并认为自己是孔子的继承者，说"乃所愿，则学孔子也"。孟子在学成以后，也像孔子一样开始收徒讲学，虽不及孔子当时之盛，但人数也有几百。他以士的身份游说诸侯，试图推行自己的政治主张，成为仅次于孔子的一代儒家宗师，有"亚圣"之称，与孔子并称为"孔孟"。

据记载，公元前 364 年，孟子学成归乡，在邹国以他的老师为名创建了子思学院，传授儒家学说。此后孟子在邹教学 16 年，他的门徒有数百人，在邹鲁一带有很大的影响力。孟子在各国进行游说活动时，邹国的国君也不时向孟子讨教。但邹国毕竟是小国，要想把自己的主张推行天下，就必须到各国尤其是大国中去进行游说。

孟子所处的战国时期，各诸侯国之间不断发动激烈的兼并战争，大诸侯国为了取得战争的胜利，小诸侯国为了保住社稷不被消灭，都纷纷招揽人才，进行政治和经济改革，力图实现富国强兵。于是，孟子开始带领弟子周游列国，欲施展自己的才华和抱负。公元前347年，应齐威王召集游说之士之邀，孟子第一次前往齐国临淄。孟子在临淄稷下学宫与诸家显学辩论，兼收并蓄各家所长，在原有儒家学说基础之上进行突破创新。孟子完整的思想体系就形成于这一时期。后来，孟子因为两个原因离开齐国，返回邹国：一是因为孟子所提出的仁政思想与齐威王的武力称霸观点论产生了分歧；二是因为稷下学宫的逐渐衰落，诸家学派的学者也开始零星散去。公元前329年左右，宋公子偃自立为君，孟子到了宋国。他在宋国期间，还是世子的滕文公去楚国经过宋国时见到孟子。孟子说："世子疑吾言乎？夫道一而已矣。"意思是说，只要认真学习"先王"，就可以把滕国治理好。不久，孟子接受了宋君馈赠的七十镒金，离开宋国，回到邹国。据《梁惠王下》记载，此时，邹国同鲁国发生了冲突，在任的邹穆公问孟子："吾有司死者三十三人，而民莫之死也。诛之，则不可胜诛；不诛，则疾视其长上之死而不救。如之何则可也？"孟子回答说："凶年饥岁，君之民老弱转乎沟壑，壮者散而之四方者，几千人矣；而君之仓廪实，府库充，有司莫以告，是上慢而残下也。"按照孟子的说法，你怎样对待人家，人家就将怎样回报你，现在，百姓得到报复的机会了，你就不要责备他们吧，因为"君行仁政，斯民亲其上，死其长矣"。后来，滕定公去世，滕文公两次派人到邹国向孟子请教怎样办理丧事。在滕文公嗣位时，孟子便来到滕国。滕文公亲自向孟子请教治理国家之事，孟子劝告他，"民事不可缓也"，"夫仁政，必自经界始"，他认为老百姓有了固定的产业收入，才会有稳定的社会秩序，才会品性向善。所以当务之急是发展生产，让百姓生活有保障，此后继续对百姓进行"人伦"

教化,"人伦明于上,小民亲于下"。孟子在公元前320年,即梁惠王后元十五年,离开滕国到了魏国。这时,孟子已经五十三岁。惠王见到孟子问:"叟,不远千里而来,亦将有以利吾国乎?"孟子最反对国君言利,所以回答说:"王,何必曰利,亦有仁义而已矣。"后来,桂陵之战,魏败于齐,魏太子魏申被齐军俘虏而死。在梁惠王针对国内紧张局势向孟子请教时,孟子对梁惠王讲了一套施仁政于民的办法,梁惠王认为孟子讲得太空泛,于是不予重视。在梁惠王的儿子梁襄王嗣位时,孟子对梁襄王印象很坏,所以孟子便离开魏国。公元前319年,齐宣王恢复了早期的著名学术机构"稷下学宫",消息一经传出,天下涌动,各地的文人学者纷纷前往齐国都城临淄谈经论道,"稷下学宫"重新成为论学的学术重地,继而,在此出现了百家争鸣之盛况。孟子也因此再次到齐国临淄的"稷下学宫",通过与诸子百家论战而宣传儒家思想。齐宣王想效法齐桓公、晋文公图谋霸业,于是向孟子请教治国之法,孟子主张效法"先王",实行"仁政","保民而王""制民之产",然而宣王认为这并非"富国强兵"之务,而是"守旧术,不知世务"。孟子本来打算依靠齐宣王来推行他的政治主张,但齐宣王只把他当作一位德高望重的学者来敬重,并不重视他的施政理想。齐宣王派人告诉孟子:"我欲中国(国都中)而授孟子室,养弟子以万钟,使诸大夫国人皆有所矜式。"这实际上是把孟子当作一块招牌,从而博得尊贤重士的声望。孟子也看清楚了这一点,便决定回乡。后来,孟子到了鲁国,这时候正是鲁平公(约于公元前322—前302年在位)打算重用孟子的弟子乐正子为政之时。鲁平公打算去拜访孟子,却因为他所宠爱的小臣臧仓说了孟子的坏话,他又改变了主意。乐正子把这件事情的经过告诉了孟子。孟子颇有感慨:"吾之不遇鲁侯,天也。臧氏之子焉能使予不遇哉?"这时孟子已经六十多岁,于是便决定回乡,不再出游。

孟子先后游历许多国家，如齐、宋等国，然而，当时的诸侯国、特别是较为强大的诸侯国所追求的并不是"仁政"，不是"民为贵"，不是"舍生取义"，更不是"养浩然之气"，而是眼下的争霸、争利，所以孟子如孔子一样，其学说并没有得到诸侯的普遍认可，相反，被认为是"迂远而阔于事情"，只有滕、宋两国曾推行过孟子的主张，但影响都不大。孟子的政治抱负始终不能得到施展，在他六十多岁回乡以后，年事已高，他无心再去游历各国，于是带领万章、公孙丑等弟子在家乡聚徒讲学、著书立说，"序《诗》《书》，述仲尼之意，作《孟子》七篇"，此后的时间，孟子和其弟子潜心研习《诗》《书》等儒家典籍，并整理了生平中重要的一些言行资料，编成了《孟子》一书。该书是"四书"中篇幅最大的一本书，有三万五千多字，书中文章说理畅达，气势浩然并长于论辩，逻辑严密、尖锐机智，代表了传统散文写作的最高峰。

《孟子》一书记录了孟子与其他诸家各派的思想争辩、对弟子的言传身教及游说诸侯等内容，充分体现了孟子的思想。尽管孟子在政治仕途一直没有如意，然而这并不代表其思想没有价值，只是因为时代所使然。其思想至今被传颂。《孟子》不仅继承了儒家"内圣外王"的思想，同时提出了著名的"以德王天下"的仁政思想、性本善的人性论以及"我善养吾浩然之气"的人格理想学说，这些思想尤其人性论、人格理想对后世影响深远。

二 孟子思想学说及其智慧

孟子思想是儒家思想的重要组成部分，它直接继承了孔子思想，但又有不同于孔子思想的新特点。这种不同，主要表现在孟子性善论的思想观点上。孟子从人性本善出发，提出"充实之谓美"的思想命题，以高扬生命个体的主体力量，从而表现为一种内在充实的人性、阳刚之美。以四端之善心的人性论为基础，孟子还提出了其

"以德王天下"的仁政思想、"民为贵"的民本主义思想以及重义轻利的义利观和伟岸"大丈夫"的人格理想等。

孟子的儒学思想代表了一种积极肯定个体人格的自由和力量，尤其是其关于人格理想的阐释，富有进取精神，是中华民族基本民族文化精神的重要组成部分。这种文化精神在历代的仁人志士中都有突出的表现，堪称中华民族的脊梁。

（一）"四端"之善心的人性论

性善论是孟子的主要哲学思想，也是他阐释其政治哲学思想的理论根据，可以说，孟子的性善论思想在其思想体系中是一个重要的中心环节，与荀子的"性恶论"相对。

孟子认为，人人具有恻隐、羞恶、恭敬和是非之心，这四心分别为仁、义、礼、智的开端，"人之所不学而能者，其良能也；所不虑而知者，其良知也"（《孟子·尽心上》），在孟子看来，"四心"其实就是良知良能，由此，后来朱熹补充为"人之初，性本善"，王阳明继承并发展出其著名的"良知"学说，在这些基础上当代学人傅佩荣提出人性"向善"论。孟子以"性善论"作为人们修养品德和行王道仁政的理论根据，认为仁、义、礼、智等伦理道德的要求源于人的本性本心。孟子的人性论包括以下几方面：

其一，人之初，性本善。孟子强调指出："人性之善也，犹水之就下也。人无有不善，水无有不下。"（《孟子·告子上》）孟子认为，人性就如同水往低处流一样是有其规律的，即人性向善，人性向善就是人性本善。需要注意的是，孟子这里所说的善，即为人心中本来所固有的先验道德属性的萌芽，即四个"善端"："恻隐之心，仁之端也；羞恶之心，义之端也；辞让之心，礼之端也；是非之心，智之端也。"（《孟子·公孙丑上》）这四端"非由外铄，我固有之也"（《孟子·告子上》），是人之为人的内在规定性。由此，孟子再次指出："人之有是四端也，犹其有四体也。"（《孟子·公孙丑上》)在孟子看来,人所具有的这些"善端"是天生既有,它们就如同人天生有四肢一样,对人而言是非常重要的东西。如果将"四端"比喻为树木、种子,那么仁义礼智"四德"就是大树,因"四端"发芽、成长而致最终长成,也就是说,人心中有仁、义、礼、智四种道德属性的萌芽,即善的动机,故此,它们能最终发展成仁、义、礼、智等道德属性。在孟子这里,心就是良心、道德之心,性在心中,心性为一,"凡有四端于我者,知皆扩而充之矣,若火之始然,泉之始达。苟能充之,足以保四海;苟不充之,不足以事父母"(《孟子·公孙丑上》),孟子认为,正因为人性中固有善的动机,所以人性是本善的。

其二,"心"之功能。在孟子性善论中,心的作用尤其重要,孟子认为它是"四端"的承载者。那么心又是如何承载"四端"的?孟子说:"耳目之官不思,而蔽于物。物交物,则引之而已矣。心之官则思,思则得之,不思则不得也。此天之所与我者。先立乎其大者,则其小者不能夺也。此为大人而已矣。"(《孟子·告子上》)孟子以耳目之官与心对举,肯定心具有思维功能和认识能力。同时,孟子还认为心具有认识道德、产生道德情感的功能,"人之所不学而能者,其良能也;所不虑而知者,其良知也"(《孟子·尽心上》)。关于"良能""良知",赵岐注解:"良,甚也。"朱熹注解:"良者,本然之善也。"杨伯峻指出,当"良知"被译为"所最能的、最知的"时,"良能"则译为"本能",但是,杨伯峻强调,"良能""良知"为孟子哲学术语,以不译为宜。由此,我们可以看出,在孟子这里,"良知""良能"具有认识道德、产生道德情感的功能。由此,"心"能产生两种最基本的情感:"恻隐"和"不忍","恻隐"是对同类的怜悯爱惜之情,而"不忍"则是一种对同类痛苦不能忍受的情感,孟子把这种人所独有的心理情感升华为道德情感,并以之作为道德立论之根据,"所以谓人皆有不忍人之心者,今人乍见孺子将入于井，皆有怵惕恻隐之心。非所以内交于孺子之父母也，非所以要誉于乡党朋友也，非恶其声而然也"（《孟子·公孙丑上》）。朱熹也对这两种情感进行了解析，"怵惕，惊动貌。恻，伤之切也；隐，痛之深也"（《四书集注·孟子集注》），朱熹认为"怵惕恻隐"皆具惊惧痛苦之意，所以孟子之"不忍"人之心是指见到他人或者他物遭遇伤害时，人所经历的惊惧、痛苦的心理情感，孟子认为这是人所具有的恻隐之心的展现，这种恻隐之心是对同类的怜悯爱惜，同时也包含着对同类遭遇痛苦的不忍。所以，在孟子的人性论中，"恻隐之心"与"不忍之心"实为孟子所阐述的"心"的一体两面。

其三，人皆有不忍人之心。为了特地说明人人都有"不忍之心"，孟子专门设定了一个场景：一个小孩不小心掉到了井里，无论谁，不管他跟小孩家是仇人，还是陌路人，在看到小孩掉到井里的时候内心深处都会产生怜悯与惊惧，在这种情感的支配下，都会毫不犹豫地想办法去救这个孩子。孟子认为，这种救不带有任何功利的目的，既不是为了结交孩子的父母，也不是为了得到舆论的夸奖，更不是因为厌恶孩子的哭声等。这种发自内心的特殊情感，孟子认为就是"不忍人之心"、怜悯心和同情心。由此，孟子断定："人皆有不忍人之心。"在《孟子·梁惠王上》中，孟子进一步论证人人都有"不忍之心"，齐宣王看到一只将要被宰杀并用来祭钟的牛哆嗦时，随即命令用一只自己没有看见的羊来代替牛，据此，孟子断定齐宣王有不忍牛遭遇痛苦之心，进而断定齐宣王有"不忍之心"。孟子认为这里的"不忍之心"即指在禽兽被杀时的不忍之心或者痛苦心。所以，孟子指出，如果连禽兽遭遇痛苦都不能忍受，那么对人而言，就更不用说了。孟子进一步强调，君子远离厨房的行为，正是因为不忍看到或者听到牲畜被宰杀时的痛苦，他认为这也是君子"不忍之心"的表现，由此，孟子断定：人人皆有"不忍之心"。为了进一步论证人性本善，孟子又提出："孩提之童无不知爱其亲者，及其长也，无不知敬其兄也。亲亲，仁也；敬长，义也。无他，达之天下也。"（《孟子·尽心上》）孟子认为，无论儿童还是成人，都具有仁、义、敬、亲等道德意识，这是天下之共理。孟子正是通过以上论证得出结论：人人皆有不忍人之心，这个不忍人之心就是共同的善，即人性本善。

其四，人性本善之形上依据。在孟子这里，其人性论的存在是有其形上依据的。冯友兰曾指出："孟子言义理之天，以性为天之部分，此孟子言性善之形上学的根据也。"冯友兰认为孟子性善论的形上依据在于天。"有天爵者，有人爵者。仁义忠信，乐善不倦，此天爵也；公卿大夫，此人爵也。"（《孟子·告子上》）孟子认为，仁、义、忠、信等道德品质是天所赋予的，天具有这些美德，而对这些美德孜孜不倦追求的人是天之最高贵者。在孟子看来，天的确是一个道德存在，天本身有道德，甚至天就是道德本身，人是天之道德的主体主宰者。人之有"四端"，正是由于人性"乃天之所予我者"，是人之得于天者。所以，张岱年对此也提出："宇宙本根，乃人伦道德之根源；人伦道德，乃宇宙本根之流行发现。本根有道德的意义，而道德亦有宇宙的意义。人之所以异于禽兽，即在人之心性与天相通。人是禀受天之性德以为其根本德性的。"张岱年的评论直接点明，天蕴含着人性的来源及其道德的根据。需要注意的是，孟子的人性论主要指"人之所以异于禽兽者"，他认为，"人之所以异于禽兽者几希，庶民去之，君子存之"（《孟子·离娄下》），"人之有道也，饱食、暖衣、逸居而无教，则近于禽兽"（《孟子·滕文公上》），孟子认为，人与禽兽之间的差距微乎其微，能够做到保留了这点区别，那么在某种意义上就是对人的基本道德的保存。如果人只是吃得饱、穿得暖、住得舒适，然而却丧失教化，那就离禽兽不远了。可以清楚地看出，孟子是从仁爱的角度出发，以人的道德属性为人性，在孟子看来，人有两个发展方向：追求感官欲望的满足,向禽兽倒退;追求道德修养的完善,向人之所以为人的方向发展,"君子所性,仁义礼智根于心"(《孟子·尽心上》),这表明,孟子是以人心中所固有的仁、义、礼、智等道德属性作为人性根基的。

也就是说,在孟子这里,天有道德,天又按照自己的面目和要求塑造了人,赋予人以人的基本规定性,即人性。同时,把天之道德植入人心之中,使其成为人特有的道德意识,这就是孟子性善论的逻辑结论,他认为天不仅有德,而且天将德赋予人,也就是说,天将四端之善心植入人心中,由此,使此善端又含有为善的动机和根基。孟子的人性论具有典型的道德属性,故而孟子主张性善论,孟子这一说法具有伦理学意义。

(二) 以德王天下的仁政学说

孔子的仁政思想是以其人性本善的性善论作为根基而展开的,侧重于强调礼仪和君子修身,以实行以德王天下的仁政政治。孟子的仁政方案有特定内涵,那就是,关心人民疾苦,解决民生问题。孟子认为,这是政治第一要务,善政是为政者之责任。孟子的性善论不只是单纯的人性论,还是为政者的政治责任。

其一,强调王道,抵制霸道。孟子首先将孔子的"仁者爱人"的思想升格为政治领域内的"仁政"思想,使得儒家在政治上也有了清晰的主张,不再单纯地只是思想领域内的学术团体,而是将儒家学派及其弟子作为一个政治集团而存在,后来的读书人为了中科举,读书做官都要学习儒家经典,都是儒家的传人,可以说儒家学派已经成为中国古代政坛上的中坚力量。孟子的仁政学说继承和发展了孔子的德治思想,成为其政治思想的核心。

孟子所说的仁政首先是要建立在"不忍人之心"的基础之上。孟子说:"先王有不忍人之心,斯有不忍人之政矣。"他认为,"不忍人之心"是一种同情仁爱之心,它源于血缘情感,"亲亲而仁民","老吾老以及人之老，幼吾幼以及人之幼"。也就是说，仁政就是这种不忍人之心在政治上的体现，由此，孟子提出实行以王道理政的仁政思想。

在王霸的基本立场上，孟子的态度是"尊王贱霸"。孟子清晰地界定了王道和霸道的内涵，认为王道即是为王之道，即尧、舜、禹、汤、文、武、周、孔之平治天下之道。在孟子的思想学说中，王道即是仁政，是不忍人之政，三者常常被表述为一物，它是"以德行仁""以德服人"，而霸道则是指各诸侯对内实行富国强兵，对外实行合纵连横、兼并征伐的政策，是"以力假仁""以力服人"。在孟子看来，王道是坚决地实行"仁政"的政治模式，而霸道则是以"仁义"为旗号，实行的是以武力为核心的强权政治，也就是说，王道和霸道是两种不同的治国之道，其区别就在于，是否真正地依靠仁义道德来治国理政。由此，孟子主张应该以王道来对抗霸道，以仁政来反对暴政，以道德主义来反对功利主义。孟子指出，霸道是王道的倒退，"五霸者，三王之罪人也。今之诸侯，五霸之罪人也"（《孟子·告子下》），他认为春秋五霸破坏了"三代"以来定下的政治秩序，而战国时期的诸侯们又破坏了春秋时期所订立的葵丘盟约。政治道德日渐滑坡，政治秩序日渐走向无序。孟子甚至强调，"春秋无义战"，而战国的兼并战争更是如此，统治者为了个人的私欲，争夺土地、抢夺城池，致使尸横遍野、杀人盈城，孟子认为此种行为无异于操纵土地而吃人肉，其罪之大，罪不容诛，他说："争地以战，杀人盈野；争城以战，杀人盈城，此所谓率土地而食人肉，罪不容于死。"（《孟子·离娄上》）由此，他告诫统治者对于那些巧舌如簧、劝谏君主用武力争夺天下的人，首先要治他的罪，他说："'我善为陈，我善为战。'大罪也。"（《孟子·尽心下》）同时，孟子还认为，霸道难以达到王道的治理效果。在他看来，一个统治者凭借武力、假借仁义之名可以达到称霸天下的目的，但需要付出高昂的代价，与此同时，霸道之治理方式，效果并不甚理想，劳力而劳心，却不一定能得到民心，他说"以力假仁者霸，霸必有大国；以德行仁者王，王不待大。汤以七十里，文王以百里。以力服人者，非心服也，力不赡也；以德服人者，中心悦而诚服也"（《孟子·公孙丑上》）。正因为如此，每当面对当政者时，孟子总是不厌其烦地强调，王道、仁政不是治国理政的唯一正途，一个行王道的国君必是天下人仰慕的国君，这样的国君定会无敌于天下，他说"保民而王，莫之能御也"（《孟子·梁惠王上》），孟子强调，王道的目标即为"保民"。所谓"保民"，就是指当政者尊重和保护民众的生存权、财产权、政治参与权、发展权以及受教育权等。孟子敏锐地把握时代脉搏，洞察社会走向，"王者之不作，未有疏于此时者也；民之憔悴于虐政，未有甚于此时者也。饥者易为食，渴者易为饮"（《孟子·公孙丑上》），孟子再三强调，在这样一个战乱频仍、民不聊生的社会，如果统治者能给百姓做出一点点好事，满足其基本生活保障，那么百姓都会心存感激，"当今之时，万乘之国行仁政，民之悦之，犹解倒悬也"（《孟子·公孙丑上》），孟子认为统治者"解民倒悬"，让百姓脱离"水深火热"，是政治治理中应有之义，即仁政。

所以，在会见梁惠王时，孟子说："天油然作云，沛然下雨，则苗浡然兴之矣。其如是，孰能御之？"（《孟子·梁惠王上》）意思是说，当今天下大乱，人民困苦，快活不下去了，如果这时候君王能实行仁政，那么百姓都会跟着你干、支持你，这就是"久旱逢甘霖"的道理。孟子的语辞非常具有说服力，面对问题，他不是立即给出答案，而是讲究方法策略。当梁惠王询问"叟不远千里而来，亦将有以利吾国乎"时，孟子并未直接回应，而是对此提出了批评，"何必曰利，亦有仁义而已矣！"（《孟子·梁惠王上》）他说此问题本身有问题，国君带头讲利，大夫就会效仿，大夫讲利，士就会效仿，最后的结果就是以下犯上，社会秩序失衡。孟子与梁惠王的对话，充分体现了他对仁政的主张。他认为统治者要体察民情、解决民生问题，与百姓同呼吸、共命运，而不是首先考虑自己的享受与利益，如此施政才是长治久安之道，"古之人与民偕乐，故能乐也"（《孟子·梁惠王上》），讲的就是这个道理。

为了进一步实现其王道之仁政，孟子主张尊贤使能。他指出，王道政治的施行和落实，仅靠当政者知民忧乐还远远不够，还需要尊贤使能，选择贤能之才来辅佐。一直以来，这一主张是儒家的固有主张，"大道之行也，天下为公，选贤与能，讲信修睦"（《礼记·礼运》）。孟子继承了这一传统，他提出尊贤使能的政治主张，主张重用贤才。

在那个时期，孟子的思想在当时不被采纳，但是随着时间的推移，历史渐渐证明了孟子的观点的合理性，所以，后来统治者为了安抚人心，巩固统治，纷纷推出各种举措来减轻百姓负担，"君者，舟也；庶人，水也。水则载舟，水则覆舟"（《荀子·王制》），就是孟子民本思想的典型说法。

其二，"民为贵"的民本思想。仁政的具体内容很多，包括经济、政治、教育以及统一天下的途径等，民本思想是贯穿这些内容的一条主线。在两千多年前的先秦时期，社会还处于奴隶社会向封建社会过渡阶段，孟子就已经提出了朴素的民本主义思想，这是非常了不起的成就。这一思想是从春秋时期重民轻神的思想发展而来。儒家历来不乏"重民"思想，如《尚书》中有"民为邦本，本固邦宁"之说，孔子"仁者，爱人"之说。当时的社会弱肉强食、大国兼并小国，是强者称霸时期。孟子根据战国时期的经验，总结各国治乱兴亡规律，提出了一个富有民主性的著名命题："民为贵，社稷次之，君为轻。"（《孟子·离娄上》）

孟子认为，应把民众放在第一位，国家其次，君在最后，君主应以爱护民众为先，为政者要保障人民权利。如何对待民众这一问题，事关国家治乱兴亡，所以对民众的态度非常重要。由此，孟子提出民心向背的问题，"得民心者得天下，失民心者失天下"（《孟子·离娄上》），"以力服人者，非心服也，力不赡也；以德服人者，中心悦而诚服也"（《孟子·公孙丑上》），他通过大量历史史实，反复阐述这一问题，并强调指出，人心向背事关国家兴亡，"民能载舟，民亦能覆舟"。孟子还倡导，若君主无道，百姓有权推翻其政权，"君之视臣如手足，则臣视君如腹心；君之视臣如犬马，则臣视君如国人；君之视臣如土芥，则臣视君如寇仇"（《孟子·离娄下》）。正因此原因，《汉书·艺文志》仅把《孟子》放在诸子略中，视为子书，《孟子》在当时并没有得到应有的地位。

在此基础上，孟子指出，经济上必须保民，即，要给民众提供一定的物质经济保障。他倡议勿违农时，强调为政者应当尊重自然、顺应自然，根据自然规律进行社会生产；同时，制民之产。孟子认为制民之产的方法是划"经界"，"夫仁政，必自经界始"，所谓"经界"，就是划分整理田界，落实井田制。孟子认为，落实井田制的关键在于，其边界勘划是否公正，如果边界勘划不公平，民众的土地势必会被贪官污吏夺走，王道之仁政也就失去了存在的基础。如何救民于水火、解困于倒悬，是孟子提出该思想的逻辑起点，如何达到天下大治、使民安乐，又是孟子仁政政治主张的价值旨归。一个起点、一个终点，都落在"民"上。孟子所设想的井田制，以一家一户的小农为基础，采取劳役地租的剥削形式，每家农户有五亩之宅，百亩之田，吃穿自给自足。他说："无恒产而有恒心者，惟士为能。若民，则无恒产，因无恒心。苟无恒心，放辟邪侈，无不为已。及陷于罪，然后从而刑之，是罔民也。焉有仁人在位，罔民而可为也？是故明君制民之产，必使仰足以事父母，俯足以畜妻子；乐岁终身饱，凶年免于死亡。然后驱而之善，故民之从之也轻。今也制民之产，仰不足以事父母，俯不足以畜妻子；乐岁终身苦，凶年不免于死亡。此惟救死而恐不赡，奚暇治礼哉；王欲行之，则盍反其本矣。五亩之宅，树之以桑，五十者可以衣帛矣；鸡豚狗彘之畜，无失其时，七十者可以食肉矣；百亩之田，勿夺其时，八口之家可以无饥矣；谨庠序之教，申之以孝悌之义，颁白者不负戴于道路矣。"（《孟子·梁惠王上》）他认为只有使民众拥有"恒产"，使其固定在土地上以安居乐业，民众才不会去为非作歹触犯刑律。孟子认为这是最起码的物质生活保障。

由此，孟子又呼吁兴办学校，文化上育民。他主张用孝悌之德对百姓进行教化，以引导其向善，从而形成一种"亲亲""长长"的良好社会道德风尚，即所谓"人人亲其亲、长其长，而天下平"。"庶、富、教"是孔子治国的三步战略。可以看出，孟子的王道仁政思想依然遵循这个思路，那就是，恢复人口，发展社会生产，对民众进行道德教化。孟子认为，有良好的政治不如有良好的教育。政治是靠法度来约束百姓，法度约束的是百姓外在的行为，而教育是靠道德来教化百姓，教化改变的是百姓的内心。

（三）重义轻利的义利观

"义"的本义是指正义、威仪、合宜的道德、行为或道理，有义德之美，相对于孔子对"仁"的重视，孟子则更加强调"义"的重要性，"义"同时也是孟子对孔子开创的儒家思想学说的重要发展、补充。孟子把"义"提高到与"道"并列的高度。他强调用"义"去培育、引导人的修养道德品质，"大人者，言不必信，行不必果，唯义所在"（《孟子·离娄下》），在孟子看来，义是君子为人处世的最重要准则，君子一切言行都要服从"义"这个大原则。孟子所推崇的义，不仅包括义对浩然之气的涵养，同时也包括义对个体外在行为的约束和引导，由此，孟子提出义利之辨。

其一，义是对浩然之气之涵养。在提出著名的四端性善论时，孟子已经阐释了义与其人性论、心性理论之间的逻辑关系。他说：

"恻隐之心，仁之端也；羞恶之心，义之端也；辞让之心，礼之端也；是非之心，智之端也。"（《孟子·公孙丑上》）孟子认为，义的开端在于羞恶之心，之所以会产生羞恶之心，是因为人自身的不善行为，这种羞恶心是一种发自内心的羞耻感。在孟子看来，人天生具有羞恶之心，它与生俱来，不以人的意志为转移，是每个人人性中本有的，故而，孟子强调，每个人应该通过积极加强个体内在的道德品质和修为，涵养本心，培育和保持这份义之端，即羞恶心，从而让义的道德理念深扎于人的本性之中，以指导人生。他说："乃若其情，则可以为善矣，乃所谓善也。若夫为不善，非才之罪也。恻隐之心，人皆有之；羞恶之心，人皆有之；恭敬之心，人皆有之；是非之心，人皆有之。恻隐之心，仁也；羞恶之心，义也；恭敬之心，礼也；是非之心，智也。仁义礼智，非由外铄我也，我固有之也，弗思耳矣。"（《孟子·告子上》）由此可见孟子对义的重视。为了进一步"集义"，孟子提出要"养气"。孟子认为，"养气"可以更好地修养本心，他说："'我知言，我善养吾浩然之气。''敢问何谓浩然之气？'曰：'难言也。其为气也，至大至刚，以直养而无害，则塞于天地之间。其为气也，配义与道；无是，馁也。是集义所生者，非义袭而取之也。行有不慊于心，则馁矣。'"（《孟子·公孙丑上》）孟子认为，集义是浩然之气得以涵养的主要途径之一，这种气至大至刚，必须要用义去培养它，而不能用邪恶去伤害它，如此，才能使它充盈于天地之间而无所不在。反之，浩然之气又能影响义，它与义、道相配，没有义、道的配合，浩然之气就会像人得不到食物一样而衰竭。也就是说，浩然之气是义在个体内心深处长期积累而展现出来的，义可以支配个体的具体行为举止，如果义被恶干扰或者伤害，浩然之气也会随之受损而衰竭。当然，滋养浩然之气，孟子还提出了清心寡欲、续夜气等方法，然而，只有义是最根本、最重要的一个方法。孟子的养浩然之气说，实质是在提醒个体，只有通过长期坚持，以仁善为核心，以君子之道为目标，不断加强个体自我的道德修养和心性涵养，才能培养和塑造独特的品性，展现至大至刚的浩然正气，以义统体，以仁率义，从而让义充盈个体本身。由此可见，义的涵养不是阶段性的，更不是速成性的，它不能一蹴而就，需要个体长期不断地坚持。也就是说，在孟子的思想体系中，其关于义的观念一直都与其"吾善养吾浩然之气"即养气说相辅相成，义的积淀和培育就是为了更好地涵养个体的内在道德品性和修为。

其二，义是对个体外在行为之约束。孟子不仅强调义对浩然之气的涵养作用，同时，他还注重义对个体外在行为的约束和引导作用。

"仁，人之安宅；义，人之正路"（《孟子·离娄上》），孟子认为义不能脱离仁而存在，只有将义、仁相贯才为人之正途，"仁，人心也；义，人路也"（《孟子·告子上》），孟子认为，仁是每个人与生俱有的，它是一个人内在的德性，是精神性的，内置于人性深处，所以首先要安顿好仁，孟子把这种安顿叫作"安宅"；义是通过仁的指引和滋养外现于个体的待人处事准则，是规范人外在行为的正气，孟子经常用"集义"来表达，认为只有经常"集义"，才能对个体的外在行为形成长期性、习惯性的约束力，由此，孟子提出了其著名的"舍生取义"思想，他说："鱼，我所欲也；熊掌，亦我所欲也。二者不可得兼，舍鱼而取熊掌者也。生，亦我所欲也；义，亦我所欲也。二者不可得兼，舍生而取义者也。生亦我所欲，所欲有甚于生者，故不为苟得也；死亦我所恶，所恶有甚于死者，故患有所不避也。如使人之所欲莫甚于生，则凡可以得生者何不用也？使人之所恶莫甚于死者，则凡可以避患者何不为也？由是则生而有不用也，由是则可以避患而有不为也。"（《孟子·告子上》）当生命与正义之间发生冲突，二者不可得兼时，孟子认为，人应该毫不犹豫地选择义，因为只有义才是生命正面的本色，遵义而行，人之"不为苟得"正是生命个体义无反顾的道德之勇，反之，则便会"凡可以得生者，何不用"，"凡可以避患者，何不为"。孟子"舍生取义"的思想充满了正义精神，极大丰富了儒家的人格思想和价值理念，同时也为孟子的人格理想及其儒家思想注入了正义、刚毅之气。

此外，孟子还强调重义轻利思想。孟子在与梁惠王讨论时说："王！何必曰利？亦有仁义而已矣。王曰：'何以利吾国？'大夫曰：'何以利吾家？'士庶人曰：'何以利吾身？'上下交征利而国危矣。万乘之国，弑其君者，必千乘之家；千乘之国，弑其君者，必百乘之家。万取千焉，千取百焉，不为不多矣。苟为后义而先利，不夺不餍。未有仁而遗其亲者也，未有义而后其君者也。王亦曰仁义而已矣，何必曰利？"（《孟子·梁惠王上》）由孟子和梁惠王的讨论可以看出，在面对利义抉择时，孟子主张一定要见利思义、重义而轻利，如果国君、大夫、士、庶人都选择重利轻义、唯利是图，不问是非之义，必然会导致战乱、动荡，乃至社会道德体系的崩溃等结局，最终损害国之大利。唯有做到重义轻利，才可能获取合乎道德的大利，以致长远发展。所以，在孟子提出民本思想，要求君王关爱百姓民生发展事宜时，就是以义制利思想的体现，他所强调的是，在面对利益诱惑时，如何用义这把道德利剑压制功利，从而使得道德大义能焕发光芒。由此，孟子反复强调，利与义发生冲突时应该重义而轻利，这一观点是孟子义利观的重要内涵，同时也是孟子人格理想的重要内容。

孟子"舍生取义""重义轻利"的思想，以其正能量的社会责任担当精神、责任意识等激励、鼓舞了后世无数仁人志士。至今，这一思想仍然具有重要的启迪意义。

（四）伟岸"大丈夫"的人格理想

古代中国没有"人格"这个词，"人格"一词出现在近代时期，是日本学者从西方翻译过来的，然而，尽管如此，中国古代哲学却蕴含了非常突出的人格意识。孔子对人格理论的发端，对"博施于民而能济众"的最高理想人格的阐发，无不体现了他对人格问题的关注。孟子传承并发展孔子的人格理论，并形成了"修身、齐家、治国、平天下"这种具有伦理道德实践意义的人格意识，进一步将社会知识分子的自觉人格推向新的高度。孟子以"义"为支点，以"仁"为核心，建立了以"仁义"为基点的道德理论，又通过"居仁由义"的道德伦理实践达到君子理想人格的最高典范，即伟岸"大丈夫"。

其一，"居仁由义"——人格理想的建构基点。孟子生活在春秋进入战国时期的动乱岁月，诸侯竞相争霸，社会道德观念崩溃，"以仁释礼"既有的号召力尽失，礼仪维系人心的功能形同虚设。孟子从孔子有关"义"的认识中受到启发，他试图寻找一个突破当时社会现实的瓶颈。"义"的观念并非由孔子独创，然而正是孔子，让"义"成为富有内涵的道德概念，"君子义以为质，礼以行之，孙以出之，信以成之，君子哉！"（《论语·卫灵公》）"君子义以为上。君子有勇而无义为乱，小人有勇而无义为盗"（《论语·阳货》），这说明，在孔子这里，他已经把"义"作为行为的最高标准，使其成为生命个体的立身之本。孔子关于"义"的阐释非常多，又如，"君子喻于义，小人喻于利"等论述，同时，需要注意的是，孔子很少提到"利"，"子罕言利"，"放于利而行，多怨"。到了孟子这里，他将其人格理论建立在了"仁义"的基础之上，以"仁义"为核心道德观，并以"居仁由义"的人生观作为人格理想的精神支柱。很明显，在孟子这里，他不仅把仁义看作人与动物的几希之别，同时，他强调，"仁，人心也；义，人路也"（《孟子·告子上》）。孟子认为，仁、义是做人的基本理路，"居仁由义"是君子必备的人生信条。由此，孟子的人格理论有了充实的思想基础，他建构起了以

"仁义"为基础、核心的人格价值体系，勾画了君子人格的理想典范：伟岸"大丈夫"。这一人格理想的精神特质与"奴性人格"形成了鲜明反照，同时也凸显了孟子独特的人格理想特质，它与孔子"三军可夺帅也，匹夫不可夺志也"的独立人格精神相一致，孟子继孔子之后，第一次较系统地完成了关于人格理论的建构。

其二，伟岸"大丈夫"——理想人格的最高典范。战国时期的社会动乱、人心不古，以及出现的人伦道德危机，都让孟子忧心不已，尤其士阶层在各种诱惑面前出现各种分化的时候，孟子更是焦虑难耐，他提出了伟岸"大丈夫"的人格标识，"居天下之广居，立天下之正位，行天下之大道。得志与民由之，不得志独行其道。富贵不能淫，贫贱不能移，威武不能屈，此之谓大丈夫。"（《孟子·滕文公下》）孟子认为，伟岸"大丈夫"能屈能伸，做得端、行得正，"居于仁""立于礼"而"行于义"，这种"大丈夫"更会"穷不失义，达不离道"，"得志，泽加于民；不得志，修身见于世。穷则独善其身，达则兼济天下。"（《孟子·尽心上》）面对各种诱惑，"大丈夫"不会摧眉折腰，这是一种由内到外而透显出来的伟岸人格力量和生命气节，更是对孔子人格理想"匹夫不可夺其志"精神的张扬和传承。正是在"居仁由义"的仁义观下，孟子以重"义"轻"利"的坚决态度建构了自己的人格理想观。

孟子的人格理想观，不仅具有自信自尊的人格精神，同时还以光明磊落的求仕原则作为基本前提。孟子明确宣称："如欲平治天下，当今之世，舍我其谁也？"（《孟子·公孙丑下》）这正是孟子伟岸"大丈夫"精神、人格、气度的展现，体现一种大义凛然的无畏精神。孟子认为，这种精神可以让士人超越权势、金钱财富，达到内心道德修养上的境界，这种境界是君子须眉不为权贵折腰的气度。所以，后来孟子每每与诸侯国的国君交谈时，始终保持着为帝王师的气派，他居高临下，"说大人，则藐之，勿视其巍巍然"(《孟子·尽心上》),孟子语辞锋芒毕露、无所畏惧,使得诸侯国君"莫之而能御"。不仅如此,孟子还以光明磊落的求仕原则作为基本前提。孟子说,"我无官守,我无言责也,则吾进退岂不绰绰然有余裕哉"(《孟子·公孙丑下》),他积极参与政治仕途,渴望"养生丧死无憾",坚持"进必以正"的原则,希望君王能采纳自己的仁政主张。当孟子发现齐宣王无意采纳其政治主张,只是利用其威望装点门面之时,他毫不犹豫,毅然离开齐国,"宁道之不行,而不轻其去就",孟子始终坚持自己的独立人格,不惜放弃尊位。孟子尖锐地指出,"今之所谓良臣,古之所谓民贼也","为人臣者,怀仁义以事其君",他认为臣子必须具备"仁义"品行才有资格辅佐君王。"责难于君谓之恭,陈善闭邪谓之敬"(《孟子·离娄上》),臣子恭敬君王,应以劝谏君王为职责,而不能做不但不帮助君王改过迁善,反而曲意逢迎的顺臣,否则臣子就成了"钻穴隙之类"。可以看出,孟子从不同层面展示了"大丈夫"人格的精神特质,这些精神特质是以他所主张的至大至刚的"浩然之气"为人格前提,也就是说,孟子的人格特质是与他重义轻利、求仕有节的"浩然之气"分不开的,两者相辅相成,"其气也,至大至刚,以直养而无害,则塞于天地之间。其为气也,配义与道;无是,馁也。是集义所生,非义袭而取之也"(《孟子·公孙丑上》)。从本质上来说,孟子的"浩然之气"说其实就是一种人格精神说。孟子认为,只有具备了浩然之气,才能展现坦荡、无惧的精神气质,从而达致人格世界的自由之境。

孟子倾力批判了各种寡廉鲜耻的奴性人格,坚持了做人的最高道德标准,从而最终形成了其人格思想体系。这是中华民族最可宝贵的精神财富,它不仅对后世知识分子影响深远,同时,在今天仍然具有重要的价值引导作用。

三 《孟子》原文选释

与论语一样,《孟子》也是以记言为主的语录体散文,但它与《论语》相比又有明显的不同。如果说《论语》文辞简约、含蓄而寓人于仁者的谆谆教诲的话,那么《孟子》则是长篇大论、侃侃而谈,文中语辞气势磅礴、雄辩机智,它对后世的散文写作产生了深刻的影响。《孟子》语言明白晓畅、平实浅近,同时又精炼准确,颇具艺术表现力,具有文学散文的性质,其中的论辩文,巧妙地运用了逻辑推理的方法,引人入胜。

《孟子》的整个基调是理想主义和乐观主义,它反映了孟子关于人性善良的坚定信念。在政治思想方面孟子与孔子有很多相似之处,孟子坚决主张管理国家不是靠武力,而是靠道德规范,相比于孔子而言,则堪称"贵民",这也是孟子的"民本"思想主张。孟子还提出了其"我善养吾浩然之气"的人格理想,这些思想对后世影响深远,有些思想传颂至今,例如,其关于人格理想的主张对当今知识分子的人格塑造仍然具有重要的价值引导意义。

【原文】无恒产①而有恒心者,惟士为能。若②民,则无恒产,因无恒心。苟无恒心,放辟邪侈③,无不为已。及陷于罪,然后从而刑之,是罔民④也。焉有仁人在位,罔民而可为也?是故明君制⑤民之产,必使仰足以事父母,俯足以畜妻子,乐岁终身饱,凶年免于死亡。然后驱而之善,故民之从之也轻⑥。今也制民之产,仰不足以事父母,俯不足以畜妻子;乐岁终身苦,凶年不免于死亡。此惟救死而恐不赡⑦,奚暇⑧治礼义哉?王欲行之,则盍反其本矣。五亩之宅,树之以桑,五十者可以衣帛矣。鸡豚狗彘之畜,无失其时,七十者可以食肉矣。百亩之田,勿夺其时,八口之家可以无饥矣。谨庠序之教,申之以孝悌之义,颁白者不负戴于道路矣。(《孟子·梁

惠王上》)

【注释】

①恒产：可以赖以维持生活的固定财产，如土地、牧畜等。

②若：转折连词，指至于。

③放：放荡，辟：通假字，同"僻"，指歪门邪道。侈：放纵挥霍。放辟邪侈，指放纵邪欲违法乱纪。

④罔：通假字，同"网"，指"陷害"。

⑤制：制定制度、政策。

⑥轻：指轻松，容易。

⑦赡：足够，充足。

⑧奚暇：怎么顾得上。奚，疑问词，指怎么，哪有。暇，余暇，空闲。

【翻译】没有固定的产业收入却有固定的道德观念，只有读书人才能做到，至于一般老百姓，如果没有固定的产业收入，那他也就没有固定的道德观念。一旦没有固定的道德观念，就会胡作非为，可能什么事都做得出来。等他们犯了罪，然后才加以处罚，这等于是陷害他们。哪里有仁慈的人在位执政却去陷害百姓？所以，贤明的国君制定产业发展政策，一定要让他们上足以赡养父母，下足以抚养妻子儿女；丰收年能够丰衣足食，歉收年也不致饿死。然后督促他们走善良的道路，老百姓也就很容易听从了。现在各国的国君制订老百姓的产业发展政策，上不足以赡养父母，下不足以抚养妻子儿女；丰收年尚且困苦，歉收年更是难保性命。到这个地步，恐怕老百姓连保命都来不及，哪里还有什么工夫来修养礼仪？君王如果想施行仁政，为什么不从根本上入手？在五亩大的宅园中种上桑树，五十岁以上的老人都可以穿上丝绵衣服，鸡狗猪等家禽家畜好好养起来，七十岁以上的老人都可以有肉吃。百亩田地，不要去妨碍老百姓生产，八口人的家庭都可以吃得饱饱的了，认真兴办学校，用孝顺父母、尊敬兄长的道理反复教导学生，头发斑白的人也就不会在路上负重行走了。

【评析】这是孟子正面展开他的治国方略和施政纲要的阐述。概而言之，主要包括两层意思：其一，有恒产才有恒心，所以要先足衣食后治礼仪，这就是《管子·牧民》中所说的"仓廪实则知礼节，衣食足则知荣辱"的道理。从社会稳定的角度来说，"无恒产者"是非常危险的因素，贤德的孟子认为在我们制订经济发展规划的时候，一定先要从富民角度出发，考虑如何让老百姓过上丰衣足食、安居乐业的生活，让他们不仅能够养家糊口，而且还能有一定的产业。只有做到了这一步，才谈得上"治礼仪"，这类似于今天我们所倡导的精神文明建设的问题。其二，孟子具体展示其富民兴教之计划蓝图。从孟子的陈述中，我们不难发现，孟子的这种精神是一种行义以达其道、为救世济民而不辞辛劳的做法，甚至有点"知其不可为而为之"的意味。孟子的产业精神是一种积极入世的理想精神，影响后世深远。

【原文】"我知言，我善养吾浩然[1]之气。""敢问何谓浩然之气？"曰："难言也。其为气也，至大至刚，以直养而无害，则塞于天地之间。其为气也，配义与道；无是，馁也。是集义所生者，非义袭而取之也。行有不慊[2]于心，则馁矣。"（《孟子·公孙丑上》）

【注释】

①浩然：盛大而流动的样子。

②慊：快，痛快。

【翻译】"我善于分析别人的言语，我善于培养自己的浩然之气。"公孙丑说："请问什么叫浩然之气？"孟子说："这很难用一两句话说清楚。这种气，极其浩大、有力，用正直去培养它而不加以伤害，就会充满天地之间。这种气必须与仁义道德相配，否则就会缺乏力量。而且，必须要有经常性的仁义道德蓄养才能生成，而不是靠偶尔的正义行为就能获取的。一旦内心有愧，这种气就会缺乏力量。"

【评析】孟子所说的浩然之气，它至大至刚，不是一般所谓"精气""血气"，不属于医学的生理范畴，而是充满正义、仁义的正气、骨气，属于人文精神范畴，这种气阳刚而气壮山河，"大人则藐之，勿视其巍巍然"，"富贵不能淫，贫贱不能移，威武不能屈"讲的就是这种气。文天祥的千古名句"天地有正气，杂然赋流形。下则为河岳，上则为日星；于人曰浩然，沛乎塞苍冥"讲的也是源于这种气。然而，需要注意的是，这种气可养而不可得，需要日积月累，"是集义所生者，非义袭而取之也"。

【原文】以力服人者，非心服也，力不赡①也；以德服人者，中心悦而诚服也。（《孟子·公孙丑上》）

【注释】

①赡：充足。

【翻译】用武力征服别人，别人并不是真心服从他，只不过是力量不够罢了；用道德使别人归服，别人是心悦诚服。

【评析】这部分主要强调的是以德服人，而不是以力服人。孔孟一脉相承，采用的是攻心为上、以柔克刚的政治方针。后世诸葛亮七擒孟获，可以说正是孔孟思想的活学活用。当年的诸葛亮七擒孟获就是为了让对方能够心服口服、心悦诚服，按照诸葛亮当时军事上的优势本不该如此，然而，诸葛亮采取的不是"如囊中取物"般的降服法，而是以德服人。以德服人，攻心为上，这正是儒家一贯的重用人才策略。

【原文】人皆有不忍人之心①。先王有不忍人之心,斯有不忍人之政矣。以不忍人之心,行不忍人之政,治天下可运之掌上。所以谓人皆有不忍人之心者,今人乍②见孺子将入于井,皆有怵惕恻隐③之心,非所以内交④于孺子之父母也,非所以要誉⑤于乡党朋友也,非恶其声而然也。由是观之,无恻隐之心,非人也;无羞恶之心,非人也;无辞让之心,非人也;无是非之心,非人也。恻隐之心,仁之端⑥也;羞恶之心,义之端也;辞让之心,礼之端也;是非之心,智之端也。人之有是四端也,犹其有四体也。有是四端而自谓不能者,自贼者也;谓其君不能者,贼其君者也。凡有四端于我⑦者,知皆扩而充之矣,若火之始然⑧,泉之始达。苟能充之,足以保⑨四海;苟不充之,不足以事父母。(《孟子·公孙丑上》)

【注释】

①不忍人之心:指怜悯心、同情心。

②乍:突然、忽然。

③怵惕:惊惧。恻隐:哀痛,同情。

④内交:内是通假字,同"纳",内交指结交。

⑤要(yāo)誉:要,通假字,同"邀",指博取名誉。

⑥端:开端、起源。

⑦我:通假字,同"己"。

⑧然:通假字,同"燃"。

⑨保:定,安定。

【翻译】每个人都有怜悯别人的心情。先王由于怜悯他人的心情,所以才有体恤百姓的政治。用怜悯他人的心情,施行体恤百姓的政治,治理天下就可以像在手掌心里面转东西一样容易了。之所以说每个人都有怜悯他人的心情,是因为,如果今天有人突然看见一个小孩掉进井里,必然会产生同情心。此种行为举止并不是因为想要去和这孩子的父母拉关系,不是因为想要在乡邻朋友中博取声誉，也不是因为厌恶这孩子的哭声才产生同情心。由此可见，一个人如果丧失了怜悯心，那么他就不是人；如果没有羞耻心，那他就不是人；如果没有谦让心，那他就不是人；如果没有是非心，那他就不是人。怜悯心是仁的开端；羞耻心是义的开端；谦让心是礼的开端；是非心是智的开端。人有这四种发端，就像人有四肢一样。有了这四种发端却自认为不行的，是自暴自弃的人；认为他的君主不行的，是暴弃君主的人。凡是有这四种发端的人，知道都要扩大充实它们，就像火刚刚开始燃烧，泉水刚刚开始流淌。如果能够扩充它们，便足以安定天下，如果不能够扩充它们，就连赡养父母可能都会成问题。

【评析】孔子说"性相近也，习相远也"，他既没有讲明人性是善还是恶，也没有指明相近的人性是什么，更没有展开论述。孟子谈到人性时，不仅展开了论述，而且指出，相近的人性就是发端仁义礼智的"不忍人之心"，他论证这种"不忍人之心"是人所固有的，从这个角度来说，孟子的人性思想的确是"先验论"的，他把"仁义礼智"这些社会性质的道德观念说成是人的天性里所固有，但孟子并非完全否认后天的教养作用，因为他认为"不忍人之心"包括"恻隐、羞恶、辞让、是非"之心四个方面，即"四心"。"四心"是"仁义礼智"四种道德范畴的开端，它需要"扩而充之"，即所谓后天的培养，才能发扬光大"习相远"的一面，缩短差距，从而趋向于善。

所以，从理论基础来说，孟子的确是从天赋性善论（"四心"）推导出天赋道德论（"四端"），再推导出"不忍人之政"（仁政）。但从实践的角度来说，孟子对后天的努力还是非常重视的。"不忍人之心"是人本身所固有，所以，孟子的思路就是，主张从人人都有"不忍人之心"的仁心推出仁政。这即为孟子毕生追求的"仁政"理想。需要注意的是，孟子"人皆有不忍人之心"的思想对后世产生了巨大影响,成为中国古代哲学中"性善论"的理论基础和支柱。

【原文】富贵不能淫,贫贱不能移,威武不能屈。此之谓大丈夫。(《孟子·滕文公下》)

【翻译】富贵不能使我骄奢淫逸,贫贱不能使我改变节操,威武不能让我屈服意志。这才叫大丈夫气概!

【评析】这是"富贵不能淫,贫贱不能移,威武不能屈",这句千古名言讲的是一种"居天下之广居,立天下之正位,行天下之大道"的浩然正气,反映了儒家一以贯之的君子之道。同时,它也体现了孟子的人格之志以及"得志与民由之,不得志独行其道"的立身处世态度,这种态度,孔子概括为"用之则行,舍之则藏",后来孟子将其描述为"穷则独善其身,达则兼善天下",他认为做到这点,就能够成为真正堂堂正正的大丈夫。孟子的这段名言,在历史上曾鼓励了不少志士仁人,其思想和人格力量至今影响着中国的知识分子,对当今士人的人格塑造仍具有重要的启迪意义。

【原文】天子不仁,不保四海;诸侯不仁,不保社稷;卿大夫不仁,不保宗庙①;士庶人不仁,不保四体。今恶死亡而乐不仁,是犹恶醉而强②酒。(《孟子·离娄上》)

【注释】

①宗庙:这里指采邑,即封地。在古代社会,卿大夫先有采邑后有宗庙。

②强:勉强。

【翻译】天子不仁,就不能够保有天下;诸侯不仁,就不能够保住国家;卿大夫不仁,就不能够保住祖庙;士人和平民百姓不仁,就不能够保全身家性命。现在的人既害怕死亡却又乐于做不仁不义的事,就好像既害怕喝醉却又偏偏要拼命去酗酒一样。

【评析】这部分讲述的是对"仁"的重视。孟子这里的辨析有点类似于"今恶辱而居不仁，是犹恶湿而居下也""今也欲无敌于天下而不以仁，是犹执热而不以濯也"的探讨，现在的人既厌恶耻辱却又居于不仁的境地，这就好像既厌恶潮湿却又居住于低洼的地方一样；现在的人既想无敌于天下却又不愿意施行君子之仁道，这种情况就如同既热得受不了却又不愿意洗澡一样的角色。孟子正是通过这样的论证指出生活中所出现的悖逆现象，以此来说明儒家的做人之道。

【原文】不仁者可与言哉？安其危而利其菑①，乐其所以亡者。不仁而可与言，则何亡国败家之有？有孺子歌曰："沧浪②之水清兮，可以濯③我缨④；沧浪之水浊兮，可以濯我足。"孔子曰："小子听之！清斯濯缨，浊斯濯足矣，自取之也。"夫人必自侮，然后人侮之；家必自毁，而后人毁之；国必自伐，而后人伐之。《太甲》曰："天作孽，犹可违；自作孽，不可活。"此之谓也。（《孟子·离娄上》）

【注释】

①菑：同"灾"。

②沧浪：前人有多种解释。或认为是水名（汉水支流），或认为是地名（湖北均县北），或认为是指水的颜色（青苍色）。各种意思都不影响对原文的理解。

③濯（zhuó）：洗。

④缨：系帽子的丝带。

【翻译】不仁义之人可以和他商议吗？看到别人的危险，他们心安理得，并从中牟利，把导致家破国亡的事当作乐趣。如果可以和不仁义之人商议，怎么会有国破家亡的事情发生？有个小孩唱道："沧浪的水清啊，可以洗我的帽缨；沧浪的水浊啊，可以洗我的双脚。"孔子听了说："弟子们，你们可听好了！水清就用来洗帽缨，水浊就用来洗双脚，这都是因为水自己造成的。"一个人总是先有自取其辱的行为，别人才侮辱他；一个家庭总是先有自我毁坏的因素，别人才毁坏它；一个国家总是先有自取讨伐的原因，别人才讨伐它。《尚书·太甲》说："上天降下的灾害可以逃避；而自己造成的罪孽就没办法回避，这是自作自受"，说的就是这个意思。

【评析】人有贵贱、有尊卑，然而，孟子认为这种情况一定是人自己造成的。一个人如此，一个家庭如此，一个国家也莫不如此。人只有在不自尊的时候，他人才敢于轻视；一个家庭不和睦，才会导致家庭出问题，而这些，孟子认为都需要从自身修养做起，正如水有贵、贱之用途，即"濯缨"与"濯足"之分，都是因为水本身的清、浊而造成，怨不得别人。所以人应该自尊，家庭应该自睦，包括国家也应该自强，任何祸福贵贱都因自己而起，所以，从自我本身找问题并进一步提升才是正道，这个道就是儒家所强调的君子之道。

【原文】桀、纣之失天下也，失其民也；失其民者，失其心也。得天下有道，得其民，斯得天下矣；得其民有道，得其心，斯得民矣；得其心有道，所欲与之聚之，所恶勿施尔也①。(《孟子·离娄上》)

【注释】
①尔也：指如此，罢了。

【翻译】桀和纣之所以失去天下，是因为失去了老百姓的支持；之所以失去老百姓的支持，是因为失去了民心。获得天下是有良善之法的：要获得老百姓的支持，便可获得天下；获得老百姓的支持是有办法的：获得民心，便可以获得老百姓的支持；获得民心也有办法：他们所希望的，就满足他们，他们所厌恶的，就不强加在他们身上。如此罢了。

【评析】 这里强调的是得民心的问题,孟子认为仁政实施的基础之一还在于民心之得失的问题。仁政得民心,不仁则失民心,这里所蕴含的是善与恶的历史辩证法。

【原文】 诚身有道,不明乎善,不诚其亲身矣。是故诚者,天之道也;思诚者,人之道也。至诚而不动者,未之有也;不诚,未有能动者也。(《孟子·离娄上》)

【翻译】 使自己真诚是有办法的,那就是:不明白什么是善,就不能够使自己真正做到真诚。所以,真诚是上天的原则,是天之道,而追求真诚是做人的原则。极端真诚而不能够使人感动的,是没有过的;不真诚是不能够感动人的。

【评析】 这部分讲的是"思孟学派"的思想,主要强调"诚"的问题。"诚"是儒家思想的核心观念之一。由"明善"到"诚身",由"诚身"到"悦亲",由"悦亲"到"信于友",由"信于友"到"获于上",直到"民不可得而治也",实际上与《大学》"修、齐、治、平"的要求都是类似的,孟子强调修身的顺序性,后来朱熹说"亦与《大学》相表里,学者宜潜心焉"。概而言之,在儒家的思想学说里,诚是一个人立身处世的根本之所在,如果没有诚,那么一切都无从谈起。所以,孟子又说,"至诚而不动者,未之有也;不诚,未有能动者也",所谓"精诚所至,金石为开",说的就是这个道理。

【原文】 君之视臣如手足,则臣视君如腹心;君之视臣如犬马,则臣视君如国人;君之视臣如土芥,则臣视君如寇仇。(《孟子·离娄下》)

【翻译】 君主把臣下当作手足,臣下就会把君主当作心腹来侍奉；君主把臣下当狗马，臣下就会把君主当作普通不相干的人；君主把臣下当泥土草芥，臣下就会把君主当敌人来对待。

【评析】这是孟子对孔子忠恕之道思想的进一步发挥。他指出，只有贤明的君主尊重、关心和爱护属下，属下才会忠心耿耿、事之以忠。所谓投桃报李，士为知己者死，又所谓滴水之恩，当涌泉相报，讲的就是这个道理。说得通俗一点，也就是互相尊重，你敬我一寸，我敬你一尺。

其实，何止君王和属下如此，现代的用人之道，又何尝不是如此？三国时期，有著名的刘皇叔用关羽、张飞、诸葛亮等故事，至今传为美谈。作为当今的我们，这个为人处世的原则仍旧是一条真理，值得我们学习和借鉴。

【原文】以善服人者，未有能服人者也；以善养人，然后能服天下。天下不心服而王者，未之有也。（《孟子·离娄下》）

【翻译】仅凭善就想让人心服，是不能够使人心服的；要用善去培养教育人，才能够使天下的人心服。天下的人不心服而想去统治天下，那是不可能的。

【评析】这是孟子"以心服人"的著名思想理论。他认为服人的关键是服人、服心以"养人"，也就是说，他强调通过教育的潜移默化使人心服。孟子作为教育家，和孔子一样，非常重视和强调身体力行的躬行功夫，一言以蔽之，通过"养人"，即仁善教育，来达到使人心服口服的目的，这实际上也是孟子仁政思想的一种体现。

【原文】人之所以异于禽兽者几希①，庶民去之，君子存之。舜明于庶物，察于人伦，由仁义行，非行仁义也。（《孟子·离娄下》）

【注释】

①几希：指很少，一点点。

【翻译】人和禽兽的差异就那么一点点，普通人弃之不顾，而君子却把它当宝贝来保存。舜明白普通事物的道理，了解普通人之常情，于是开始从仁义入手而进行，而不是为行仁义而去行仁义。

【评析】人与动物的区别何在？在今天，这已经是一个人类学的命题，然而早在两千多年前孟子就已经提出了这个问题。在孟子看来，人与禽兽的差异就那么一点点，至于那一点点到底是什么，孟子这里并未明说。然而，当孟子以舜为例讲到仁义时就不言而喻了，他认为，人吃饱、穿暖抑或住得安逸，如果没有基本的仁义教养，那就和禽兽差不多。可见，在孟子看来，人和禽兽的差别就在于有没有教养，用我们今天的话来说，就是有没有精神方面的东西。所以，孟子强调说："庶民去之，君子存之"。当然，孟子并不是要完全否定饱食、暖衣、逸居，要求人们不食人间烟火而且苦行禁欲。他认为人们应该像舜帝那样，"明于庶物，察于人伦，由仁义行"，从普通事物之理和人之常情出发，行仁义之道，而不是为行仁义而行仁义，不顾人之常情。由此，我们可以得出结论，孟子应该是主张饱食、暖衣、逸居而有教，他既不排除人之常情，又强调教育的重要性。

【原文】君子所以异于人者，以其存心也。君子以仁存心，以礼存心。仁者爱人，有礼者敬人。爱人者人恒爱之，敬人者人恒敬之。（《孟子·离娄下》）

【翻译】君子与一般普通人的不同之处在于，其内心所怀有的念头、想法不同。君子内心所怀的是仁，是礼。仁善的人会敬爱他人，礼让的人会尊敬他人。敬爱他人的人，他人也会经常敬爱他；尊敬他人的人，他人也会经常尊敬他。

【评析】"爱人者人恒爱之。敬人者人恒敬之"，这是一段典型的劝人互爱互敬的思想，孟子在论述中尤其通过爱人、敬人强调了个人修养中反躬自省以修身的重要性。可以说，孟子在这里所讲的道理并不深奥，甚至不言而喻，然而，他却通过简单的道理点出了为人之道的基本要害，即通过提升自己的修养才能去爱人、敬人，由此也才能获得他人对自己的尊重和爱护，即儒家一直强调的所谓正己而正人、正物。

【原文】世俗所谓不孝者五：惰其四支①，不顾父母之养，一不孝也；博弈好饮酒，不顾父母之养，二不孝也；好货财，私妻子，不顾父母之养，三不孝也；从②耳目之欲，以为父母戮③，四不孝也；好勇斗很④，以危父母，五不孝也。（《孟子·离娄下》）

【注释】

①四支：即四肢。

②从：通假字，同"纵"。

③戮：指羞辱。

④很：通假字，同"狠"。

【翻译】世俗通常认为子女不孝的情况有五种：四肢懒惰，不赡养父母，这是第一种不孝的表现；酗酒聚众赌博，不赡养父母，这是第二种不孝的表现；贪吝钱财，只顾老婆孩子，不赡养父母，这是第三种不孝的表现；放纵声色享乐，使父母受到羞辱，这是第四种不孝；逞强好勇好斗，连累父母，这是第五种不孝。

【评析】孟子总结子女五种不孝的基本表现，他认为子女的懒惰、酗酒聚众赌博、贪吝钱财、放纵声色享乐以及逞强好勇好斗，都是对父母不孝的表现，这种情况对于我们今天的人而言，都仍然不同程度地存在着，而其中最典型、最切中时弊的，恐怕是第三种："好财货，私妻子，不顾父母之养"。现在有些子女在走入小家以后只顾小家，而置父母于不顾，在有些家庭甚至有恶性循环之势。孟子这一阐释其实也为我们现代社会的子女敲响了警钟：赡养、孝敬父母是子女应尽的义务，孝不仅没有过时，反而还具有非常重要的现实意义。

【原文】告子①曰："性犹湍水②也，决诸东方则东流，决诸西方则西流。人性之无分于善不善也，犹水之无分于东西也。"孟子曰："水信③无分于东西，无分于上下乎？人性之善也，犹水之就④下也。人无有不善，水无有不下。今夫水，搏而跃之，可使过颡⑤；激而行之，可使在山。是岂水之性哉？其势则然也。人之可使为不善，其性亦犹是也。"（《孟子·告子上》）

【注释】

①告子：生平不详，曾经做过墨子的学生，年长于孟子。

②湍（tuān）水：急流的水。

③信：诚实，真实。

④就：趋向、倾向。

⑤颡（sǎng）：额头。

【翻译】告子说："人性就像那湍急的水，缺口在东便向东方流，缺口在西便向西方流。人性无所谓善与不善，就像水无所谓向东流和向西流一样。"孟子说："水的确无所谓向东流还是向西流，但是，也无所谓向上流和向下流吗？人性向善，就像水往低处流一样。人性没有不善良的，水没有不向低处流的。当然，如果水受拍打而飞溅起来，能使它高过人的额头；加压迫使它倒行，能使它流上山冈。这难道是水的本性吗？是外在形势迫使它如此。可以迫使人去做坏事，其本性的改变也如此。"

【评析】这部分是孟子在人性方面与告子关于人性的观点发生的分歧。孟子一直以雄辩风范而著称，所以从该段也能感受到孟子卓绝的表达、分析能力，他以水为喻展开论述，"水信无分于东西。无分于上下乎"一语则直接切入重点，提出人之本性本善的观点，即孟子著名的性善论，他认为人人具有四端之善心：恻隐之心、羞恶之心、恭敬之心、是非之心，这"四心"是仁义道德与个人修养的基础，同时也是人之本心向善的根基。孟子的性善论对后世的人性论产生了重要影响。

【原文】恻隐之心，人皆有之；羞恶之心，人皆有之；恭敬之心，人皆有之；是非之心，人皆有之。恻隐之心，仁也；羞恶之心，义也；恭敬之心，礼也；是非之心，智也。仁义礼智，非由外铄①我也，我固有之也，弗思耳矣。故曰："求则得之，舍则失之。"（《孟子·告子上》）

【注释】

①铄（shuò）：指授予。

【翻译】怜悯同情心，人人都具有；羞耻心，人人都具有；恭敬心，人人都具有；是非心，人人都具有。同情心是仁善的表现；羞耻心是仁义的表现；恭敬心是礼的表现；是非心是智的表现。仁义礼智不是由外在的因素强加给我的，而是我本身所固有的，只是平时没有主动去思考，所以没有意识到而已。所以说："仁义礼智四方面，只要我们积极探求，就可以得到，放弃则会失去它们。"

【评析】孟子就人性四端说，从正面阐述了自己关于人性本善的看法。他认为恻隐、羞恶、恭敬、是非"四心"与仁、义、礼、智四者，它们之间具有内在联系而不可分割，恻隐之心与仁直接相关，羞恶之心与义相关，恭敬之心与礼相关，而是非之心则与智相关，四个方面都以"人皆有不忍人之心"作为出发点，由此进一步探讨"四心"的本然性，它们是人之本心的内在和基础。值得注意的是，孟子在这里进一步提出了"求则得之，舍则失之"的问题。按照孟子的看法，不仅人性本善，人性本来具有的"四心"这四种道德品质，也都是"我固有之也"，只不过我们平时没有去进行思考，没有意识到而已。所以，孟子主张，人们应该从自己的本性之中去发现仁义礼智而"尽其才"，充分发挥自己的天生资质，正因为如此，孟子强调，人有仁义礼智之四端，"犹其有四体也"。

【原文】鱼，我所欲也；熊掌，亦我所欲也。二者不可得兼，舍鱼而取熊掌者也。生，亦我所欲也；义，亦我所欲也。二者不可得兼，舍生而取义者也。生亦我所欲，所欲有甚于生者，故不为苟得也。死亦我所恶，所恶有甚于死者，故患有所不辟①也。（《孟子·告子上》）

【注释】

①辟：通假字，同"避"。

【翻译】鱼，是我喜欢吃的，熊掌也是我喜欢吃的；如果不能两者同时都拥有，那么我会舍弃鱼而选择熊掌。生命是我想拥有的，正义也是我想拥有的；如果不能两者同时都拥有，那么我会舍弃生命而选择正义。生命是我想拥有的，但是还有比生命更重要的东西，所以我不愿苟且偷生；死亡是我厌恶的，但是还有比死亡更使我厌恶的东西，所以我不愿意因为厌恶死亡而逃避某些祸患。

【评析】鱼与熊掌的确是我们的生命历程中经常遇到的两难选择。在孟子这里，他认为在这种两难选择出现之时，我们应该选择正义的一面，"生命诚可贵，爱情价更高。若为自由故，二者皆可抛"，正如匈牙利诗人裴多菲在他的《自由与爱情》这首诗中所说的，生命的确宝贵，爱情的确值得我们拥有，然而当比它们更重要的自由摆在面前的时候，二者甚至都可以置之不顾。孟子此处关于两难选择的难题也正是如此，他把做人的道义、正义和仁善看作人生存的根基，所以主张在两难时要有所选择，而不能为了眼前小利苟活。

【原文】仁，人心也；义，人路也。舍其路而弗由，放①其心而不知求，哀哉！人有鸡犬放，则知求之；有放心，而不知求。学问之道无他，求其放心而已矣。(《孟子·告子上》)

【注释】

①放：指放任，失去。

【翻译】仁是人的本心；义是人的大道。放弃了大道不走，失去了本心而不知道寻求，真是悲哀啊！有的人，鸡狗丢失了倒晓得去找回来，本心失去了却不晓得去寻求。学问之道没有别的什么，不过就是把那失去了的本心找回来罢了。

【评析】这是孟子关于人本心之根的论述。他认为仁善是人之本心，仁义是人生存的君子大道，人活一世不能把生存之魂丢了，而孟子这里所讲到的大道就是我们现在所说的人生活之魂。早在两千多年前，孟子就已呼声在前，要求我们寻找自己失去的本心，此本心即为仁爱之心、正义之道，即为灵魂。时过境迁，孟子的呼吁与我们今天文学、艺术、哲学的现代追求竟有相通之处，人的灵魂之根需要安顿，而其安顿处即是孟子所倡导的本心。

【原文】有天爵者，有人爵者。仁义忠信，乐善不倦，此天爵也。公卿大夫，此人爵也。古之人修其天爵，而人爵从之。今之人修其天爵，以要①人爵；既得人爵，而弃其天爵，则惑之甚者也，终亦必亡而已矣。(《孟子·告子上》)

【注释】

①要（yāo）：通假字，即"邀"，指求取，追求。

【翻译】既有天赐的爵位，又有人授的爵位。仁义忠信是人们不厌其烦乐于行善的前提基础，这是天赐的爵位；公卿大夫，这是人授的爵位。古代的人修养天赐的爵位，水到渠成地获得人授的爵位。现在的人修养天赐的爵位，其目的就在于得到人授的爵位，一旦得到人授的爵位，便抛弃了天赐的爵位。这可真是糊涂之极，最终连人授的爵位也必定会丧失。

【评析】所谓"天赐"，只是一种比拟性的说法，天爵实际上是指精神爵位，它是一种内在的爵位，无须谁来委任封赏，也无法世袭继承。人爵则是偏于物质的、外在的爵位，必须靠人委任或封赏或世袭。也就是说，在孟子这里，天爵是精神贵族，人爵是社会贵族，正因为如此，孟子强调，"忠信仁义，乐善不倦"。在我们现代化的今天，精神贵族已日趋消亡，所以孟子关于天爵、人爵的思想尤其值得我们重视。

【原文】尽其心者，知其性也。知其性，则知天矣。存其心，养其性，所以事天也。夭寿不贰，修身以俟之，所以立命也。（《孟子·尽心上》）

【翻译】充分运用自己的本心来思考的人，会知道自己的本性。知道自己的本性，就可以知道天命。所以，要保持本心，涵养本性，这就是对待天命的办法。无论短命还是长寿，都专心致志地修身以等待天命，这就是安身立命之法。

【评析】孟子在这部分内容中主要是通过谈人的本性来谈天命的。他的这一阐释方法充满了积极主动的主体精神，孟子认为天命和人的本性是相通的，只要时时保持本心的修养、涵养，那么就一定会对天命有所感知和认识，其实，孟子强调的是天人的合一。一直以来，儒家认为天和人之间是相辅相成而又相互融通的，相通的基本途径就是人的本心涵养，只有通过德性修养，才能与天地参，才能安身立命，用我们今天的话来说，就是要加强知识学习和德性修养，以充实自己的心灵，而不是一个徒具外形，为外物所役的臭皮囊，聊以内心的空虚以度日，也就是说，只要我们涵养本心，修身养性，肉体之躯自然就会有着落，精神自然也就会有寄托。

【原文】万物皆备于我矣。反身而诚，乐莫大焉。强恕而行，求仁莫近焉。(《孟子·尽心上》)

【翻译】万物我都具备了。反躬自省而诚实无欺，这就是人生最大的快乐。尽量按照忠恕之道来做事，那么就会接近仁德。

【评析】"万物皆备于我"，是说天地万物我都能够进行思考、认识，所以天地万物我都具备了，正因为如此，孟子才感慨，"反身而诚，乐莫大焉"，对自我经常进行"吾日三省吾身"的反躬自问和反省，就会对自己认识的一切了解得更清楚，这样才会有发自内心的快乐，这种快乐诚实无欺，它是一种认识和探求真理的快乐。孟子还进一步强调，这种快乐一定是按照忠恕之道来"强恕而行"的，这样才能保证仁道的实行，这一恕道就是孔子反复强调的"己所不欲，勿施于人"的恕道，是"己欲立而立人，己欲达而达人"、将心比心、推己及人的道，所以，孟子才反复强调，此时获得的人生之乐是"乐莫大焉"，它是一种实践意义上的快乐。概而言之，孟子主张人生之乐必须具备"诚"和"恕"两个前提才能实现。孟子这一思想阐释了一种充满主体意识、乐观的心态，它为我们提供了一种积极向上的价值观。

【原文】尊德乐义，则可以嚣嚣矣。故士穷不失义，达不离道。穷不失义，故士得己①焉。达不离道，故民不失望焉。古之人，得志泽加于民，不得志，修身见于世。穷则独善其身，达则兼善天下。(《孟子·尽心上》)

【注释】

①得己：即自得。

【翻译】尊崇道德，喜爱仁义，就可以安详自得了。所以士人穷困时不会失去仁义，显达时不会背离道德。穷困时不失去仁义，所以士人可以做到自得；显达时不背离道德，所以老百姓不会对他失望。古代的士人，自己得志时则会施恩惠于百姓，不得志时修养自身以显现于世。穷困时独善其身，显达时则兼善天下。

【评析】 在孟子看来，穷达都是身外事，只有道义才是根本。所以，他主张穷不失义，达不离道，这与孔子"用之则行，舍之则藏"的主旨如出一辙，故此，孟子呼吁"穷则独善其身，达则兼善天下"，体现了儒家君子之道的主旨：尊德乐义，穷不失义，这是两千多年来中国知识分子立身处世的座右铭，它同时也成为士人最强有力的心理武器，既对他人，也对整个社会，更对自身，是知识分子人格健全的最好诠释。这一人格观对当今知识分子的理想人格塑造仍具有重要的启迪意义。

【原文】 君子有三乐，而王天下不与存焉。父母俱存，兄弟无故①，一乐也。仰不愧于天，俯不怍②于人，二乐也；得天下英才而教育之，三乐也。（《孟子·尽心上》）

【注释】
①故：事故，指病丧灾患。
②怍（zuò）：指惭愧。

【翻译】 君子有三大快乐，以德服天下不在其中。父母健在，兄弟平安，此为第一大快乐。上不愧对于天，下不愧对于人，此为第二大快乐。得到天下优秀的人才对其进行教育，此为第三大快乐。

【评析】 这是孟子著名的"君子三乐"说。朱熹《四书集注》引林氏之语，"此三乐者，一系于天，一系于人，其可以自致者，惟不愧不怍而已"，也就是说，君子之三乐，一乐取决于天意，一乐取决于他人，只有第三种乐才完全取决于自身，是由自身的问心无愧决定的。在朱熹看来，只有这一乐属于"求则得之，舍则失之，是求有益于得也，求在我者也"的范围，它由自身决定，而非他人所决定。所以，陶渊明感慨："俯仰终宇宙，不乐复何如？"俯仰无愧，才是君子本色，君子之乐，莫过于此。

【原文】君子所性，仁、义、礼、智根于心。其生色也，睟然①见于面，盎②于背，施于四体。四体不言而喻。(《孟子·尽心上》)

【注释】

①睟（suì）然：颜色润泽。

②盎（àng）：显露。

【翻译】君子的本性，仁义礼智植根于内心，外表神色清和润泽，呈现于脸面，流溢于肩背，充实于四肢，四肢的行为动作，无须言说，一目了然。

【评析】孟子在这里所描述的是一个胸怀高远、雍容大度的儒雅君子的气貌精神，这种精神是外在形象、举止与内在德性灵魂的统一，即所谓表里如一，达到此，则通体流溢出生命的光辉。这一境界一直是儒家修齐治平之学所倡导的主旨精神，治国平天下是外王之业，也是儒学内外兼修的最高境界，这一境界需要将仁义礼智植根于心才能达到，而清和润泽则是本心显于外的气貌精神。

【原文】君子之所以教者五：有如时雨化之者，有成德者，有达财①者，有答问者，有私淑艾②者。此五者，君子之所以教也。(《孟子·尽心上》)

【注释】

①财：通假字，通"材"。

②淑：通假字，通"叔"，指拾取。艾（yì）：通假字，通"刈"，指取，淑、艾同义，"私淑艾"，即指"私淑"，意为私下拾取，引申义为，不是直接作为学生，而是因为自己仰慕而私下自学，即为"私淑弟子"之意。

【翻译】君子教育人的方式有五种：有像及时雨一样滋润化育的，有塑造德性的，有培养才能使其成才的，有解答疑问的，有以学识风范感化他人使之成为私淑弟子的。这五种教法，就是儒家君子教育人的方式。

【评析】孟子说"教亦多术矣"，他认为教育人有多种方式，这里讲述的就是其五种不同的教育方式。朱熹曾逐一列举孔子、孟子用这五种不同的教育方式在不同的学生身上进行运用，如孔子对颜渊、曾子就是"如时雨化之者"之方，对冉伯牛、闵子骞就是"成德者"之方，对子路、子贡就是"达财者"之方，对樊迟为"答问者"之方，对陈亢、夷之则为"私淑艾者"之方。其实，孟子认为他自己就是孔子的私淑弟子，"予未得为孔子徒也，予私淑诸人也"，这是孟子对"私淑艾者"的最好阐释。由此可见，孟子所提倡的五种教育方式不仅包括德育，也包括智育。尽管孟子的此种教法并不是一个逻辑严密、全面的教学体系，然而他这种根据学生自身不同情况而因材施教的教学经验，不论是从理论方面还是从教学的实际情况出发，对我们今天的教学实践都具有推广和应用价值。

【原文】君子之于物也，爱之而弗仁；于民也，仁之而弗亲。亲亲而仁民，仁民而爱物。（《孟子·尽心上》）

【翻译】君子对于万物，喜欢它，但谈不上仁爱；对于百姓，有仁爱之心，但谈不上亲爱。亲近亲人而由此推己及人去仁爱百姓，仁爱百姓而又由此推己及人、及物去爱惜万物。

【评析】孟子在这里阐述了爱的层次、差等。孟子认为对于民，也就是老百姓，需要仁爱，而仁爱的具体表现，也就是孟子在《孟子·梁惠王上》中所言，"老吾老以及人之老，幼吾幼以及人之幼"。这种推己及人的仁爱，孟子认为，对于亲，也就是自己的亲人，需要一种以血缘关系为纽带的亲爱，这是儒家的爱中最自然最亲密的一个层次，由此而进一步推己及人而及物，把对亲人的爱推及于对他人的爱，同时也推及于对禽兽草木等的爱，这一思想后来被宋明理学家关学派代表张载所继承，并进一步提出了其"民胞物与"思想。

从亲爱自己的亲人出发，推向仁爱百姓，再推向仁爱万物，如此递推法，形成了儒家的"差等之爱"，亲亲而仁民，仁民而爱物。

【原文】民为贵，社稷①次之，君为轻。是故得乎丘②民而为天子，得乎天子为诸侯，得乎诸侯为大夫。（《孟子·尽心下》）

【注释】

①社稷：社，土神。稷，指谷神。古代帝王或诸侯建国时，都要立坛祭祀"社""稷"，所以，"社稷"又作国家之代称。

②丘：众。

【翻译】百姓最为重要，代表国家的土神、谷神次之，国君则是地位最应该被忽略的。所以，得到民心的君子可以做天子，得到天子欢心的可以做诸侯国的国君，得到诸侯国国君欢心的可以做大夫。

【评析】这段话最主要强调了民众的重要性。在孟子看来，诸侯国的国君和社稷都可以改立更换，只有民众是不可更换的，因为民众最为重要。这是孟子民本思想的体现。在《尚书》中也有"民惟邦本，本固邦宁"的说法，可见，在上古时期对百姓的重要性的肯定——百姓才是国家稳定治理的根本，国家治理稳固了，百姓才能安居乐业。这一思想对今天的国家治理也具有很重要的思想借鉴意义。

【原文】养心莫善于寡欲。其为人也寡欲，虽有不存焉者，寡矣；其为人也多欲，虽有存焉者，寡矣。（《孟子·尽心下》）

【翻译】修养心性的最好办法是减少欲望。一个人如果欲望少的话，即使本心有所不存，那也是很少出现的情况；一个人如果欲望太多，即使本心还有所保留，但其本心中的修养保留的已经很少了。

【评析】孟子所保留的本心就是"人之初，性本善"的"善"，是其著名的四端之心。孟子认为，外在之物会影响和干扰人的本心，感官欲望也会减损人的善心，欲望越多，往往会使人利令智昏，成为欲望的奴隶。因此，孟子指出，修养心性的最好办法就是清心寡欲、减少欲望。这与老子"见素抱朴，少私寡欲"之说是类似的要求。孟子和老子并不是同时代人，但是在"养心莫善于寡欲"的见解上两者相通，为了养心，必须要寡欲。关于如何养心的问题，孟子提出："其为气也，至大至刚，以直养而无害，则塞于天地之间。其为气也，配义与道；无是，馁也。是集义所生者，非义袭而取之也。行有不慊于心，则馁矣。"（《孟子·公孙丑上》）孟子重点强调：养浩然之气的根本原则是"配义与道"，并指出，还要坚持两条基本原则，即"以直养而无害"和"配义与道"。"以直养而无害"并不是没有变通的莽直，而是以"义与道"为内容的直。义就是适宜，就是行为的合理合宜；道就是公道、大道，是最平淡自然的思想原则、行为原则。如果并不能以道为原则，以义处事，那么所谓的"直"只能是一种莽直，是狭义的。孟子认为，如果不以"义与道"进行修养，就会养成一种软弱腐败之气。孟子的这一见解对今天我们修养心性具有重要的方法论上的指导意义。

四 《孟子》经典名句诵读

1. 故天将降大任于斯人也，必先苦其心志，劳其筋骨，饿其体肤，空乏其身，行拂乱其所为，所以动心忍性，曾益其所不能。（《孟子·告子下》）

2. 尊贤使能，俊杰在位，则天下之士皆悦而愿立于其朝矣。（《孟子·公孙丑上》）

3. 天时不如地利，地利不如人和。（《孟子·公孙丑下》）

4. 老吾老，以及人之老；幼吾幼，以及人之幼。（《孟子·梁惠王上》）

5. 乐民之乐者，民亦乐其乐；忧民之忧者，民亦忧其忧。乐以天下，忧以天下，然而不王者，未之有也。（《孟子·梁惠王下》）

6. 我知言，我善养吾浩然之气。（《孟子·公孙丑上》）

7. 仁者无敌。（《孟子·梁惠王上》）

8. 出乎尔者，反乎尔者也。（《孟子·梁惠王下》）

9. 劳心者治人，劳力者治于人。（《孟子·滕文公上》）

10. 富贵不能淫，贫贱不能移，威武不能屈。此之谓大丈夫。（《孟子·滕文公下》）

11. 鱼，我所欲也；熊掌，亦我所欲也。二者不可得兼，舍鱼而取熊掌者也。生，亦我所欲也；义，亦我所欲也。二者不可得兼，舍生而取义者也。（《孟子·告子上》）

12. 生于忧患而死于安乐也。（《孟子·告子下》）

13. 穷则独善其身，达则兼善天下。（《孟子·尽心上》）

14. 爱人者人恒爱之。敬人者人恒敬之。（《孟子·离娄下》）

15. 权，然后知轻重；度，然后知长短。（《孟子·梁惠王上》）

16. 以若所为，求若所欲，犹缘木而求鱼也。（《孟子·梁惠王上》）

17. 助之长者，揠苗者也。非徒无益，而又害之。（《孟子·公孙丑上》）

18. 以德服人者，中心悦而诚服也。（《孟子·公孙丑上》）

19. 天作孽，犹可违；自作孽，不可活。（《孟子·公孙丑上》）

20. 恻隐之心，仁之端也；羞恶之心，义之端也；辞让之心，

礼之端也；是非之心，智之端也。(《孟子·公孙丑上》)

21. 君子有三乐，而王天下不与存焉。父母俱存，兄弟无故，一乐也；仰不愧于天，俯不怍于人，二乐也；得天下英才而教育之，三乐也。君子有三乐，而王天下不与存焉。(《孟子·尽心上》)

22. 君子莫大乎与人为善。(《孟子·公孙丑上》)

23. 得道者多助，失道者寡助。(《孟子·公孙丑下》)

24. 不以规矩，不能成方圆。(《孟子·离娄上》)

25. 爱人不亲，反其仁；治人不治，反其智；礼人不答，反其敬。行有不得者，皆反求诸己，其身正而天下归之。(《孟子·离娄上》)

26. 仁，人之安宅也；义，人之正路也。(《孟子·离娄上》)

27. 道在迩而求诸远，事在易而求诸难。(《孟子·离娄上》)

28. 世俗所谓不孝者五：惰其四支，不顾父母之养，一不孝也；博弈好饮酒，不顾父母之养，二不孝也；好货财，私妻子，不顾父母之养，三不孝也；从耳目之欲，以为父母戮，四不孝也；好勇斗很，以危父母，五不孝也。(《孟子·离娄下》)

29. 心之官则思，思则得之，不思则不得也。(《孟子·告子上》)

30. 人皆可以为尧舜。(《孟子·告子下》)

31. 人不可以无耻。无耻之耻，无耻矣。(《孟子·尽心上》)

32. 孔子登东山而小鲁，登泰山而小天下。故观于海者难为水，游于圣人之门者难为言。(《孟子·尽心上》)

33. 民为贵，社稷次之，君为轻。(《孟子·尽心下》)

34. 贤者以其昭昭，使人昭昭；今以其昏昏，使人昭昭。(《孟子·尽心下》)

35. 养心莫善于寡欲。(《孟子·尽心下》)

思考题：

1. 孟子的人性论思想是什么？他与孔子的人性思想有何异同？

2. "富贵不能淫，贫贱不能移，威武不能屈，此之谓大丈夫"是什么意思？试翻译，并指出其现实意义。

3. "得道者多助，失道者寡助"，孟子为什么这样说？试谈谈你的看法。

4. 孟子的仁政学说包括哪些思想？

5. 浅析孟子的王霸之辨思想。

6. 浅析孟子的义利观。

7. "民为贵，社稷次之，君为轻"，试翻译这句话并谈谈你的理解。

8. 谈谈孟子的教育哲学思想。

9. "我善养吾浩然之气"反映了孟子怎样的精神气貌？试谈谈你的看法。

10. 谈谈孟子的人格理想观。

11. 孟子经常讲君子有三乐，是哪三乐？谈谈你的看法。

参考文献：

1. （宋）朱熹撰、金良年今译：《四书章句集注》（下），上海古籍出版社2006年版。

2. （清）焦循撰、沈文倬校：《孟子正义》，中华书局1987年版。

3. 杨伯峻：《孟子译注》，中华书局2016年版。

4. 杨国荣：《孟子的哲学思想》，华东师范大学出版社2009年版。

5. 梁涛：《郭店楚简与思孟学派》，中国人民大学出版社2008年版。

6. ［美］江文思、［美］安乐哲编：《孟子心性之学》，梁溪译，社会科学文献出版社2005年版。

7. 陈来：《郭店楚简与儒学的人性论》，载于庞朴主编的《儒林》（第一辑），山东大学出版社2005年版。

8. 徐洪兴：《孟子直解》，复旦大学出版社 2004 年版。

9. 杨泽波：《孟子与中国文化》，贵州人民出版社 2000 年版。

10. 杨泽波：《孟子性善论研究》，中国社会科学出版社 1995 年版。

11. 傅佩荣：《孟子的智慧》，中华书局 2009 年版。

12. 李凯：《孟子诠释思想研究》，人民出版社 2015 年版。

13. 李凯：《孟子伦理思想研究》，人民出版社 2016 年版。

14. 李畅然：《清代〈孟子〉学史大纲》，北京大学出版社 2011 年版。

15. 陈大齐撰、赵林校订：《孟子待解录》，华东师范大学出版社 2012 年版。

16. 王兴业：《孟子研究论文集》，山东大学出版社 1984 年版。

17. 徐复观：《中国人性论史·先秦篇》，九州出版社 2014 年版。

18. 王杰：《先秦儒家政治思想论稿》，人民出版社 2011 年版。

19. 晁福林：《先秦社会形态研究》，北京师范大学出版社 2003 年版。

20. 王海明：《伦理学新编》，北京大学出版社 2001 年版。

21. 徐克谦：《孟子"义内"说发微》，《孔子研究》1998 年第 4 期。

22. 刘学智：《善心、本心、善性的本体同一与直觉体悟——兼谈宋明诸儒解读孟子"性善论"的方法论启示》，《哲学研究》2011 年第 5 期。

第 三 章

道家经典文化与人生

《老子》和《庄子》两部书是最基本的道家经典，深沉地影响着中国文化的品格和中国人的人生哲学，其中很多智慧在今天看来依旧具有生生不息的力量，启发着我们的人生，塑造着我们的性格，陶冶着中华民族的品位，审视着人类现代性的弊病，为人类文明贡献着中国智慧。本章我们将学习《老子》和《庄子》两部道家哲学经典。

第一节 道家经典文化引论

中国传统文化是儒道互补、儒释道三教并流的文化。与佛学相比，儒家和道家是中国本土性的文化，道家和儒家一起构成中国文化的基本基调，"儒道互补"塑造中华民族的民族性格，著名学者林语堂先生说，中国人在得意时是儒家，在失意时是道家，很形象地概括了中华民族这种"儒道互补"的传统。担当和使命为儒家哲学所特重，自在和洒脱则是道家哲学之擅长。人生是复杂而多元的，需要不同的文化来滋润和陶冶。春秋末期，与儒家先师孔子同时而稍早，则有道家先哲老子，老子著《道德经》约五千言留世。孔之有孟，如老之有庄，战国中期以后，百家争鸣，其中道家庄子是其佼佼者，晋人郭象说庄子"不经而为百家之冠"①（郭象《庄子序》），王夫之说庄子"凌轹百家而冒其外者"②（王夫之《庄子解》）。意思是说，庄子貌似荒诞不经，但他的确是诸子百家中最具智慧者之一，庄子的哲学被弟子汇编为《庄子》一书传世，此书在唐代被称为《南华真经》，简称《南华经》。

老庄哲学是中国哲学史上最具哲学性的哲学，因为儒家哲学如孔孟似乎并没有致力于构建一个完整的哲学体系，但道家哲学里则有一个以"道"为存在或实体的形而上学哲学体系。因此，西方哲学家黑格尔认为道家老子才是真正的哲学家，而孔子只是讲了一些世俗的伦理常识。黑格尔这种评骘显然是有成见的，也是不公正的，但他的确指出了孔老二哲的不同学术特点。当代著名道家学者陈鼓应先生据此认为道家是"中国哲学"的主干，而儒家则是"中国文化"的主干，注意这里对"哲学主干"与"文化主干"进行区分，"哲学"强调的是一种系统性的形而上学构建；"文化"则是指一种精神性的人文内涵。接下来我们将分别介绍两位道家先哲老子与庄子的生平事迹。

一　老子之生平事迹

司马迁《史记·老子列传》称"老子者，楚苦县厉乡曲仁里人也，姓李氏，名耳，字聃，周守藏室之史也"③。厉乡即赖乡，意思是说，老子是楚国苦县赖乡仁里人，即今河南省周口市鹿邑县（一说为安徽涡阳县）人。老子姓李名耳，字聃，东周守藏史，大概相当于今天的国家博物馆馆长、国家档案馆馆长或国家图书馆馆长之

---

① 郭庆藩：《庄子集释》，中华书局2014年版，第3页。
② 王夫之：《庄子解》，《船山全书》（13），岳麓书社2011年版，第93页。
③ 司马迁：《史记》（下），中华书局2014年版，第2139页。

类的职务。这一职位使得老子能博览古今图书，洞察历史之变，司马谈《论六家要旨》、班固《汉书·艺文志》皆认为道家出于史官，老子的史官身份将他的哲学打上深刻的史官特色。

关于老子人生轶事，有两件需要引起重视。其一是关于孔子曾向老子问礼一事，根据《庄子》《礼记》《史记》等记载，孔子曾到老子门下问礼求道，《史记·老子列传》与《史记·孔子世家》都言之凿凿，如《史记·老子列传》称："孔子适周，将问礼于老子。老子曰：'子所言者，其人与骨皆已朽矣，独其言在耳。且君子得其时则驾，不得其时则蓬累而行。吾闻之，良贾深藏若虚，君子盛德，容貌若愚。去子之骄气与多欲，态色与淫志，是皆无益于子之身。吾所以告子，若是而已。'孔子去，谓弟子曰：'鸟，吾知其能飞；鱼，吾知其能游；兽，吾知其能走。走者可以为罔，游者可以为纶，飞者可以为矰。至于龙，吾不能知其乘风云而上天。吾今日见老子，其犹龙邪！'"① 这段记载是说，老子劝孔子当韬光养晦，明哲保身，孔子对老子之劝不以为然，但却以"乘风云而上天"的"龙"来比喻老子的人生境界，对于孔子来说，道不同不相为谋，二者对人生显然是有分歧的；但孔子却对老子如此推许和佩服，可见他也在践行自己"和而不同"的人生信念。另外，《礼记·曾子问》有关于孔子向老子请教丧礼的问题。学界认为孔子问礼老子之事并不能坐实，这可能是战国晚期或秦汉间好事者所杜撰，但孔子向老子问礼这件事在中国文化史上具有象征意义，这是中国古代最伟大的两个思想家之间的心灵对话，闻一多称这是"龙凤之遇"，儒道互补的中国传统文化在这里伏下颇具传奇性的一笔。第二件事是老子应函谷关关令尹喜之请撰写《道德经》之事。据《史记》记载："（老子）居周久之，见周之衰，乃遂去。至关，关令尹喜曰：'子将隐矣，强

----

① 司马迁：《史记》（下），中华书局2014年版，第2140页。

为我著书。'于是老子乃著书上下篇,言道德之意五千余言而去,莫知其所终。"① 据说老子到函谷关时,守关大将尹喜见天降祥瑞,紫气东来,一位须发皆白的老者骑着一头青牛翩然而至,尹喜知道是老子将要西去归隐,而他的大道可能会因此而不传,因此他请求老子留下墨宝。老子本不是好为人师、有意留名之人,但也不会刻意拒绝别人的请托,因此在函谷关下完成《道德经》五千言的写作。老子西去之后,传说得道升仙,西安周至县秦岭楼观台据说就是老子飞升的道场。

二 庄子之生平事迹

庄子名周,无字可考,唐人成玄英说庄子字"子休"(一说"子沐"),似无所本。庄子是战国中期宋国蒙城人,蒙城究竟是哪里,一说是河南商丘一代,一说是今安徽蒙城县,另外还有山东东明说、曹县说,其中,河南商丘说为学界所接受。关于庄子之生平事迹,《史记·庄子传》云:

> 庄子者,蒙人也,名周。周尝为蒙漆园吏,与梁惠王、齐宣王同时。其学无所不窥,然其要本归于老子之言。故其著书十余万言,大抵率寓言也。作渔父、盗跖、胠箧,以诋訾孔子之徒,以明老子之术。畏累虚、亢桑子之属,皆空语无事实。然善属书离辞,指事类情,用剽剥儒、墨,虽当世宿学不能自解免也。其言洸洋自恣以适己,故自王公大人不能器之。楚威王闻庄周贤,使使厚币迎之,许以为相。庄周笑谓楚使者曰:"千金,重利;卿相,尊位也。子独不见郊祭之牺牛乎?养食之数岁,衣以文绣,以入大庙。当是之时,虽欲为孤豚,岂可得

---

① 司马迁:《史记》(下),中华书局2014年版,第2141页。

乎？子亟去，无污我。我宁游戏污渎之中自快，无为有国者所羁，终身不仕，以快吾志焉！"①

司马迁笔下的庄子，是一个私淑老子、菲薄儒家圣贤的庄子。他曾当过宋国的漆园吏，最近出土的文献证明战国时有"漆园啬夫"这么一种小官，庄子大概就是这么一介卑微的小官。不过，即使这么一个小官他似乎也没干多久就辞职了，大概所有官家的饭都不太好吃，他也不愿意吃，辞职后以打草做鞋售卖营生。《史记》说楚威王聘庄子为宰相，庄子却宁愿做一只在淤泥里摸爬滚打的小猪也不愿做一只锦衣玉食的牺牛，他看来，与千金尊位相比，自由比什么都重要，类似的记载也以寓言的方式出现在《庄子》一书中。庄子一生贫穷，据记载，他曾向掌管黄河水利的"监河侯"借过粮食，但却被无情地拒绝。

庄子有一位见面就"斗嘴"的挚友惠施，惠施曾经多年执掌梁国（魏国）相印，庄子有一次去梁国拜访惠子，惠子以小人之心度君子之腹，觉得庄子比自己才高智卓，担心庄子会取代自己的相位，因此派人缉拿庄子，搜城三昼夜没有抓到，后来庄子自己登门造访。他告诉惠施，你心目中作为荣华富贵之象征的堂堂相国，在我庄子看来不过是一只臭鼠，臭鼠是猫头鹰的爱好，要知道凤凰是看也不看的呀！庄子辛辣地讽刺了醉心于名利的惠子，表达了自己对自由和尊严的企慕。不过这只是一则寓言，以庄子与惠子的交情来看，大概惠子还不至于不了解庄子的为人，更不至于怕朋友取代自己的相位而全城缉拿。要知道，庄子一生寂寞，唯一有话可谈的就是惠子，他们的哲学辩论场场精彩，经常是针锋相对，可谓棋逢对手，琴遇知音，可以说这是中国哲学史上最隽永的心灵交汇。惠子早于

---

① 司马迁：《史记》（下），中华书局2014年版，第2144页。

庄子去世，庄子有一次送葬经过惠子墓，面对老友的孤坟，庄子感慨良多，他对随从讲了一个故事：楚国有一对杂耍高手，其中一个可以挥舞斧头将对手鼻端的白粉末砍掉，要知道，挥舞斧头能生风，可见其速度非常快，要以这么快的速度砍掉对方鼻端的一点粉末，谈何容易。不仅斧手技术要高，更要抹粉末者对其信任，要是没有信任，斧子风一般劈过来，要么会砍掉鼻子，要么就砍不掉粉末，可见他们的游戏靠的是心灵的默契和彼此的信任。庄子以这个故事隐喻自己与惠子的交情，庄子感叹说，自从惠子去世后，世上再也没有可与我庄子说话的人了。庄惠二子交情至深，高山流水，传为佳话。当然他们之间不属于"莫逆之交"，而是互相切磋的"诤友"，明人王船山曾猜测庄子写书可能是专门为惠子所写，此虽然不能坐实，但庄子受惠子影响很大则是确定的，就《庄子·天下》篇所保留的一些惠子思想文献来看，两人的哲学的确有很多通约性。

  庄子的一生是为自由和尊严而生活的一生，他把自由和尊严看得比什么都重要。庄子生活在战国中后期诸侯争城夺池最惨烈的时代，战争无论胜负，死伤的一定是黎民百姓，同时代的孟子曾说"争地以战，杀人盈野；争城以战，杀人盈城"，庄子曾以"触蛮相争，伏尸数万"来隐喻战争的残酷，一场战斗下来，死伤无数。换言之，诸侯国之间兼并战争的苦果最终转嫁于黎民百姓身上，争夺天下的苦难最后必然是天下百姓来承担。庄子意识到，统治者不可信，靠当时的昏聩政府来赈救百姓看不到任何希望，儒墨的仁义道德最终也变成虚无的说教或者被利用而为虎作伥，诸侯之门而仁义存焉。庄子在《人间世》末尾控诉了那个无情的世道，所谓"福轻乎羽，祸重乎地"，那个"世与道交相丧"的时代看不到任何希望。百姓如何赈救，如何获得自由，如何苟全性命于乱世，如何有尊严地活着，在他看来一切都要靠每一个个体自我的心灵转化、辨正或提升，毕竟没有一个抽象的国家或天下，天下是无数生灵百姓构成的天下。因此，庄子哲学始终高扬的是个体性，其哲学特色也是心灵的自我救赎，如徐复观、陈鼓应、陈少明、李耀南等教授都指出，庄子哲学是心学，其逍遥、齐物等哲学最终都诉求于心体的自我辨正和心灵的自我观照。

庄子去世后，其著作以及其弟子的著作被后人编辑为《庄子》一书。据《汉书·艺文志》记载，《庄子》一书最初为52篇，大约十余万字。晋人向秀、郭象等认为52卷本《庄子》有掺假部分，因此删节为33篇，就是今天看到的《庄子》一书。今本《庄子》分内外杂篇，以刘笑敢教授为代表的学者基本考定，"内七篇"为庄子本人的作品，其余"外杂篇"共26篇为庄子后学所作。当然，这一考证并不是否定"外杂篇"的学术价值，毕竟这是一个学派的作品，其思想大致是一致的。有学者指出"外杂篇"有些思想非常精彩，甚至为"内篇"所不及。今天我们研读《庄子》，以"内七篇"为主，以"外杂篇"为参考，内外杂篇之间构成一种文本互证的循环关系，没有"外杂篇"，《庄子》是残缺的，更何况"外杂篇"是与"内篇"一起影响了中国学术史和中国人的人生哲学。

第二节 《老子》与"道"之智慧

在中国哲学史上，老子第一个以"道"为核心创造了一个贯通天地人的哲学思想体系。传世本《老子》一书81章中，有37章直接论道，全书"道"字出现70余次。这个"道"是超言绝相的存在者，是有与无的辩证统一。本节将以老子的"道"论为核心，探讨老子的人生智慧。

一 老子的哲学思想与人生智慧

据统计，《老子》是中文经典中翻译成外国语言种数最多的，其在世界上的发行量仅次于《圣经》，可见其在世界上存在着广泛而深刻的影响。老子哲学博大精深，蕴含着丰富的哲学思想，以下我们将从哲学本体论、辨证智慧、人生哲学、政治哲学等不同层面去展现老子的哲学思想和人生智慧。

（一）道作为宇宙天地存在的总根源与总根据

在老子哲学中，"道"至少有两层内涵。

其一，"道"是创生天地万物的造物者或总根源，老子云："道可道，非常道；名可名，非常名。无名天地之始，有名万物之母。故常无欲，以观其妙；常有欲，以观其徼。此两者同出而异名，同谓之玄，玄之又玄，众妙之门。"意思是，道不能被言说，没有常俗之名，但这个不能被言说的"道"却是天地之始、宇宙之母。这个创生的过程介于有与无之间，介于光明与晦暗之间，玄妙莫测却生生不息。老子还云："道生一，一生二，二生三，三生万物。万物负阴而抱阳，冲气以为和。"这是中国思想史上第一个完整的宇宙生成模式，但这个创生的过程不是像上帝或其他宗教中的有意为之，而是万物自然而然地创生，自然而然地毁灭，这个自然而然的过程实则也就是道的创生过程。魏晋注家王弼说老子笔下的道创生天地的过程是"不禁不塞"的过程，意思是说，对于天地万物来说，只要你不去禁止它不去阻碍它那你就是在创造它，因此，老子提出"人法地，地法天，天法道，道法自然"的著名哲学命题。

其二，"道"是天地万物存在的总根据。"道"创生天地万物之后不是将万物抛出，而是依旧以某种无形无相无为的方式支配着天地万物的生死成毁，换言之，"道"不仅创生天地万物，而且是天地万物存在的总根据。这种根据的表现方式即是以总规律的形式裁制着天地万物的生化与运行，老子称之为"天地根"，这个"天地根"与天地万物共在，"绵绵若存，用之不勤"。老子云："大道泛兮，其可左右。万物恃之而生而不辞，功成不名有，衣养万物而不为主。

常无欲，可名于小；万物归焉而不为主，可名为大。以其终不自为大，故能成其大。"这里强调的正是"道"作为天地万物存在的总根据和总规律，万物恃"道"而生化，"道"衣养万物却从不居功自傲，自以为是。道犹如此，人何以堪！

(二)"正反相成"的辩证智慧

如张岱年等先生所指出，重视辩证法或辩证智慧是中国哲学的一大特色，这在老子哲学中尤其突出。老子意识到"负阴而抱阳"是天地万物的一般存在方式，无论是昼夜更替还是四季轮回，甚或日出日落，月亏月盈，天地万物生化的过程就是一个生死成毁的过程，老子因此提出"反者道之动""与物反矣，然后乃至大顺"等著名哲学命题。这实则强调，"反"是天地万物运行的总规律，就道而言，"大曰逝，逝曰远，远曰反"，这与《易传》所说的原始返终、报本反始、贞后起元等哲学思想完全一致。

这种重视"反"的智慧落实于生活经验就是一种对立转化的辩证哲学。如老子云："天下皆知美之为美，斯恶已；皆知善之为善，斯不善已。故有无相生，难易相成，长短相较，高下相倾，音声相和，前后相随。"天下皆以某物为美，必然会导致争抢，美就是恶；天下皆以做某事为善，这种行善往往就会为某种善之外的目的或动机所牵引，以善始而以不善终。诸如此类，有无、难易、长短、高下、音声（音为声音，声为回音）、前后等皆相反相成，貌似对立实则可以转化。又如老子云："祸兮福之所倚，福兮祸之所伏。孰知其极？其无正？正复为奇，善复为妖，人之迷，其日固久。"人生遭遇，风云际会，祸福无常，老子告诫我们，面对灾祸逆境，要有一份"天无绝人之路"的信念，存一份希望，以冷静的智慧去审时度势，善于转化，由逆转顺，塞翁失马，焉知非福；相反，在顺境中，不要沾沾自喜，得意忘形，要知道白云苍狗，刹那已变，一切都是不确定的，福祸只在瞬间而已，要始终对人生对天地怀有一种敬畏，以谨慎的态度行事，如临深渊，如履薄冰，防止刹那疏忽而逆转人生。

（三）"柔弱胜刚强"的人生哲学

老子云："譬道之在天下，犹川谷之于江海。"老子意识到，"道"之所以有无穷无尽的创生力量，恰恰是因为"道"本身是一种虚静绵邈的存在，其本性是柔弱或虚静，老子以"水"隐喻"道"："天下莫柔弱于水，而攻坚强者莫之能胜，其无以易之。弱之胜强，柔之胜刚，天下莫不知，莫能行。"天下最弱者是水，但这种弱恰恰成就其强，"万山不许一溪奔"，但溪水终究百折不挠，汤汤东去。老子云："江海所以能为百谷王者，以其善下之，故能为百谷王。"江海之所以成为百谷之王，不是因为其高，恰恰是因为其低其下，这种低下最终成就其大而为百谷之王。就生活经验而言，老子从生活经验中意识到："人之生也柔弱，其死也坚强。草木之生也柔脆，其死也枯槁。故坚强者死之徒，柔弱者生之徒。是以兵强则灭，木强则折。强大处下，柔弱处上。"一个有生命的身体，一定是韧性的或柔软的，一个死亡的身体，则是僵硬的；与此类似，草木在未枯萎之时，也是柔软的或韧性的，其一旦凋零或死去，枯枝败叶都是坚硬而易碎的。老子因此悟出"坚强者死之徒，柔弱者生之徒"这一匪夷所思的哲学命题，一切具有旺盛生命力的存在者都是柔弱的，一切垂死者或不长久者一定是刚强者。兵强则灭，木强则折，木秀于林风必摧之，"强梁者不得其死"。

这种来自"道"或万物存在的"柔弱"性格落实于人生，就是"柔弱胜刚强"的人生哲学。这种哲学意味着，在成就事功的过程中，要提高自己的耐心或韧性，保持一个虚灵不昧的心态去接受他人，包容他人，像水一样百折不回，像大海一样以其低下而接纳百川。特别需要指出的是，在居官场涉乱世之中，要学会保护自己，"豫焉若冬涉川，犹兮若畏四邻，俨兮其若容，涣兮若冰之将释，敦兮其若朴,旷兮其若谷,混兮其若浊。孰能浊以静之徐清"。如魏晋名士中,刚肠嫉恶、不知"豫焉若冬涉川"的嵇康被杀;自命不凡、到处显山露水、不知"旷兮其若谷"的杨修被杀;仗义执言、横对奸雄、不知"混兮其若浊"的孔融、祢衡也都被杀,只有"发言玄远,口不臧否人物"的阮籍能在曹马交争的乱世中尽其天年。这里不是反对坚持原则和操持,也绝非提倡乡愿和犬儒,而是希望在险恶世道中学得几分"柔弱胜刚强"的智慧,从而苟全性命于乱世。

这里,老子尤其强调"功成身退"的人生哲学。老子云:"天之道,其犹张弓与!高者抑之,下者举之;有余者损之,不足者补之。天之道,损有余而补不足。人之道则不然,损不足以奉有余。孰能有余以奉天下?唯有道者。是以圣人为而不恃,功成而不处,其不欲见贤。"老子以张弓射箭比喻天道,射手在高处射低处之物,需要引弓向下,弓弦朝向低处,相反,若射手在低处射高处之物,需要举弓向上,弓弦被引向高处。天道正是如此,损有余以补不足。"有道者"行事就像引弓射箭,效法天道,圣人在"功成名就"之时,往往是身在高处之时,这个时候需要"为而不恃""功成身退"等智慧把自己"抑"向低处,而不要以"贤者""智者""伟人"等名号去骄人。对于侯王来说,如此才能得民心而成就天下;对于将相来说,如此可以明哲保身,不会因功高盖主而死于非命。这种哲学的实质是永怀一颗谦卑恭敬之心,虚怀若谷,收敛锋芒,对家国天下要敬畏,一切都不是一己之功,要知感恩他人。

如上文所引,江海之所以成为百谷王,就是因为其卑下谦逊,老子因此指出:"是以欲上民,必以言下之;欲先民,必以身后之。是以圣人处上而民不重,处前而民不害,是以天下乐推而不厌。以其不争,故天下莫能与之争。"不可否认,老子哲学有很强的为"侯王"立法立教的味道,侯王要"上民"(位在民上)、"先民"(位在民先),就必须先做到"下民"(比民低下)、"后民"(比民靠后)。当然,老子不是让侯王仅仅"礼贤下士""握发吐脯"那样装装样子,而是一种深厚的民本情怀,老子云"圣人无常心,以百姓心为心"恰恰是强调目的与手段相统一。没有一个抽象的天下,天下者百姓之天下,侯王只有做到以百姓心为心,与民共命运同甘苦,才能保证天下的长治久安,成就永恒的天下。

(四)"无为而无所不为"的政治哲学

首先要指出,当今学界习惯以"无为而治"来指代道家的政治哲学,事实上,"无为而治"这个术语首先由儒家圣人孔子所提出。《论语·卫灵公》:"无为而治者其舜与!恭己正南面而已。"《论语》的"无为而治"是说修己而正人,与《大学》所言的"修齐治平"如出一辙,道家的"无为而治"并非此意。

老子"无为而治"的政治哲学的出发点依旧是他的天道观。老子意识到,天地在化育万物的过程中是一个"不施不造"的过程,即天地没有像儒墨那样表现出"博施而济众"的样子,天地化育万物不是以仁义等名号进行有目的地帮助,也不是像上帝那样去有意识有计划地创造万物,而是顺应天地万物自然本身的发展而已。老子云:"天地不仁,以万物为刍狗;圣人不仁,以百姓为刍狗。天地之间,其犹橐籥乎?虚而不屈,动而愈出。"魏晋注家王弼评析云:"天地任自然,无为无造,万物自相治理,故不仁也。仁者必造立施化,有恩有为。造立施化,则物失其真。有恩有为,则物不具存。物不具存,则不足以备载矣。……(天地)无为于万物而万物各适其所用,则莫不赡矣。"[①](王弼《老子注》)正是从这种"天地无为而化育万物"的天道观出发,老子悟出"无为而治"的政治哲学。老子"无为而治"思想的核心概念是"自然"。所谓"人法地,地法天,天法道,道法自然",人效法天地,天地效法大道,而大道无

---

① 王弼著、楼宇烈校释:《王弼集校释》,中华书局1980年版,第13页。

所可法只是法天地万物之自然而已，老子以近乎"循环论证"的吊诡方式指出"自然"是包括人在内的天地万物存在的自发状态，因此，顺应万物和百姓的"自然"就是最理想、最高效率的治理方式。可见，"无为而治"不是无所事事或无所作为，而是顺应天地万物百姓之自然本性。如老子云："功成事遂，百姓皆谓我自然。"意思是，侯王治理百姓成就天下，但百姓却没有意识到在被侯王所征调役劳，而是顺应自己的自然而已。后学庄子曾以穿鞋和系腰带比喻"自然"，最舒服的鞋子是穿着鞋子却和没穿一样舒服，最合适的腰带是系着腰带却和没系腰带一样自在，最好的治理方式不是没有统治者，而是有统治者却和没有统治者一样的自由自在。老子指出："道生之，德畜之，物形之，势成之。是以万物莫不尊道而贵德。道之尊，德之贵，夫莫之命而常自然。"不要对万物进行违背其本性的干预或扰乱，而是尊重其自然本性，张扬其独特个性。这样，"圣人欲不欲，不贵难得之货。学不学，复众人之所过。以辅万物之自然，而不敢为"。圣人只有涤除自己过度的欲望，杜绝学习奇技淫巧，消解权利的主体性，才能裁辅万物和百姓之自然。可见，无为是不过度为，不妄为，承认自发的社会秩序高于人为设计的秩序，即使人为设计的秩序，也当以尊重自发的自然秩序为前提。老子多次强调"无为"在政治哲学中的重要性，如云"圣人处无为之事，行不言之教"；"道常无为而无不为，侯王若能守之，万物将自化"；"为学日益，为道日损。损之又损，以至于无为，无为而无不为"等。

　　老子之所以强调"无为"的重要性，是因为他意识到，一方面，造成当时春秋末期天下大乱的正是统治者"有为"过多，横征暴敛，穷兵黩武，无一不是"有为"惹的祸。老子指出："朝甚除，田甚芜，仓甚虚。服文彩，带利剑，厌饮食，财货有余，是谓盗夸。非道也哉！"另一方面，作为统治者所标榜的"仁义道德"往往在事实上走向反面，"诸侯之门而仁义存焉"，仁义成了专制统治者、为富不仁者的口头禅和遮羞布。老子哲学"无为而治"的哲学正是基于对当时世道的批判。老子云:"大道废,有仁义;慧智出,有大伪;六亲不和,有孝慈;国家昏乱,有忠臣。"当仁义被提倡和强调之时,一定是大道缺席之时;当人人都以"智慧"的方式与人交往之时,必然会产生欺骗和狡诈;当孝慈被号召时,一定是最基本的邻里公德出了问题;当一个国家有"忠臣"被表彰之时,一定是这个国家政权腐败得不可救药了,如果所有臣子都是各尽其职的"忠臣",那么表彰忠臣就失去了意义。所以老子提倡:"绝圣弃智,民利百倍;绝仁弃义,民复孝慈;绝巧弃利,盗贼无有。此三者,以为文不足,故令有所属,见素抱朴,少私寡欲。"总之,老子"无为而治"思想首先是作为一个文明的批判者的身份出现的,文明在进步,人类的恶也在进步,要批判和反思"恶"就必须从文明的"善"出发,看看所谓的"善"包括工具的进步、仁义的提倡、知识的增长等是否本身也都是"恶"的帮凶。近代章太炎先生提出"俱分进化论"的思想,指出善在进步,恶也在进步,智慧在进步,愚昧也在进步,不难看出此等思想在老子哲学中已经有所显示。

带着对人类文明的失望和批判,老子呼吁"无为而治"的治理国家方式,这种治理方式最终成就的是"小国寡民"的老子式的"理想国":"小国寡民,使有什伯之器而不用,使民重死而不远徙。虽有舟舆,无所乘之;虽有甲兵,无所陈之;使人复结绳而用之。甘其食,美其服,安其居,乐其俗。邻国相望,鸡犬之声相闻,民至老死不相往来。"在这个"理想国"里,坚持着"自然"这个最后的原则,国家很小,民人很少,百姓没有奇技淫巧,即使普通的生活用品也坚持极简主义原则,民不好高骛远,而是安土重迁,舟车兵甲这些既劳心又劳力的物品被弃置不用。邻国之间鸡犬相闻,但民却无往来。在老子看来,往来多了难免会产生是非,是非扩大难免就是兵戎,老子的"理想国"可谓对战争进行了"拔本塞源"

的杜绝。这种"理想国"与柏拉图的国家主义、集体至上完全不一致，与柏拉图相比，老子的"小国寡民"最终成为一种诗性的构建，陶渊明的"武陵源"在某种意义上就是对老子之理想国的诗性描摹，这代表了人类永恒的乡愁。

二 《老子》原文选释

【原文】道可道，非常道；名可名，非常名。无名天地之始，有名万物之母。故常无欲，以观其妙；常有欲，以观其徼[1]。此两者同出而异名，同谓之玄[2]，玄之又玄，众妙之门。（《第一章》）

【注释】

[1] 徼：边际、边界，引申为端倪或征兆。

[2] 玄：本意是幽深之色，此处引申为微妙。

【翻译】道若可以被言说，那么它就不是恒常的道；名若可以被称名，那么它就不是可以用来指代恒常之物的名。它作为天地的开端没有名字，但它作为万物之母却不得不被称名。因此，人只有在不被欲望打扰时才能观察到它的神妙，人的欲望萌动之时正是它的征兆，有名或无名都是指代同一物，只是名字不相同而已。这种同物异名的存在方式就是所谓的玄，它玄妙莫测，却是一切微妙的存在者之所从出之门。

【评析】《老子》首章这段文字极其重要，指出道作为一种存在的种种性状，它超言绝相，因此不能被言说；但是道如果完全拒绝言说就没办法成为哲学言说的对象，换言之，道没法自明，因此，道必须被言说。这就是所谓的"道言悖论"，道不能被言说，但这句话本身却是在言说道。道一旦被言说就不是那个"常道"了，但不被言说的道只有被言说了才能成为哲学言说的叙事对象，道也借着言说而涌现自身。老子作为哲学家的使命就是言说那个不能言说的道。道作为天地之开始，无名无相，因此是一个"无"，但这个

"无"不是什么也没有,毕竟还有一个"无"存在,因此这个"无"的存在状态就是"有"。也即是说,天地万物之母是"有"与"无"的统一体,天地万物在创生之前,只"有"一个"无"存在,"无"是唯一的"有"。要体证这个"无"需要人以无欲寡求、虚灵不昧的心去观照它,而经验世界的一切"有"无非都是作为"有无"统一体的"道"的开显。这种"有""无"交互循环否定的过程就是一个"玄之又玄"的微妙过程,天地万物从这里被创生,因此它被称为"众妙之门"。

【原文】不尚贤,使民不争;不贵难得之货,使民不为盗;不见可欲,使民心不乱。是以圣人之治,虚其心,实其腹;弱其志,强其骨。常使民无知无欲,使夫智者不敢为也。为无为,则无不治。(《第三章》)

【翻译】如果国家不举贤尚能,百姓就不会争抢;侯王不将难得之货视为贵重之物,百姓就不会偷盗;侯王不逞一己之私欲,民心就不会被扰乱。因此圣人治理天下,必然得让老百姓有一颗虚静之心,但能填饱肚子;消解百姓们争胜好强的斗志,但让他们有强健的体魄。这样,民众既无智巧之心,也无过多欲求,从而使得那些智巧果敢之辈无用武之地。若一个国家的统治者能为这些无为之事,则没有不被治理好的。

【评析】老子意识到,尚贤举能会导致虚假的名教泛滥,统治者奇货可居事实上会鼓励民众为盗,统治者有过度欲望,必然会上行下效,搅乱民心。因此,老子认为最好的统治应该提倡一种极简主义的素朴生活:不饿肚子、身体健康、心态平和、神明安静。这种政治哲学强调手段与目的统一,让百姓过和平安宁、恬淡寡欲的生活,这既是治理国家的手段,也是福祉在民的终极目的。

【原文】道冲①而用之或不盈，渊兮似万物之宗。挫其锐，解其纷，和其光，同其尘。湛②兮似或存，吾不知谁之子，象帝之先。(《第四章》)

【注释】

①冲：通"盅"，器物虚空，比喻空虚。

②湛：通"沉"，沉没，引申为隐约。

【翻译】大道虚灵不昧，用之容纳万物，则永远不会填满它，其若一潭深渊一般是万物之所从出的源头。大道无尖锐之锋芒，无纷乱之头绪，大道和光同尘，浑沦天地并与万物裹合为一体。它以一种若有若无、似隐似现的方式存在着。世人不知是谁创造了它，但可以确定的是它在上帝存在之前已经存在了。

【评析】大道之所以能容纳万物而永不盈满，乃是因为它本身就是一个无限的虚无的存在者，因其空故能纳万有，因其无故无所不有。人应该师法大道，损之又损，以虚静空无之体去接纳万有，这就要求人们掩其锋芒，宁静心神，生活中要藏风聚气，韬光养晦。

【原文】天地不仁，以万物为刍狗；圣人不仁，以百姓为刍狗①。天地之间，其犹橐籥②乎？虚而不屈，动而愈出。多言数穷，不如守中。(《第五章》)

【注释】

①刍狗：草扎之狗，古人用以祭祀。

②橐籥：风箱。

【翻译】天地不故意施仁，把万物当作草扎之狗；圣人不故意施仁，把百姓当作草扎之狗。天地虚空若风箱，虚空而不折，引动而出风。多语容易被人找出破绽而陷入困境，不如静默自守，摆脱是非，恪守中道。

【评析】人生活在天地之间，受天道所支配，由天道而反思人道、人道当与天道相参是中国哲人的一般思维方式。老子由天地在自发的造化万物的过程中了悟天地精神的本质是自然，天地从来不言仁义道德但却让万物皆能成就自身，圣人因此效法天地，不以仁义者自居，不以教化对百姓进行说教，而是让百姓过自然自在的生活。天地之间空虚犹如一大风箱，风箱的生命力正在其空虚无物，唯其空，故能有无穷无尽的风从中生出，绵延不绝。人当如风箱，以虚灵不昧之心永葆鲜活的生机力。唯其能虚心，因此不会生是非。庄子说"言者，风波也"，多言者必然会生是非，常说是非者，便是是非人。因此老子告诫我们："多言数穷，不如守中。"一如孔子所言："巧言令色，鲜矣仁。"孔老二哲，殊途同归，这种基调最终奠定了中国哲学对言说的谨慎，甚至会拒斥。

【原文】上善若水。水善利万物而不争，处众人之所恶，故几于道。居善地，心善渊，与善仁，言善信，正善治，事善能，动善时。夫唯不争，故无尤。（《第八章》）

【翻译】最高的善像水一样。水滋润灌溉万物却从不争名。自甘处于大多数人不喜欢的地方，差不多就能证道了。与善人为邻，心存善念，与善人亲近，言语善良而可信，以善治天下，与善良而有能力者共事。人不去与别人争抢，故不会有过失。

【评析】儒道二家皆喜以"水"隐喻"善"，上善若水，为儒道所共许。以功业说，水滋润万物，是万物生命之源；以趋向说，水总是向低处向下处流。而低处下处恰恰是世人所不喜欢的地方。老子因此了悟，能像水一样滋润万物而不居功自傲，甘心于低微之所，这种人差不多就证道了。人当行善事，与善处，存善念，不为善之外的目的或功利所牵引，甘处卑位，这样既能利他者，也能保护自己不被伤害。儒道之学都不是功利主义之学，行善处事首先强调的是动机。

【原文】载①营魄抱一，能无离乎？专气致柔，能婴儿乎？涤除玄览②，能无疵乎？爱民治国，能无知乎？天门③开阖，能无雌乎？明白四达，能无为乎？生之、畜之，生而不有，为而不恃，长而不宰，是谓玄德。(《第十章》)

【注释】

①载：语助词，相当于"夫"；"营"通"魂"，"营魄"即魂魄。

②览：通"鉴"，"玄鉴"隐喻人之心。

③天门：指人之耳目等感官。

【翻译】魂魄宁静专一，能否让它不离散呢？专一心气以致柔静，能否如婴儿一般无知无欲呢？清除心境的污垢，能否让它绝对无染呢？爱民治国能否不以过多的智巧去搅乱民心呢？感官与外界相碰触接应，能否让它宁静呢？通透明了，能否不用心机呢？要像天道一般让万物自在自然地生长、繁殖，养育它们而不占为己有，为他们做事而不恃之为功，作百姓之官长而不主宰他们，这就叫作"玄德"。

【评析】这段文字是老子的认识论。在老子看来，要认识天地万物，既不能靠感觉经验，也不能靠理性归纳演绎，而是要首先做足"心"的工夫。人们当保持魂魄的宁静，身心的合一，老子认为人心如镜，只有彻底涤除其尘埃或杂质，才能让天地万物如其本色地现身于自己的心灵之中，这是一种证道境界。老子之学本质上是一种心学，老子开创了这种以"镜"喻"心"的隐喻传统，后来的庄子与禅宗以至于宋明理学都受此启发很大。

【原文】 三十辐共一毂，当其无，有车之用。埏埴①以为器，当其无，有器之用。凿户牖②以为室，当其无，有室之用。故有之以为利，无之以为用。(《第十一章》)

【注释】

①埏：和泥；埴：陶土。埏埴即和泥制陶。

②户牖：户为门户，牖为窗户。

【翻译】 三十根辐条装成一个车轮，车轮是中空的，这样恰恰有利于车行。陶铸黏土以为容器，容器是中空的，这样恰恰是容器有用之所在。房屋被凿出门窗，门窗是中空的，这恰恰对屋子是有用的。因此，"有"之所以能有其利，恰恰是因为"无"成就其"用"。

【评析】 车轮之用在其空无，陶器之用在其空无，窗户之用也在其空无。老子这里以一系列经验意义上的器物之用说明"无"对于"有"的重要性。终极之"无"只能是"道"，这里实则指出作为"无"的"道"对万物存在之"有"的终极意义。

【原文】 宠辱若惊，贵大患若身。何谓宠辱若惊？宠，为下得之若惊，失之若惊，是谓宠辱若惊。何谓贵大患若身？吾所以有大患者，为吾有身，及吾无身，吾有何患！故贵以身为天下，若可寄天下；爱以身为天下，若可托天下。(《第十三章》)

【翻译】 之所以受到宠爱或受到侮辱都会感到恐慌，是因为把宠辱这样的大患看得与自身生命一样珍贵。什么是"宠辱若惊"呢？宠，是突然被喜爱，辱，是突然被厌弃，宠辱不定，得到宠爱感到意外惊喜，失去宠爱则令人惊慌不安。这就叫作得宠和受辱都感到惊恐。什么叫作把大患看成自身生命一样重要呢？我之所以有大患，是因为我太珍爱自己的身体；如果我不太过于珍爱我的身体，我还会有什么祸患呢？所以，像珍视自己的身体一样去治理天下，天下就可以寄命于他；像爱惜自己的身体一样去爱惜天下，天下就可以托付给他。

【评析】老子此段文字先以人们为什么会"宠辱若惊"引发思考，原来，世人之所以宠辱若惊是因为把宠辱看得太重要了，把这些本来是身外之物的东西看得比身体或生命都重要。这些"宠辱之患"的根由其实是"身体之患"，如果人们不太过于执着自己的身体和自我存在，那么祸患也就没有了。老子并没有如此止住，而是继续思考，既然人人都爱自己的身体和生命，那么能否将这种爱扩充为对他人的爱呢？只有将爱天下人的生命、身体和爱自己一样，百姓才能信服地把天下托付给他。与此类似，《老子》第五十四章提出"以身观身，以家观家，以乡观乡，以国观国，以天下观天下"的治国之道，应该说是发孔孟"忠恕之道"或"推恩之道"的先声。

视之不见名曰夷①，听之不闻名曰希②，搏之不得名曰微③。此三者不可致诘，故混而为一。其上不皦，其下不昧，绳绳④不可名，复归于无物，是谓无状之状，无物之象。是谓惚恍。迎之不见其首，随之不见其后。执古之道，以御今之有，能知古始，是谓道纪。（《十四章》）

【注释】

①夷：无色。

②希：无声。

③微：无形。

④绳绳：纷乱不清貌。

【翻译】看不见者把它叫作"夷"；听不到者把它叫作"希"；摸不到者把它叫作"微"。这三者的存在状态不可穷究，它们原本就浑然而为一。它在上时不显得光明，它在下时也不显得晦暗，它无头无绪，延绵不绝，无名可称，但终究复归于无物存在。这就是没有形状的形状，不见存在的形象，这就是所谓"惚恍"。迎接它而看不见它的前首，跟随它而看不见它的末尾。只有掌握了自古就已存在的"道"才能来驾驭今天现存的具体事物。能认识了解宇宙的初始，才能知道"道"的纲要。

【评析】道体是超言绝相的，因此看不见、听不到、摸不着。人们并不能给它一个究竟的明确的定义。但它的确是存在的，在幽明恍惚之间。这个介于晦暗与光明之间的大道实实在在地存在着，而且自始至终、从古至今都永恒存在着，我们只有掌握这个作为宇宙天地之"古始"的"道"才能胜任今天的工作，所谓"执古之道，以御今之有"正是这个意思。

【原文】古之善为道者，微妙玄通，深不可识。夫唯不可识，故强为之容。豫①焉若冬涉川，犹②兮若畏四邻，俨③兮其若容，涣兮若冰之将释，敦兮其若朴，旷兮其若谷，混兮其若浊。孰能浊以静之徐清？孰能安以久动之徐生？保此道者不欲盈，夫唯不盈，故能蔽不新成。(《第十五章》)

【注释】

①豫：谨慎貌。

②犹：警觉貌。

③俨：庄严貌。

【翻译】古时候善于行道的人，微妙玄同，深藏不露。正因为人们不能熟识他，所以只能勉强地形容他的状态说：他涉世谨慎，好像冬天踩着薄冰过河；他警觉戒备，犹如戒备着邻国的进攻；他恭敬慎重，好像要去赴宴作宾；他行动涣散，好像冰块缓缓消解；他厚朴古道，好像没有经过加工的木料；他旷远豁达，好像空虚的山谷；他浑厚宽容，好像浑浊的流水。谁能使浊水静静地澄清？谁能使寂静之久者慢慢焕发生机？持守这个"道"的人不会自满。正因为他从不自满，所以能够去故换新。

【评析】证道者处世，既要洒落又要谨慎，既要虚寂如山谷，又要入俗如浊水。不过，这种山谷般的虚空却焕发着生机，浊水般的俗态却涵养着一颗澄心。他不自满，永不盈，因此有一种"生生"的力量或"新新"的品质。

【原文】致虚极，守静笃，万物并作，吾以观复。夫物芸芸，各复归其根。归根曰静，是谓复命。复命曰常，知常曰明，不知常，妄作，凶。知常容，容乃公，公乃王，王乃天，天乃道，道乃久。没身不殆。(《十六章》)

【翻译】尽力使心灵达到绝对的虚寂，使心灵笃守安静的状态。万物一起发育滋生，但我却从中体认它们"返本复初"的成长本质。万物纷纷芸芸，却最终要各自返回它的本根。回归其本根就叫作寂静，寂静就叫作复归于生命本身。复归于其本初生命就是所谓常道，认识常道者才是所谓聪明，不认识天地之常道而轻举妄动，灾害就会发生。认识天地之常道者往往是无所不包的，无所不包就会坦荡公正，公正就能周全，周全才能参天，参天才能合道，合道才能永久。如此则终身不会遭到逆境。

【评析】老子在貌似杂乱无章的天地宇宙秩序中观察到天地万物运行的共同规律："复"，复即返本复初，原始返终，这是一种循环的宇宙运行规律，在"动"中观察到"静"。天地万物看似杂乱纷繁，实则都是按照"复"的原则在有条不紊地运行着，四季在轮回，昼夜在更替，云行雨施各有其节，斗转星移各有其位。我们的生命正是生活在一个有"常道"的天地宇宙之中，只有了悟这个天地宇宙的"常道"，我们才能以最高效率成就我们的事业，即使逆境也有看到"复"的希望，将逆境"复"归为顺境；在生老病死的人生轮回中，了悟"复"的必然性，举重若轻，坦然面对。《老子》重"复道"，《周易》有"复卦"，二者所见极似。

【原文】希言自然。故飘风不终朝，骤雨不终日。孰为此者？天地。天地尚不能久，而况于人乎？故从事于道者，同于道，德者，同于德，失者，同于失。同于道者，道亦乐得之；同于德者，德亦乐得之；同于失者，失亦乐得之。信不足焉，有不信焉。（《二十三章》）

【翻译】寡言少语者最符合自然原则。大风不会刮一早晨不停止，暴雨不会下一整天不止息。刮风下雨的指使者是谁？是天地。天地尚且不能长久，而况人乎？故行道之人要与行道之人相处一起，行德之人要与行德之人相处一起，没有体证到道德的人就永远只能和同样没有体证到道德的人相处一起。你能体证道，得道者也乐意信任你，你能体证德，证德者也乐意信任你，你若与道德失之交臂，与你共事者也将是没有道德者。是因为你不足为信，岂是因为别人不信你。

【评析】飘风骤雨不会长久，正如政令说教不具恒常性一样，因此，最好的政治当如和风细雨一般，以无言之言去滋润万物，行不言之教，言无言之道。为政者关键是要取信于民，而不是朝令夕改一般对民横加干涉。为政者以"道德"（道家的道德，与儒家有异）施治于民，民亦将以"道德"反哺于为政者，最后形成君民推诚互信的良好政治生态。老子告诫君王，当百姓不相信你的时候，不要去责难百姓，而应反思是不是自己失信于民在前。

【原文】有物混成，先天地生，寂兮寥兮，独立不改，周行而不殆，可以为天下母。吾不知其名，字之曰道，强为之名曰大。大曰逝，逝曰远，远曰反。故道大，天大，地大，王亦大。域中有四大，

而王居其一焉。人法地，地法天，天法道，道法自然。(《第二十五章》)

【翻译】有物混沌一般存在着，它先于天地而诞生，孤寂寥落，一直独立存在，往复循环运行而稍不暂住，它是天地万物的母亲。我不知它的姓名，给它取字作"道"，勉强称它为"大"。"大"即是无穷无尽逝去，逝去的过程实则是向远处延展的过程，其向远处延展为无限的过程其实也是一个不断返回的过程。道大，天大，地大，王亦大。天地间有四种大，而王是四大之一。人效法地，地效法天，天效法道，道效法自己之本然。

【评析】老子此章极为重要，有四点内涵需要强调。其一，指出道是创生天地万物的实体，具有独立性、永恒性和绝对性；其二，指出道体超言绝相，不可以名言来言说之，以"道"称道，只是权宜之计或者说方便法门；其三，指出道的运行特点是"周"和"反"，即道的运行是返本复初，循环运行；其四，指出世间侯王是与道并齐的"四大"之一，但侯王治理天下当遵循大道，所谓遵循大道其实就是遵循天地万物特别是百姓的自然而然。

【原文】善行无辙迹，善言无瑕谪①，善数不用筹策，善闭无关楗②而不可开，善结无绳约而不可解。是以圣人常善救人，故无弃人；常善救物，故无弃物，是谓袭明③。故善人者，不善人之师；不善人者，善人之资。不贵其师，不爱其资，虽智大迷，是谓要妙。(《二十七章》)

【注释】

①瑕谪：瑕疵。

②关楗：插销之类。

③袭明：内藏聪明。

【翻译】善于行路不会留下行走之痕迹，善于言说不会留下被人指摘的瑕疵，善于算数不用筹策，善于闭合则不用插销等也难以被打开，善于捆绑则不用绳子也不易被解开。因此说，善于救人的圣人不会放弃任何人（会一视同仁），善于赈救万物的圣人不会放弃任何物，这就是所谓神明深藏。善者是不善者的老师，不善者的言行是善者引以为戒的凭资。若不珍视其老师，不珍视其凭资，即使再聪明者也难免迷惘，这是最精要之妙道。

【评析】老子以经验为例，指出善于行走者不留痕迹，善于言说者不留瑕疵，善于算数者不用筹策等，以此来隐喻最高的治理原则是无为而治。无为而无所不为，有为必然会有分别有差异，有差异就不能周全，也就不能公平公正地对待一切。相反，"无为"才能无所不为，才不会有弃人有弃物，这是更高的智慧和更高的善。善者固然是被学习的对象，那么不善者则是善者引以反思和借鉴的对象。学习善者和反思不善，对于人生都很重要。孔子言"择其善者而从之，其不善者而改之"大致也是此意。

【原文】知其雄，守其雌，为天下谿①。为天下谿，常德不离，复归于婴儿。知其白，守其黑，为天下式。为天下式②，常德不忒③，复归于无极。知其荣，守其辱，为天下谷。为天下谷，常德乃足，复归于朴。朴散则为器，圣人用之则为官长。故大制不割。（《二十八章》）

【注释】

①谿：溪谷，引申为低处。

②式：范式，典范。

③忒：差失，过错。

【翻译】知道什么是雄德，自己则要守雌道，甘愿作天下之溪谷；若甘愿作天下之溪谷，意味着常德在握，无知无欲如婴儿一般。

意识到什么是清白正义，自己则要甘愿受黑受屈，这样才能成为天下之楷模，这样才能掌握真正的常德，复归于无极的大道。知道光荣之所在，但自己要忍辱负重，甘愿作天下之低谷。只有甘愿为谷，才能保有至足的常德，复归于素朴的大道。素朴之道分殊为器物，圣人用之而分为官长来治理国家。故理想治道的最高原则是复归于浑朴未分的大道。

【评析】在终极的意义上，老子秉持"柔弱胜刚强"的信念，这些"柔弱"包括知雄守雌、甘居低位、知白守黑等人生哲学，这些忍辱负重、甘居卑微的人生哲学恰恰会玉汝于成，是最后成功的必然经历。另外，老子提出官长分工是"朴散"所为，并因此提出"大制不割"的治理思想，分之上是合，最终要合乎大道，世间现实政治应该是道体在人世间的落实。

【原文】夫兵者，不祥之器。物或恶之，故有道者不处。君子居则贵左，用兵则贵右。兵者，不祥之器，非君子之器。不得已而用之，恬淡为上，胜而不美。而美之者，是乐杀人。夫乐杀人者，则不可以得志于天下矣。吉事尚左，凶事尚右。偏将军居左，上将军居右，言以丧礼处之。杀人之众，以哀悲泣之。战胜，以丧礼处之。（《三十一章》）

【翻译】兵器，是不祥之物。人们都厌恶它，所以有"道"的人不蓄兵。君子平时居处以左为贵，而用兵打仗时则以右为贵。（言外之意，兵非祥瑞之物。）兵器这个不祥之物，不是君子所使用的，若万不得已使用它，最好淡然用之，胜利了也不以为了不起，如果以打胜仗自鸣得意，那就是喜欢杀人。凡是喜欢杀人的人，就不可能得民心于天下。吉祥的事以左为贵，凶丧的事以右为尊，偏将军居于左边，上将军居于右边，这实际上是将丧礼仪式用在用兵打仗的事情上。战争中杀人众多，要有一颗悲哀怜悯之心，打了胜仗，要以丧礼的仪式去对待阵亡之人。

【评析】这是老子对战争的控诉。战争,无论是否义战,注定总会杀人死人,因此所有的战争注定都是不祥之物。老子以行军列阵为例,平时贵左,战时贵右,可见战时和丧葬有共同之处,因为丧礼也是贵右,换言之,战争总是与死亡联系在一起。俗人看来,胜者为师败者为寇,老子看来即使是胜利者也不足以为荣,因为胜利者意味着杀了更多的人,这样甚至比失败者更可恶,如果为胜利而高兴,则意味着以杀人为乐。老子对战争的评价超越正义与不正义、胜利与失败、敌人与自我等二元论思维,而直击战争的罪恶,所有的战争都会杀人,因此所有的战争都应该被否定。古往今来很多学者以"君人南面之术""兵书""计谋"等论老子,这应该是对老子之学的严重歪曲,老子是深厚的人本主义者,他的出发点和归宿都是作为一个有血有肉有感情的人的福祉。这段文字最能反映老子哲学的终极诉求。

【原文】道常无名,朴①虽小,天下莫能臣也。侯王若能守之,万物将自宾②。天地相合以降甘露,民莫之令而自均。始制有名,名亦既有,夫亦将知止。知止可以不殆。譬道之在天下,犹川谷之于江海。(《三十二章》)

【注释】

①朴:道之谦称。

②宾:宾服。

【翻译】大道无名,它虽几微而素朴,天下却没有能臣服它的。侯王若能操持此道,万物自会归附于它。天地相合而降雨露,民没有指示天地如何下雨而雨露总是平均地洒向大地。治理天下就要建立一套官长名分,制定各种制度,确定各种名相,任命各级官长办事。名分既有之后,就要按名责实,不必再以"知"去干涉百官行事，这样就没有什么懈怠。"道"存在于天下，就像江海，一切河川溪水都归流于它，使万物自然宾服。天下皆归于大道，就如川流奔归于江海。

【评析】此段文字有几层独立内涵。其一，强调侯王守道，臣民就会归服；其二，天地公平公正地洒落甘霖，滋润万物，天地之幕是公平之幕，当师法天道；其三，强调君臣百官按"名分"各尽其责，不可对其进行干预，这是"无为而治"的具体实施方式之一；其四，指出天下归道，犹如溪谷流入江海，强调道对治理天下具有终极意义。

【原文】上德不德，是以有德；下德不失德，是以无德。上德无为而无以为，下德为之而有以为。上仁为之而无以为，上义为之而有以为，上礼为之而莫之应，则攘臂[①]而扔之。故失道而后德，失德而后仁，失仁而后义，失义而后礼。夫礼者，忠信之薄而乱之首。前识[②]者，道之华而愚之始。是以大丈夫处其厚，不居其薄；处其实，不居其华。故去彼取此。（《三十八章》）

【注释】

①攘臂：伸出胳膊扔物貌。

②前识：以先见之明而自居。

【翻译】上德恰恰不以"德"表现自己，这是真正的德；下德总是以"德"自居，这其实是无德。上德之所以无为是因为其没有"为"以外的其他目的，下德之所以"有为"是因为其有"为"以外的其他目的。上仁为之而没有"为"以外的目的，上义为之而没有"为"以外的功利，上礼为之而不要求受礼者的回应，即使没有回应也攘臂扔之，不会在意。没有"道"之后才会提倡"德"，没有"德"之后才会提倡"仁"，没有"仁"才会提倡"义"，没有"义"才会提倡"礼"。重视"礼"者往往是没有忠信而祸乱天下的罪魁祸首。所谓先见先觉者，不过是道缺失后的虚华，由此愚昧开始产生。大丈夫立身敦厚，不居于浇薄；存心朴重，不居于虚华。所以要舍弃浇薄虚华而采取朴实敦厚。

【评析】这段话区分了"有德"与"无德"，真正的有德者恰恰不会表现出来，因为他本身已经是"德"的化身；相反，那些执着或追求外在之"德"者恰恰总是表现出"有道"的样子，因为其追求外在的"德"，故貌似"有德"实则"无德"。老子看来，仁义礼等价值都是"上德"失落以后的"下德"，老子持逐渐退步的历史观，道不在而后才重视德，德失落而后才重视仁，仁失落后才重视义，义失落后才重视礼。从"道"到"礼"，内涵被逐渐剥落，最后就只剩下外在的形式，用以文过饰非，这样，礼不仅无益于挽救世道人心，而且成为祸乱之根源。道家后学庄子曾控诉"诸侯之门而仁义存焉"，那些祸乱天下、僭越天子的诸侯，哪个不是满口仁义道德呢？

三 《老子》经典名句诵读

1. 道可道，非常道；名可名，非常名。无名天地之始，有名万物之母。故常无欲，以观其妙；常有欲，以观其徼。此两者同出而异名，同谓之玄，玄之又玄，众妙之门。(《第一章》)

2. 天下皆知美之为美，斯恶已；皆知善之为善，斯不善已。故有无相生，难易相成，长短相较，高下相倾，音声相和，前后相随。是以圣人处无为之事，行不言之教，万物作焉而不辞，生而不有，为而不恃，功成而弗居。夫唯弗居，是以不去。(《第二章》)

3. 不尚贤，使民不争；不贵难得之货，使民不为盗；不见可欲，使民心不乱。是以圣人之治，虚其心，实其腹；弱其志，强其骨。常使民无知无欲，使夫智者不敢为也。为无为，则无不治。(《第三章》)

4. 天地不仁，以万物为刍狗；圣人不仁，以百姓为刍狗。天地之间，其犹橐籥乎？虚而不屈，动而愈出。多言数穷，不如守中。（《第五章》）

5. 圣人后其身而身先，外其身而身存。（《第七章》）

6. 上善若水。水善利万物而不争，处众人之所恶，故几于道。居善地，心善渊，与善仁，言善信，正善治，事善能，动善时。夫唯不争，故无尤。（《第八章》）

7. 持而盈之，不如其已。揣而锐之，不可长保。金玉满堂，莫之能守。富贵而骄，自遗其咎。功遂身退，天之道。（《第九章》）

8. 载营魄抱一，能无离乎？专气致柔，能婴儿乎？（《第十章》）

9. 五色令人目盲，五音令人耳聋，五味令人口爽，驰骋畋猎令人心发狂，难得之货令人行妨。是以圣人为腹不为目，故去彼取此。（《第十二章》）

10. 吾所以有大患者，为吾有身，及吾无身，吾有何患！故贵以身为天下，若可寄天下；爱以身为天下，若可托天下。（《第十三章》）

11. 致虚极，守静笃，万物并作，吾以观复。夫物芸芸，各复归其根。归根曰静，是谓复命。复命曰常，知常曰明。（《第十六章》）

12. 太上，不知有之。其次，亲而誉之。其次，畏之。其次，侮之。信不足焉，有不信焉。悠兮其贵言。功成事遂，百姓皆谓我自然。（《第十七章》）

13. 大道废，有仁义；慧智出，有大伪；六亲不和，有孝慈；国家昏乱，有忠臣。（《第十八章》）

14. 绝圣弃智，民利百倍；绝仁弃义，民复孝慈；绝巧弃利，盗贼无有。此三者，以为文不足，故令有所属，见素抱朴，少私寡欲。（《第二十章》）

15. 众人熙熙，如享太牢，如春登台。我独泊兮其未兆，如婴儿之未孩。儽儽兮若无所归。众人皆有余，而我独若遗。我愚人之心也哉！沌沌兮！俗人昭昭，我独昏昏；俗人察察，我独闷闷。澹兮其若海，飂兮若无止。(《第二十章》)

16. 孔德之容，惟道是从。道之为物，惟恍惟惚。惚兮恍兮，其中有象；恍兮惚兮，其中有物。窈兮冥兮，其中有精；其精甚真，其中有信。自古及今，其名不去，以阅众甫。(《第二十一章》)

17. 曲则全，枉则直，洼则盈，敝则新，少则得，多则惑。是以圣人抱一，为天下式。不自见故明，不自是故彰，不自伐故有功，不自矜故长。夫唯不争，故天下莫能与之争。古之所谓曲则全者，岂虚言哉！诚全而归之。(《第二十二章》)

18. 企者不立，跨者不行，自见者不明，自是者不彰，自伐者无功，自矜者不长。其在道也，曰余食赘行。物或恶之，故有道者不处。(《第二十四章》)

19. 有物混成，先天地生，寂兮寥兮，独立不改，周行而不殆，可以为天下母。吾不知其名，字之曰道，强为之名曰大。大曰逝，逝曰远，远曰反。故道大，天大，地大，王亦大。域中有四大，而王居其一焉。人法地，地法天，天法道，道法自然。(《第二十五章》)

20. 善行无辙迹，善言无瑕谪，善数不用筹策，善闭无关楗而不可开，善结无绳约而不可解。是以圣人常善救人，故无弃人；常善救物，故无弃物，是谓袭明。故善人者，不善人之师；不善人者，善人之资。不贵其师，不爱其资，虽智大迷，是谓要妙。(《第二十七章》)

21. 知其雄，守其雌，为天下豀。为天下豀，常德不离，复归于婴儿。知其白，守其黑，为天下式。为天下式，常德不忒，复归于无极。知其荣，守其辱，为天下谷。为天下谷，常德乃足，复归

于朴。朴散则为器，圣人用之则为官长。故大制不割。(《第二十八章》)

22. 知人者智，自知者明。胜人者有力，自胜者强。知足者富，强行者有志，不失其所者久，死而不亡者寿。(《第三十三章》)

23. 大道泛兮，其可左右。万物恃之而生而不辞，功成不名有，衣养万物而不为主。常无欲，可名于小；万物归焉而不为主，可名为大。以其终不自为大，故能成其大。(《第三十四章》)

24. 将欲歙之，必固张之；将欲弱之，必固强之；将欲废之，必固兴之；将欲夺之，必固与之，是谓微明。柔弱胜刚强。鱼不可脱于渊，国之利器不可以示人。(《第三十六章》)

25. 道常无为而无不为，侯王若能守之，万物将自化。化而欲作，吾将镇之以无名之朴。无名之朴，夫亦将无欲。不欲以静，天下将自定。(《第三十七章》)

26. 昔之得一者，天得一以清，地得一以宁，神得一以灵，谷得一以盈，万物得一以生，侯王得一以为天下贞。其致之。天无以清将恐裂，地无以宁将恐发，神无以灵将恐歇，谷无以盈将恐竭，万物无以生将恐灭，侯王无以贵高将恐蹶。故贵以贱为本，高以下为基。是以侯王自谓孤寡不谷。此非以贱为本邪？非乎？故致数舆无舆。不欲琭琭如玉，珞珞如石。(《第三十九章》)

27. 反者，道之动；弱者，道之用。天下万物生于有，有生于无。(《第四十章》)

28. 上士闻道，勤而行之；中士闻道，若存若亡；下士闻道，大笑之，不笑不足以为道。故建言有之：明道若昧，进道若退，夷道若纇。上德若谷，大白若辱，广德若不足，建德若偷，质真若渝。大方无隅，大器晚成，大音希声，大象无形。道隐无名，夫唯道善贷且成。(《第四十一章》)

29. 为学日益，为道日损。损之又损，以至于无为，无为而无

不为。取天下常以无事；及其有事，不足以取天下。（《第四十八章》）

30. 江海所以能为百谷王者，以其善下之，故能为百谷王。是以欲上民，必以言下之；欲先民，必以身后之。是以圣人处上而民不重，处前而民不害，是以天下乐推而不厌。以其不争，故天下莫能与之争。（《第六十六章》）

思考题：

1. 老子"柔弱胜刚强"的人生哲学的内涵是什么？
2. 老子"无为而治"的政治哲学的具体含义有哪些？
3. 你觉得老子是"君人南面之术"还是"人本主义"哲学？

参考文献：

1. （魏）王弼注：《老子道德经注校释》，中华书局2008年版。
2. （宋）林希逸注：《老子鬳斋口义》，华东师范大学出版社2010年版。
3. 陈鼓应：《老子今译今注》，中华书局2008年版。
4. 刘笑敢：《老子古今》，中国社会科学出版社2010年版。

第三节　《庄子》与"逍遥游"的人生哲学

古人指出，老之有庄犹孔之有孟。战国中期以后，孟子私淑孔子发扬光大孔子之学，庄子则私淑老子发扬光大老子之学，中国习惯以"孔孟"指代儒家，以"老庄"指代道家，正是得力于孟、庄两位思想家的助力，最终形成华夏哲学之儒道两家平分秋色的思想史格局。庄子是战国中期人，比老子约晚二百多年，战国中期战乱频仍，民不聊生，列国兼并战争达到白热化的程度，却是中华民族的群星闪耀时,庄子、孟子、屈子、惠子、公孙龙子以及诸多"稷下先生"等一系列思想家并世而生。本节介绍道家的庄子及其《庄子》一书的思想。

一 庄子的哲学思想及其人生智慧

上一节指出,老子的道是天地宇宙的总根源和总根据,道不仅创造了天地万物,而且是天地万物运行的总根据或总规律。司马迁说庄子哲学的要本"归于老子之言",大体是不错的。庄子对老学的继承,首先是对老子"道论"的继承。

(一)继承老子"道"论并将之转化为"心"

庄子称"道"为"大宗师",其在《大宗师》篇论"道"云:"夫道,有情有信,无为无形;可传而不可受,可得而不可见;自本自根,未有天地,自古以固存;神鬼神帝,生天生地;在太极之上而不为高,在六极之下而不为深,先天地生而不为久,长于上古而不为老。"《知北游》篇论"道":"天不得不高,地不得不广,日月不得不行,万物不得不昌,此其道与!"这两段文字有明显的老学孑遗。第一,道是哲学本体,是庄子形上学的终极实在或存在;第二,道是宇宙论意义上的本源,道先于天地而在,是天地万物的创生者;第三,道超越时空,弥纶万有;第四,道可"传"可"得"却不可"受"不可"见",换言之,道超言绝相,难落言筌;第五,道是天地万物运行的总根据,天高地广,日月运行,万物昌生,皆依道而如此。可见,在终极实在的意义上,庄学与老学并无原则性的区别。

不过,庄子并未满足仅仅做老子的"注脚",而是对老子道论进行进一步的内在转化。徐复观先生指出:"庄子的主要思想,将老子客观的道完全内化而为人生境界。"① 牟宗三先生也认为:"老子之

---

① 徐复观:《中国人性论史(先秦篇)》,上海三联书店 2000 年版,第 329 页。

道有客观性，实体性和现实性，至少亦有此姿态。而庄子对此三性一起消化而泯之，纯成为主观之境界，故老子之道为'实有形态'，或至少具备'实有形态'之姿态，而庄子则纯为'境界形态。'"[①]徐、牟二先生认为庄子之道为完全主观境界这种说法是否严密，姑当别论，但至少说明庄学之"道"更倾向于主观境界。这样，老子的"道"就转化为庄子的"心"。庄子说"有真人而后有真知"，如果说"道"是唯一的"真知"，那么"真知"背后的"真人"其实是说"真人"之"心"，也就是说，"道"需要"心"去参证与体证。庄子《逍遥游》开篇即说"鲲化为鹏"，鱼如何能变为鸟？鲲之所以能化为鹏，其实是鲲的心在大而化之而为鸟，化的主体不是作为形体的鲲，而是作为心体的鲲。因此，庄子"逍遥游"的核心是"三无之境"："至人无己，神人无功，圣人无名。"可见"逍遥游"说到底是"心"的逍遥。《齐物论》开篇即以"吾丧我"开宗明义，"吾丧我"就是涤除心中的尘垢而以虚灵不昧之心去观照天地万物，这样天地万物就以其本来面目现身。世间种种差异与分别原本是我们的"分别心"在幕后起作用，换言之，是"成心"作祟。因此庄子云"至人用心若镜，不将不迎"，当我们的心灵和镜子一样光明不染之时，分别也就没有了，庄子的"齐物"哲学最后也诉诸"心"，庄子所讲的"参万岁而一成纯""天地与我并生""独与天地精神往来"等说到底都是一种心境，陈鼓应先生将庄学归结为"开放的心灵和审美的心境"非常有见地。总之，庄子的"逍遥游"是心的自在无束，其"齐物论"是心对万物的平等观照，其"人间世"的救世之术是"心斋"后的镇定和种种"斗智斗勇"之心法，其"大宗师"是用"心"去印证"道"，其"德充符"是将"道"内充于"心"，如此等等。总之，与老子追寻客观的道体相比，庄子

[①] 牟宗三：《中国哲学十九讲》，上海古籍出版社2006年版，第102页。

更倾向于窥测我们的心灵世界，与后来的禅宗一样，庄子也可谓"直指人心"。

(二)"通天下一气"的"气化宇宙—气化生命"思想

庄子认为，天地万物皆一气之所化，气是构成宇宙万有的原质，天地间品物流行，此消彼长，不过是一气之流转，物我皆是气，"合则成体，散则成始"，这样，这个宇宙就是气化流行的宇宙，人的生命就是气韵生动的生命。《知北游》云："人之生，气之聚也。聚则为生，散则为死。若死生为徒，吾又何患！故万物一也。是其所美者为神奇，其所恶者为臭腐。臭腐复化为神奇，神奇复化为臭腐。故曰：'通天下一气耳'。"此段文字点明"通天下一气耳"，道出了生命与死亡、神奇与臭腐的共同"一实"：气。人之生死，乃气之聚散，物之生灭，亦复当然。一气在天地间流行，"虚而待物"（《齐物论》），人物生成皆"比形于天地而受气于阴阳"（《秋水》）。宇宙是一个气化的宇宙，生命是一个气化的生命。

在庄子看来，气之流化成就万物，是一个不知其所以然而然的过程，"以天地为大炉，以造化为大冶"（《大宗师》），一气流运，万物赋形，此即庄子的自然哲学。然而，自然哲学意义上的气化论多见于《庄子》外杂篇，乃是庄子后学盛言之理趣。即便如此，无论是庄子还是其后学，他们的"气"论并没有停留于检讨自然界的基质是什么，而是究心于生命，因此，庄学气化论与其生命哲学是内在地联系在一起的，其通过体证气化流行的宇宙最终突出的是气化的生命主体。在此意义上，庄子的气化论是对生命本质的素朴阐发，一气流运，基于此而使得人之生命与化同参、与化俱化从可能性过渡到现实性。宇宙中浮气弥漫，天地物我一切浑朴不隔，"天之苍苍，其正色邪？其远而无所至极邪？其视下也，亦若是则已矣"（《逍遥游》），在这个"不辨牛马"、没有"正色"的气流宇宙中，终于呈现为一个整全的生命世界；气化流行，是故生命与宇宙是共存的、合和的、混沌的。生命在一气之流化中风云际会，因此我们的生命不是在弱息中吸纳，而是在大荒中吞吐。庄子云："若夫乘天地之正，而御六气之辩，以游无穷者，彼且恶乎待哉！"（《逍遥游》）"乘天地之正"和"御六气之辨"就是盘桓于永恒的宇宙之乡，以"气化生命"参合于"气化宇宙"之中，这里我们的生命可以无穷遨游。六气在氤氲中消解了一切独立的个体，弥合了一切限界，如此必然意味着生死之玄同，物我之一齐。"气化宇宙"构成"气化生命"的存在境域和存在方式，"气化生命"是"气化宇宙"的部分，二者是众沤之于大海的关系，大海流行而成众沤，众沤未尝一刻能离开大海。"气化生命"只有在"气化宇宙"中才能实现"逍遥"，"气化生命"只有以"气化宇宙"来观照世界，才能体证万物一齐。

李泽厚先生认为："（气）实际上是巫术活动中所感受和掌握到的那种神秘又现实的生命力量理性化的提升。"[①] 也就是说，气这个哲学范畴一开始就与中国人的生命联系在一起。庄子清醒地认识到天地间森然陈列的万物不过是一气之流行。元气氤氲，"虚而待物，"此"虚"字不虚。气能成就万物，就在于其虚，惟其虚，万物方能应接不暇，而我们人，不正是元气在流行中偶然犯形的吗？既然构成我们生命体的原质是一虚之气，那么我们人又何能执着于一己之私、一私之情呢？从这个意义上讲，南郭子的"吾丧我"即破执我形、澡雪我私，达到"形如槁木，心如死灰"的状态，其实质就是让生命回归于天地宇宙的一气之化中，有限之形消解于无限之气中。有"我"之"吾"是物，是有限；无"我"之"吾"是气，是无限。这也就是庄子所谓的"心斋"："若一志，无听之以耳而听之以心，无听之以心而

[①] 李泽厚：《历史本体论·己卯五说》，生活·读书·新知三联书店2003年版，第187页。

听之以气。听止于耳,心止于符。气也者,虚而待物者也。唯道集虚。虚者,心斋也。"(《人间世》)庄子修持"心斋"的精进过程,其实就是破除"形躯我(耳)"与"认知我(心)"之蔽障的过程,"心斋"即是"听之以气"的境界,此境消解了一切来自身心的挂碍,清静虚灵。正如气虚则能待物,心虚亦然。生命的虚灵之气与天地间回荡的纯净之气冥然合一,所谓"游心于淡,合气于漠,顺物自然而无容私"(《应帝王》),如此方能"茫然彷徨乎尘垢之外,逍遥乎无为之业"(《大宗师》)。"气化宇宙"与"气化生命"是庄子哲学最重要的特色,这个气化不是物理意义上的大气流动,而是强调一个充满生气的具有"生生"力量的有机宇宙,在气化的意义上,宇宙是大写的生命,生命是宇宙有机体的部分,在这个意义上,才能实现"参万岁而一成纯"的"齐物之境"。

(三)"逍遥游"的人生哲学

庄子人生哲学的核心即"逍遥游","逍遥游"即无拘无束、自由自在的生存状态。在《逍遥游》开篇,庄子以大鲲化鹏起笔,振翥六合、绝冠天壤的大鹏正是庄子逍遥精神之兴象。庄子《逍遥游》开篇即不吝笔墨三次描写大鹏振翥图南的情景,北冥、南冥、冥海、天池、三千里、九万里等这些名相实则都是无穷无限精神的象征,"其远而无所至极也""莫之夭阏者"这两句话尤其吃紧,直接结穴于"三无之境"中的"以游无穷"。大鹏在宇宙天地中怒飞是生命精神无限遨游的象征,有待者不能"莫之夭阏",能游于"远而无所至极"之天地间者也只能是"无待"者,可见,大鹏之逍遥即是无待逍遥,非为后者张本。《逍遥游》这篇文章的核心话语是:"若夫乘天地之正,而御六气之辩,以游无穷者,彼且恶乎待哉!故曰:至人无己,神人无功,圣人无名。"(《庄子·逍遥游》)无己者不执着于自我,无功者不汲汲以求事功,无名者不驰骛于名声,大鹏腾空的"六月之息"隐喻的正是"天地之正",其下九万里长风乃是隐喻"六气之辨"，绝云气、负苍天的大鹏正是无待逍遥的绝妙兴象。

总之，"日出而作，日入而息，逍遥于天地之间，而心意自得"（《让王》）是庄子的理想生活。不过，特别值得强调的是，庄子的"逍遥游"丝毫并不意味着放弃责任、义务和担当。"至人无己，神人无功，圣人无名"是说不执着于一己之私我，成就事业不在乎是否有功劳和名声。这种"逍遥"近乎大乘佛学讲的以出世的精神成就入世的事业，《天下》篇说庄子之学是"内圣外王"之道，"内圣"即体证大道，无己无名无功；"外王"即积极入世，成就事业。"内圣"与"外王"辩证统一，有"内圣"的保证才能在"外王"事业中不被其所累从而获得"逍遥"，有"外王"的追求才能保证"内圣"没有走向出世主义，而是积极用世。梁启超先生认为"内圣外王"即"契合真我而不离现境"，"契合真我"即"内圣"，"不离现境"即"外王"，理解"内圣外王"之道才能理解庄子的"逍遥游"。庄学不是阿Q式的精神胜利法，不是出世主义，也不是虚无主义。他丝毫没有放弃人生的担当和使命，而是说不能被这种担当和事业所拖累。

（四）"天地与我并生"的齐物哲学

庄子哲学的核心观点为"齐物"哲学。如章太炎所云："齐其不齐，下士之鄙执；不齐而齐，上哲之玄谈。"（《齐物论释·序》）"齐物"不是"齐其不齐"，不是对万物整齐划一，而是"不齐而齐"，即承认万物存在的差异性、多样性和丰富性，尊重个性，尊重差别，尊重少数，尊重异己，这与孔子所言"和而不同"近似。"齐物"之"齐"的意思是"平等"，其实质是一种平等的眼光和宽容的胸怀，体证一切存在者都有其合理性和正当性。

庄子对"万物一齐"的哲学有多重论证。第一，在庄子看来，世人之所以以差别心来对待这个世界，莫不都是从自我出发、以自己为标准来丈量万物，换言之，种种不平等和差别的根源是自己，这是一种自我中心主义和人类中心主义,也即是每个人都有"成心",一切差别之起都是"成心"作祟。所以,要证成万物的平等,首先要消解掉自己的"成心",《齐物论》开篇所言"吾丧我"就是消解"小我"而实现"大我",近乎佛学所言破除我执,在看待天地万物之时,首先要把自己悬置起来,这样,以虚灵不昧之我去观照天地万物,万物就是一系列平等的存在者。第二,庄子看来,是非、善恶、美丑、然否、褒贬等判断都是相对的而不是绝对的,这些判断皆无自性。比如,猿猴可以在树上跳来跳去,人类上去则惶恐不安;泥鳅喜欢生活在淤泥里,人类在淤泥里则损伤腰骨,庄子质问究竟哪里是"正位"呢,显然是不确定的;人类喜欢肉食,麋鹿喜欢吃草,蜘蛆喜欢粪便,鸱鸦喜欢吃鼠,庄子质问究竟什么是"正味",显然没有"正味"可言;毛嫱、西施,人类觉得是美色,动物则避之唯恐不及,庄子质问究竟什么是"正色",显然没有什么"正色"可言。"此亦一是非,彼亦一是非",是非然否也是如此,可见人们的一切价值判断都具有限性,不具确定性和绝对性,这样,人们对万物之高下美丑的褒贬判断就失去了意义。不要以为庄子是一个相对主义者,相对主义是一种诡辩论,对人类一切价值失去信念,其最终指向虚无主义。庄子是以相对主义的方式破执,是要人认识到作为一个个体或一个类的有限性,要以一种更高的眼光和胸襟来观照这个世界,不要总是以"我"为出发点,要学会换位思考,离开自我看他人,离开自我看自我,以"他者"为出发点来设身处地地为他人着想,这是极其难能可贵的。从某种意义上说,庄子的"齐物"哲学是对孔子"忠恕之道"的一种哲学论证或微妙回应,章太炎所言"尽忠恕者是唯庄生能之""齐物是忠恕两举之道"[①](章太炎

---

① 章太炎:《章太炎诠集》·莉汉微言》,虞云国点校,上海人民出版社2015年版,第70页。

《蓟汉微言》）是非常有见地的。第三，从存在论的角度看，道在创生天地万物之时，并没有故意给天地万物一个高下、美丑、善恶的安排和计划，而是一视同仁地让天地万物自然而然地存在，天地万物存在运行是"道"这个"天钧"的开显，万物的差别和界限不过是"天倪"而已。因此，庄子云："以道观之，物无贵贱；以物观之，自贵而相贱；以俗观之，贵贱不在己。"（《秋水》）在道这种造境中看待万物，万物并没有高下贵贱之分；相反，若把自己看成"物"，以自己这个"物"为出发点来看待其他物，一定是以自己为贵而以他者为贱；以大多数人的观点来看待万物，那是盲从流俗，没有自己独立的见解，即贵贱不在己。第四，天地万物皆在变化之中，神气刹那之间会变成臭腐，臭腐刹那之间会变成神气，一切皆在变化，变化是万物的存在方式。如前文所指出，庄子笔下的宇宙是一个气化流行的宇宙，这样宇宙中的万物都是一气流化之变现，这意味着天地万物原本是一体的，所以庄子说"天地与我并生，而万物与我为一"。《齐物论》结尾处的"庄周梦蝶"，正是隐喻"物化"，庄周与蝴蝶是可以互相变化为对方的，事实上万物都是如此。可见，气化宇宙的整体观是庄子论证"齐物"哲学的宇宙论基础。

（五）直面"人世间"之黑暗的批判性思想

庄学既有对天地万物的热情讴歌，又有理性而冷峻的批判性思想，批判性是庄子哲学的一大特色，陈鼓应先生曾以尼采"重估一切价值"的思想来解读庄子哲学。庄子的批判性思想主要包括以下三点。

其一，对专制统治及黑暗世道的批判。《人间世》是对专制统治和世道黑暗的控诉，庄子将昏君称为"暴人"，这篇文章描写了专制暴君的种种嘴脸，后世所言"伴君如伴虎"之典故就来自此篇。另外，庄子曾以"渊深九重"来比喻当时宋国王宫，把宋君比喻为杀人不眨眼的"骊龙",如此等等,不一而足。在《人间世》结尾,庄子以无比沉痛的心境借楚狂接舆之口唱了一首衰世的"挽歌":"凤兮凤兮,何如德之衰也!来世不可待,往世不可追也。天下有道,圣人成焉;天下无道,圣人生焉。方今之时,仅免刑焉。福轻乎羽,莫之知载;祸重乎地,莫之知避。已乎已乎,临人以德!殆乎殆乎,画地而趋!迷阳迷阳,无伤吾行!吾行郤曲,无伤吾足!"此诗表面上是嘲讽"临人以德、画地而趋"的孔子,实则是控诉那个世道,灾难像大地一样沉重,福祉像羽毛一样轻薄,"世丧道矣,道丧世矣,世与道交相丧也"(《缮性》),这个世道看不到任何希望。庄子之书,可谓是"满纸荒唐言,一把辛酸泪",庄子入世之深,感世道之痛,明白这一点,才知道他为什么要写"大而无当,不近人情"的《逍遥游》和《齐物论》,"逍遥游"是寄希望于自我心灵的赈救,"齐物论"以"庄周梦蝶"结尾,是承认死亡既然不可避免,那么如何了却生死。章太炎说庄子是以"百姓心为心"[①],非常中肯。

其二,对人类文明异化、工具理性的批判。庄子看来,文明进步并不能给人类带来真正的福祉,相反,文明往往会走向文明的反面。庄子看来,"智也者,争之器也","智"不仅打扰了人类心灵的宁静,刺激了人们的欲望,而且成为人们争名夺利的工具,其中的"圣智"更成为大盗攘夺天下的利器,换言之,随着人类智巧的增多,人类的愚昧与痛苦也随之增多。与智巧相关的是技术和工具,庄子看来技术和工具本身是对道的侵害,是对生命自在之境的异化,在《天地》篇中,汉阴丈人拒绝以"机械"打水,就是意识到"机械"对心灵的打扰,汉阴丈人云:"有机械者必有机事,有机事者必有机心。机心存于胸中,则纯白不备;纯白不备,则神生不定;神

---

① 章太炎:《齐物论释定本》,上海人民出版社2014年版,第141页。

生不定者，道之所不载也。"制造机械属于机事，做机事需要机心，机心会打扰内心的纯白，干扰心灵的宁静，最终会褫夺生命的自在，遮蔽大道的澄明。李泽厚先生指出，庄子是世界上最早明确反异化的哲学家。的确如此，当20世纪兴起的存在主义和后现代主义对工具理性和技术理性进行批判和反思之时，两千多年前的东方庄子早已发其先声！

其三，对仁义道德等价值的反思和批判。就价值文明来说，仁义等价值一方面无力救世，另一方面还会给世道带来更大的恶。这种恶包括，一些人为仁义而献身，仁义这种外在的价值遮蔽了人身存在的个体价值，一味地为他者献身是过高的道德义务，人身有不可承受之重，所以，庄子说"尧既已黥汝以仁义，而劓汝以是非矣"（《大宗师》），又云："小人则以身殉利，士则以身殉名，大夫则以身殉家，圣人则以身殉天下。故此数子者，事业不同，名声异号，其于伤性以身为殉，一也。"（《骈拇》）更有甚者，仁义往往会成为罪恶的帮凶，庄子云："圣人不死，大盗不止。虽重圣人而治天下，则是重利盗跖也。为之斗斛以量之，则并与斗斛而窃之；为之权衡以称之，则并与权衡而窃之；为之符玺以信之，则并与符玺而窃之；为之仁义以矫之，则并与仁义而窃之。何以知其然邪？彼窃钩者诛，窃国者为诸侯，诸侯之门而仁义存焉，则是非窃仁义圣知邪？"（《胠箧》）古今一切罪恶的暴行，莫不是打着仁义的旗号，正是这些仁义说教使得他们的不义之举名正言顺，师出有名，仁义往往成为掩盖邪恶的最好帐幕。庄子曾预言万世之后会出现一个"人吃人"的时代（《庚桑楚》），章太炎说近代以来的种种侵略战争就是庄子预言的那个时代[①]。庄子的批判一针见血，即使今天看来仍不过时。

---

① 章太炎：《齐物论释》，上海人民出版社2014年版，第1页。

(六)"在宥天下"的政治哲学

"在宥"出自《在宥》篇所言"闻在宥天下，不闻治天下"，一般来说，"在"意思是"存"，"宥"意思是"宽"，"在宥"即宽容天下，让天下万物自在存在、各得其所。庄子继承老子"无为而治"的政治哲学思想，却走得更彻底，并最终提出近乎无政府主义的"至德之世"和"建德之邦"这样绝对"无为"的理想国。就《庄子》内篇来说，庄子"无为而治"的政治思想主要集中在《应帝王》篇，此篇提出的"明王之治"即"无为而治"。

此篇文章首先批评"有虞氏"（即舜）以"仁义要天下"的"有为之治"，而推崇"泰氏"（即羲和）的"无为而治"。"泰氏，其卧徐徐，其觉于于；一以己为马，一以己为牛"，以今天的观点来看，他有点懒政不作为，虽贵为天子，却整日卧眠林荫，睡眼朦胧，甚或不知自己是人，一会儿觉得自己是马，一会儿觉得自己是牛，未尝丝毫措意于天下。庄子以这种极端的言说方式隐喻最好的治天下方式就是不干预万物，不干扰天下。庄子认为，天下万物因道而存在，因此，万物必然有其合乎大道的自然秩序，天下百姓都有合乎自己的生存方式和自己独有的个性和能力，因此治理天下的最好方式就是"游心于淡，合气于漠，顺物自然而无容私焉"。庄子认为只有达到"无为而治"者才是"明王之治"："明王之治，功盖天下而似不自己，化贷万物而民弗恃；有莫举名，使物自喜；立乎不测，而游于无有者也。"（《应帝王》）这是明显的老学思想孑遗，老子所强调的"辅万物之自然而不敢为""百姓皆为我自然"等说法在这里得到进一步体现。"有莫举名，使物自喜"，强调"无为"不是绝对的无所作为或无所事事，而是作为要尊重天道，尊重自然秩序，尊重万物和百姓的个性，将"有"或"有为"限制在最低的限度；同时，"为"要润物无声，消解功名、国家、朝廷、天下等"自然"或"道"之外的目标价值，将成就天下的功劳还给万物和百姓，这就是"功盖天下而似不自己，化贷万物而民弗恃"。可见，与老子一样，庄子坚持方式与目的的统一，与功利主义的政治哲学完全不一致，既不同于法家"任法而不任人"的"无为而治"思想，也不同于晚近以来西方的"不干涉主义"古典政治学。（当然不是完全无关，或也有相通之处。）

在《应帝王》篇末，庄子讲了一个"七日而混沌死"的寓言，他以此寓言来隐喻他"无为而治"的政治理想，中央之帝"混沌"没有眼耳鼻目等"七窍"，南北二帝认为人皆有"七窍"，因此为"混沌"开窍。七日之后，"混沌"开窍了，但也寿终正寝了。庄子以此隐喻"无为"或"不干涉"的重要性，过度的干预或干扰就是破坏甚或是谋杀。在《庄子》外杂篇中，被刘笑敢教授称为"无君派"和"黄老派"的作品多以发挥"无为而治"的思想为主，庄子后学将最理想的政治诉求于远古的"至德之世"，如云："至德之世，其行填填，其视颠颠。当是时也，山无蹊隧，泽无舟梁；万物群生，连属其乡；禽兽成群，草木遂长。是故禽兽可系羁而游，鸟鹊之巢可攀援而窥。"（《马蹄》）这是一种诗性的怀旧心理和浪漫的乡愁。值得强调的是，庄子包括庄子后学并不是"无政府主义"者，如西方哲学家霍布斯等所指出，最坏的政府也比无政府好很多。庄子只是以这种"无政府"的口吻隐喻最好的政府就是权力最小的政府，给民自由、还民自在、不要对民有过多干预的政府才是最理想的政府。即使今天，道家古典的"无为而治"的政治哲学依旧具有很强的现实意义，就西方古典自由主义来看，从亚当·斯密之"看不见的手"到海耶克的"自发社会秩序"，再到诺奇克"最低限度的国家"，古今中西这些大哲人所见略同，令人叹为观止。

二 《庄子》原文选释

《逍遥游》原文选释

【原文】北冥①有鱼，其名为鲲。鲲之大，不知其几千里也。化而为鸟，其名为鹏。鹏之背，不知其几千里也。怒而飞，其翼若垂天之云。是鸟也，海运则将徙于南冥。南冥者，天池也。《齐谐》者，志怪者也。《谐》之言曰："鹏之徙于南冥也，水击三千里，抟②扶摇而上者九万里，去以六月息者也。"野马③也，尘埃也，生物之以息相吹也。天之苍苍，其正色邪？其远而无所至极邪？其视下也，亦若是则已矣。且夫水之积也不厚，则其负大舟也无力。覆杯水于坳堂之上，则芥为之舟；置杯焉则胶，水浅而舟大也。风之积也不厚，则其负大翼也无力。故九万里，则风斯在下矣，而后乃今培风；背负青天而莫之夭阏④者，而后乃今将图南。蜩⑤与学鸠笑之曰："我决起而飞，抢榆枋，时则不至而控于地而已矣，奚以之九万里而南为？"适莽苍者，三飡而反，腹犹果然；适百里者，宿舂粮；适千里者，三月聚粮。之二虫又何知！小知不及大知，小年不及大年。奚以知其然也？朝菌不知晦朔，蟪蛄不知春秋，此小年也。楚之南有冥灵⑥者，以五百岁为春，五百岁为秋；上古有大椿者，以八千岁为春，八千岁为秋。而彭祖乃今以久特闻，众人匹之，不亦悲乎！

【注释】

①北冥：北方之海。

②抟：旋转上升貌。

③野马：马通霾，山野间之游气。

④夭阏：阻碍。

⑤蜩：蝉。

⑥冥灵：传说中的神龟。

【翻译】 北极之海有一条鱼，名字叫作鲲，鲲有多大，不知身长有几千里。它变化成鸟，名字叫作鹏，也不知有几千里大。这只鸟怒起猛力而飞，它的翅膀如遮天的大云，就是这只鸟，乘着海啸而飞往南极之海。南海，就是所谓天池。《齐谐》这部书，是志怪之书，这部书记载，大鹏飞往南海的时候，水击三千里之大，旋转而腾空于九万里之高，翅膀凭借的是六月的天风。天地间的云雾、尘埃、生物皆被鼓荡而起。天宇苍苍，是苍天的本来颜色吗？它是遥远而无穷无极的吧？从天空俯瞰大地，也是如此的吧？若水积厚不够，那么它将没办法负起大船。把杯水倒在小坑里，草芥可以像舟一样漂，把杯子放在上边就粘地搁浅，因为水浅而舟大。若风不够厚大，则其没有力量承载巨大的翅膀。因此鹏飞九万里的时候，需要风在其下，然后它才能御风而起。它背倚青天面对无限的天际，然后才飞向南方。蝉虫与斑鸠嘲笑说："我猛地一飞，直飞榆枋之上，有时飞不上去便落在地上，飞九万里图了什么？"飞往苍茫的丛林，只准备三顿饭，回来还不感觉饿；飞往百里之外，需要准备好过夜的粮食；飞千里之外，需要准备三个月的粮食。这两只小物知道什么！小智慧赶不上大智慧；寿短者不知寿长者；菌类不会知道晦朔（意思是活不过一个月）；蟪蛄不知道春秋（意思是活不过一年），这些都是短命者。楚国南部有神龟，五百岁对它来说就像春秋一样短暂；上古有椿树，八千岁对它来说也不过是春秋一般。然而彭祖却以长寿闻名于世，人们都想与他比寿，不是很可悲吗？

【评析】 鲲化为鹏，以大化大；大鹏由北极飞往南极，由黑暗飞向光明，鲲鹏都是"逍遥游"的象征。大鹏腾飞的境域是天地间，并最终突破时空的限制，隐喻绝对的自由自在，这是一种高举远慕的胸襟与志向。大鹏南飞需要六月的南风，隐喻力量的积累，厚积才能薄发。小鸟小虫不知大鲲大鹏的志向，前者是一种浅见薄识，气量狭小，眼界不开，坐井观天，以为天就是这么大，蝉和斑鸠以为飞在丛林草莽间已经了不起了，它们永远不会知道苍天的高远与大地的广袤。它们不仅不能高飞，而且嘲笑那些高飞远举者，此所谓，燕雀安知鸿鹄之志哉！可见，"逍遥游"需要一种胸襟、一种气魄、一种眼量，需要志存高远，需要厚积薄发。

【原文】尧让天下于许由，曰："日月出矣，而爝火不息，其于光也，不亦难乎！时雨降矣，而犹浸灌，其于泽也，不亦劳乎！夫子立而天下治，而我犹尸①之，吾自视缺然。请致天下。"许由曰："子治天下，天下既已治也。而我犹代子，吾将为名乎？名者，实之宾也。吾将为宾乎？鹪鹩巢于深林，不过一枝；偃鼠饮河，不过满腹。归休乎君，予无所用天下为！庖人②虽不治庖，尸祝③不越樽俎而代之矣。"

【注释】

①尸：占据位置。

②庖人：厨师。

③尸祝：祭祀礼官。

【翻译】尧把天下让给许由，说："日月出来了，火炬还亮着，这种光，还有什么意义！大雨降落了，还要去浇灌，这种润泽，不是徒劳吗！先生您站在那里就能治理好天下，而我犹白白占着这个天子位，我觉得我没什么用。请您来治天下。"许由说："先生治理天下，天下已经治理好了。如果我取代你，我难道要为虚名吗？对于实这个主人来说，名不过是宾客而已，我难道要为这个虚名而去治理天下吗？鹪鹩在深林里，不过需要一枝；松鼠在河边饮水，不过饱腹而已。先生您回去吧，天下对我来说没有任何用。庖厨虽然罢工，但尸祝也不能越过案板去代替啊。"

【评析】最大的"名"是天子，最大的"财富"是天下，最大的"功劳"是治理天下。帝尧把天下让给高士许由,许由却婉言拒绝。因为许由看来,人的需求就如鹪鹩需要一枝树枝、松鼠需要饱腹之水一样,其余一切都是多余的。在庄子看来,过多的财富、功名、利禄等都是身外之物,这些遮蔽了人生本来面目,私欲之幕是深不见底的无尽黑暗,只有冲决这层功名利禄的罗网,逍遥才得以可能。这就是"至人无己,神人无功,圣人无名"。

【原文】肩吾问于连叔曰:"吾闻言于接舆,大而无当,往而不反。吾惊怖其言,犹河汉而无极也;大有迳庭,不近人情焉。"连叔曰:"其言谓何哉?""曰:'藐姑射之山,有神人居焉,肌肤若冰雪,绰约若处子。不食五谷,吸风饮露,乘云气,御飞龙,而游乎四海之外。其神凝,使物不疵疠而年谷熟。'吾以是狂而不信也。"连叔曰:"然。瞽者无以与乎文章之观,聋者无以与乎钟鼓之声。岂唯形骸有聋盲哉?夫知亦有之。是其言也,犹时女[①]也。之人也,之德也,将旁礴万物以为一。世蕲[②]乎乱,孰弊弊焉以天下为事!之人也,物莫之伤,大浸稽天而不溺,大旱金石流、土山焦而不热。是其尘垢秕糠,将犹陶铸尧舜者也,孰肯分分然以物为事!"

【注释】

①时女:一说为处女,一说女即汝,本书从后者。

②蕲:希求。

【翻译】肩吾问连叔说:"我听到过接舆之言,觉得大而无当,往而不返。我对接舆之言很惊悚,犹如银河没有极限;大相径庭,一般人不能接受。"连叔问:"他是怎么说的?""他说:'在渺茫的姑射山之上,有一位神人居住,肌肤洁白如冰雪,风姿绰约如处子;不食五谷,吸风饮露,乘着云气,驾着飞龙,游于四海之外。他神凝气定,就能使万物不受灾害而五谷丰登。'我以为这是狂言而不能相信。"连叔说:"是吧,不能让盲人看美丽的花纹,不能让聋人听钟鼓之乐。难道仅仅身体有聋盲吗？智慧也有聋盲。这句话，说的正是此时的你。那样的神人，那样的至德，将混同万物而成为一体。世人希望神人治理天下，神人岂能鄙陋地把整治天下视为重要之事？这种神人，万物不能伤害他，洪水滔天也淹不死，大旱金石熔解、土焦山焚也热不死。神人游过后荡起的尘垢秕糠，就足以有尧舜这样的功德了。神人谁肯纷纷扰扰把整治外物视为要事！"

【评析】这则寓言表面是说姑射山的神人高高在上，冰雪其心，吸风饮露，不食人间烟火。但其深意却是在隐喻治理天下的方式是"无为而治"，最好的治理方式不是你给予天下多少恩惠，而是你是否对天下造成干扰、干预或破坏？以"不治"治天下，既能保证"天完具足"的天下人或天下万物的自在，又能不让治理天下这种"心智"破坏自己心灵的宁静，物我两得，各尽其能，互不伤害，各自逍遥。

【原文】惠子谓庄子曰："魏王贻我大瓠之种，我树之成而实五石。以盛水浆，其坚不能自举也。剖之以为瓢，则瓠落无所容。非不呺然①大也，我为其无用而掊之。"庄子曰："夫子固拙于用大矣。宋人有善为不龟手之药者，世世以洴澼²絖³为事。客闻之，请买其方以百金。聚族而谋曰：'我世世为洴澼²絖³，不过数金；今一朝而鬻技百金，请与之。'客得之，以说吴王。越有难，吴王使之将，冬与越人水战，大败越人，裂地而封之。能不龟手，一也；或以封，或不免于洴澼絖，则所用之异也。今子有五石之瓠，何不虑以为大樽⁴而浮乎江湖，而忧其瓠落无所容？则夫子犹有蓬之心也夫！"

【注释】

①呺然：虚大软弱之貌。

②洴澼：洗涤。

③絖：棉絮或丝织品。

④樽：一说为酒器，一说为腰舟，即系在腰间作漂浮器而游泳。本文从后者。

【翻译】惠子对庄子说："魏王赠我大葫芦的种子，我种植而成，葫芦果能装五石那么多的东西。用于装水，硬度不足以自承其重。剖开大葫芦做瓢，又担心它阔大无法从容器中舀水。它不是不大，我因其无用而击碎了它。"庄子说："夫子实在不会用大。有个宋人善于配制防治皮肤皲裂药膏，世世代代以漂洗麻絮为业。有客商听说以后，愿出百金购买他的药方。他聚集亲族商议说：'我们世世代代漂洗麻絮，获利不过数金；如今一旦出售药方，即可获利百金，应该卖给他。'客人得到药方，就去游说吴王。当时越国正对吴国用兵，吴王拜他为将，冬天与越人水战，大败越人，吴王割地分封赏此人。一服药，能够防治皮肤皲裂的功能无异，有人凭此能被裂地而封，有人却不能免于漂洗麻絮，只是用途大异。如今你有五石的大葫芦，何不考虑将之作为大腰舟，系于腰间浮于江湖之上，何必忧愁它阔大无法从容器中舀水？夫子的心被蓬草堵着呢！"

【评析】面对葫芦，惠子只想到作水壶或作瓢，庄子却想到他可以作腰舟。葫芦太大既不能作装水器，也不能作舀水瓢，惠子只能把它击碎。庄子将之作腰舟，既成全了瓢之用，也成全了自己的江湖逍遥游。如何才能用大，只有"大心"才能用大，"蓬心"被经验所束缚，被自我所限制，注定不能用大；"大心"是虚灵之心，是无我之心，是纳物之心，让物尽其用。同时，在用物的同时保持自己不被物化，不成为物的奴隶，王船山说"不与物逍遥者，未能逍遥者也"，正是庄子用意之所在。庄子的逍遥不是无所可用，无用于世，而是以大用用世，万物各尽其用，用物而不被物所累，这是"逍遥"的真谛。

【原文】惠子谓庄子曰："吾有大树，人谓之樗。其大本擁肿而不中绳墨，其小枝卷曲而不中规矩。立之途，匠者不顾。今子之言，大而无用，众所同去也。"曰："子独不见狸狌乎？卑身而伏，以候敖者；东西跳梁，不辟高下；中于机辟，死于罔罟。今夫斄牛，其大若垂天之云。此能为大矣，而不能执鼠。今子有大树，患其无用，何不树之于无何有之乡，广莫之野，彷徨乎无为其侧，逍遥乎寝卧其下。不夭斤斧，物无害者，无所可用，安所困苦哉！"

【翻译】惠子对庄子说："我有一棵大树，世人称为樗。树干臃肿而不合绳墨，小枝卷曲而不合规矩。立在路边，木匠看都不看。如今你的言说，正如此树，大而无用，大家都不接受。"庄子说："你难道没见过狸猫吗？低身伏首，静待出游者；它东蹿西跳，不避高下，中于机关，死于罗网。至于犀牛，其大如垂悬天际的云山。犀牛可谓是大了，然而不能捕鼠。如今你有大树，忧虑其无用，何不树立于无何有之乡，广袤的旷野，你在其周围徘徊散步，在树荫下逍遥地卧眠。它能不被斧子砍伐，不被外物所害，即使无所可用，又有何困苦呢？"

【评析】庄子以一棵"不材之木"隐喻自己的言说，其实是在隐喻自己的哲学。对于一棵树，惠子所谓"用"，不过是作为木工刀斧之下的材料，而庄子显然没有被这种"用"所束缚。庄子喻中设喻，狸猫之用是捕鼠，但终究为这种用付出代价；犀牛很大，却不能用来捕鼠，但不能说犀牛就没用。大树不能作木材，但却可以是上等的乘凉之物，用这棵树来乘凉，既成就了大树，使得大树能尽其天年，不被砍伐；又成就了栽树者，大树为他遮阴，为自己也为世间留得一方绿荫。这正是庄子哲学的会归之所在，道进乎技，用物之时不以功利主义为出发点，用物既要尽其用，又要尽其美，以审美之维赈救功利之维，以道提纯并美化技术，让物从技术或工具中解放出来，自己也能在用物过程中发现审美滋味，获得逍遥人生。换言之，人类需要以物来生存，人未尝一时一刻能脱离物，那么我们就应以最合理的方式用物，用物时给物以逍遥，同时也从用物中获得自己的逍遥。庄子哲学是"不材之物"，它不能给我们"木料"这样的"用"，但却可以给我们逍遥的人生。那个"无何有之乡""广莫之野"的大树，正是庄子对自己哲学的隐喻，那就是给人类留下一方可在其下"逍遥游"的绿荫。

《齐物论》原文选释

【原文】南郭子綦隐机而坐，仰天而嘘，荅焉似丧其耦。颜成子游立侍乎前，曰："何居乎？形固可使如槁木，而心固可使如死灰乎？今之隐机者，非昔之隐机者也。"子綦曰："偃，不亦善乎，而问之也！今者吾丧我，汝知之乎？汝闻人籁而未闻地籁，汝闻地籁而未闻天籁夫！"子游曰："敢问其方。"子綦曰："夫大块噫气，其名为风。是唯无作，作则万窍怒呺，而独不闻之翏翏乎？山林之畏佳，大木百围之窍穴，似鼻，似口，似耳，似枅，似圈，似臼，似洼者，似污者；激者，謞者，叱者，吸者，叫者，譹者，宎者，咬者，前者唱于而随者唱喁，泠风则小和，飘风则大和，厉风济则众窍为虚。而独不见之调调、之刁刁乎？"子游曰："地籁则众窍是已，人籁则比竹是已，敢问天籁。"子綦曰："夫吹万不同，而使其自己也，咸其自取，怒者其谁邪？"

【翻译】南郭子綦伏案而坐，仰首向天呼出一口长气，洒落自在的样子好像不再有沉重的作为偶对者的身体。他的学生颜成子游陪侍于身边说："这是什么境地了呢？形体诚然可以像枯木一样安静，心难道也可以像死灰那样不动吗？你今天凭案而坐，跟往昔凭几而坐的情景大不一样呢。"子綦回答说："偃，你这个问题问的很好，今天我忘掉自己了，你知道吗？你听过人籁却没有听过地籁，你听过地籁却没有听过天籁啊！"子游问："敢问老师什么意思。"子綦说："大地噫出的气，名字叫风。风不发作则已，一发作则众窍怒号。你难道没有听过那呼呼的风声吗？山陵上陡峭崔嵬的岩穴，百围大树上无数的窍孔，有的像鼻子，有的像嘴巴，有的像耳朵，有的像圆柱上插入横木的方孔，有的像圈围的栅栏，有的像舂米的臼窝，有的像深池，有的像浅池。它们发出的声音，像湍急的流水声，像迅疾的箭镞声，像大声的呵叱声，像细细的呼吸声，像放声叫喊，像号啕大哭，像在山谷里深沉回荡，像鸟儿鸣叫叽喳，前面在呜呜唱，后面在呼呼随和。清风徐徐就有小小的和声，长风呼呼便有大的回响，迅猛的暴风突然停歇，万般窍穴也就寂然无声。你难道不曾看见大风过境处草木随风摇曳晃动的样子吗？"子游说："地籁是从大地诸多窍穴里发出的风声，人籁是从并排的各种不同的竹管里发出的声音。哪敢问究竟什么是天籁。"子綦说："万般窍穴被吹出的声音万般不同，这种不同是它们自身造成的，难道还有谁驱使它们吗？"

【评析】庄子哲学的核心是"齐物论"，即如何平等地看待天地万物的问题。正如佛教看来"差别心"是万物纷乱不齐的最后根源，庄子看来也是如此，故一切都最终诉诸心，庄子将这个心称之为"成心"，"成心"即自己心中所形成的以自己为出发点的"标准"。要平等地观照天地万物，就要首先把自己的"成心"消解掉。如何消解"成心"，就要做足"吾丧我"的工夫。"吾丧我"即破除对形体我、利益我、欲望我的执着，以虚灵不昧之心去看待这个世界。庄子讲完"吾丧我"后，又以"天籁"设喻，大风起时，万窍怒号，学界向来认为这是隐喻诸子百家的争鸣。风吹大地的虚窍而鸣，此所谓地籁；人吹笙箫的虚窍而鸣，此所谓人籁。但大地本来无声，因风吹才有声，因此所谓地籁实则也是天籁。大风过后，众声悉归于无声。庄子看来，一切风声皆没有自性，就如一切差别都无根据一样。天籁以无声之声，穿过寂静的旷野，这是万物齐平的光风霁月之境。

【原文】 非彼无我，非我无所取。是亦近矣，而不知其所为使。若有真宰，而特不得其朕①。可行已信，而不见其形，有情而无形。百骸、九窍、六藏，赅②而存焉，吾谁与为亲？汝皆说之乎？其有私焉？如是皆有为臣妾乎？其臣妾不足以相治乎？其递相为君臣乎？其有真君存焉？如求得其情与不得，无益损乎其真。一受其成形，不亡以待尽。与物相刃相靡③，其行尽如驰，而莫之能止，不亦悲乎！终身役役而不见其成功，苶然疲役而不知其所归，可不哀邪！人谓之不死，奚益！其形化，其心与之然，可不谓大哀乎？人之生也，固若是芒④乎？其我独芒，而人亦有不芒者乎？

【注释】

①朕：征兆。

②赅：全部，周备。

③靡：磨荡。

④芒：茫昧，愚痴。

【翻译】 没有彼也就无所谓我，没有我也就没有产生差别的根由。如此就近乎道了，但却不知道道如何指使。隐隐有"真宰"存在，但却看不见它存在的征兆。它真实地存在着，却看不见其形体，它实存而没有形体。一百多骸骨，九个窍穴，六种脏器，都存在于我们的身体，你与谁更亲近？你都喜欢它们吗？还是有所偏私之喜？它们都处于臣妾一般地位平等吗？如果它们都是臣妾就没办法互相治理了吧？那么它们是互相为君臣吗？他们中有一个"真君"存在吗？如果追求其真实的情况而得不到，即使如此也无法妨碍它们作为真实的存在者。众人自有其形体那一天起，就执着于自己的形体以等待着死亡。人与万物互相磨荡，驰骛于名利，欲罢不能，难道不悲哀吗！众人终身碌碌无为而一事无成，一身疲倦而无人生之归宿，难道不悲哀吗！即使被人称为不死者，又有什么意义。其形体变化老去，其心灵也与之一起老去，难道这不是一大悲哀吗！人之一生，都是如此茫昧吗？难道只有我自己在茫昧中，他人难道没有茫昧的吗？

【评析】 万物成就我们，我们不应该厚此薄彼。"真宰"就是我们的虚灵不昧之心，有这颗心方可没有差别地、平等地去观照、去对待万物，就如我们平等地对待我们身体的器官、骸骨、四肢一样。事实上，世俗之人这颗心已经死了。大家都在功名利禄中争夺，执着于不死的身体，毫无意义地苟延残喘，一生碌碌无为，忘记人生的归宿。不仅众人何其茫昧，庄子亦然，他认为自己也在茫昧之中，这是深刻的自我批判或反身批判。庄子有如此高深的智慧，那么他应该是一个"不芒"者才对啊？他为什么承认自己也在"茫昧"中呢？章太炎说庄子是一位大乘菩萨或大悲阐提，他自己其实已经开悟了，但还要白衣示相，现身说法，以众生相示众生，这样更增加其哲学的说服力或批判力。庄子是第一个能自我批判的哲学家。

【原文】 以指喻指之非指，不若以非指喻指之非指也；以马喻马之非马，不若以非马喻马之非马也。天地一指也，万物一马也。可乎可，不可乎不可。道行之而成，物谓之而然。有自也而可，有自也而不可。有自也而然，有自也而不然。恶乎然？然于然。恶乎不然？不然于不然。恶乎可？可于可。恶乎不可？不可于不可。物固有所然，物固有所可。无物不然，无物不可。故为是举莛①与楹②，厉③与西施，恢恑憰怪，道通为一。其分也，成也；其成也，毁也。凡物无成与毁，复通为一。唯达者知通为一，为是不用而寓诸庸。庸也者，用也；用也者，通也；通也者，得也；适得而几矣。因是已。已而不知其然，谓之道。劳神明为一而不知其同也，谓之朝三。何谓朝三？狙④公赋芧⑤，曰："朝三而暮四。"众狙皆怒。曰："然则朝四而暮三。"众狙皆说。名实未亏而喜怒为用，亦因是也。是以圣人和之以是非而休乎天钧⑥，是之谓两行。

【注释】

①茎：草芥。

②楹：栋木。

③厉：通"癞"，引申为丑。

④狙：猿猴。

⑤芧：板栗。

⑥天钧：有二义，其一，钧为陶钧，陶钧旋转是公平之象征，天钧即将天比喻为陶钧；其二，钧通"均"，意为均平，天均即自然之均平。

【翻译】以指称来说明指称与所指之物不一样，不如以所指来说明指称与所指不一样。以马这个实在物来说明作为概念的马与作为实在物的马不一样，不若以作为概念的马来说明作为概念的马与作为实在物的马不一样。天地不过是一种指称，万物也都可以用马来指称。可以者有其可以的根据，不可以者有其不可以的根据。路因为行走才成为路，物被命名才能成为它自身。无物不是它自身本来如此，无物不是他自身必然如此。因此，不妨举例为说，草芥与栋梁，癞女与西施，怪模诡样，以道来看通为一如。万物之分，也是万物之成；万物之成，也是万物之毁。因此说物无所谓成毁，都是通为一体。只有明达者知道通为一，但他不会将这种通以显白而用，而是用于庸常之中。庸就是用，用就是通，通就是得，得通之理也就几乎证得最几微之境，在此处不得已而停止。然而究竟处却不知其然，只能称之为道。如果我们费尽神明去追寻那个一而不知万物本来一同，就是所谓"朝三"。什么是"朝三"呢？养猿的老者给猿猴发放栗子，说："早晨三个晚上四个。"众猿猴都发怒。说："那么早晨四个晚上三个。"众猿猴皆高兴了。名和实都没有减少，但猴子们却因此而喜怒，也是这个道理。因此，圣人混一是非而将一切看作"天钧"一般自然而然。

【评析】这里说明，人类对万物的认识皆无自性，即人总是以自己为出发点来看待万物，万物都打上我们自身的色彩，从而有高下、美丑、善恶、褒贬之分，这些分别因人而异，都是自为的"分别心"作祟，故并无确定的标准。因此，高人会把"我"悬隔起来看待天地万物，万物的成毁分合其实质都是一体的，不应该对其有褒贬高下之判，此所谓"道通为一"。一如养猿者将七个栗子分给猿猴，"朝三暮四"与"朝四暮三"无任何分别，我们不应将失看得过重，也不应该因得而沾沾自喜，应该将这种"道通为一"的妙境用于庸常的生活之中，得而不喜，失而不忧，要知道这一切都是自然的"天钧"涌现。

【原文】天下莫大于秋豪之末，而大山为小；莫寿于殇子，而彭祖为夭。天地与我并生，而万物与我为一。既已为一矣，且得有言乎？既已谓之一矣，且得无言乎？一与言为二，二与一为三。自此以往，巧历不能得，而况其凡乎！故自无适有以至于三，而况自有适有乎！无适焉，因是已。夫道未始有封，言未始有常，为是而有畛①也。请言其畛：有左，有右，有伦，有义，有分，有辩，有竞，有争，此之谓八德。六合之外，圣人存而不论；六合之内，圣人论而不议。春秋经世先王之志，圣人议而不辩。故分也者，有不分也；辩也者，有不辩也。曰：何也？圣人怀②之，众人辩之以相示也。故曰辩也者，有不见也。

【注释】

①畛：本意是田边小路，引申为区别。

②怀：藏而不露。

【翻译】天下没有什么比秋毫毛的末端更大的东西，而泰山却是小的；世上没有什么人比夭折的婴儿更长寿的，而传说中年寿最长的彭祖却是短命的。天地与我共在，万物与我一体。既然已是一体，还能用语言言说吗？既然称之为"一"，那不就是言说了吗？一与这句言说就是二，二与一体之一就是三。这样数下来，算数高手也不能得出最后的数字，更何况是普通人。从无到有已数到三了，又何况从有到有呢！没有尽头，因此要打住。道没有分别，言没有确定性，因此，以言说来说道就会出现分别。这些分别有：左与右、伦与义、分与辩、竞与争，此就是所谓的"八德"。天地宇宙之外的存在，圣人意识到它存在但不去议论它；宇宙天地之内，圣人评骘它却不议论它；《春秋》作为经世之作，内含先王之心志，圣人议论它却不辨别它。分意味着有所不分（因为不能穷尽），辨意味着有所不辨（必然有所遮蔽）。为什么这么说呢？圣人怀存于内，众人辨别以示了不起。因此说，分辨必然会有所不见。

【评析】此段文字以"齐"与"言"的悖论来论证最高的智慧是沉默，齐物之境不能言说，一涉言说就有分别；但"万物与我为一"几个字已经被说出来，也意味着对齐物之境的破坏，这是"齐"与"言"的悖论，与"道言悖论"类似。庄子看来，所有的语言一方面是有限性，另一方面，是差别性。这意味着，一方面，无限的道不能被有限的言说来言说；另一方面，道一旦被言说意味着就有分别，有分别就不是道。庄子最终选择"怀之"，介于言说与无言之间。"圣人怀之"意味着不起分别心，让天地万物如其所是地自在现身，尊重万物，平等观照。

【原文】故昔者尧问于舜曰："我欲伐宗、脍、胥敖①，南面而不释然。其故何也？"舜曰："夫三子者，犹存乎蓬艾②之间。若不释然，何哉？昔者十日并出，万物皆照，而况德之进乎日者乎！"

【注释】

①宗、脍、胥敖：三个上古小国。

②蓬艾：草莽草野，引申为未开化之地。

【翻译】曾经尧问舜说："我欲征服宗、脍、胥敖等几个小国，但面对朝臣时总是不能释然于怀。为什么呢？"舜说："此三国还处于未开化的蒙昧状态。你之所以不愉快，为什么呢？曾经天上有十个太阳一起出来，万物都被照耀，更何况您的道德要比太阳还高呢？"

【评析】宗、脍、胥敖是三个未开化的野蛮小邦，尧想征服他们，让他们归化。但这三场征服战争打还是不打，尧有些犹豫。尧其实意识到，此三国虽然没开化，但人家毕竟是三个独立的政治文化实体，他因此才有"不释然"之感。舜于是半恭维半婉谏地说："曾经天上有十个太阳，万物受其光泽，更何况您的道德比太阳还高呢？"古来有两解，一解是以"十个太阳"比喻尧之德高望重，希望它能像"十日并出"一样普照天下，而不要随便征伐；一解是以太阳比喻帝王，如孔子曾说过"天无二日，民无二王"（《孟子·万章上》），现在十个太阳可以一起照耀大地，既然天可多日，地为何不可多主？这是庄子齐物哲学在国家、民族、文化等实体之间的落实，强调不同文化、不同政权之间的平等存在和互相尊重。我们以为后解似乎更符合庄子之意。章太炎以"世情不齐，文野异尚"①（《齐物论释》）来解之，意思是世界以多样性和丰富性的方式存在着，文明和野蛮并没有高下之分，应该互相尊重，平等相处。

【原文】啮缺问乎王倪曰："子知物之所同是乎？"曰："吾恶乎知之？""子知子之所不知邪？"曰："吾恶乎知之！""然则物无知邪？"曰："吾恶乎知之！"虽然，尝试言之。庸讵知吾所谓知之非不知邪？庸讵知吾所谓不知之非知邪？且吾尝试问乎汝：民湿寝则腰疾偏死，鳅然乎哉？木处则惴慄恂惧，猨猴然乎哉？三者孰知正

---

① 章太炎：《齐物论释定本》，上海人民出版社2014年版，第118页。

处？民食刍豢①，麋鹿食荐②，蝍蛆甘带③，鸱鸦耆鼠，四者孰知正味？猨猵狙以为雌，麋与鹿交，鳅（鰌）与鱼游。毛嫱、丽姬，人之所美也，鱼见之深入，鸟见之高飞，麋鹿见之决骤。四者孰知天下之正色哉？自我观之，仁义之端，是非之途，樊然殽乱，吾恶能知其辩！啮缺曰："子不知利害，则至人固不知利害乎？"王倪曰："至人神矣！大泽焚而不能热，河汉冱而不能寒，疾雷破山而不能伤，飘风振海而不能惊。若然者，乘云气，骑日月，而游乎四海之外。死生无变于己，而况利害之端乎！"

【注释】

①刍豢：小兽之肉。

②荐：青草。

③带：一说是粪便，一说是蛇。

【翻译】啮缺问王倪："你知道各种事物相互间总有共同的地方吗？"王倪说："我怎么知道呢！"啮缺又问："你知道你所不知道的东西吗？"王倪回答说："我怎么知道呢！"啮缺接着又问："那么各种事物便都无法知道了吗？"王倪回答："我怎么知道呢！即使这样，我还是试着来回答你的问题。你怎么知道我所说的知道不是不知道呢？你又怎么知道我所说的不知道不是知道呢？我还是先问一问你：人们睡在潮湿的地方就会腰部患病甚至酿成半身不遂，泥鳅也会这样吗？人们住在高高的树木上就会心惊胆战、惶恐不安，猿猴也会这样吗？人、泥鳅、猿猴三者究竟谁最懂得居处的标准呢？人以牲畜的肉为食物，麋鹿食草芥，蜈蚣嗜吃小蛇，猫头鹰和乌鸦则爱吃老鼠，人、麋鹿、蜈蚣、猫头鹰和乌鸦这四类动物究竟谁才懂得真正的美味？猿猴把猵狙当作配偶，麋喜欢与鹿交合，泥鳅则与鱼交尾。毛嫱和丽姬是人们称道的美人了，可是鱼儿见了她们深深潜入水底，鸟儿见了她们高高飞向天空，麋鹿见了她们撒开四蹄飞快地逃离。人、鱼、鸟和麋鹿四者究竟谁才懂得天下真正的美色呢？以我来看,仁与义的端绪,是与非的途径,都纷杂错乱,我怎么能知晓它们之间的分别!"齧缺说:"你不了解利与害,道德修养高尚的至人难道也不知晓利与害吗?"王倪说:"进入物我两忘境界的至人实在是神妙不测啊!林泽焚烧不能使他感到热,黄河、汉水封冻了不能使他感到冷,迅疾的雷霆劈山破岩、狂风翻江倒海不能使他感到震惊。假如这样,便可驾驭云气,骑乘日月,在四海之外遨游,死和生对于他自身都没有变化,何况利与害这些微不足道的端绪呢!"

【评析】世界是一个多样性、差异性、丰富性的存在,因此我们当提倡多元的价值,互相尊重,互相包容,设身处地地为对方着想。在西方,自古希腊哲人普罗泰格拉提出"人是万物的尺度"之后,就始终不能摆脱人类中心主义的窠臼,这种哲学高扬人类的主体性,导致主体性膨胀,最终导致一系列所谓现代性的问题。庄子哲学的过人之处,在于其"齐物"哲学一开始就是以"去人类中心主义"为发端的。他不断地反思、批判、消解作为价值主体的人或人类,号召人类站在其他存在者的角度来看待这个世界,看待我们自己,从而尊重这个世界上的其他存在者,尊重其他民族,与地球上的万物和谐相处。庄子向往的是"入兽不乱群,入鸟不乱行""同与禽兽居,族与万物并"的原始和谐图景。

【原文】瞿鹊子问乎长梧子曰:"吾闻诸夫子:'圣人不从事于务,不就利,不违害,不喜求,不缘道;无谓有谓,有谓无谓,而游乎尘垢之外。'夫子以为孟浪之言,而我以为妙道之行也。吾子以为奚若?"长梧子曰:"是黄帝之所听荧①也,而丘也何足以知之?且汝亦大早计,见卵而求时夜,见弹而求鸮炙。""予尝为汝妄言之,汝妄听之奚?旁日月,挟②宇宙,为其吻③合,置其滑潜④，以隶⑤相尊。众人役役，圣人愚芚⑥，参万岁而一成纯。万物尽然，而以是相蕴。予恶乎知说生之非惑邪！予恶乎知恶死之非弱丧⑦而不知归者邪！丽之姬，艾封人之子也。晋国之始得之也，涕泣沾襟；及其至于王所，与王同筐床，食刍豢，而后悔其泣也。予恶乎知夫死者不悔其始之蕲生乎！梦饮酒者，旦而哭泣；梦哭泣者，旦而田猎。方其梦也，不知其梦也。梦之中又占其梦焉，觉而后知其梦也。且有大觉而后知此其大梦也。而愚者自以为觉，窃窃然知之。君乎，牧乎，固哉！丘也与汝，皆梦也；予谓汝梦，亦梦也。是其言也，其名为吊诡。万世之后而一遇大圣，知其解者，是旦暮遇之也。"

【注释】

①荧：迷乱。

②挟：夹带。

③吻：吻合为一体。

④滑湣：滑为乱，湣为昏，滑湣即混乱。

⑤隶：奴隶，门隶。《秋水》"不贱门隶"。

⑥芚：草塞貌，引申为无知。

⑦弱丧：儿时离家走失。

【翻译】 瞿鹊子问于长梧子说："我听夫子说过：'圣人不从事俗务，不图利，不躲害，不喜追求外物，不刻意遵道而行，把无说成有，把有说成无，悠游于尘垢之外。'夫子认为这是大而无当的狂语，我却以为这是妙道之行。先生您以为如何呢？"长梧子说："此黄帝听了大概也会觉得迷惑，而孔丘更谈不上知道了。而你想到这些了也太早了吧（俗话所谓'听风就是雨'），才看到鸡蛋就想让公鸡打鸣，才看到子弹就想到吃烤枭肉。""我姑且给你说一说，你姑且听一听。遨游于日月之间，挟带着宇宙，与万物吻合为一体，脱离万物的纷乱。众人忙忙碌碌，圣人却愚钝，参万岁为纯一之体。

万物都是如此，被蕴藏于纯一之境中。我怎么知恋生不是一种迷惑呢！我怎么知忧死不是幼小离家而不知故去呢！骊姬是艾地边将的女儿。晋国刚把她娶回去时，她涕泪不已；当她到了王宫之后，与王同睡框床，吃鲜美的肉，开始后悔来时的哭泣了。我怎么能知道死去的人不后悔当年为什么要恋生呢！梦里饮酒，早晨可能会哭泣；梦里哭泣，早晨可能有田猎之乐。当他做梦的时候，不知道自己是在做梦。梦里还会做其他的梦，醒来后才会发现原来是在做梦。而且，只有彻底的大觉醒者才会知道人生是大梦一场。而愚蠢者自以为自己很清醒，计较着君啊牧啊这些权位的大小，可谓是顽固啊。孔子与你，都在梦中；我说你在梦中，我也是在梦中。此种言说就是'吊诡'。万年之后若遇一能理解我这种'吊诡'的人，会像旦暮之间的行人一样稀少。"

【评析】此章由超越利害而言及超越生死，再以梦觉类比生死。圣人超越于名缰利锁之外，甚至生死也不足以挂怀，他与日月宇宙裹合为一体，是对"天地与我并生"的继续发挥。生为什么不足欢喜而死为什么不用担忧呢？庄子以骊姬进王宫前后的不同感受作隐喻，再以梦与觉作类比。骊姬由于在王宫的美好生活而后悔当年的哭泣，庄子用来隐喻这可能就是死后过上美好生活而后悔当年贪生怕死。同时，人生是不是在梦中，本身也是不确定的。一如醒来的生活可能会很美好，从而后悔梦中的贪生怕死。人生如梦，谁是真正的觉者？计较于官职权位的大小者似乎是无比清醒的，他们在算计着大小得失。但这种清醒恰恰是一种迷茫或愚昧，因为他们把梦看成真的了。只有真正的觉者，才能意识到人生是一场大梦，才不会计较成败得失，名利的大小多少，生死寿夭，等等。大觉者才能得大自在。苏东坡诗云："世事一场大梦，人生几度秋凉"，"人生如梦，何曾梦觉"，你觉醒了吗？

【原文】罔两①问景②曰："曩③子行，今子止；曩子坐，今子起；何其无特操④与？"景曰："吾有待而然者邪？吾所待又有待而然者邪？吾待蛇蚹蜩翼邪？恶识所以然！恶识所以不然！"

【注释】

①罔两：影边之微影。

②景：影子。

③曩：过去，曾经，刚才。

④特操：操持，操守。

【翻译】罔两问影子说："刚才你还在行，现在你则停下；刚才你坐着，现在却起来；你为什么如此没有操守呢？"影子说："我是依附着别物而如此的吗？我所依附的别物又依附什么而如此呢？我依附蛇腹蝉翼吗？怎么认识其是如此！怎么认识其不是如此！"

【评析】罔两是影子边上的微影。以一般的自然现象而言，影随物而行动，罔两随影而行动，罔两待影，影待物体，物待造物者，如此构成一种环环相扣，未有穷尽的制约的关系。这样，影子之行动止息需要依待物体，随物坐立，这在罔两看来，影子没有独立的操持，随物俯仰。但是影子却反驳：自己并没有随物俯仰，换言之，自己本来就是如此，不是自己有心去依待物，自己如此存在、如此行动都是造化给予的一种自然存在方式。庄子这个寓言之妙就在于，他把经验意义上最典型的依待制约关系消解为自然关系，既然是自然的，就不是互相制约的，也不是互相依待的。庄子称之为"天倪"，天倪即自然的分际，天然的界限。万物的差别或关系都是如此，这最终也为其"齐物"哲学提供了一种自然宇宙的论证。

【原文】昔者庄周梦为胡蝶，栩栩然胡蝶也，自喻①适志与！不知周也。俄然觉，则蘧蘧②然周也。不知周之梦为胡蝶与，胡蝶之梦为周与？庄周与胡蝶，则必有分矣。此之谓物化。

【注释】

①喻：感觉，知道。

②蘧蘧：一说惊悚貌，一说僵直貌。

【翻译】 晚上，庄周梦到一只蝴蝶。蝴蝶栩栩然飞舞，自感非常舒适惬意！不知道庄周。突然醒来后，庄周为之惊悚。不知是昨晚庄周梦为蝴蝶呢？还是今晨蝴蝶梦为庄周呢？庄周与蝴蝶，本来不一样啊。这就是所谓物化。

【评析】 当庄周梦为蝴蝶之时，庄周已经隐去，只有一只蝴蝶在翩翩起舞；当庄周梦醒之后，蝴蝶已经隐去，这个时候只有庄周。这样，庄子——蝴蝶——庄子构成不同时间段内存在的主体，每一个主体都是有自我意识的存在者，因此他可以继续做梦，正如黄庭坚所言"做梦中梦，现身外身"。梦里的蝴蝶并不是虚幻，因为当我们说蝴蝶虚幻之时是站在醒来的角度去看蝴蝶。事实上，我们都有做梦的经历，梦里的我们或喜悦或悲伤或恐惧，但这些心理症状的发生正可证明梦里的我们并没有意识到我们在做梦。换言之，梦境对于梦的主体来说是真实的发生，与现实生活无异；既然二者无异，那么我们就没有办法证明现实的我们不在梦中。这就是所谓"人生如梦""世事一场大梦"的哲学根据。既然人生如梦，我们就不要太过于计较人生的得失，不必在乎之，所得所失不过是大梦一场啊！另外，生死犹如梦觉，梦中的蝴蝶不知道曾经的庄子，而且活的非常愉快，恰恰证明死去的世界也许并不恐怖。况且，蝴蝶是否美好不为梦前（死前）的庄子所知，死后的世界只有死后的你才知道，换言之，死后的世界究竟是好是坏我们不得而知，即使不好我们也不用担心。因为死后的世界的存在主体是死后的你，而不是现在的你，一如梦里的蝴蝶不是梦之前的庄周，死后世界的你不是现在的你，因此，何必恐惧呢？最后需要指出的是，蝴蝶是很多古老文化中自由和灵魂的图腾，庄子梦为蝴蝶，意味着庄子对人生的达观和对自由的企慕。"齐物"的哲学论证最终结穴于"逍遥"的人生。

三 《庄子》经典名句诵读

1. 鹏之徙于南冥也，水击三千里，抟扶摇而上者九万里，去以六月息者也。（《逍遥游》）

2. 且夫水之积也不厚，则其负大舟也无力。（《逍遥游》）

3. 举世而誉之而不加劝，举世而非之而不加沮，定乎内外之分，辩乎荣辱之境，斯已矣。（《逍遥游》）

4. 若夫乘天地之正，而御六气之辩，以游无穷者，彼且恶乎待哉！故曰：至人无己，神人无功，圣人无名。（《逍遥游》）

5. 日月出矣，而爝火不息，其于光也，不亦难乎！时雨降矣，而犹浸灌，其于泽也，不亦劳乎！（《逍遥游》）

6. 彷徨乎无为其侧，逍遥乎寝卧其下。（《逍遥游》）

7. 天地一指也，万物一马也。（《齐物论》）

8. 天下莫大于秋豪之末，而大山为小；莫寿于殇子，而彭祖为夭。天地与我并生，而万物与我为一。（《齐物论》）

9. 夫大道不称，大辩不言，大仁不仁，大廉不嗛，大勇不忮。道昭而不道，言辩而不及，仁常而不成，廉清而不信，勇忮而不成。（《齐物论》）

10. 大泽焚而不能热，河汉冱而不能寒，疾雷破山而不能伤，飘风振海而不能惊。若然者，乘云气，骑日月，而游乎四海之外。死生无变于己，而况利害之端乎！（《齐物论》）

11. 众人役役，圣人愚芚，参万岁而一成纯。万物尽然，而以是相蕴。（《齐物论》）

12. 方其梦也，不知其梦也。梦之中又占其梦焉，觉而后知其

梦也。且有大觉而后知此其大梦也。(《齐物论》)

13. 吾生也有涯，而知也无涯。以有涯随无涯，殆已；已而为知者，殆而已矣。为善无近名，为恶无近刑。(《养生主》)

14. 合于桑林之舞，乃中经首之会。(《养生主》)

15. 彼节者有间，而刀刃者无厚。以无厚入有间，恢恢乎其于游刃必有余地矣，是以十九年而刀刃若新发于硎。(《养生主》)

16. 泽雉十步一啄，百步一饮，不蕲畜乎樊中。(《养生主》)

17. 指穷于为薪，火传也，不知其尽也。(《养生主》)

18. 治国去之，乱国就之，医门多疾。(《人间世》)

19. 内直而外曲，成而上比。(《人间世》)

20. 无听之以耳而听之以心，无听之以心而听之以气！耳止于听，心止于符。气也者，虚而待物者也。唯道集虚，虚者，心斋也。(《人间世》)

21. 乘物以游心，托不得已以养中。(《人间世》)

22. 凤兮凤兮，何如德之衰也！来世不可待，往世不可追也。天下有道，圣人成焉；天下无道，圣人生焉。方今之时，仅免刑焉。福轻乎羽，莫之知载；祸重乎地，莫之知避。已乎已乎，临人以德！(《人间世》)

23. 山木自寇也，膏火自煎也。桂可食，故伐之；漆可用，故割之。人皆知有用之用，而莫知无用之用也。(《人间世》)

24. 自其异者视之，肝胆楚越也；自其同者视之，万物皆一也。(《德充符》)

25. 人莫鉴于流水而鉴于止水，唯止能止众止。受命于地，唯松柏独也正，在冬夏青青；受命于天，唯尧舜独也正，在万物之首。(《德充符》)

26. 有人之形，无人之情。有人之形，故群于人，无人之情，故是非不得于身。眇乎小哉，所以属于人也！警乎大哉，独成其天！

(《德充符》)

27. 知天之所为，知人之所为者，至矣。知天之所为者，天而生也；知人之所为者，以其知之所知，以养其知之所不知，终其天年而不中道夭者，是知之盛也。(《大宗师》)

28. 泉涸，鱼相与处于陆，相呴以湿，相濡以沫，不如相忘于江湖。与其誉尧而非桀也，不如两忘而化其道。(《大宗师》)

29. 夫大块载我以形，劳我以生，佚我以老，息我以死，故善吾生者，乃所以善吾死也。(《大宗师》)

30. 夫藏舟于壑，藏山于泽，谓之固矣。然而夜半有力者负之而走，昧者不知也。藏小大有宜，犹有所遯。若夫藏天下于天下而不得所遯，是恒物之大情也。(《大宗师》)

31. 鱼相造乎水，人相造乎道。相造乎水者，穿池而养给；相造乎道者，无事而生定。故曰，鱼相忘乎江湖，人相忘乎道术。(《大宗师》)

32. 天无私覆，地无私载，天地岂私贫我哉！(《大宗师》)

33. 予方将与造物者为人，厌，则又乘夫莽眇之鸟，以出六极之外，而游无何有之乡，以处圹垠之野。汝又何帠以治天下感予之心为？(《应帝王》)

34. 汝游心于淡，合气于漠，顺物自然而无容私焉。(《应帝王》)

35. 明王之治，功盖天下而似不自己，化贷万物而民弗恃；有莫举名，使物自喜。(《应帝王》)

36. 至人之用心若镜，不将不迎，应而不藏，故能胜物而不伤。(《应帝王》)

37. 故至德之世，其行填填，其视颠颠。当是时也，山无蹊隧，泽无舟梁；万物群生，连属其乡；禽兽成群，草木遂长。是故禽兽可系羁而游，鸟鹊之巢可攀援而窥。(《马蹄》)

38. 白玉不毁，孰为珪璋！道德不废，安取仁义！性情不离，安用礼乐！五色不乱，孰为文采！五声不乱，孰应六律！夫残朴以为器，工匠之罪也；毁道德以行仁义，圣人之过也。(《马蹄》)

39. 彼窃钩者诛，窃国者为诸侯，诸侯之门而仁义存焉，则是非窃仁义圣知邪？(《胠箧》)

40. 闻在宥天下，不闻治天下也。在之也者，恐天下之淫其性也；宥之也者，恐天下之迁其德也。(《在宥》)

41. 有机械者必有机事，有机事者必有机心。(《天地》)

42. 上神乘光，与形灭亡，此谓照旷。致命尽情，天地乐而万物销亡，万物复情。(《天地》)

43. 世之所贵道者书也，书不过语，语有贵也。语之所贵者意也，意有所随。意之所随者，不可以言传也，而世因贵言传书。世虽贵之，我犹不足贵也，为其贵非其贵也。(《天地》)

44. 泉涸，鱼相与处于陆，相呴以湿，相濡以沫，不若相忘于江湖！(《天运》)

45. 秋水时至，百川灌河。泾流之大，两涘渚崖之间，不辩牛马。于是焉河伯欣然自喜，以天下之美为尽在己。顺流而东行，至于北海，东面而视，不见水端，于是焉河伯始旋其面目，望洋向若而叹曰："野语有之曰：'闻道百以为莫己若者'，我之谓也。且夫我尝闻少仲尼之闻而轻伯夷之义者，始吾弗信；今我睹子之难穷也，吾非至于子之门，则殆矣，吾长见笑于大方之家。"(《秋水》)

46. 井蛙不可以语于海者，拘于虚也；夏虫不可以语于冰者，笃于时也；曲士不可以语于道者，束于教也。(《秋水》)

47. 自以比形于天地而受气于阴阳，吾在于天地之间，犹小石小木之在大山也，方存乎见少，又奚以自多！计四海之在天地之间也，不似礨空之在大泽乎？计中国之在海内，不似稊米之在大仓乎？(《秋水》)

48. 夫物，量无穷，时无止，分无常，终始无故。是故大知观于远近，故小而不寡，大而不多，知量无穷；证曏今故，故遥而不闷，掇而不跂，知时无止；察乎盈虚，故得而不喜，失而不忧，知分之无常也；明乎坦途，故生而不说，死而不祸，知终始之不可故也。（《秋水》）

49. 以道观之，物无贵贱；以物观之，自贵而相贱；以俗观之，贵贱不在己。以差观之，因其所大而大之，则万物莫不大；因其所小而小之，则万物莫不小；知天地之为稊米也，知毫末之为丘山也，则差数睹矣。（《秋水》）

50. （河伯）曰："何谓天？何谓人？"北海若曰："牛马四足，是谓天；落马首，穿牛鼻，是谓人。故曰，无以人灭天，无以故灭命，无以得殉名。谨守而勿失，是谓反其真。"（《秋水》）

51. 庄子与惠子游于濠梁之上。庄子曰："儵鱼出游从容，是鱼之乐也。"惠子曰："子非鱼，安知鱼之乐？"庄子曰："子非我，安知我不知鱼之乐？"惠子曰："我非子，固不知子矣；子固非鱼也，子之不知鱼之乐，全矣。"庄子曰："请循其本。子曰：'汝安知鱼乐'云者，既已知吾知之而问我，我知之濠上也。"（《秋水》）

52. 达生之情者，不务生之所无以为；达命之情者，不务命之所无奈何。（《达生》）

53. 用志不分，乃凝于神。（《达生》）

54. 以瓦注者巧，以钩注者惮，以黄金注者殙。（《达生》）

55. 草食之兽不疾易薮，水生之虫不疾易水，行小变而不失其大常也，喜怒哀乐不入于胸次。（《田子方》）

56. 天地有大美而不言，四时有明法而不议，万物有成理而不说。圣人者，原天地之美而达万物之理。（《知北游》）

57. 独与天地精神往来而不敖倪于万物，不谴是非，以与世俗处。（《天下》）

58. 上与造物者游，而下与外死生、无终始者为友。其于本也，弘大而辟，深闳而肆，其于宗也，可谓稠适而上遂矣。(《天下》)

思考题：

1. 庄子"逍遥游"的哲学内涵是什么？
2. 庄子是如何对其"齐物"哲学进行论证的？
3. 结合你做梦的经验谈谈"庄周梦蝶"的哲学隐喻。
4. 在今天这个时代，庄子哲学对于我们的人生有何积极意义？

参考文献：

1. （晋）郭象注、（唐）成玄英疏：《庄子注疏》，中华书局 2016 年版。
2. （宋）林希逸：《鬳斋庄子口义》，华东师范大学出版社 2010 年版。
3. 陈鼓应：《庄子今译今注》，中华书局 2008 年版。
4. 刘笑敢：《庄子哲学及其演变》，中国社会科学出版社 2010 年版。
5. 崔大华：《庄学研究》，人民出版社 1998 年版。
6. 张默生：《庄子新释》，齐鲁书社 2013 年版。

第 四 章

佛教经典文化与人生

佛教并非中国土生土长的宗教，在传入我国之前，佛教已经在印度经过六百多年的发展，形成了诸多不同的思想体系，而印度佛教在两汉之际传入我国之后，逐渐与我国传统文化相融合，形成了独具中国特色的诸多佛教宗派及理论，进而也影响了我国传统的儒家文化。

第一节 佛教源流

一 印度佛教的产生与发展

佛教大约在公元前6世纪左右兴起于古代的印度。佛教的产生与当时古代印度的政治、文化、思想状况密切相关。当时的印度有16个以城市为中心的大国，虽然这些大国的政治制度略有不同，但都实行种姓制度，即，将所有人口分为四大种姓：婆罗门、刹帝利、吠舍、首陀罗。这四大种姓大致对应于社会中的僧侣和祭司阶层、武士阶层、农民及手工业者等普通民众阶层、奴隶阶层。当时，婆罗门教在古代印度是主导性的宗教，整个古代印度的社会结构是建立在婆罗门教思想体系之上的，人们的生产生活都受到婆罗门教的影响。婆罗门教主要有三大纲领：吠陀天启、祭祀万能、婆罗门至上。在这样的思想体系下，婆罗门种姓在社会中占据至高无上的地位，成为人民精神生活的实际统治者。

而随着古代印度政治经济的发展，刹帝利和吠舍对于婆罗门种姓的统治地位产生了怀疑，对于自己的社会地位愈发感到不满。在这样的社会背景下，当时的印度社会形成了一股反婆罗门的思潮，也就是"沙门思潮"。佛教就是当时"沙门思潮"中具有重要地位和深远影响的一种思潮。

(一) 释迦牟尼其人其事

释迦牟尼，古尼泊尔人，意即释迦族出身之圣人，姓乔达摩，名悉达多，释迦牟尼的意思是"释迦族的圣人"，佛教徒尊称他为"佛陀"，或简称为"佛"，又作释迦文尼、释迦夜牟尼、释迦牟囊、释迦文，简称释迦、牟尼、文尼，亦译作"能仁""能忍""能寂""寂默""能满""度沃焦"，或梵汉并译，称为释迦寂静，又称："世尊""释尊"，即佛教教祖。释迦牟尼为北印度迦毗罗卫城净饭王之子，该城在今尼泊尔南部提罗里克附近，拉布提河东北，在今印度、尼泊尔边境地区，当时北印度实行贵族共和制度，该城分成十个小城邦，由十城中选出最有势力之城主为领导者，净饭王即当时共和国之领袖，母亲为摩耶夫人，是邻国居利族天臂城主之女，释迦牟尼是他们的长子，也就是迦毗罗卫国的王子。释迦牟尼的生卒年月说法不一，根据我国学者吕澂考证，认为是在公元前565年至公元前486年之间，享年80岁，他生活的年代大致相当于我国的春秋时代，与著名哲学家孔子处于同一时期。据说，释迦牟尼的母亲生下他七天后就去世了，他由姨母抚养长大。

释迦牟尼本人天资聪颖，从小受到完备的婆罗门传统教育，兼习兵法与武艺，善射骑，博学多艺，是一个骑射击剑的能手，同时也富于沉默思考。16岁的时候，在父亲的安排下，娶了邻国觉善王的女儿耶输陀罗公主为妻,并且生有一子。按照当时世俗生活的标准来看,释迦牟尼过着锦衣玉食、无忧无虑的生活,的确算得上幸福美满。他的父亲净饭王对他寄予厚望,希望他能够继承王位、建功立业、摆脱强邻的侵犯。但是释迦牟尼本人所追求的却是思考人生的意义以及找到能够摆脱人生痛苦的方法,他并不想做政治上的统治者。相传释迦牟尼14岁那年曾驾车出游,在东南西三门的路上先后遇着老人、病人和死尸,亲眼看到那些衰老、清瘦和凄惨的现象,非常感伤、苦恼。最后在北门外遇见一位出家修道的沙门,从沙门那里听到出家可以解脱生死病老的痛苦,便萌发了出家修道的想法。因此,在他29岁(一说19岁)时,不顾父亲的多次劝阻,毅然选择出家修道。他离开妻儿,放弃了高贵的地位及世俗的贵族生活,到处寻师访友,探索人生解脱之门。

释迦牟尼最初出家修道尝试过很多方法。离家之后,释迦牟尼先到王舍城郊外随沙门思潮的两位大师学习禅定,但后来发现这依旧不能满足他对于生命的探索,于是又在尼连禅河畔的树林中独修苦行,每天只吃一餐,后来七天进一餐,穿树皮,睡牛粪。在这6年的苦行修行中,他身体消瘦,形同枯木,禁绝欲望,历尽各种艰难困苦,始终坚持不懈,但是仍无所得,无法找到解脱之道。于是,六年后,他便放弃苦行,决定改变过去的修行方式,探索新的解脱道路。他在尼连禅河中沐浴,洗去了自己6年苦行所积累的泥垢,接受了一个牧女供养的乳糜,恢复了健康。之后他渡过尼连禅河,来到伽耶城外的荜钵罗树(后称菩提树)下进行打坐,沉于沉思默想之中。释迦牟尼发大誓愿,如果不能得到人生的真谛,宁愿粉身碎骨、身体溃烂也绝不起来。

据说,经过七天七夜的冥思苦想,释迦牟尼终于恍然大悟,得到解脱。他确信自己已经洞达了人生痛苦之本源,断除了生老病死之根本,使贪、瞋、痴等烦恼不再起于心头。这标志着他觉悟成道,成了佛，佛即"佛陀"，意为"觉者""知者"。这一年释迦牟尼35岁。

在释迦牟尼成佛后的45年，他开始不停地奔走，四处开始他的传教活动。首先在鹿野苑找到曾随他一道出家的阿若、陈如等五个侍从（后来成为跟随他的"五比丘"），并向他们讲说自己获得彻悟的道理，佛教史上称这次说法为初转法轮。释迦牟尼不久又旅行各地，足迹遍布恒河流域。他所到之处，都会致力于讲道。后来信徒越来越多，释迦牟尼的传教对象不止限于有文化的人，还包括社会各个阶层各种职业的人，有贵族、农民、牧民、手工业者，甚至小偷、强盗等，信徒越来越多的时候，逐渐组成僧团，奠定了原始佛教基本教义。据说，释迦牟尼佛弟子有五百人之多，著名的有大迦叶、舍利弗、目犍连、阿难陀、优婆离等十大弟子，佛、法、僧，佛教的这三宝已具备，标志着佛教正式形成。相比于古代印度的其他宗教，佛教僧团内部没有种姓差别，僧人彼此都是平等的。

释迦牟尼主张要坚持"中道"原则，既要避免极端苦行，又要反对纵欲，他认为只有"中道"才是解脱的"正道"。据说释迦牟尼每天的活动都很有规律，他黎明起床，坐禅静思，近中午时，外出乞食。有时在午饭前拜访某些沙门。中午饭后，到聚落外的静寂处坐禅沉思，黄昏则为弟子宣法，或到聚落里向普通俗人传教，一直坚持到晚上。释迦牟尼一年中的大部分时间都在布道，雨季停止以后则开始旅行3个月，称为"伐沙"（坐夏）。

释迦牟尼的这种生活方式，是早期僧侣生活缩影的写照，后来形成了佛教的某些生活规则以及戒律的早期雏型，为佛教的进一步发展打下了基础。需要注意的是，释迦牟尼佛传教所走的基本上都是商道，据《长阿含·游行经》记载，释迦牟尼常年来往于摩揭陀国的王舍城和拘萨罗国的舍卫城，这里沙门运动频繁，基本上都属于商道范围，也就是说，释迦牟尼成道前由北向南所走的路，以及圆寂前由南向北走的路基本上离不开当时的商道。由此，佛门传教，大多是由商人和王族来支持，据说，释迦牟尼佛有两个经常说法的根据地：舍卫城南的盘园精舍和王舍城的竹林精舍，这两处地方都是商人或者贵族捐资修建或者常驻之地，而沙门的辩论也经常发生于此，最终结果，据佛典记载，总是释迦牟尼佛取胜，从而吸引了很多商族皈依佛教，佛门僧众愈来愈多。

80岁时，释迦牟尼在末罗国拘尸那揭罗城圆寂，亦即"涅槃"。他的弟子们继续将他的学说发扬光大。

（二）印度佛教的发展

释迦牟尼创立佛教之后，印度佛教大致经历了原始佛教、部派佛教、大乘佛教、密教四个发展时期。

原始佛教。释迦牟尼创教及其弟子相继传承时期的印度佛教，约为公元前6世纪—公元前5世纪。从释迦牟尼创立佛教到他逝世后百年的时间，他的学说并不是通过记载于书面的文字材料来传播的。释迦牟尼佛的说教最初是口传，为了便于记忆，后来采取偈颂的形式，编集为经律论三藏。也就是说，佛教传播是通过释迦牟尼对于弟子的口传心授以及弟子之间的口耳相传来传播的。在释迦牟尼圆寂之后，他的弟子通过"结集"的方式，将佛陀的说法逐渐确定下来。这一时期的佛教称为"早期佛教"，也称"原始佛教"。

原始佛教的理论主要是探讨人生的现象和人生的道理，其基本教义是"四谛""八正道"和"十二因缘"，其核心内容是讲现实世界的苦难和解决苦难的方法；从缘起思想出发，提出了"诸行无常""诸法无我"和"涅槃寂静"的学说。后人把原始佛教的修持，概括为戒、定、慧三学、慈悲喜舍四无量心以及四念处、四正断、四神足、五根、五力、七觉支等三十七菩提分法，也就是说，佛教所涉及的思想理论主要包括四圣谛、八正道、十二因缘、中道观念等学说。

四圣谛即苦、集、灭、道，也被称为"四谛"。四圣谛关注的重点是解释人生的现象。

苦谛，主要指能够认识到现实世界充满了各种痛苦。相传，在释迦牟尼十几岁的时候，有一次外出游玩，就观察到世间万物都充满了各种痛苦，田间的草木鸟虫生命短暂、地里的耕牛疲惫不堪、农田中劳作的农民艰辛耕作，不论人类、动物还是植物，一切事物都处于各种无法摆脱的痛苦之中。这些现象引发了释迦牟尼对于世界的思考。思考人生的痛苦以及如何能够摆脱痛苦也成为释迦牟尼佛教理论的根本出发点。后来佛教将人生的苦概括为八苦：生苦、老苦、病苦、死苦、怨憎会苦、爱别离苦、求不得、五蕴炽盛苦，分别涵盖了人的整个生命过程、人类社会生活中进行日常交往活动等遇到的各种痛苦。生、老、病、死四种苦是每一个人人生中都会经历的痛苦，是不可避免的自然规律；怨憎会苦指相互仇恨却不得不生活在一起的苦；爱别离苦指相互喜爱却不得不分别的苦；求不得苦指想要却不能够得到的苦；五蕴炽盛苦指人总体身心的烦恼之苦。苦谛所说的实际是佛教对于人生现象的一种基本看法。

集谛，主要指造成痛苦的原因，是对这些原因的探讨。集是集合、聚集的意思。释迦牟尼认为，造成人生痛苦的原因主要有两种，一种是主因，佛教将主因归结为"业"；另一种是助因，佛教将助因归结为"烦恼"。人生在世的各种所作所为都是在作"业"，而人们通过相应的思想（意）、语言（口）、行为（身）所作的"业"都会产生相应的结果。现世所受生死诸苦，由前世所集"业"因而致；现世之因所集，则必导致未来之苦。除了"业"之外，因为人们认识上的欠缺或无知，还会造成贪欲，这就形成了"烦恼"，成为造成"苦"的助因。因为有"业"，有"烦恼"，所以人们在痛苦的状态中不断经历生死轮回。

灭谛，主要指认识到人生的苦以及造成苦的原因，就要在此基础上彻底根除造成痛苦的原因，从而彻底摆脱痛苦。摆脱痛苦的途径主要是通过学习佛陀的教诲，使人从精神上摆脱因贪欲而造成的烦恼，这样就不会因为欲望得不到满足而产生痛苦，同时也不会作"业"，这样也就不会有因"业"而来的结果，从而灭除了苦以及苦产生的原因，使人们从痛苦的轮回中解脱出来。这种状态又称为"涅槃"。

道谛，主要指灭除痛苦的一些途径和达到涅槃状态的一些方法，也就是指达到解脱的道路方法。释迦牟尼把这些方法归结为八种，即所谓"八正道"。

八正道分别为正见（即正确的见解、正确的信仰，也就是佛陀的教诲，按照事物的本来面目如实认识事物）、正思维（即正确的意念、正确的思考，对事物正确地思维，是对正见内容的坚持）、正语（即正确的言语、正确的言论，不说诳语、粗暴或无聊的语言等，这是对正思维内容的实践）、正业（即正确的行为、正确的行动，也就是不造作杀生、偷盗、邪淫等恶业；同时应行放生、布施、清净、智慧等善业，这也是根据正确的思维进行的实践）、正命（即正当地谋生或正当地生活、正确地生活）、正精进（即正确地努力，因为人们不可能一下子做到完全清净，所以需要不断努力）、正念（即正确的思想，使得自己的思想合乎正见）、正定（定即禅定，正确的自我专心，它是一种正确地冥想修习佛教的禅定，目的在于保持精神的统一）。此外修行还以"五戒"为主，包括戒杀、戒盗、戒淫、戒妄语、戒饮酒。需要注意的是，佛教并不承认婆罗门教的经典和宗教特权，它认为，不论人出生于哪一个瓦尔那，只要自己按照佛的教训修行，就能达到不生不灭的涅槃境界。佛教这种不承认瓦尔那区别的态度，吸引了很多下层民众。

四圣谛和八正道理论奠定了原始佛教的思想基础，阐明了释迦牟尼对于人生的认识，并创建了一套富有特色的以解脱为目标的宗教实践体系。这一学说在佛教后来的思想发展中不断得到丰富和深入，并一直占有重要地位。

十二因缘学说与四圣谛和八正道的学说有密切联系，是早期佛教缘起学说中的代表性理论。十二因缘学说把人生过程分为十二个彼此成为条件、相互之间存在因果联系的环节，分别为：1. 无明，指心的迷暗无知，不明事理，是一切烦恼的总称。2. 行，行由无明而生，即由于错误的观念（无明）而引起的种种行为。3. 识，由行所生，随业受报，即由前生所造的种种善恶诸业，汇集成为脱胎投生的生命主体。4. 明色，由识所生，指精神要素与物质要素的结合体，即作为人脱胎后的身心状态。5. 六处，由明色而生，即人的六种感觉器官，即眼、耳、鼻、舌、身、意。6. 触，六处而生，即人的感觉器官与外界的接触，由此而产生感触或认识。7. 受，由触而生，即由于接触外界环境而产生的或苦或乐等诸多感受。8. 爱，由受而生，即由于对事物的接触和感受而产生的对外部世界的贪求或欲望。9. 取，由爱而生，即追求，因为对外部事物的追求与欲望而在行为中表现出的对于外物的索取和占有。10. 有，由取而生，即由于对外物的贪爱、追求等行为而产生的后世相应的果报或生存环境。11. 生，由有而生，即由于今生之业的存在未因，来世必然会再生并有相应的果报。12. 老死，由生而来，有生自然也会有衰老和终结以及死亡。

十二因缘学说体现了佛教宇宙观中的缘起论。它将人生现象视为一系列相互依存、互相影响、变化发展的因果链条，认为人生由无明开始，进而到生、老死，处于过去、现在、未来三世不断流转、轮回的过程之中。只有从根源上消除无明，断灭轮回，才能彻底脱离痛苦，达到涅槃解脱的状态。

除了四圣谛、八正道、十二因缘的学说之外，原始佛教比较重要的学说还有中道观念，相传这也是释迦牟尼最初说法时所讲授的内容。在释迦牟尼创立佛教的时候，古代印度哲学对于人生的看法主要有两种观点，一种是绝对的享乐主义，另一种是绝对的苦行主义，而中道观念则摆脱了这两种观点的影响，这一观念是释迦牟尼提出的不同于当时古代印度哲学的达到涅槃解脱的方法。他认为，极端的享乐和极端的苦行都不可取，二者都不利于最终达到涅槃解脱，只有舍此二边，取其中道，才是修行的正途。这种观念对于后来佛教思想的发展具有深远影响。

部派佛教。部派佛教时期指印度佛教在大约公元前4世纪到公元前1世纪的时期，大约是释迦牟尼圆寂后的100年至400年。当时古代印度的政治经济和思想文化状况发生了巨大变化，王朝更迭、外族入侵、文化更加多元。而这时佛陀已圆寂超过百年，佛陀的教诲渐渐被更多人接受，佛教僧团的规模也有很大发展，佛教流行的区域逐渐扩大，面对当时的政治经济及思想文化状况，佛教僧团内部发生了重大变化，不同的人由于其不同的背景，对于相同教诲的理解也会产生差异。另外，因为原始佛教时期，佛陀的教义并未诉诸文字记录，而是通过教徒的口耳相传，这样难免会在流传的过程中产生偏差，造成后人对于早期教义与戒律理解的分歧。于是，早期统一的佛教僧团逐渐发生分裂，产生出许多不同的部派来。

佛教最初也是最大的一次分裂被称为"根本分裂"，这次分裂使得印度佛教分化为上座部和大众部两大部派。上座部代表原始佛教时期一些长老的主张，属于正统派。现在流行于缅甸、泰国等东南亚国家以及流传于我国云南西双版纳地区的佛教就是南传上座部佛教。大众部则代表着人数众多的下层僧侣的主张，是比较强调发展的流派。在"根本分裂"之后，上座部和大众部又各自分裂为很多其他的支派。

部派佛教与原始佛教直指解脱、不事玄想的佛旨相比，它更加关注抽象的形而上学问题，这种风格随佛教的发展而逐渐有了变化。

在关于世界是实有还是假有的问题上，主要有六种派别。有部派认为一切有部在过去、现在、未来三种时间的状态是实有，一切事物的实体性成分是永恒，即所谓"三世实有""法体恒存"；也有部派主张，事物只在现在极短的一瞬间或者一刹那才存在，在过去、未来都没有实体；还有部派认为一切现象都不是真实存在，而是假名。这些部派对时间的性质、物质的构成、事物的名实关系等提出了自己的解释，在某种意义上来说，丰富了佛教哲学的内容，然而，部派佛教更有很多部派对事物现象解释的实体化倾向，使得它们背离了原始佛教的初衷。原始佛教反对灵魂不灭论，并主张轮回说。也就是说，部派佛教中的实体化思想倾向不符合原始佛教之本怀，当然，这也与原始佛教将具体事物"析为因缘以证空"，并且没有将因缘条件本身证空，由此而留下了理论空白，有一定的关系。正如印顺法师所批评的，他认为，部派佛教本来是依经，但各部所文句不完全相同，即便相同，解说也不一定一致。

大乘佛教。约公元1世纪的时候，南亚次大陆处于历史上的南北朝分立时期。当时的印度社会奴隶制度趋于解体，封建制度逐渐发展起来，政治与经济有很大的发展。面对社会上政治与经济的发展变化，在释迦牟尼佛圆寂后，佛教内部分化日趋严重，难以适应社会形势的发展。佛教分化成了大乘教和小乘教。

大乘派自称为大乘佛教，而将部派佛教贬低性地称为小乘佛教。乘是梵文yana的意译，yana的本意是人们在行路，是所乘载的车、船，也有道路的意思。在梵文中，大乘叫作Mahayana（摩诃衍那），小乘叫作Hinayana（希那衍那）。小乘佛教（主要为南传佛教或上座部佛教，现代学者用此概念仅用于分类，无褒贬之意）主要传播地区在泰国、缅甸、斯里兰卡一带，中国南部云南等地也属该系佛教，该派经典在古印度时以梵文经典为主，主要观点在于，强调以佛陀的一生行持为榜样，以成佛为修行的最终目标，追求菩萨道的普度众生，主张通过"八正道"等自我修持，达到最高第四果阿罗汉果（断尽三界烦恼，超脱生死轮回）和辟支佛果（观悟十二因缘而得道），要求恪守戒律，可食"三净肉"，托钵乞食，注重禅修、精密观照，以罗汉的解脱为目标，强调修炼自我的声闻乘，然而，小乘佛教不认为除释尊外其他众生皆能成就佛果。

大乘佛教的主要传承为北传佛教，公元前后传入中国后，主要继承者为中国的汉传佛教，现代很多学者一般专指汉传佛教，但中国的汉传佛教实际上也包含小乘教法。大乘佛教认为能够通过自己的修行运载无量众生从生死大河的此岸达到菩提涅槃的彼岸，所以谓之大乘。与之相对应，持旧义的人则被他们贬为小乘。方立天先生指出，大乘佛教也是菩萨乘，它的理论和实践是以菩萨为主体进行设计和构建的，宣扬不但自身要成就正果，而且要帮助他人觉悟成佛，普度众生。大乘佛教在形成和演化过程中，主要有中观学派和瑜伽行派两大派别。大乘佛教按照佛陀的众生平等、人人本来均有如来智慧德相的理念，强调通过佛法无量劫的修持，众生都能成佛。它还主张食素，通过菩萨行的"六度"（布施、持戒、忍辱、精进、禅定、智慧）等的修习，历经52道菩萨道阶位的修持（"菩萨"，意为具有大觉心的众生），最终成就佛果。大乘僧人和小乘僧人虽然都是虔诚的佛教徒，但却因宗派不同，一直争论不休。公元12世纪左右，佛教在古印度衰落，但佛教的影响并没有消失，它在有着深厚文化底蕴的中国深深扎根，当佛教的世界中心转移到中国后，它发展成为世界三大宗教之一。

密教。密教，又作密宗，汉地又称真言宗，是大乘佛教后起的一派，相对于"显教"而言。"密教"一词来自于梵语词汇"guhya"，指秘密、神秘、隐秘、深奥等义，此宗主张三密相应，即身、语、意三密，就是手结印、口念咒、意作观想，靠三密加持，则可即身成佛。密教的主要经典为《大日经》《金刚顶经》和《苏悉地经》。

　　密教起源于大乘佛教里的"陀罗尼",可以说,它是大乘佛教的进一步神秘化、通俗化、世俗化的结果,于唐开元年间由善无畏、金刚智等传入中国,自称受于法身佛等。"陀罗尼",为梵文 dhāraṇī 的音译,原意为忆持不忘,即具有记忆不再遗忘的能力,意译为总持、能持、闻持、能遮等。"陀罗尼"的最初含义仅仅局限于对佛陀教法的语言文句等进行正确听闻和牢固记忆,它最主要强调表现佛陀言教的语言形式,据说释迦牟尼弟子阿难,就曾以博闻强识的超人记忆能力而被称赞为"总持第一"。后来,人们逐渐淘汰了"陀罗尼"原有的记忆意义,使其成了类似于咒术的东西而被神秘化,由此,"陀罗尼"的语言表现形式,如音素、音节等,及其念诵形式,都逐步地演变为民间咒语形式,而同明咒、禁咒等混同,与佛教的一般信仰特征区分开来。自此,"陀罗尼"便有了"咒术陀罗尼"这一新义,佛教逐渐分化出更加神秘、世俗化的宗派"密教"。

　　密教的两部秘法为"胎藏界"与"金刚界",其仪轨严格复杂,须由上师秘密传授才能修行,主要修法是通过"三密相应",即通过结印、持咒、观想而达于身、口、意"三业清净",从而"即身成佛"。

　　密教作为佛教诸多宗派之一,有神秘性、融合性和入世性三大特点。神秘性就在于,密教创造了一套完整的象征系统和符号系统以表达其教义、思想,而对这一套系统的解释和掌握则是专有的,如果非密教中人,则难得听闻密教内容;融合性在于,在不同时期、不同地点,密教都会在当地固有的宗教或门派基础上对密教自身的内容进行改造,如藏传佛教里的密宗与苯教,汉传佛教里密宗与道教就是例子;入世性则在于,相比于其他佛教大宗,密教更加倾向于入世,如密教擅长于召请、降伏、息灾、疗病、灭罪、护国和护法。

密教分类复杂，2世纪后半叶传入中国的经咒散说、仪轨等被称为杂密；7世纪初从印度传入缅甸，后来又被传入云南大理的密教，被称为滇密，即大理密教；7世纪后叶从印度直接传入西藏的密教，被称为藏密，即藏传密教；8世纪上叶，《大日经》《金刚顶经》等被体系化的密教被称为纯密；9世纪，空海归国后在日本教王护国寺建立了以真言宗为主的东密密教，而最澄、圆仁在日本传播天台宗的密教，被称为台密。

二　中国佛教的产生与发展

佛教最早传入我国内地的准确年代和时间，在历史上有很多种说法，依据不同的文献记载，甚至有十几种之多，时间跨度达几百年，学界也一直没有定论。然而，依史料记载，"汉明感梦，初传其道"的说法却最为有名，证据也更充分，三国以来即被流传。

（一）佛教初传中国

据记载，东汉永平七年（公元64年），汉明帝刘庄（刘秀之子）夜宿南宫，梦到一个身高六丈，头顶放光的金人自西方而来，在殿庭飞绕。次日晨，汉明帝将此梦告之大臣们，博士傅毅启奏说，西方有神，称为佛，正如同梦到的永平求法一般，汉明帝听闻，大喜，于是派大臣蔡愔、秦景等十余人出使西域，拜求佛经、佛法。东汉永平十一年（公元68年），在中国的洛阳城修建了第一座佛寺——白马寺，即第一座官办寺院，素有中国佛教的"祖庭"和"释源"之称。梁代慧皎《高僧传》对此也有记载，"汉明帝梦一金人于殿廷，以占所梦，傅毅以佛对。帝遣郎中蔡愔、博士弟子秦景等往天竺。愔等于彼遇见摩腾、竺法兰二梵僧，乃要还汉地，译《四十二章经》，二僧住处，今洛阳门白马寺也。"由此，在佛教史上，多以汉明帝永平十年迦叶摩腾与竺法兰以白马驮经像来华，作为佛教传入之年。汉明帝为纪念白马驮经，将二僧所住的鸿胪寺改名为"白马寺"，成为中国第一座佛寺。从此以后，大凡僧尼所住之处即称为"寺"。二僧所合译的《四十二章经》，也成为中国第一部汉译佛经。

继迦叶摩腾与竺法兰之后，陆续有梵僧来到中国，大多主要经由丝路而来，然而记录梵僧著名事迹主要还是从东汉末年以洛阳为中心的译经工作而开启。据记载，此时大约译有经典187部379卷。当时最具有代表性的译经高僧为安世高和支娄迦谶。这说明佛教在中国已经开始有所发展。

安世高，是中国早期传译小乘思想的第一人，是中国早期佛学传播的奠基者。支娄迦谶（简称支谶），为阿弥陀佛信仰传入汉地的始发人，其译典为后世大乘佛教的发展奠定了扎实的基础。由此可以看出，中国佛教初期的传译主要为安世高小乘禅数阿毗昙系，支娄迦谶大乘方等般若系。中国一开始所接受的佛教便是兼具大小乘，这也是中国佛教初传的特色。

然而，由于文化背景全然不同，佛教最初传入中国之时，被官方视为与当时流行的黄老神仙方术同类之学，故而，佛教初传，仅通行于少数王公贵族之间。

西汉末年，随着土地兼并的加剧和统治阶级内部的倾轧，各种社会阶级矛盾日益激化，导致了农民起义的爆发。而东汉后期，政治也越来越腐败，百姓被巧取豪夺，民不聊生、群雄割据、战乱频繁。在这样的情况下，下层百姓极其希望获得一种心理安慰，这种社会现实有利于宣扬人生无常、众生皆苦的佛教的流行。两汉之际谶纬神学、神仙方术在社会上比较流行，社会上盛行天帝、鬼神、祖先的崇拜和祭祀、卜筮、占星、望气等种种方术，两汉儒生困于"经学考据""谶纬合流"之学术纠扰中而抑郁难抒。当时，中国本土宗教道教也逐渐形成。在这样一种文化氛围之下，佛教的无常及因果观在某种意义上及时舒解了平民、士子在长期生活悲苦、心灵困顿之时的困扰情绪,而般若的精深思想更启迪了他们的思想。故而,汉末三国时期,佛教逐渐由上层遍及民间,由少数人逐渐扩展到多数人,传译区域也由洛阳、长安往南方开展。同时,当时中国与周边的交通也有所发展。西汉时期,汉武帝派张骞等人首次出使西域就是一个很好的证明。张骞出使西域,客观上开辟了中西方的交通,沟通了中西方的联系。佛教也得以通过丝绸之路传入到中国内地。除了陆路之外,海路也是佛教传入中国内地的路线之一,比陆路稍晚,佛教经过印度洋、东南亚、从我国广东地区进入中国,成为佛教传入中国的另一条线路。

(二) 中国佛教宗派

魏晋以来,时局纷扰,传统儒学名教解体,名士避世弃儒,趋附老庄"以无为本"之思想而蔚为风气,佛教般若"性空"之学甚契魏晋玄学"贵无"思想,佛教道安大师及弟子慧远等,融和道佛,莫不以"般若性空"充实其学,佛教在士大夫阶层迅速传播。北方佛教发展到后秦时期,由于鸠摩罗什东入河西走廊再入长安传教而更加兴盛。鸠摩罗什在后秦姚兴的护持下大兴译经事业,南北俊秀仰止云集,门生弟子三千,其中以道生、僧肇、僧叡、道融最为杰出,称为"什门四杰"。鸠摩罗什译业贡献之伟,为整个中国佛教史开创了一个新纪元,被誉为中国四大翻译家之首。在南方,东晋承继西晋文化,在中原流行的玄学及般若学也随之南下。佛教大师道安和竺道潜与支道林为玄学式的贵族佛教及格义佛教的典型代表。这些佛教思想对后来天台、华严和禅等各宗的产生都有深远的影响。

隋唐时期南北政治统一,国家经济繁荣,文化交流活跃,这些都为佛教内部组织异说、求同求通的整合创新带来了契机,南北各派开始演变为新的宗派,主要有天台宗、三论宗、法相唯识宗、律宗、华严宗、密宗、净土宗、禅宗八派,也就是通常所说的八大宗性、相、台、贤、禅、净、律、密派。

第一，天台宗。天台宗是中国佛教的第一个宗派，由于本派的实际创立者智顗常住天台山，故名，又因此宗崇奉《法华经》，也称"法华宗"。智顗，俗姓陈，梁大同四年（公元538年）出生于荆州华容（今湖北潜江西南）一官宦之家，十八岁在湘州果愿寺出家，师从法绪法师，后随慧旷律师学习经、律、论三藏。其后登衡州大贤山，潜心学习《法华经》及《无量义经》《观普贤经》，二十三岁时，前往光州大苏山随慧思受学，在后来辞别慧思后，来到陈都金陵，开始了其创宗立说、弘扬佛法的事业。智顗以其"定慧并重"的独特风格，以及高尚的品质赢得了金陵僧俗的敬重。智顗昼谈义理，夜习禅悦，大开讲席，定慧并举，为金陵僧俗讲解《大智度论》《法华经》及《次第禅门》，听者云集，从者成市。陈宣帝太建七年（公元575年），智顗离开居住了八年的京都金陵，远赴天台隐居潜修，遂有"天台大师"之称。天台宗主要的代表作是"天台三大部"，即《法华玄义》《摩诃止观》与《法华文句》，由智顗讲述，其弟子章安记录整理而成。智顗著述丰富，除"天台三大部"外，还有《观音玄义》《观音义疏》《金光明经玄义》《金光明经文句》《观无量寿佛经疏》，合称"天台五小部"，以及其他多种著述。

天台宗的基本思想特质在于，它主张止观双修的实践理论。这是天台宗的一个重要特点，它把"止观"作为修行解脱的根本途径，倡导通过修习"止观"获得佛智，把握实相。所谓"止"，是指心专注于一处的修行实践，大体相当于佛教讲的"定"；"观"，是一正确的智慧体认万法，也相当于佛教一般讲的"慧"。它还主张"三谛圆融"和"性具善恶"理论。这是天台宗的基本教义，天台宗认为，修习要求认识主体必须处于虚寂状态（空），借助佛教所说的义理（假），去认识特殊事物的真性（实相），这种真性是"假"与"空"的统一，所以叫"中"。如此，"中"就变成了最高的实相，成了联系"三谛"的枢纽，从而调和了有与空、世间与出世间的矛盾。由于"三谛"是同一对象（实相）的三种表现或三个方面，它们的关系是"虽三而一，虽一而三，不相妨碍"，所以称为"三谛圆融"。

"性具善恶"理论主张，从芸芸众生到所有的佛，本性（性）中先天具有（具）善和恶两面，且永远不会有所改变，不会后天"修恶"，只表现出和众生不同的"善"。能够很明显地看出，其目的在于让人弃恶从善。

天台宗门徒众多，最有名的是五祖灌顶，灌顶之后，传法于智威，智威传慧威，慧威传玄朗，此三人分别被奉为天台宗的六祖、七祖和八祖。在智顗、灌顶之后，由于法相、华严、禅宗等各宗势力的相继兴起，天台宗没有大的发展。中唐时，智顗五传弟子、后来被奉为天台九祖的荆溪大师湛然担负起了"中兴"的重任。后来，天台宗继续发展并传播到日本。天台宗的祖庭主要是位于浙江省天台县北的天台山麓、始建于隋代开皇十八年（公元598年）的国清寺，隋唐时期，国清寺与南京栖霞寺、湖北玉泉寺、山东灵岩寺，并称"天下四大丛林""天下寺院四绝"。

第二，三论宗。三论宗又名法性宗，三论宗的开创者是吉藏法师（公元546—公元623年）。吉藏祖籍安西，俗姓安，出生于金陵，他曾住会稽嘉祥寺讲"三论"，听讲者常达千余人，后世敬称其为"嘉祥大师"。隋开皇年间（公元581—公元600年），吉藏受杨广之请，先后住扬州慧日寺和长安日严寺。在长安期间，他著书立说，正式完成了三论宗的理论体系。唐朝之时，吉藏被征为统辖全国僧侣的十大德之一。

吉藏传教五十余年，弟子众多，后来其中高丽僧慧灌将三论宗介绍传入日本，并成为该宗在日本的祖师。从吉藏的再传弟子以后，本宗逐渐衰落。尽管三论宗在中土日渐衰微，然而在日本的传播过程中，三论宗存在了相当长的一段时间。

三论宗的主要学术特点在于，它将三论作为一个整体来进行传习和研究，并把三论看作大乘中观学说的理论核心和主要代表作，显而易见，这一学风应源自于鸠摩罗什及其门人弟子，经过鸠摩罗什的译传及其门人弟子的讲习，日渐形成了一股以传播三论思想为重心的三论学风。三论宗在形成过程中，经历了从三论学到三论宗的转变，到隋朝时期吉藏开创三论宗时，三论宗已正式成为宗派。

第三，法相唯识宗。法相唯识宗又叫法相宗、唯识宗，是建立于唐朝的第一个佛教宗派，其创始人是著名的三藏法师玄奘及其弟子窥基，因其常住陕西长安大慈恩寺，亦称慈恩宗。玄奘（公元600年—664年），俗姓陈，洛州缑氏（河南偃师）人。孩童时期玄奘常跟随在洛阳净土寺出家的二哥长捷法师一起礼佛诵经。十三岁时在洛阳净土寺出家，两三年间，他究通诸部，被时人视为沙门俊杰。在年满二十岁时，玄奘在成都受具足戒。唐贞观元年（公元627年），玄奘赴印度求法，贞观十九年返回长安，带回大小乘经律论657部。唐太宗请其驻长安弘福寺，后与弟子窥基移住大慈恩寺。玄奘前后二十年间主要从事佛经翻译，并在译事与讲经过程中，同时为法相唯识宗的建立准备了现实的物质与人才条件。唯识宗是由玄奘开宗，然而其实际创宗人却是其弟子窥基。窥基（公元632年—682年），俗姓尉迟，十七岁奉敕为玄奘弟子，从事梵文和佛教经论，因常住慈恩寺，世称"慈恩大师"。据说，窥基在二十五岁参加玄奘译场时任笔受，因其著作很多，故而有"百部疏主"之称。在窥基之后，法相唯识宗遂传入日本。

法相唯识宗的主要特点在于，重视对佛教因果律的阐发和说明；注重通过渐修的方式，通过"转识成智"逐渐达到来世的解脱，它包括"八识"说和"转识成智"说。"八识"，是根据认识主体的八种功能而划分的八类识体，包括眼识、耳识、鼻识、舌识、身识、意识、末那识和阿赖耶识八种，这八类识体属于精神现象，其中前六识属于感性认识，是由感官与外境接触而产生的感觉，第六识，即为意识，属于理性认识，是通过概念、判断和推理等形式而获得的对万事万物的推理性论断。在此基础上，唯识宗又提出了第七识，即末那识和第八识阿赖耶识，"末那"是梵文音译，意为"意""思量"。"末那"，不以外境为对象，而是以阿赖耶识为依据并依它而转现，也正是由于"末那"识的审察思量，自我主体意识才得以形成，从而成为贪、嗔、痴等一切烦恼产生的根源。"阿赖耶"是梵文音译，意为"藏"，因阿赖耶识含藏万法功能，是前七识和万法之根本，故又名"藏识""根本识"，又因含藏有变现一切法之种子，因而又名"种子识"，它是一切所知的依据和归止，故又名"所知识"。在八识中，阿赖耶识是其他七识及整个世界生起之依据，是最根本的识。"转识成智"论的基本命题是"万法唯识"和"唯识无境"，识指世间法，它虚假、有污，故而是成佛道路上的障碍，而智是出世间法，它真实、纯净，故而是成就佛果之最高智慧。唯识宗将"转识成智"作为其实现宗教解脱的根本途径和核心内容。

由于唯识学晦涩烦琐、思辨性强，又坚持种性说，主张一部分人先天不具有无漏种子，不能成佛，这与中国传统所认为的人性本善及人人皆可为尧舜的观念相冲突，因而受到了主张人人皆可成佛的天台宗、禅宗等宗派的批判，故而，唯识宗师徒传承在三代以后已无从考察。在唐武宗灭佛后，唯识宗的著作散失严重，其学也渐归沉寂。从唐以后至清朝初年，也曾陆续有僧俗研习唯识学，故而未曾断绝，然而一直处于式微趋势。

法相唯识宗的祖庭主要是慈恩寺和兴教寺，位于今天的陕西省西安市。慈恩寺原为隋朝时期的无漏寺，唐贞观二十二年（公元648年）唐高宗身为太子时为其母文德皇后所修建，意在祈求冥福以报慈母之恩，故以"慈恩"为名，寺内另建翻经院，延请玄奘为上座专事译经、论。玄奘曾在此居住八年之久，在他的建议下，寺内还修建了大雁塔，用以收藏玄奘从印度带回的经像。其后，弟子窥基继续在慈恩寺弘扬佛法，开创宗派。中华人民共和国成立后，大雁塔被列为全国重点保护文物之一，并成为西安市的象征。兴教寺位于陕西省西安市长安区杜曲镇东，始建于唐高宗总章二年（公元669年），因唐肃宗在位（公元756—公元762年）时题塔"兴教"二字而得名，寺内有玄奘、玄奘的大弟子窥基和圆测的墓塔。兴教寺塔是全国重点文物保护单位之一。

第四，律宗。简单来说，所谓律宗，就是指重点研究"戒学"的宗派，其实际创始人是唐代高僧道宣大师。因道宣常住终南山，因而此宗又被称为南山律宗、南山宗，又因此宗所依之律为五部律中的《四分律》，故亦被称为四分律宗。律宗是以研习和修持戒律为主的中国佛教宗派，"戒"，作为三学戒、定、慧之一，是指佛教为出家、在家的信徒制定的戒规，以防非止恶；"律"是戒律，是指将戒和律合起来，泛指佛教为出家、在家信徒所制定的禁戒，内调心念，外治身业，以制伏诸恶，故而有"调服""善治"之意。

自原始佛教开创以来，戒律作为维护佛教僧团的重要规则而备受重视，从佛教典籍上说，戒律是经、律、论三藏之一；从佛教教义上说，戒律又是戒、定、慧三学之首。戒律在三国时期传译至中土，东晋之后，《十诵律》《四分律》《摩诃僧祇律》《五分律》等四部小乘律都传到了中国，开始流行于南北各地，后来独胜的却只有《四分律》。据传，相州南派地论师慧光（公元468—公元537年）撰《四分律疏》，并对四分律义进行宣讲，于是奠定该宗基础，慧光弟子道云、道晖、洪理、昙隐等后来又下分为道洪、洪遵两个系统。道洪弘扬律学二十余年，对律学的发展影响很大，其弟子道宣继承其学说，并盛加弘传，最终开创了律宗。道宣是润州丹徒（今属江苏）人，俗姓钱，十二岁入长安日严寺，三十岁以前曾游学各地、遍访名师，听讲《四分律》四十余遍，以继承智首的律学思想为主。自武德七年（公元624年）常住终南山，他曾参加玄奘译场，负责润文，弟子有千余人，著名的有文纲、怀素等人。

律宗的主要学术特点在于，与其他以丰富的佛学理论见长的各宗相比，其最大的不同就是没有深奥之教义，以研习和修持戒律为主，注重保证宗教修持实践得以顺利进行。律宗将所有戒律分为止持戒和作持戒两种，前者是指防非止恶的诸戒，教人"止诸恶门"而"诸恶莫作"；后者是指教人"修诸善门"而"众善奉行"。律宗教理分为戒法、戒体、戒行、戒相四个方面，戒法泛指佛教的各种戒律，它是通往解脱的重要途径；戒体论是律宗的主要学说，是指通过授受戒律在受戒者心理上产生的一种防非止恶的功能；戒行是指奉持戒律的具体实践活动；戒相是指持戒人所表现出的与众不同的相状，一般指模仿遵守戒律的相状。

律宗在清朝初期曾中兴于江苏句容宝华山隆昌寺，影响很大。18、19世纪的中国佛教界多以获得宝华山的戒牒为荣，该状况一直延续到20世纪初，而宝华山也因此成为近世中国佛教界的传戒名山。

律宗祖庭原是终南山的丰德寺，但由于年代久远已遭毁坏、无迹可寻，后人认为建于南朝宋孝武帝大明（公元457—公元464年）的扬州大明寺（又名大明寺），为道宣的再传弟子和唐代名僧鉴真大师东渡日本前曾经居住和修行的讲学之地，故而奉其为律宗祖庭。

第五，华严宗。华严宗又名贤首宗，因创立华严宗的唐代高僧法藏有"贤首大师"之称，华严宗又被称为"贤首宗"，同时也奉《华严经》而得名，又因法藏以"法界缘起"为核心理论，亦被称为"法界宗"。《华严经》全称为《大方广佛华严经》，该经被誉为"经中之王"，于东晋时初传中土，由东晋佛陀跋陀罗（公元359—公元429年）首次将其翻译成中文，由此陆续开始有所研究。佛陀跋陀罗翻译《华严经》,且担任笔受的法业法师所著的《华严旨归》(两卷)本是最早的《华严经》研究著作,南北朝时,相关研究转而兴盛,出现了许多著名的华严学者。华严宗的先驱杜顺、智正、智俨等大师,长期在这里从事佛教活动,由此,该地区成为华严宗的早期发祥地。此派公认的传承是"华严五祖"说,依次为杜顺、智俨、法藏、澄观和宗密,其中被奉为华严二祖的智俨(公元602—公元668年),早期从杜顺出家,先后师从多位中外僧人学习,其著述约二十余部,且其研究主要通过系统诠释60卷的《华严经》而立新说,从而完成了华严宗学说的整体框架,为华严经学说的正式产生打下了基础。

值得注意的是,真正使华严宗成为教义完备、信徒众多的佛教宗派的人物是法藏(公元643年—712年),他早年曾随智俨学习,并且数度参加译场,活动频繁,不仅多次讲经,而且还奉朝廷之命"承旨"讲经,应僧、俗求学需要讲经,或应地方官吏之请讲经,在某种意义上,促进了华严学的传播,同时,法藏还先后得到武则天、中宗、睿宗的支持,为华严宗的创立奠定了基础。

华严宗的核心理论是"法界",这是法藏及其华严宗佛教思想的独特义理。"法界"是对世界存在方式和万事万物之间本来关系的说明。华严宗认为,"法"指包括有为法和无为法在内的诸法。有为法指有欲望、有作为并处于动态的事物,无为法则与前者相反,是指处于静态、清净、无欲且无染的事物,"界"指分界、界限。华严宗认为世间有事法界、理法界、理事无碍法界、事事无碍四种法界,又简称四法界。事法界,是指人的感觉器官所感知的现象世界,它变化无常;理法界,理指万物和现象的总根源,理法界指凭借佛之智慧观照实相的本质世界,从而清净无染、圆满不动;理事无碍法界,指理法界和事法界之间互相无碍而融通,现象与本质圆融不二、融通无碍;事事无碍法界,指世界上千差万别的各种事物和现象都是理的显现，因而事与事无碍，现象界内部的现象与现象之间只是表象不同，其本质其实从来都一样，它们互通圆融。在华严宗这里，它认为大凡普通人都可以认识事，而理则必须在具备一定智慧时才可以认识，对理事无碍的认识和把握则需要更深的智慧，而事事无碍法界的掌握和认识所需要的智慧，则意味着最终的解脱。华严宗认为世界上的一切事物和现象并不实在，只是佛智慧之表现，故而不必执着，世间一切现象和事物都是和谐、圆融的关系，这是一种超脱的态度，也是华严宗最高的境界展现。

华严宗经过彻微、海印、法灯大师数传，一直到宋初才得以复兴，元代时有五台山枯国寺真觉国师研习华严之学，著有《慧灯集》等，真觉国师弟子有五台山普宁寺了性和玉山普安寺宝严等，明代时也有人传承华严学说，如李贽等，清代的杨文会、月霞，都是弘传华严教义的著名人士。

华严宗的祖庭在陕西西安，于唐贞元十九年（公元803年）修建的华严寺、陕西户县草堂寺，这些均为华严宗祖庭。草堂寺大部分建筑物已毁坏，仅存唐塔二座，即华严宗初祖杜顺禅师塔和四祖清凉国师塔。

第六，密宗。密宗又叫密教、秘密教、瑜伽密教、真言宗，是唐朝中期开元年间（公元713—公元741年）来华弘传密教的"开元三大士"，即印度僧人善无畏、金刚智和不空开创和传播的佛教宗派。

密宗是从大乘佛教中逐渐分化出来的，在其早期还是以大乘的一个派别而出现，故而，其理论主要是靠大乘佛教的理论建立发展起来的，并在大乘理论的基础上形成了密宗本派之特色。密宗注重实际修行，其经典大多是仪轨，讲述如何行事作法，其理论色彩较淡，也就是说，密宗有自己的一套理论，但不以讲思辨理论为专长。

密宗的主要特点在于，对"咒""仪轨"的地位、方法作用等非常重视，同时强调密教修持可以"即身成佛"，此外，密宗还以毗卢遮那佛，即大日如来佛为最高教主，具有强烈的入世色彩，它突出强调了佛教在"护国""息灾"等方面的作用。在密宗后来的发展中，其浓厚的神秘色彩使得密宗在唐朝盛极一时，为唐朝王公贵族所信奉。然而，由于密宗修习的三密方法繁杂、神秘，还需导师秘密传授，因此在中国只传两代就开始式微了。公元804年，日本僧人空海来华学习佛法，拜不空弟子惠果为师，从此将密宗传入日本，并成立了真言宗，从而使得密宗的延续得以保持，而密宗在近现代的发展，主要体现在唐代密宗从日本的回归以及藏密的东传方面。其中，唐代密宗影响最大。近代以来，随着中日文化交流的频繁开展，佛教之间的往来也日显密切，几乎所有名僧的佛学思想都受日本佛学的影响而带有其痕迹。

第七，净土宗。净土宗创立于唐代，因该宗认为专念"阿弥陀佛"名号，即可"往生"西方"净土"，即极乐世界，由此而得名，又因被净土宗后人推尊为初祖的东晋高僧慧远（公元334—公元416年）曾在庐山和十八高贤共结莲社、同修净业，所以又名莲宗。但是，净土宗的实际开创者其实是唐代的善导。善导（公元613—公元681年），临淄（今山东淄博）人（一作泗州人），善导幼年出家，先学《法华经》和《维摩经》，贞观十五年（公元641年）随道绰受业，听讲《观无量寿经》，入长安光明寺，传净土法门，由此，他正式创立净土宗，著有《观无量寿经疏》四卷、《转经行道愿往生净土法事赞》（简称《法事赞》）二卷等。善导通过其著作，系统阐述了净土的基本教义、礼仪规则，建立了较为完备的净土思想教义体系。净土宗主要依据的典籍是《无量寿经》《观无量寿佛经》《阿弥陀经》和《往生论》"三经一论"。

净土一般指没有恶行、烦恼和污垢，僧众都没有欲念，生活无忧无虑,该信仰早期源于僧众对释迦牟尼佛的怀念和对其道场说法的向往。净土意指佛、菩萨和佛弟子所居住的被净化的世界,也是佛教徒所向往之地,它和娑婆世界的秽土相对而言。净土宗认为,众生只要信仰阿弥陀佛,并从事念佛修行,就可以在死后凭借阿弥陀佛拯救世人,往生于西方极乐世界。它主张"称名念佛"和"正行"。"称名念佛",在净土宗看来,"念佛"包括"称名念佛""观想念佛""观像念佛"和"实相念佛"四种,"称名念佛"即念诵阿弥陀佛之名号;"观想念佛",即冥想佛之相好功德;"观像念佛",即观想念佛入门之法,并将佛像放于眼前认真观察,牢记其形象,然后闭目观想;"实相念佛",即思考法身非有非空的中道实相之理。这四种念佛法门历代都有提倡者,这里,善导主要以弘扬"称名念佛"为主,倡导净土修行实践,一心专念阿弥陀佛之名号而念念不舍,并以往生净土为期,这又叫作"称名正行"。正行是指依净土经典所从事的一切修行活动,又可分为读诵正行、观察正行、礼拜正行、称名正行和赞叹供养正行五种,善导所倡导的净土法门,就是要舍杂行,归正行,要求信徒舍弃别教,皈依净土。善导关于佛教修持的理论,最具特色的是对"正行""杂行"的划分。

由于这种修行方法简便易行,备受广大信徒喜爱,所以,中唐以后,曾广泛流传。

善导之后,净土宗一直盛行不衰。唐代有怀感、少康、慧日、承远、法照等继续弘扬,宋初以后,禅宗、天台宗、律宗等宗学者多兼弘净土。

净土宗的祖庭有建于唐代神龙二年(公元706年)的香积寺、建于东晋太元九年(公元384年)的东林寺和建于北魏延兴二年(公元472年)的玄中寺这三座寺庙。香积寺位于西安市南长安县香积村,是净土宗之门徒为纪念第二代祖师善导在其墓塔旁边修建的寺院。香积寺同时也是中日两国净土宗的祖庭。东林寺位于江西庐山西北麓，北依东林山。玄中寺又称玄忠寺、石壁寺，全称大龙山石壁永宁玄中禅寺，位于山西交城西北石壁山南，由高僧昙鸾大师所兴建，是昙鸾大师主持的道场，后来由其弟子道绰继承法席。

第八，禅宗。禅宗又称"达摩宗"，是以"禅"概括其全部教理和修行实践的佛教宗派。所谓"禅"，是指梵语"禅那"的简称，意为"思维修""静虑""定"等，本是佛教各派普遍奉行的一种修行方法。禅宗之"禅"，不同于传统意义上的"禅定"，它主张"直指人心，见性成佛"，因而又被称为"佛心宗"或"心宗"。禅宗建立于唐代，是印度佛教与中国本土思想长期冲突、融合的产物，并不是菩提达摩一个人独创。禅宗基本理论的真正奠基人是慧能。慧能（公元638—公元713年），出生于广东新州，幼年丧父，家境贫寒，后来慕名到湖北黄梅谒见弘忍禅师，并于后来得到弘忍禅师传衣（袈裟）信物。他谨遵弘忍所嘱，回到岭南，混迹于农商之中，并未公开传教。大约垂拱年（公元685—公元688年），慧能被广东韶州刺史请到州城大梵寺说法，其弟子结合此次说法内容和慧能的传禅事迹，将其言行记录整理成册，成为后来的《坛经》。《坛经》习称《六祖坛经》，是唯一被公开尊为"经"的中国僧人的著作。《坛经》影响着唐代以后的禅宗，乃至整个中国佛教理论的走向。

禅宗的主要学术观点包括自心即佛、顿悟成佛等，特点在于标榜"不立文字，教外别传，直指人心，见性成佛"。禅宗认为世界万有，人生之境遇，都是人们本心本性迷失、心性所造，所以才会沉沦于生死苦海之中。只要"悟"得本心本性，即"识心见性"，就能超脱生死轮回。也就是说，在禅宗这里，所谓解脱成佛，唯一出路即在于开发自我、实现自我，而不是一个向外追求或者执着于内心的过程，它是一个在现实生活中随缘任运的过程，这就是"识心见性""自成佛道"，简单概括就是"见性成佛"。后来，禅宗的核心思想就以"不立文字，教外别传，直指人心，见性成佛"四句话作为主要标志。禅宗的"见性成佛"思想给人提供了一条简单便捷的成佛道路，具有非常深远的宗教意义。

禅宗思想在唐宋时期曾一度风靡天下，几乎成为中国佛教的主流和代表思想。后来，随着宋明理学的兴盛，禅宗逐渐走向了衰败，至清末已衰退之极。然而由于禅宗在中国历史上，其传承渊源流长，有着较为丰厚的积累，所以尽管在清末有所衰退，却依然有一定规模的传承。扬州的高曼寺、宁波的天童寺、西安的卧龙寺等，都保持着古代禅林之遗风，近现代时期，禅宗大师与以往的退隐山林之做法不同，他们在弘扬禅宗的同时，对其他佛教宗派也进行修习与融通，积极兴办佛学院校，组建佛教团体，并从事慈善救济等活动，展现出了不同于以往的近代特点。

禅宗祖庭主要是建于北魏太和二十年（公元496年）的少林寺，它位于河南登封市少室山北麓五乳峰下。禅宗初祖菩提达摩曾在此传授禅法，后来逐渐成为禅宗各派的共同祖庭。在少林寺中，寺内有达摩庭，禅宗二祖慧可曾冒雪在门外等候达摩以拜师求艺，故而又名立雪庭，千佛殿内还有著名的明代五百罗汉朝毗卢壁画。少林寺内还有塔林、初祖庵、达摩面壁洞等遗迹。

禅宗的祖庭还有多处，广东韶关曲江区的南华寺，湖北黄梅的四祖寺、五祖寺，安徽潜山的三祖寺，河北成安匡救寺，浙江宁波天童寺等。南华寺，初名宝林寺，宋初赐名"南华禅寺"并沿用至今。禅宗六祖慧能到此设坛讲法长达三十余年，门徒云集，寺内至今存有唐代卓锡泉、宋代灵照塔、宋代木雕五百罗汉等古迹、唐代千佛袈裟以及历代帝王圣旨等文物，当然，后来慧能圆寂后，其肉体真身也供奉于此。

这八大宗派都属于中国化佛教，兴盛于隋唐盛世时期，并各具独特之教义、教规和修持方法，建立了各自的传法世系。八宗的思想体系中，都融合吸收了大量的传统思想和方法。然而，流传最广、影响最大的还是禅宗。八大宗派的建立，标志着佛教在中土的发展进入到鼎盛时期。

第二节　佛教的空性智慧

我国著名佛教学者方立天先生认为，关于"空"与"有"的问题是佛教哲学义理的核心问题，而"空"是佛教哲学的根本概念和核心范畴，也是佛教义理的最高范畴。理解"空"这一概念，对于我们理解佛教的哲学思想具有重要的意义。

在原始佛教时期，释迦牟尼所提出的佛教基本理论中就已经包含了"空"的观念，与当时的主流宗教婆罗门教强调宇宙实有的哲学主张相对立。"四圣谛""八正道""十二因缘"等学说最终所反映的，也是佛教思想中对"空"的理解。

古代的印度社会实行种姓制度，倡导婆罗门至上，在政治统治层面，婆罗门种姓阶层占据不可动摇的统治地位。而这样一种政治观点反映在宇宙论上则表现为，婆罗门教认为宇宙中存在着一个恒久不变的主体，被称为"大我"或"梵"，这是产生宇宙间万事万物的根本原因之所在。而佛教与婆罗门教不同，主要反映了古代印度社会中刹帝利和吠舍种姓的人的思想意识，在政治上，他们反对婆罗门种姓不可动摇的统治地位，而在思想层面上，则反对以"梵"为根本原因的宇宙实在论。正是在这样的历史背景之下，佛教提出了关于"空"的观念，在哲学层面上，其目的是要反对婆罗门哲学体系的宇宙实在论，证明世界上不存在一种永恒不变的主宰之物，而在政治层面上，既然宇宙中没有一种永恒不变的主宰之物，自然婆罗门种姓也并非能够永远居于主导地位的社会阶层。这应当说是佛教"空"观念产生的基本历史背景。

一　原始佛教的"空"观

原始佛教的"空"观主要体现在《阿含经》中。《杂阿含经》卷十中有这样的说法："色无常，受、想、行、识无常，一切行无常，一切法无我，涅槃寂灭"。这里提到的"无常""无我"和"涅槃寂灭"所体现出的就是佛教中"空"的观念，与前文所述的"四圣谛""八正道""十二因缘"的学说都有密切关系。

在佛教中，"常"意味着世间万事万物的规律和秩序，而与此相对，所谓"无常"，则意味着世间的万事万物都是处于变化之中的，宇宙中没有一个永恒不变的东西主宰万物。"色""受""想""行""识"是佛教的"五蕴"，主要是说人的身体和身心现象的构成要素，"行"则是宇宙万物的运行。《杂阿含经》中说"色无常，受、想、行、识无常，一切行无常"，则是在强调，无论是人的身体还是人的精神，事实上都处于永恒地生灭变化之中。"我"在古代印度主要有两种含义，一种是指"大我"，也就是婆罗门教中的"梵"、宇宙的主宰；另一种是指"小我"，也就是人的主宰体，即人的灵魂。在人的生命中，"大我"与"小我"是同一的。而《杂阿含经》中所说的"无我"则与"无常"相应，一方面既否定"大我"，即否定宇宙万物的主宰；另一方面否定"小我"，即否定每一个人自身的主宰，这样，"无我"就意味着，不论是大的宇宙还是小的个体生命，都没有一个固定不变、恒常不动的主宰体。"涅槃寂灭"则展现了当人的生命消逝之后以及人跳出痛苦的轮回后所达到的一种状态。"无常""无我"和"寂灭"这三个观念是一致的或密不可分的。既然没有永恒不变的东西，那么作为控制人生命现象（包括人的生理活动、心理活动等）的不变主体的"我"当然也不能存在，而所谓"寂灭"，在早期佛教中就包含着人死后或解脱后没有永恒不变的"我"一类东西的意思。

为了更好地阐释解脱论，原始佛教有时用"空"来说明人生现象，如《杂阿含经》卷四十四记载，"尔时，世尊为诸比丘说阿练若法……尔时，世尊为诸大众说随顺空法"，这里，"空"为梵语，音译为"舜若"，有空无、空虚、空寂、非有之意，值得注意的是，"空"不是一无所有，相反，它是一种价值判断，指没有自性，即不能成为自己的根据，也就是说，它不具有终极价值。正是借助于空观，才利于说服人放弃各种执着。"空"与"苦"相互发明，共同服务于解脱论。

原始佛教的"空"观建立在缘起论基础之上，它认为一切事物都是因缘和合而成，缘聚则生，缘散则灭。《杂阿含经》卷十二中说，"所谓'大空法经'，谛听，善思，当为汝说。云何为'大空法经'？所谓此有故彼有，此起故彼起"，也就是说，事物的生成或坏灭，完全取决于外在的缘聚缘散，而不是由自己来决定自己的命运。人是没有自性的，即为"无我"。佛教中的"无我"包括"人无我"和"法无我"两种，"无我"和"无常"联系在一起。"无常"指事物随时可能的改变或毁灭，因其没有自性、不能决定自己的命运，所以不具有永恒价值，因此，"无常"是"空"的内涵之一，也是"苦"的重要内容和根源，它是一种价值论，而《中阿含经·说无常经》中认为，构成人的色、受、想、行、识等各种因素都是无常的。其实，人最大的执着就在于，认为自己是实有，故而，一切以自我为中心，由此而引发种种执着之心，即"我执"，给自己带来无穷烦恼。原始佛教论"空"的根本目的是要破除人们的贪执（我执），由此，原始佛教将"空"观落实在了人生论上，强调"无我"说。《长阿含经·大缘方便经》中列举了种种"我"执之现象，如以"受"为"我"，它认为"受"分"苦受""乐受"和"不苦不乐受"三种，分别为三种"触"感觉所引发，故而，佛教说"此三受为无常，从因缘生，尽法，灭法，为朽坏法。彼非我有，我非彼有,当以正智如实观之。阿难彼见我者,以受为我,彼则为非。"

原始佛教还认为人由因缘和合而成,即"析为因缘以证空",而对于因缘本身的性质、来源等,则不再追究,也就是说,佛教通过解脱论来解决问题,它对世界的性质、人的生死等问题采取了回避态度,认为人如果不寻求解脱之道,一味沉迷于探讨世界有常、无常,抑或是世界有限、无限等问题,那么,人就会如同中了毒箭未经紧急医治,而舍本求末去追究箭和弓是用何种材料做成等问题一样愚蠢,最终的结局会非常尴尬,甚至会导致人毒发而丧命。

后来,中观学派进一步阐发了原始佛教性空之意,龙树著的《中论》就是典型标志。

二 中观派的"空"观

中观派是佛教发展到大乘佛教之后出现的影响比较大的流派,其"空"观较原始佛教时期更加系统成熟,尤其是龙树的中观学派,更是对原始佛教"空"观作了进一步的发展。大乘佛教在兴起之初出现了许多不同于以前的、主要反映大乘思想的新佛经。但这些经典存在着种类繁多、内容散乱的现象。于是有许多大乘地论师作了诸多地论,以对佛经作出系统性地解释和说明。龙树和他的弟子提婆是其中的佼佼者,后来就在他二人的思想基础上形成了中观派。龙树是早期大乘佛教的典型代表。

(一)龙树其人其事

龙树,又称龙猛,其梵文名字是 Nagarjuna,姚秦时代著名的佛教翻译大师鸠摩罗什最先将龙树的学说介绍到中国,将其名译为"龙树"。相传龙树是在树下出生,因名"朱那"(arjuna),"朱那"是树的意思。龙树的师傅是大龙菩萨,他成道与龙族有关,所以又被称为龙树。同时可能因为阿朱那是印度史诗《摩诃婆罗多》里般度五兄弟之一,也最为勇猛,所以玄奘法师又将他的名字译为"龙猛""龙成"。龙树的出世在佛经《摩诃摩耶经》和《入楞伽经》第八卷中有授记。《摩诃摩耶经》中记载说:"正法于此,便就灭尽。六百岁已,九十六种诸外道等,邪见竞兴,破灭佛法,有一比丘名曰马鸣,善说法要,降伏一切诸外道辈。七百岁已,有比丘名曰龙树,善说法要,灭邪见幢,燃正法炬。"《入楞伽经》第八卷中记载:"大慧菩萨白佛言:'佛灭度后,是法何人受持?'佛以偈答曰:'于我灭度后,南天竺大国,有大德比丘名龙树菩萨,住欢喜地,为人说法,能破有无见,往生安养国。'"关于龙树的生卒年也有许多不同的说法,按照著名学者吕澂的考证,他认为龙树生活的年代大致在公元3世纪比较合理。鸠摩罗什曾经翻译的《龙树菩萨传》里面,有很多关于龙树生平的传说。龙树是印度大乘佛教中观派的创始人,也是著名论师。龙树不仅被印度的中观派奉为祖师,同时,汉传佛教的禅宗、密宗、唯识、天台、华严、三论、净土等诸宗也把他奉为祖师,龙树的思想在佛教发展中影响深远,在整个佛教史上的地位仅次于释迦牟尼。

据《龙树菩萨传》记载,龙树是南印度人,出身于婆罗门种姓家庭,年轻时天资聪颖、悟性极高,还在非常小的时候就通晓婆罗门经典,二十岁的时候就名扬天下,才学广博,从天文地理、图纬秘籍到诸道术,他无不精通。他有三个好朋友,同样是天资聪颖、学识超群。有一天,他们四个人认为自己已经通达了天下的道理,今后的人生还有什么快乐可言。今后应该放纵身心、纵情声色、尽情享受。而他们又不是王公贵族或神仙术士,有无限的权力或无限的法力,怎样才能纵情声色呢?于是他们找了一个术士学习隐身术。掌握了隐身术后,他们随意出入王宫、做尽坏事,引起国王的愤怒。国王下令破除隐身术、惩戒作乱者。其他三人皆被斩杀,龙树幸运躲过一劫,心中暗自发誓:"若我能够逃脱此劫,必定皈依佛门,出家为僧。"他逃出王宫之后,认识到佛陀所说的贪欲乃是痛苦之本、众祸之根，大凡败德丧身之事都因欲望而起，于是便下定决心皈依佛门。此后，龙树决定出家，他在三个月内把能找到的所有佛典全部读完，在一雪山荒塔中偶遇一老比丘，获赠大乘佛教秘典，读尽心感不足，于是遍访名师。龙树在南北印度多地拜师学习，因其天赋极高，很快就熟读了各种佛教经典，但仍感到不满足，寻遍各地也找不到更多经典，而在探寻经典的过程中，但凡遇到与他辩论之人，无人能辩得过他。于是他产生了骄傲思想，认为佛教思想虽然精妙，但其实也不过如此。这时，有一位大龙菩萨引他去龙宫，给他看了更多更深奥的经典，于是他被佛教经典所折服，非常满足，尽情诵读研习，最终，龙树得到大龙菩萨点化而得道。据说龙树得道后，降服外道而大弘佛法。

龙树菩萨得道后，就回到南印度弘扬佛教。据说南印度国王排斥佛教，于是龙树应征成为国王的将军，在很短时间内就把军队管理得井井有条。国王大喜，向他问道，龙树以"全知者"回应，在龙树的努力下，国王和婆罗门因此皈依了佛教，佛教在南印度得到了弘扬。

关于龙树去世，有人说是自杀，也有人说在小乘佛教学者及婆罗门的重重逼迫下，龙树自行坐化。不管是哪种说法，能够看出，龙树一生是充满波折和艰辛的。龙树为了其佛教思想的传播，与当时社会上的其他思潮产生了剧烈的冲突，龙树就是在这样的斗争中弘扬和发展其大乘中观理论，推动了大乘佛教的发展。

龙树著作颇丰，有六种显教方面的著作颇为人重视，即《中论》《七十空性论》《六十颂如理论》《回诤论》《广破论》《宝鬘论》（即《宝行王正论》，尼泊尔还藏有梵本）这六本著作，被称为"六如理聚"。龙树的藏文著作主要有赞颂、密教解释和显教解释及杂著几种，主要著作大多被收集在大藏经中。龙树最著名的著作有《中论》《百论》《十二门论》《大智度论》《七十空性论》《十住毗婆沙论》等，这些著作为中观派奠定了理论基础。龙树广泛影响了大乘佛教各宗派，中观派以他为创始者，瑜伽行唯识学派与如来藏学派也多以他的著作来证明本身宗义的正确，龙树在汉传佛教中享有"八宗共祖"的称号，在藏传佛教中，与其大弟子提婆（亦名圣天）同被列为佛教的二胜六庄严之一。据说密宗也以龙树为传承上师之一，列名八十四大成就者之中。

龙树的思想对大乘佛教影响很大，同时也对后世佛教的发展产生了一定的影响，佛教中的俱舍宗、成实宗、律宗、三论宗、法相宗、华严宗、天台宗、真言宗，都把龙树称为自己的祖宗。三论宗以龙树的《中论》《十二门论》《大智度论》和龙树的弟子提婆的《百论》为依据建立自己的体系，三论的初祖罗什所传的也是龙树正统的中观思想，所以它也以龙树为开山祖师。龙树成为被后人敬仰的佛学大师，为佛教的发展做出了巨大贡献，故被称为佛教"八宗之祖"。

（二）缘起性空

"中观"主要讲缘起性空，认为一切万有都是在相依相待的条件下存在，故而叫作缘起，叫作有；而空则是指无自性，指没有一个超越条件而能独立自成、固定不变的实体。空、有两方双融双成，即为中道。这就是中观以龙树为代表的中观派"空"观最主要的学说"缘起性空"，它属于佛教的缘起论。

要讨论什么是"缘起性空"，我们需要首先理解佛教的"性空"。前文已经指出，在原始佛教阶段，释迦牟尼已经提出佛教的"空"观，与婆罗门教强调宇宙有一个永恒不变的主宰相对立。佛教认为宇宙间的万事万物并没有一个永恒不变的主宰，人的生命过程也并没有一个与"大我"相应的主宰，宇宙万物以及人的生命都是出于永恒的生灭变化之中。这就是对现世价值的否定，也就是一种"空"的观念。无论宇宙万事万物，还是人类本身的生命过程，其本身并不是实在的存在，其本性都是"空"的。这就是肯定事物自身即"空"的观念，事物自身所具有的本性并不是"梵"或"我"决定的，事物自身的本性事实上是"空"的。这就是佛教中所讲的"性空"观念。

既然说事物自身是"性空"的，那么就出现了一个问题，事物自身为何是"空"的？或者说事物为何是"性空"的呢？这就要谈到事物的缘起，也就是龙树所讲的"缘起性空"。

龙树在《中论》的开篇就指出："不生亦不灭，不常亦不断，不一亦不异，不来亦不出。能说是因缘，善灭诸戏论，我稽首礼佛，诸说中第一。"开篇点出了《中论》的主题思想，说明了写此部论的目的，也集中体现了中观派的缘起论。

"不生亦不灭，不常亦不断，不一亦不异，不来亦不出"，这段话也被称为"八不中道"或"八不缘起"。在这里，龙树提出了一种认识事物的普遍原则，当人们在对事物进行认识的时候，要采取一种符合中道的态度，要不落两边，不能采取偏向某一边的绝对态度，不能有所偏执。为何要采取这样一种不落两边、符合中道的态度？龙树认为，我们所生活的这个客观世界的一切能够观察到的现象都是不真实的，人类作为一种世俗存在物，对于这个世界本身的认识行为也并不是真实的。前文已经指出，在原始佛教看来，世间的万事万物并不是依赖于一个永恒不变的实体而存在的，相反，我们所生活的世界以及我们人类的生命都是由于因缘和合的依存关系而产生与存在的，这就意味着，因缘关系乃是事物存在的基础，在因缘关系还没有建立之前，世间一切万事万物都不存在；而当因缘关系建立以后，虽然产生出世间万事万物以及人的生命过程，但这些现象却并不是具有自己的独立存在性的，这些现象只是一种因缘和合的假有，并没有真实性，没有独立自体，只是一些假借的名言概念而已。

《中论》第二十四品《观四谛品》末颂，对于全书具有画龙点睛的作用："众因缘生法，我说即是空。亦为是假名，亦是中道义。"这就是说，一切事物毫无例外地都是由因缘和合而生，该观点否定事物本身具有自性。但是，这并不是说事物本身是"无"，龙树仅仅否定了事物的自性，通过缘起说，他肯定事物存在着因缘起而具有的假名，认为事物并不是完全不存在，因此，中观派的"空"观实际既有否定也有肯定。否定的是事物有自性，肯定的是事物存在着假有。这就意味着，我们在认识事物的时候，既不能执着于所谓的"有"，也不能执着于所谓的"无"，而应该采取一种符合"中道"的精神。这就是中观派讲"空"所要强调的：重点谈的是"空"，但并不排斥"有"。

《中论》证空的思维方式是中观学与般若学空观的典型代表。般若经将一切事物，包括原始佛教的因缘、部派佛教的法体本性等都看作空，因而无空不色。也就是说，物就是空，空就是物，即"色不异空，空不异色"。可以看出，中观学对于因缘本身的证空是对原始佛教以来"空"的内涵和外延的扩展，同时也是对般若经"色空不二"理论的补充论证。

中观学和般若经的空观都可以统称为中观般若学空观，这一理论打通了此岸与彼岸、生死与涅槃的悬隔，为大乘佛教的入世倾向提供了方法论基础。原始佛教与中观般若学空观旨趣各有不同，前者强调将具体事物析为因缘因人而空，后者认为因缘亦空，无所不空；前者强调人无、我空，后者主张我法皆空；前者主张缘散而空，后者倡导不真乃空；前者主张"分析空"，无常故空，而后者则主张"体空"，当体即空。当然，尽管二者有种种不同，然而还是有相通之处，两者都紧紧围绕佛教的解脱论来论证空，都为了说服人去除贪执之心而最终以解脱论为归宿，并以缘起论为理论基础，将缘起论贯彻到底。

由此可见，中观派所讲的"空"并不是西方哲学意义上绝对的虚无，在中观派看来，世间的万事万物并不是绝对不存在的。这样一种认识事物的方式，体现了佛教的空性智慧。

第三节 《坛经》与养心之道

禅宗思想是印度佛教思想与中国本土哲学思想经过不断地冲突、融合、互补的产物。禅宗的形成按照该宗自己的一些法系传承的说法，有许多"祖师"。有所谓"西天二十八祖"和"东土五祖"。所谓"东土五祖"是：初祖菩提达摩、二祖慧可、三祖僧璨、四祖道信、五祖弘忍。此后，慧能被禅宗的南宗定为六祖，是禅宗历史上影响较大的人物之一。慧能大师作为禅宗的第六代祖师，对于禅宗基本理论的奠定具有重大影响，也是推动佛教中国化的重要人物，因此在历史上备受推崇。

一 慧能与禅宗

慧能大师生于唐贞观十二年（公元638年），逝世于唐先天二年（公元713年）。慧能俗姓卢，他的父亲原本在范阳（即今天的河北省涿州一带）做官，后被贬斥流放到新州（即今天的广东省新兴县），慧能就出生于新州。慧能很小的时候父亲就过世了，留下孤儿寡母，生活十分贫困。后来慧能随母亲去广州居住，以卖柴来奉养母亲、维持生活。

相传慧能并不识字，但是他天资聪颖、悟性极高。有一天卖柴回家的路上，慧能在集市上听到有人诵读《金刚般若经》，顿时凝神聆听，心中有所领悟，他迟迟不肯离去，希望能够学习佛法。当他听诵经人说"蕲州黄梅冯茂出的弘忍禅师动持此法，说是即得见性成佛"时，急忙回到家里，准备了一些生活用品用于奉养老母，接着于咸亨（公元670年—674年）年间前往韶阳，途中遇到刘志略。刘志略的姑姑无尽藏尼姑，经常诵读《涅磐经》，慧能听了无尽藏尼姑诵读《涅磐经》后，即为其讲辨经文，无尽藏尼姑被慧能的见解所折服，因此，当有人劝慧能留在宝林古寺修道时，慧能执意不肯，发誓要拜弘忍为师。于是他继续前行，一直到亲自拜见弘忍禅师。弘忍看慧能气质、相貌都很普通，就问他："你从哪里来？"慧能回应："从岭南来参拜敬礼，只求作佛。"弘忍听闻，笑道："岭南人没有佛性。"慧能听到禅师答语，抬起头来答出了体现他悟性的话来，"人虽有南北，佛性本无南北"，意思是说，人有南方人和北方人之分，但是佛性都是一样的，并没有南北差别之分。我这个居于南方未开化地区的人与大师您的身体虽然是不一样的，但是我们都具有的成佛的本性却是没有任何差别的。弘忍心中暗惊，"你要作何功德？"慧能答："愿竭力劳作，为众僧做些粗活。"就这样，慧能被禅师留了下来，和杂役们一起做些粗活。

　　就这样，慧能和众杂役们一起忙碌劳作。有一天，弘忍大师召集起自己所有的弟子，告知他们，世人如何能够解脱不断的生死轮回是很重大的事情，你们每天只是一心修行功德善事追求福报，而不去追求脱离生死轮回的苦海。如果你们不能认识到自己的本性，而只是一味地修行功德善事，这怎么能救你们脱离生死轮回的苦海呢？现在你们回去，运用自己的智慧本性，每个人都作一首偈，拿来给我看。如果你们谁能够领会到佛法的精深大意，我就将禅宗的法衣传给谁，谁就可以做禅宗的第六代祖师。当时神秀担任上座，上座在寺院里是仅次于主持的位置。神秀才华突出，大家都很服他，想着这个继承人非他莫属。神秀果然不负众望，写了一首偈子："身是菩提树，心如明镜台，时时勤拂拭，勿使惹尘埃！"在这首偈子中，神秀将人的身心比作菩提树与明镜台，认为人的身心本来清净，由于执着于念而生起了意念，以致经常被外在烦恼所沾染，并提出，如果想保持心灵清净，就必须经常认真擦拭，即通过坚韧不拔的修习，才能日渐觉悟。这首偈子被书写在墙上，虽然没有署名，但是众僧都知道是谁写的，很快，这首偈子就传遍了全寺。弘忍禅师看了后，让众僧认真念诵该佛偈以提升自己的悟性。当时慧能正在柴房干活，听闻众僧纷纷念诵这首偈子，但自认为这首偈子的意境还不够彻底。于是决定自己写一首偈子，但因为慧能本人不识字，更不会写字，他就让寺里的一位文人帮自己把偈子写在了墙壁上："菩提本无树，明镜亦非台；本来无一物，何处惹尘埃！"这首偈子的意思是说，人的肉体之躯和身心都不是真实的，既没有菩提树，也没有明镜台，身心如幻影一般，又何来的灰尘沾染？慧能这首偈子把禅修的漫长过程，转化为当下的一念顿悟，认为人本心原本清净无染，只要能觉悟到此，就可以立地成佛。众僧读到慧能这首偈子时，惊叹不已。弘忍大师读到这首偈子，心中暗喜，他在慧能的头顶轻拍了三下，慧能立马知晓师父旨意。

半夜三更之时，慧能来到弘忍大师禅房，弘忍禅师脱下袈裟遮住烛光，连夜为慧能秘密传授禅法，并把衣钵传给了慧能。弘忍禅师考虑到神秀等其他弟子对这个位置很看重，加上神秀当时势力很强，怕引起争执，使慧能招致杀身之祸，于是就让他连夜逃走。弘忍禅师送慧能到九江渡口，说："我来渡你过去。"慧能说："迷时师渡我，悟时我自渡。"弘忍知道他的修行已经成熟，心里非常欣喜。神秀等弟子知道五祖弘忍大师秘密将衣钵传给慧能，于是便率领数人，一起向南追赶慧能，一直追到大庾岭。

在慧能逃过神秀等的追击后，他一路南下传法。慧能隐居于四会、怀集一带，渐渐露出锋芒。慧能赴南海印宗法师的《涅槃经》集会，论述风幡之语，印宗法师理屈词穷，对慧能非常敬服，后来慧能移居广东韶州曹溪宝林寺，讲经说法，弘扬禅宗，听众云集。慧能大倡顿悟法门，并主张不立文字，教外别传，直指人心，见性成佛。他用通俗简易的修持方法，取代了烦琐的义学，其学流行日广，慧能成为佛教禅宗的正系。当时的韶州刺史请慧能到大梵寺讲经说法，讲法内容由其弟子法海记录、整理，后来成为《坛经》传于后世。慧能大师在唐玄宗先天二年（公元 713 年）圆寂，终年七十六岁。

二　慧能与《坛经》

我们通常所称的《六祖坛经》，简称《坛经》，是对佛教禅宗六祖慧能大师的言行记录，是由其弟子法海等记录整理而成的一部经典。在佛教传入中国以及在中国发展的过程中，中国人撰述的佛教著作可谓汗牛充栋，但是能够被公开称为"经"的，却只有这部《坛经》，它把中国传统与佛教教义相结合，采取以心传心而顿悟的道法，是阐释中国佛教思想的开山之作。《坛经》不但在佛教界居于极其重要的地位，近代国学大师钱穆尤其将之与《论语》《孟子》等书并列为探索中国文化的经典之一，它是中国第一部白话文学作品，是中国文化中的一朵奇葩，更是禅学的伟大著作，西方人瓦茨氏（Alan Watts）认为《坛经》是"东方精神文学的最大杰作"。

（一）《坛经》的产生与流传

随着慧能的南下，禅宗南宗势力不断扩大，最终淹没了弘忍门下包括神秀北宗在内的其他各支而成为中国禅宗的唯一正宗，且几乎成为中国佛教的代名词，以至于人们一提到禅宗，几乎无可置疑地指向慧能的南宗禅。可见，慧能的南宗禅在中国佛教史和思想文化史上占据极为重要的地位。正如前述，慧能一生说法的言论，基本上都被其门人记录下来并汇集整理成册而成《六祖坛经》，简称《坛经》。"坛"，即高台，据说慧能曾应邀坐在韶州大梵寺的一个高台上为众人说法，惠能的弟子法海按照慧能的嘱咐，将其所讲道法记录下来，遂编纂成书，于是就有了《六祖坛经》。该部典籍不仅记下了惠能的佛学理论，也记录了他的身世、经历和得法、传法的经过。由于慧能的弟子视慧能如佛，且视慧能的法语犹如佛语，慧能在法坛上所讲道法，都被称为研究慧能的禅法思想。所以，了解南宗禅，《坛经》是必不可少的典籍依据。

《坛经》的书名，称谓不一。敦煌写本称《南宗顿教最上大乘摩诃般若波罗蜜经六祖慧能大师于韶州大梵寺施法（坛经）》，惠昕本称《六祖坛经》，契嵩本称《六祖大师法宝（坛经）曹溪原本》，宗宝本称《六祖大师法宝坛经》，此外还有《金刚般若波罗蜜经六祖注》《施法坛经》《法宝坛经》《坛经》等名目。

《坛经》虽然流传广泛、影响巨大，但是在《坛经》流行过程中却形成了很多不同的版本，关于这些不同版本的差异和特点，一直是学界讨论的话题。造成不同版本差异的原因，一方面，由于当时印刷与传抄技术的限制，传抄过程中会无意造成某些内容变动或改写；另一方面，由于不同的传承者对于佛学的理解不同，会刻意对某些内容进行一些人为的增删修改，于是在《坛经》的流传过程中，就在不同地区和不同禅众中形成了内容不完全相同的本子。从唐代到清代，都有人因为不满意当时的《坛经》流行本，提出各种批评意见，也有人围绕《坛经》进行争论，并且对书中的某些内容进行重新解释和发挥。

迄今为止，经过中国和日本学者的搜集、整理，已经发现了二三十种内容不完全相同的《坛经》抄本和印本。经过学者们的研究，这些抄本和印本可以归纳为四个系统，以敦煌本（法海本）、惠昕本、契嵩本、宗宝本这四个本子为代表。这四个本子分别在唐、宋、元三个朝代编订。

需要注意的是，慧能在大梵寺为众人演讲"摩诃般若波罗蜜法"时命弟子法海所作的演讲录，最早并不称为《坛经》，而称作《摩诃般若波罗蜜经六祖慧能大师于韶州大梵寺施法一卷》。慧能回到曹溪后又传了"无相戒",法海把这一部分内容也并入书中,于是书名变成了《摩诃般若波罗蜜经六祖慧能大师于韶州大梵寺施法一卷兼授无相戒》,这是《坛经》的第二个版本。慧能圆寂之后,法海在前两个《坛经》版本的基础上,又增补了慧能的其他讲经记录,这个版本问世时被称为《南宗顿教最上大乘摩诃般若波罗蜜经六祖慧能大师于韶州大梵寺施法坛经一卷兼授无相戒》,书后还附有"南宗顿教最上大乘坛经法一卷"。应该说,这是慧能说法、讲经录第一次在书名上被冠以"经"字,也就是说,从早期《施法兼授无相戒》书名到后来的《坛经》,版本有了实质性的突破和进展。据说,在法海手里,《坛经》已经有了几个不同的手抄版本,而在传抄过程中,又出现了一些新的变化:据《坛经》最早抄本记载,笔录要比慧能口述慢许多,慧能弟子在传抄《坛经》时,往往把自己亲耳听到的慧能讲法内容又加了进去,故而《六祖坛经》中的很多内容是法海及慧能其他弟子事后根据记忆增补进去的内容。北宋初年,惠昕在《坛经序》中曾说:"我六祖大师,广为学徒直说见性法门,总令自悟成佛,目曰《六祖坛经》,流传后学。古本文繁,披览之徒,初忻后厌。余以太岁丁卯,月在蕤宾,二十三日辛亥,于思迎塔院,分为两卷凡十一门。"惠昕在整理编辑《六祖坛经》时,因"古本文繁,披览之徒,初忻后厌",所以,他根据自己所能见到的各种《坛经》版本,疏通文字、明确义理、删繁就简,将《六祖坛经》分为两卷十一门。后来,经惠昕整理加工过的《坛经》比敦煌本多出了两千余字,这多出来的文字,或许是惠昕根据其他版本增补所致,抑或是惠昕自己进行了发挥,无论如何,在惠昕手中,《六祖坛经》的确发生了很大的改变,由此,这一版本的《六祖坛经》流传至日本并保存下来。惠昕对《六祖坛经》整理刊行后的坛经版本此后广为流传。

宋工部侍郎朗简为惠昕版《六祖坛经》作序,"然六祖之说,余素敬之，患其为俗所增损，而文字鄙俚繁杂，殆不可考。会沙门契嵩作《坛经赞》，因谓嵩师曰：若能正之，吾为出财，模印以广其传。更二载，嵩果得曹溪古本校之，勒成三卷，灿然皆六祖之言，不复谬妄，乃命工镂板，以集其盛事"，可以看出，尽管朗简对六祖惠能"素敬之"，但又有所忧虑，"患其为俗所增损，而文字鄙俚繁杂"，所以当他看到契嵩所作《坛经赞》，便愿出资请契嵩"正之"（当然，朗简一定见过《六祖坛经》的许多其他版本，包括惠昕本），由此出现了禅宗史上的契嵩本《六祖坛经》，经此之后，还有元代刊行的德异本、明代刊行的宗宝本，这几个版本在内容上与契嵩本并没有太大出入，只是章节文字上稍有变动，所以，元、明刊本都是以契嵩本为底本。据胡适考证，契嵩本所增补的内容，当来自朗简序中提及的"曹溪古本"（即《曹溪大师传》），《曹溪大师传》中虽有不少明显的错记、误记，但仍不失为一部较完整记录惠能言行的著作。在《曹溪大师传》传抄流行过程中，属于另一派系的慧能讲经说法录敦煌本也在传抄流行，《坛经》敦煌本约12000字，惠昕本约14000字，契嵩本约21000字，其中惠昕本比敦煌本多出了约2000字，而契嵩本又比敦煌本多出约9000字。

敦煌本，因20世纪初在敦煌藏经洞被发现，因此这一版本的《坛经》被称为敦煌本。由于这一版本是由慧能的弟子法海记录的，也称为法海本。一般认为此版本是当前能够见到的《坛经》各个版本中最为古老的，约为公元780年的写本。在四个版本中字数最少，大约12000余字。学者们通常认为这一版本是较为接近《坛经》原本的版本，文字较为质朴，但有一些错字。敦煌本原本只有全一卷，不分品目，后来日本学者铃木大拙将之分为五十七节内容。

本部分的《坛经》选读以敦煌本（法海本）为底本，部分内容参照其他三个版本。

(二)《坛经》的主要内容

《坛经》是了解和研究慧能禅法思想的主要资料，它以凝练的文字，较真实地记载了慧能的禅法思想。慧能主要就心、性、自心即佛以及顿悟成佛进行了主要阐释。

自心即佛。《坛经》的产生，是中国禅宗思想史上的大事，也是中国佛教思想史上的大事。它以简明的文字，将此前涌现的各种禅学思潮进行了相对系统的理论概括，提出了崭新的思想，标志着禅宗的全部修行活动已经统统纳入"心"学的范围。中国佛教早已开始的向自心探求解脱的理论和实践，至此成熟和定型。人的心性是《坛经》所论述的重要主题。方立天先生认为，《坛经》在论述有关心的学说时，运用的概念有心、自心、本心、自本心、妄心（邪心、毒心、迷心）和直心。揭示这些概念的内涵、结构与相互关系，是研究慧能心性论的重要环节。

在禅宗看来，由心所决定的万法不仅包括人的善恶行及其结果，而且也包括佛教的经典教义，"一切经书及文字，小大二乘十二部经，皆因人置，因智慧性故，故然能建立。若无世人，一切万法本亦不有。故知万法，本从人兴，一切经书，因人说有"，这里所谓"小大二乘十二部经"，固然是指佛教的各类经典，但禅宗认为，经典不过是教义的载体，所以慧能强调人是佛教经典的决定者时，就意味着只有宗教实践主体的人才是根本性的存在，而佛教的经典教义则不过是依赖于人、附属于人的存在而已。也就是说，如果说万法由人心所决定，那么佛教的经典教义就是因依赖于人才得以成立。

"佛性"是《坛经》首尾一贯的另一中心思想。在禅宗看来，所谓"佛性"，是指成佛的可能性。按传统佛教教义，过去有"佛"，将来也会有"佛"，人人都有可能成"佛"。禅宗对这一点发挥得更加彻底，它指出，所谓"佛性"，也意译为如来藏性、如来性、觉性等，原指佛陀之本性，后来发展为众生觉悟之因、众生成佛的可能性,这是中国佛教界对佛性的最一般的理解。

在禅宗慧能大师这里,他有时将佛性称为性、心、心性、本性、自性、法性、真如等。这些词意义相同,都指佛性。他认为佛性,就是指人的"自性";修佛时没有所谓的此、彼岸或者东、西方之别。在慧能看来,宇宙的一切,都不过是"佛性"的表现,是"自性"幻化而成,人的"自性",不仅是"佛性",还是最高的本体,也就是说,"性含万法""万法自性",慧能认为人人皆有佛性,人人皆可以成佛。当然,能够明显看出,慧能继承和发扬了竺道生"一阐提人皆能成佛"的佛性理论,其实这一思想在慧能第一次参见五祖弘忍禅师时,就明确地表达出来了,"人虽有南北,佛性本无南北,獦獠身与和尚不同,佛性有何差别?"慧能的这番回答,已经指明佛性人人具有、在成佛面前众生平等。而在《坛经》中,这一思想的论述非常明显。

慧能还主张自性本来清净。在慧能看来,人人本具的自心、佛性纤尘不染、本来清净。然而,由于人之妄念,才遮盖了清净之本性,"世人性本清净,万法从自性生","菩提自性本来清净,但用此心,直了成佛"。同时,慧能还认为,自性本来具足,含藏一切万法,"自性含万法,名为含藏识","自性能含万法是大,万法在诸人性中","三世诸佛、十二部经在人性中,本自具有"等,这些表述都说明人的自心、自性是万物的本源,一切万法只是自性中所现之物,"何期自性,能生万法……何期自性,本来具足"。除此以外,慧能还强调佛性不二。

他认为是非常非无常、非善非不善,佛性真谛超越万法、不落有形,即佛性是不二的,"佛性是不二之法,《涅磐经》明其佛性不二之法,即此禅……佛性非常,非无常……佛性非善,非不善,是故不断,名为不二。又云:蕴之与界,凡夫见二,智者了达其性无二……明与无明,凡夫见二,智者了达其性无二。无二之性即是实性，实性无二……故知佛性是不二之法"，从慧能的阐释可以看出，他主张佛性不断不常、不来不去、不在中间及其内外，同时也不生不灭、性相如如，常住不迁。慧能认为佛性不二的思想是佛教心性学说的逻辑起点，也是顿悟成佛修行方法的坚实理论基石。这一思想在整个佛教义学中占有非常重要的地位。

如前所述，慧能认为心是万法之根本，自性是佛性，故而，他主张修行实践活动不应依赖外力或遵循外在规范，而应自立自主，自己作自己的主人公，慧能将这种修行法称为"自悟自修""自修自作""自性自度"等，他强调，"见自性自净，自修自作自性法身，自行佛行，自作自成佛道""自悟自修，即名皈依也"，也就是说，在慧能这里，修行、悟解、作佛、度脱等全依靠实践主体自身，而修行实践的内容、动力、法则、目标等不在自心之外，而在修行主体自心之中，由此，慧能指出："善知识，生无边誓愿度，不是慧能度，善只是心中生，各于自身自性自度。何名自性自度？自色身中邪见烦恼，愚痴迷妄，自有本觉性。只本觉性，将正见度。既悟正见般若之智，除却愚痴迷妄，生各各自度。"慧能指出，由此岸超度到彼岸完全是自我超度，是依靠自己内心的觉悟智慧克服邪见烦恼，这种超度解脱完全是内心世界的自我转化。所以，修行实践是靠自心来完成，而非他人或者外在之佛，"若自悟者，不假外求善知识。若取外求善知识，望得解脱，无有是处。识自心内善知识，即得解脱"。在慧能这里，清净佛土并不在自心之外，相反，只要自心清净即是西方净土，也就是说，西方净土之得并非源于阿弥陀佛愿力之支持，而在于自我的内心清净，否则，任何外力都会无助于清净而最终无济于事。

慧能认为，既然自心有佛、自性是佛，心、佛、众生并无差别，就应自识本心以自见本性，识心见性而自修自悟以自成佛道。慧能强调，"识心"主要指"菩提只向心觅，何劳向外求玄"，自识本心有佛，自知自心本来清净，万法尽在自心而自净其心、念念无著以得本心。在慧能这里，"见性"一为了悟、彻见之义，即自见自心真如本性、般若之知；二为显现义，即通过净心、明心使自心本性显现出来，所以，识心即能见性，见性即成佛道。从根本上来讲，在慧能的思想体系中，识心和见性是一回事，然而两者并不是一般意义上的识见，而是一种证悟，它是一种不依任何语言概念或思维形式为中介的直观，故而并无识与被识、见与被见之分，反而是一种整体圆融，是自心、自性的自我观照、自我显现。

顿悟成佛。慧能在自心即佛、识心见性的理论基础上提出了其顿悟成佛思想。如何成佛也是佛教各宗派关注的核心问题，北宗神秀提出渐悟说，而从渐悟到顿悟的转变，则实现了禅宗发展史上质的飞跃。

慧能的顿悟成佛说，是以无念为宗为具体修行方法的。慧能非常重视无念，并把无念立为禅宗最高宗旨。所谓无念，并不是什么也不想，而是指无妄念，即主观上完全不受外界之牵绊，"无"指不被各种尘世烦恼蒙蔽，没有任何差别对立，而"念"则指念及与如来佛性相等同的自我本性。慧能强调，若想达到无念，需要依靠"真心"之自觉，同时还要能"出语尽双，皆取对法"，在此基础上，更要"忍"字当头，无条件接受一切苦难。也就是说，在慧能这里，作为顿悟成佛的具体方法，无念指的是"于诸境上心不染"或"常离诸境"，接触外境之时，人心并不受外境之干扰或影响。然而，需要留意的是，慧能之无念说，并不具备戒相，即没有任何具体的戒条作为制约。实质上，慧能的戒相说是对道信主张的"施为举动，皆是菩提"思想的传承。

正是通过无念的修行方法，慧能提出其顿悟成佛说。南朝高僧竺道生就已经立"顿悟成佛"义，主张"一阐提人皆得成佛""忘筌取鱼"，慧能在竺道生的基础上作了创造性的发展。竺道生认为在未达到最后对佛的认识之前,所有的一切工夫都只是学,而不能称作悟,所以,他主张不存在严格意义上的"渐悟",由此,道生本身并不否定渐修,相反,他还主张经过渐修阶段进入顿悟之境。然而,慧能不同于竺道生的观点,他强调不取诸法、不生妄念,认为人生来就有认识到自己本性的"灵知",只要运用自己的"灵知",刹那间就能领悟到心空,由此而达到对佛的认识。也就是说,在慧能这里,顿悟并不需要渐修阶段,反之,慧能认为一念之觉醒即是顿悟,如禅宗后来所主张的"棒喝""机锋"等,即一顿棒打或大喝一声也是对迷执的破除,通过如此方式让人突然一下子达到大彻大悟。慧能强调"智慧观照""不假文字",只凭个人虔诚的主观信仰,有意放弃众多佛教经典而不作任何考证,从而"直指人心"。慧能的这一悟禅法是一种快速的成佛途径、方法,尤其适应佛教危机以后中下层群众寻求解脱的迫切愿望以及发展需要,这也是南宗得以延绵不绝,最终成为佛教主流的重要原因之一。

为什么一念顿悟就会觉悟成佛?慧能指出,"一念善,智慧即生。一灯能除千年暗,一智慧灭万年愚",也就是说,只要一灯明亮就会打破黑暗,同样,只要一念觉悟,就能灭除迷妄之情。这种觉悟解脱,不是点滴积累、逐步实现的量变过程,而是人心整体的豁然贯通,是突变,如同丝线被一刀全部斩断一般。由此,慧能又说:"发心有顿渐,迷悟有迟疾。迷即累劫,悟即须臾……譬如一缕之丝,其数无量,若合一绳,置于木上,利剑一斩,一时俱断。丝数虽多,不胜一剑。发菩提心,亦复如是。若遇真正善知识,以巧方便,直示真如,用金刚慧,断诸位地烦恼,豁然晓悟,自见法性本来空寂,慧利明了,通达无碍。证此之时,万缘俱绝;恒沙妄念,一时顿尽;无边功德,应时等备。金刚慧发,何得不成?"这就是慧能的顿悟说,觉悟的当下就可以立马解脱成佛。在禅宗看来,解脱与否并不在于觉悟多少,而在于人心有没有真正觉悟,真正从迷执中解脱，也就是说，觉和悟之间没有中间状态或者过渡环节，而是一念之觉悟，至此，则人的精神提升到了成佛解脱之境，从这个意义上来说，禅宗顿悟之境界就是现实人心之质变。

慧能的顿悟成佛说，是对禅宗思想理论的一场革命，也是对佛教修养方法的一次重大改革。从菩提达摩体悟同一的"真性"，到慧能的"自性"，慧能把悟引向了简易直捷，这一方式更容易普及。此后，慧能禅宗最终统一了中国佛教禅宗，禅宗南宗成了中国禅宗的代称。

总之，《坛经》犹如中国传统文化中一朵绚丽的奇葩，以它浓郁之芬芳熏习中国传统文化，对中国哲学、文学、艺术、绘画、书法等都产生了持久的影响力。《坛经》不仅在中国佛教史、思想史、文化史上留下了灿烂的一页，同时成为中华传统文化的一份宝贵财富，它在世界宗教史、哲学思想史、文化史上具有极其重要的影响意义。

三 《坛经》原文选释

《坛经》记载慧能一生得法传法的事迹及启导门徒的言教，其文字通俗、内容丰富，是研究禅宗思想的重要经典依据之一，同时也是中国唯一被尊为经的佛书。《坛经》的思想，基本反映了慧能的思想，其中心思想强调人在现实生活中的觉悟解脱，思想核心在于"直指人心，见性成佛"。

【原文】慧能一闻经语，心即开悟。遂问客诵何经，客曰《金刚经》。[①]复问从何所来，持此经典。客云，我从蕲州[②]黄梅县东禅寺来，其寺是五祖弘忍大师在彼主化[③]，门人一千有余。我到彼中礼拜，听受此经。大师常劝僧俗，但持《金刚经》，即自见性，直了成佛。（《行由品第一》）

【注释】

①《金刚经》：是一部印度佛经，汉语版《金刚经》在历史上共有六个著名的译本并传，最通行的是后秦鸠摩罗什于弘始四年（公元402年）翻译的本子。

②蕲州：指今湖北省蕲州西北。

③五祖弘忍大师：是慧能老师，被后世禅宗尊为五祖，湖北黄梅人，一说江西浔阳（今九江市）人，本姓周。主化：指主持教化。

【翻译】慧能一听他念的经文，心里就感到有所领悟。于是就问那个人念的是什么经？那个客人回答说："《金刚经》。"慧能又问他从哪儿来，怎么会修持这部经典。那个人回答说："我从蕲州黄梅县东禅寺来，那个寺院是五祖弘忍大师在主持教化，门人有一千多，我到寺院中敬礼朝拜，听讲并领受了这部经典。大师经常劝僧俗两众，只要修持《金刚经》，就能发现自己的佛性，即可当下成佛。"

【评析】这部分主要讲述的是慧能走向拜师求艺道路的开始。在不经意间，慧能遇到禅宗五祖弘忍大师的其中一个弟子诵读《金刚经》，于是从此结下了与佛门的缘分，后来慧能不远万里，千里迢迢专门到湖北黄梅县的东禅寺去拜见弘忍大师。

【原文】吾向汝说，世人生死事大，汝等终日只求福田，不求出离生死苦海。自性若迷，福何可救？汝等各去，自看智慧，取自本心般若①之性，各作一偈②，来呈吾看，若悟大意，付汝衣法，为第六代祖。火急速去，不得迟滞。思量即不中用，见性之人，言下须见。若如此者，轮刀上阵，亦得见之。(《行由品第一》)

【注释】

①般若：是梵语音译，也作班若、波若、钵若、般罗若等，一般读作"波耶"，指智慧。

②偈：是梵语，用于表达一种对佛法的理解、赞颂，与"竭"

意通，意即佛教诗句。

【翻译】我向你们说：人生在世最大的问题就是生死，你们却每天只想通过修行求得福报，而不去想怎样超脱生死苦海。这样的话，自己本有的佛性如果迷惑了，修行的福德还怎能拯救你们超脱于苦海？你们都下去，各自反观自己的智慧，从自己内心深处发现般若之性，每人作一首佛偈诗句，拿来给我看。如果谁的诗句能觉悟佛性，我就把衣钵传给谁，让他继任第六代祖师。去作吧，不要耽搁。冥思苦想是没用的，能悟得佛性的人，言谈之间立马能够觉悟。这样的人，哪怕是他挥刀上阵打仗，他也能见得佛性。

【评析】这部分内容主要是禅宗五祖弘忍大师为了试出哪个弟子具有继承法嗣衣钵的资格而出的难题，其实也是为了保护慧能。因为他能看出慧能的佛教悟性，然而因为佛门中神秀势力强大，所以弘忍让弟子们作佛偈以测试，然后再作抉择。后来结果证明，的确是慧能的佛性觉悟更高，于是，弘忍法师决定将衣钵传给慧能，并嘱咐他连夜带着法嗣衣钵逃走以避免被迫害。

【原文】偈曰：身是菩提树①，心如明镜台，时时勤拂拭，勿使惹尘埃。(《行由品第一》)

【注释】

①菩提树：指印度的一种常绿乔木，传说释迦牟尼在此树下觉悟成佛，故名菩提树。

【翻译】偈语说：肉体之身是菩提树，内心如明镜一般。只要时时勤快一点去擦拭它，就不会让尘埃沾在上面。

【评析】这是禅宗五祖禅师弘忍大师吩咐让弟子作佛偈之后，弟子神秀作的诗。神秀怕得不到老师的认可，于是半夜三更悄悄地起来在禅房过道的墙壁上写下了该诗，期望在老师看到的时候能得到认可。这里神秀做了两手准备，如果老师认可的话，他就站出来承认，如果老师不认可的话，他就悄悄不做声。由此可见神秀的佛禅之功。悟禅之人却功利心思极重。

【原文】慧能偈曰：菩提本无树，明镜亦非台。本来无一物，何处惹尘埃。（《行由品第一》）

【翻译】慧能就念偈语：菩提本来就不是树，明镜也并非是台。本来就没有一个物体，又从何而来的沾染尘埃？

【评析】这是关于慧能和神秀争夺法嗣衣钵所作的佛偈。在慧能看来，本来就没有树，也没有镜台，没有任何物体在那里，又哪来的擦拭尘埃？慧能的佛偈与神秀的佛偈形成了鲜明对比，弘忍大师读完慧能的佛偈以后心中大为惊叹，惊叹于慧能的觉悟之深，然而，他深知神秀的势力，所以为了保护慧能，当即将慧能让人替写的佛偈用脚抹去，甚至假装否定慧能的智慧，然而却还是在后来将法嗣衣钵传给了慧能，并帮助慧能连夜逃走。正因为如此，才有了后来的六祖禅师慧能。

【原文】时有风吹幡①动，一僧曰风动，一僧曰幡动，议论不已。慧能进曰："不是风动，不是幡动，仁者②心动。"（《行由品第一》）

【注释】

①幡：指寺院里的窄长旗子，一般指佛教法物。

②仁者：佛教主张慈悲为怀，所以此处指和尚，这是慧能对法性寺僧人的一种尊称。

【翻译】当时起风了，风吹动了旗幡，于是两个僧人发生了争论，一个僧人说是风在动，另一个僧人说是旗幡在动，双方争论不休。慧能就参与两位僧人的讨论说："既不是风动，也不是旗幡动，而是诸位仁者的心在动。"

【评析】 这段话直指要害，点名了禅宗要旨，也点出了慧能思想的主旨：自信即佛，佛就在每个人的心中。一部《坛经》，讲的就是直指人心，见性成佛。禅宗认为，菩提自性就是佛性，人人本具，而且本自清静无染。迷而不觉，妄执分别，就不能明见自性的本来面目，也不能证得自性本自具足的智慧德性。由此可见，众生与佛的不同之处，就在于心的迷与悟，心若合于尘世，就是芸芸众生，即凡夫俗子，心若顿觉，那么即为悟得佛性。也就是说，在禅宗这里主要主张以心传心，令自悟自解。

四 《坛经》经典名句诵读

1. 菩提本无树，明镜亦非台。本来无一物，何处惹尘埃。
2. 不是风动，不是幡动，仁者心动。
3. 佛是自性作，莫向身外求。
4. 不识本心，学法无益，识心见性，即悟大意。
5. 有情来下种，因地果还生。无情亦无种，无性亦无生。
6. 劫火烧海底，风鼓山相击，真常寂灭乐，涅槃相如是。
7. 心平何劳持戒，行直何用修禅。恩则亲养父母，义则上下相怜。
8. 口莫终日说空。心中不修此行。恰似凡人自称国王，终不可得。
9. 见性是功，平等是德。念念无滞，常见本性，真实妙用，名为功德。
10. 内心谦下是功，外行于礼是德。自性建立万法是功，心体离念是德。
11. 依此修行，言下见性，虽去吾千里，如常在吾边；于此言下不悟，即对面千里，何勤远来？
12. 心地无非自性戒，心地无痴自性慧，心地无乱自性定，不增不减自金刚，身来身去本三昧。

13. 不生不灭，于一切时中，念念自见，万法无滞，一真一切真，万境自如如。

14. 思量即不中用，见性之人，言下须见。若如此者，轮刀上阵，亦得见之。

15. 凡夫即佛，烦恼即菩提。前念迷即凡夫，后念悟即佛。前念著境即烦恼，后念离境即菩提。

16. 若真修道人，不见世间过。若见他人非，自非却是左。他非我不非，我非自有过。但自却非心，打除烦恼破。

17. 即心名慧，即佛乃定。定慧等持，意中清净。悟此法门，由汝习性。用本无生，双修是正。

18. 人虽有南北，佛性本无南北，獦獠身与和尚不同，佛性有何差别？

19. 外离相即禅，内不乱即定，外禅内定，是为禅定。

思考题：

1. 佛教主张"缘起性空"，你怎样理解？
2. 你怎样看待慧能？试谈谈你的看法。
3. 禅宗是怎样产生的？它与儒家思想有关系吗？
4. 慧能与神秀的法嗣衣钵之争是怎样发生的，试进行阐述。
5. 什么是自心即佛？
6. 简析慧能的"顿悟成佛说"与竺道生的"顿悟成佛说"之异同。

参考文献：

1. （唐）慧能著、郭鹏校释：《坛经校释》，中华书局1983年版。
2. 魏道儒译注：《坛经译注》，中华书局2010年版。
3. （唐）慧能著、丁福保注、哈磊整理：《坛经》，上海古籍出版社

2016年版。

4. 郭鹏：《坛经导读》，中国国际广播出版社2008年版。

5. 印顺法师：《印顺法师佛学著作全集第十九卷：中国禅宗史、永光集》，中华书局2009年版。

6. 吕澂：《印度佛学源流略讲》，上海人民出版社2005年版。

7. 姚卫群：《佛学概论》，宗教文化出版社2002年版。

8. 董群：《慧能与中国文化》，贵州人民出版社2001年版。

第 五 章

中国地域特色文化——关学

伟大的华夏文明，绚烂多姿，渊源流长，形成了博大精深、兼容并蓄的宏阔气象。在其悠久的历史更迭历程中，英才辈出，成就了世界人类文明史上的一颗璀璨明珠，也是世界上唯一延续至今的古老文明；而基于地域的辽阔，亦同时以中州、齐鲁、三晋、燕赵、吴楚、巴蜀、关东、西域、三秦等为代表的，带有强烈地域特色的文化类型。其中，北宋时期既已发端、酝酿的，以"理学"及"三秦"文化为奠基的，覆盖了八百里关中地区的"关学"，便是文化百花园中的一朵奇葩。

第一节 中国传统文化的发展格局

中国传统文化涵盖面广，门类众多，其发展历程呈现出不平衡、非同步的特征。然而历史地看，在传统文化不断发展的历程中，不无某种一致性，且以前后相接的数个阶段予以展现。

一 史前时期的文化遗迹

中国文化的史前期，包括了旧石器时代和新石器时代。肇端于这一时期的中华文明及其文化，具有自身的独立起源。我国境内分布广泛、数量众多的考古遗址表明，新、旧石器时代的居民，其在体质上，存在明显的承续、发展的人种学序列，基本上是在一个大的人种（蒙古人种）主干下发生和发展的，尚未发现西方人种参入的痕迹。以此，中国石器时代文化是在相对单一的人种学基础上发展起来的，它对以后中国文化持续稳定的独立发展，起着重大作用。

此外，以农业为核心的社会经济机构，奠定了其农业文化的基石。经历了一百多万年的采集和渔猎活动，我国境内的原始人积累了丰富的动植物知识。大约在新石器时代，就已经开始了农业栽培和家畜驯养。中国无疑是世界农业起源的中心之一，包括稻作和旱作在内的丰富多彩的农业生产方式，奠定了有别于游牧方式的农耕文化的基石，由此决定了后来中国文化的许多实质性特点。

中国文化的发生表现出了多元性。其中，数量极多、分布极广的前文明时期文化遗址，揭示着中国文明的多元发生，其主体集中在黄河流域和长江流域及其南北不远的范围内。这也与文献传说大致相符。华夏（河洛）、东夷（海岱）和苗蛮（江汉）三大先民集团，在近年来的考古发掘中就得到了部分的证明。

二 传统文化的雏形期：夏、商、西周至春秋、战国

像世界其他地区独自生成的文明系统一样，雏形期的中国文化已经奠定了其基本构架。这也对后来的中国文化乃至整个东亚文化，发生了长达两千年的影响，其许多特征也在此阶段初步显现。尽管这一时期华夏族的宏大空间（"中国"）还很有限，尚没有对南北四方产生足够的作用力，但中国文明的基石已初步奠定，象形会意的汉字、儒墨道法等诸子思想、宗法伦理等都对后世影响甚巨。

公元前2000年左右，在我国范围内普遍出现了文字、青铜器、宫殿、祭坛等，中国文化开始进入文明阶段，这与文献所载古史系统中的夏代相当。目前，在豫西、晋西南进行的考古发掘，正在揭

开童年时期（夏代）中国早期文明的面纱。在此期间，青铜文化彰显了其鲜明特色。中国青铜时代的诸特点，如铜锡合金、块范铸法、有特征性的器物类型及其组合，这些都与西方文明有所不同，尤其重要的是，中国青铜器优先用作礼器，以象征王权和等级秩序，其次用作兵器，以投入战争维护政权，而不像其他文明中那样主要用作生产工具。而在宗教方面，天、地、人三大祭祀发达。尤其是祖先崇拜特别发达，这与早期的宗法制度和宗法观念互为因果，并孕育了中国文化的一系列特征，如慎终追远、重史立言等。

雏形期的中国文化，在春秋战国时期发生了中国历史上第一次重大的社会变革和文化转折。私有经济迅速发展，引发了世卿世禄的世袭社会向俸禄制的官僚社会过渡，宗法封建制也渐变为中央集权的官僚制，"学在官府"一转而成"学在私门"。其中，"士"阶层兴起，一元文化离析，多元文化发展，诸子并存，百家争鸣，各门学科逐渐走上独立分化之路。如文学、艺术、史学、哲学、医学、数学、农艺、军事学、天文学等领域，均吸收并扬弃了宗周的文化体系，与社会变革的新时代相表里，达到空前繁荣的水平。这是中国文化的"轴心时代"（"元典时代"）。这一时期所形成的《诗》《书》《礼》《易》《春秋》及《论语》《墨子》《庄子》《老子》《孟子》等中华元典，系统地展现了中华文化的中坚理念。人文精神、天道自然的宇宙生成论、忧患意识等智慧结晶，以及阴阳、道器、有无、理气等哲学范畴，在诸子辩难、百家争鸣中已张扬开来，为后世中国文化的观念层面垂范作则，建造了中国人的精神家园。

三 传统文化的定型期：秦汉

大一统的帝国模式和文化模式基本定型，逐渐形成于公元前220年到公元后220年的这四个多世纪，是一个连续的文化过程。如果向前追溯，大一统帝国文化的端绪，应该溯源至春秋战国之际，当时所发生的第一次社会大变革和文化大转型，已经蕴含着政治的大一统和文化的大一统。秦汉大一统帝国的建立，汉民族在政治、军事以及所有的内外事务上都表现出强劲态势，民族的文化原创力得到辉煌的迸发，并显示出帝国文化的外拓气象。这是"古代帝国的完成期""古代中国文化的总归结时代"，它完成了对先秦多元文化的一统整合。

这一时期，中国文化的很多基本面貌已逐步成形。如度量衡的统一、文字的厘定，以及教育模式、户籍控制、官吏考试方式和经学、史学体系的格局大定，独具中国特色，并在帝国内部有效实施。汉族也大致形成于这一时期。汉语、汉字、汉方等沿用至今的文化成果，都在秦汉时代基本定格。值得注意的是，儒家文化也在这一时期，走上了历史舞台的中央，逐渐占据了意识形态的主导地位。在经过秦朝至汉朝前期百余年的探索、调适与磨合之后，大一统帝国的集权体制终于找到了一种与之相契合的意识形态，那就是发端于元典时代而又吸纳了道、法诸家的儒家文化。在汉代统治集团倡导的"独尊"氛围下，儒家文化被经学化和官学化，"经学"成为至尊之学，两千年来规范着全民的视听言动。而在统治集团的实际运作中，却儒法兼采、王霸并用，这也成为后代专制集权统治的一般方略；士大夫间流行儒道互补的生活哲学，下层社会则辅之以潜行着的种种民间宗教。

伴随着中央集权政体、皇权更替、朝代循环的基本模式的形成及其定型，后来两千年的改朝换代和文化传承中，这种模式在一个朝代内部，帝王按严格的宗法制度世袭转让。当一个王朝腐朽到不堪维系，则有雄强者借势取而代之，出现"王侯将相，宁有种乎"的口号，以及"皇帝轮流做"的局面。农民战争或豪强夺权导致的改朝换代反复重演。正因为帝王世袭并不绝对可靠，于是统治者更加重视王权的神化和圣化，后代的专职理论愈演愈烈。值得注意的是，改朝换代并没有引起文化中绝，尽管后继朝代"改正朔，易服色"，但总是自觉认同前代并实现文化接力，秦汉之际、两汉之际是如此，后来历代莫不如是。

秦汉时期中国文化由多元走向一统，中原农耕文明在与周边游牧文明的冲突交融中，逐渐赢得强有力的控制地位。秦汉文化足以与南亚的孔雀王朝文化、欧洲的罗马文化相媲美，成为亚欧大陆并峙的三大帝国文化。秦汉时期，既可以视为中国史前文化及元典时代之后的一个大完结、大整合，又可以视为后来的帝国文化乃至中国本土文化奠定模式的独立阶段，这四百多年自成循环，有始有终。

四 传统文化的融合期：魏晋南北朝至唐中叶

这一阶段的中国文化，开始大范围地与东亚、西亚、南亚文化进行涵化整合，踏上了"亚洲之中国"的道路。这一时期，与庄园经济和门阀贵族政治相表里，精神领域里神学弥漫，儒、道、玄、佛各擅胜场，影响着思想意识各文化门类。

而中国文化的第二次转折就发生在这一时期。魏晋以降中国经济、政治、军事、文化各方面都为之一变，呈现出有别于秦汉的时代特征。大一统的中央集权官僚政治崩溃，门阀制度和贵族政治成为此后几百年间一大特征。庄园经济和贵族政治导致的割据性，使朝廷对上下文化干预弱化。文化由社会转向个人，由外部转向内部，对个人生命意义和心性情理的探求，给此后几百年间玄学和佛学的高唱，留下了充分的空间。经学和名教衰颓，是魏晋以来文化转折的一大标志。"非汤武而薄周孔""越名教而任自然""轻贱唐虞而笑大禹"成为魏晋至唐代中叶的文化主潮。儒学陷入困境，其后法家和名家虽曾一度受到重视，但最终代之而起的却是"玄风独振"，佛学兴盛。玄学的发达，可以视为两汉思想禁锢以来的一大解放，是个人主义的复归；儒家思想"独尊"局面被打破后，儒、玄、释、道等多元文化，共存共融，形成先秦诸子百家争鸣之后又一度思想学术的大繁荣。

农耕文化与游牧文化之间的冲突与整合是这六百年间文化的一大主题。有别于秦汉的是，这一时期，华夏农耕文化的同化力有所减弱，北方游牧民族的压迫曾经造成"五胡乱华"、南北分治的局面；但游牧文化无疑又给中国文化带来了复兴和补强作用。继秦汉之后，隋唐成为又一帝国文化高峰，不能不说得益于充满阳刚精神的北方民族"胡气"的熏染。其中，物质上如此，精神上也是如此。

来自南亚次大陆的佛教文化与中国本土文化之间的交互关系是这六百年间的又一主题。佛教传入之初，也曾经与儒、道等文化体系相冲突，但终于与中国的伦理规范、实用理性、崇拜模式、政治需求等相妥协、相融合；经过排佛、灭佛、佞佛、援佛等过程，佛教逐渐实现了中国本土化，并深刻影响中国文化的各个层面。尤其是隋唐时期，佛学宗派林立，禅声缭绕，成为中国文化史上的奇峰异峦。在中国学术史发展的七个阶段（先秦子学、两汉经学、魏晋玄学、隋唐佛学、宋明理学、清代朴学、近代新学）中，其中三段（魏晋玄学、隋唐佛学、宋明理学）是直接因为佛教影响而形成学术大势的。在接受外来文明影响的同时，传统文化的中心也开始向东向南转移。这一过程大规模展开于东晋南渡，至唐代"安史之乱"后，中国的经济中心已经基本南迁，所谓"赋出天下而江南居十九"；但其文化中心的南移尚未最后实现，而上述六百年间，正好是南移过程中的过渡和调适期。

五　传统文化的强化期：唐中叶至明中叶

公元 9 世纪的中国，近古文化已告形成。继春秋战国之际和汉魏之际以后，中华文明再次经历了一次社会变革和文化转型，并引发了东亚文化圈内朝鲜、日本等地文化也相继发生变革。有不少日本学者和欧美学者，将此次转折看作是中世纪（或称"中世"）向"近世"的转型。唐代前后期的转折，规范了中国文化史后半段的大致框架。唐宋以降，中国文化在自身的发展中，总体上已显示出走出中古文化故辙的种种动向，孕育了部分近世文化因子，可以称之为近古文化期。

在政治经济方面，地主与佃户所构成经济结构，和文官政治相互结合，在唐代中叶以降的中国，引发了重要变革。随着领主庄园经济的破产，地主—佃户经济模式进一步定型，随即引发了赋税制度的根本性变化。以"两税法"代替"租庸调制"为开端，随后宋、明几代的赋税改革，越来越明确地把朝廷对平民的直接经济关系确定下来。政治上亦是如此，科举制度实行以后。门阀贵族淡出政治，管理直接从地主和自耕农中考选，具有一定的开放性和流动性。此种地主—佃户经济和文官政治的特色，与封建时代的西欧、日本大相区别。

同时，市井文化勃兴。唐宋以来，实物经济式微，货币（包括纸币）大量流通；城市由单纯的政治中心和军事堡垒演变为经济和文化的集散地（这种功能的变化被有的学者称为"城市革命"）。随着工商业的繁荣，市民阶层兴起，市井文化趋于活跃，反映市民生活及其情趣的小说、戏曲，在形式和内容上都另创一格。如果说，汉赋、六朝骈文、唐诗、宋词、元曲、明清小说构成中国文学主流脉络，那么中唐以后其俗的一脉（如戏曲、小说等）便由潜渐显。

而在文教方面，儒学再次复兴。酝酿于唐中叶，在宋明得以张大的理学，一定意义上是儒家人文理性的复归，尤其是阳明心学已初具道德个人主义的内涵；宋学的怀疑精神和清代考据朴学的实证精神，也已触及实证科学的基础；另外，文人、官僚、地主或商人合为一体，形成所谓士大夫阶层，他们的审美情趣、人格理想、道德观念主导了全社会的价值规范，对其后乃至今天的精神生活仍有影响。

值得注意的是，伴随着以上诸多变化，民族文化的气质，也逐渐由汉唐的雄强外拓转向宋明的精致内敛。唐以后，在日益强化的君主集权格局之下，官僚政治实行文武分离、崇文抑武之策，虽然防止了武人割据和篡权，却导致国防劣势，也使民族文化的气质和国民性格发生变化。而与此同时，中国周边民族却日渐崛起，走向与华夏本土文化相抗衡的道路。尽管最终都沿袭、传承了中原农耕文化，但是后进民族的一再军事征服所造成的破坏，无疑也阻碍了中国文化原发式近代转型的可能。唐中叶以降的文化转折，决定了一千年来中国文化的基本格局和大体走向，有识者多重视两宋文化。总之，这一阶段构筑西方资本主义侵入之前中国的文化背景，也是中国文化现代转型的基础和出发点。

六　传统文化的转型期：明末迄今

在中西文化交汇，中国文化走向近现代化的历程中，这一阶段的传统文化，同时面临着先期完成现代转型的工业西方以炮舰加商品打开了中国封闭国门的局面。中国文化第一次遭遇到"高势位"文化的入侵，中国文化与西方文化的冲突、调适、融合过程异常艰难也异常痛苦，但这一过程也赋予了中国文化新的发展际遇，中国文化在制度、物质、行为、精神诸层面进入现代转型期。

明中叶以后，商品经济更加活跃，出现所谓"资本主义萌芽"，凸显出早期启蒙思潮的特点。在观念意识层面，明清之际顾炎武、黄宗羲、王夫之、唐甄等一批先进人士非君崇"公"，高倡"民本"，开近代启蒙主义之先河。同时，西方传教士大量进入中土，揭开了西学东渐的序幕，这是继佛教东传之后，中国本土文化与外域文化的又一次大交汇。满族人入主中原建立清王朝，其初期并未中断西学东渐，但雍正以后则大体使中西文化交流停顿下来。直到鸦片战争后，才开始又一轮西学东渐的历程。而在清朝前中期，曾经占据文化中心地位的汉族文化传统，逐渐在政治高压下，渐次萎缩，基本沿袭宋明以降的文化路径，只是考据朴学的实证精神得到空前发展，对两汉以来经学的神圣性起着"解构"作用。

总之，内力、外力共同作用下，这一时期的文化，逐步被推向了现代转型。清代晚期以降的现代转型是内力和外力共同作用的结果，是西方影响与中国文化的固有因素彼此激荡、相互作用的产物。曾经颇有影响的"冲击—反映"模式，充分肯定了西方现代文化的输入对于中国现代转型的作用，以及中国固有传统对现代转型的阻力。但仅仅认识到这一侧面是不够的。还应看到，在民族危亡和西方现代文化的冲击面前，中国文化自元典时代就深蕴其中的忧患意识、变易观念、华夷之辨、民本思想等精神传统，通过现代诠释获得了新的生命，转换为近代救亡意识、"变法—自强"思潮、革命观念以及近代民族主义、民主主义，等等，推动了中国文化的现代化进程；至于自宋明以来隐而未彰的原发性近代文化因子，更被纳入中国文化现代转型的动因系统之中。如果对此估计不足，必将导致对中国近一百余年来现代化进程的片面理解。以此，当现代西方文化从东南沿海登陆之际，两广、江浙成为一个多世纪以来中西文化碰撞的前沿。闽粤等地以及宋明以来就已成为文化中心的江浙等地，在这一阶段不仅是经济的重心而且是新文化的重心，其文化能量不断地向内地辐射、推进。此种由南向北、由东向西的文化传播路向，与两宋以前由西向东、由北向南的文化传播路向恰成相反之势。而两湖地区则成为古与今、中与西相互交汇的要冲地带，所以风云际会，人文荟萃。这些都构成中国近现代富于特色的文化景观。

20世纪以来的文化变革，无论在深度、广度还是在剧烈程度上，都比中国文化史上的前两次转折（春秋战国之际和唐宋之际）有过之而无不及。五四新文化运动的新旧决裂，可以看作是对明清之际以来启蒙思潮的一次完结,对中国文化传统有所厘清。此后,中国经历了对欧美模式和苏俄模式的学习、选择与扬弃。尤其是70年代末以来,在世界信息化、全球一体化的时代氛围中,中国正在前所未有的规模和深度上经历着变革,从而把清中叶以来百余年间起伏跌宕的文化转型推向高潮。这种转型的激变性和复杂性,为古今中外所罕见,它包括三个层面:一是从农业文明向工业文明的转化(此一过程自19世纪中叶已经开始,时下正在赢得加速度),这是当代中国社会转型的基本内容;二是从国家统制式的计划经济向社会主义市场经济转化,这种经济体制的改轨与上述经济形态变化同时并进,正是现代转型的"中国特色"所在;三是从工业文明向后工业文明转化,已经实现工业化的发达国家正在进行的转变所诱发的种种问题,在全球化的趋势下也呈现于尚在现代化过程之中的当代中国面前,如信仰危机、生态危机、能源枯竭、文明冲突,等等。当下日益深化的现代转型对传统文化的激荡、挑战和提供的发展机遇都是前所未有的,中国文化史正在揭开蔚为壮观的新场景。

可以看到,在两宋以后的文化历程中,宋明理学曾经在中国传统文化的发展进程中,扮演着重要的角色。而我们更应看到,关中文化,尤其是由北宋张载等学人开展并传承的"关学"传统,正是在这一文化发展的宏大叙事中,逐渐崭露头角的。

第二节 关中文化:关学形成的历史底蕴

关中,或关中平原,一般是指中国陕西秦岭北麓渭河冲积平原,平均海拔约 500 米,又称关中盆地,其北部为陕北黄土高原,向南则是陕南山地、秦巴山脉,为陕西的工、农业发达,人口密集地区,富庶之地,号称"八百里秦川"。从地理上讲,陕北高原和秦岭两道天然屏障下的"关中",自古便是兵家必争之地。"关中"本意"居四关之中"。其中，"四关"的观念始于战国时期，所谓"西有散关（大散关），东有函谷关，南有武关，北有萧关"，是流传较广的理解。而随着历史的发展和军事需要的转变，环绕关中平原的"关"，又可包含后来的东方之潼关和北方之金锁关。故而，"四关"又可在广义上理解为"四方关隘"。

自西周起，先后有13个王朝在此建都，历时1100多年。此外，中华文明的摇篮在黄河流域，而黄河文明的摇篮是在渭河流域（关中）。从神话、传说和考古发掘看，出自中国西部的炎帝和黄帝是公认的最早圣王和"人文初祖"。炎帝、黄帝的族居地和陵墓都在关中地区。经考古发掘证实，关中是华夏古文明最重要、最集中的发源地之一。这里有数十万年前的蓝田人和大荔人文化，有仰韶文化的典型代表——半坡文化。如西安半坡、临潼姜寨和宝鸡斗鸡台等地是我国最早的原始农业发祥地，形成了最早的农耕、房屋建筑、织布、制陶等生产技术，甚至还创造了最早的文字。在西安出土文物中，保存了我国最早文化的实证，如出自半坡的最早的农渔工具、最早的陶窑、最早的陶文、最早的土木建筑，出自何家湾的最早的骨雕人头像，等等。关中平原是当之无愧的中华文明摇篮，也是整个亚洲最重要的人类起源地和史前文化中心之一。

华夏文明最早发祥于黄河中游的关中地区。几十万年前的蓝田猿人和大荔猿人，以及距今6000多年的，我国最早的原始农耕的村落——西安半坡村，已成为仰韶文化的代表。半坡文化以其精美的彩陶和锄耕农业闻名于世，不仅在我国同时期文化中居领先地位，而且烧陶技术也居世界领先地位。此后，关中一个古老的姬姓部族——周，作为半坡人的后裔，逐渐兴起。从古文献上看，周人定居于泾、渭二水下游，土地肥沃，利于农耕。直至古公亶父时，周人迁歧，来到岐山之下的周原。考古发掘证明，今扶风县的法门镇和黄堆乡、岐山县的京当乡，便是当时的周原，至今仍称周原，是关中有名的富庶地区。这些无疑为自周以后，形成了一个以今西安为中心的周文化系统，奠定了丰厚基础。然而真正使陕西关中文化成为全国文化的中心，并对各地产生深刻影响的，却是秦，以及后来的汉唐时代。

秦人的祖先原是流动于黄河下游地区的游牧部落。西周王朝建立后不久，他们参加了殷遗民的反叛活动。作为一种严厉的惩罚，西周统治者将他们强迫迁往西方的黄土高原。周宣王时，因秦庄公击退西戎，稳定西北的功绩，被封为"西垂大夫"。西周末年，秦人护送平王东迁洛阳有功，封秦襄公为诸侯，并将丰、岐（今陕西岐山）一带赐予秦人，秦人从此有了立国的根据。此后500余年，秦人惨淡经营，励精图治，"开地千里，遂霸西戎"，创造出自成一格的区域性文化——秦文化。秦人统一全国以前，其活动区域在以今陕西关中为中心，东起函谷关，西达陇中，南至秦岭，北抵贺兰山的中国西部地区。

春秋时代，中原各族鄙视秦为"夷"。其实，秦人的物质文化并不比中原落后多少。秦立国的岐地，原是周人故居，是古代农业最发达的地区。"周余民"中，许多人富有农事耕作经验。秦人学习他们的经验，利用渭河流域优良的自然条件，迅速地变落后的游牧经济为农业经济。公元前648年，晋向秦借粮，穆公慨然允诺："以船漕车转，自雍相望至绛"（《史记·秦本纪》），被称为"泛舟之役"。秦人畜牧有悠久传统，尤其擅长养马。此外，秦建筑业非常发达。秦都咸阳，规模宏大，布局合理，既有供皇帝和各级官吏之用的宫殿，又有供市民活动的区域，以及广场、街市、作坊和美化环境、丰富生活的苑、圃、园、池。整个城市布置于渭水两岸，号称"渭水贯都，以象天汉；横桥南渡，以法牵牛"（《水经注·渭水》）。

在精神文化方面，秦文化具有鲜明的功利主义特点。从秦建国到始皇帝统一天下，为秦人所津津乐道的，均是环绕着农战、攻伐、垦荒、开塞、徕民、重本、抑末等对国计民生有直接利害关系的事。他们不精于仁义礼乐的哲学论证，更无心于超越时空、驰骋古今的玄想，对人伦关系的道德要求，也远远不如东方各国那样严格。在科学文化方面，秦人继承周人使用的文字，又有所创新。秦人接受周人的篆文（大篆），将其改造为更加整齐、定型化的秦篆（小篆），笔画简单，删除异体字，更易于推行。在记载文字的方式上，秦人不同于商、周刻于甲骨或铸于铜器，而更热衷于将文字刻在坚固的石体上传之久远。流传至今的石鼓文，记叙了大量的渔猎之事，它是我国保存至今最古老的刻石文字。

概括而言，战国时代，诸侯割据，"田畴异亩，车舆异轨，律令异法，衣冠异制，言语异声，文字异形"。秦始皇统一天下，雷厉风行地扫荡这种种之"异"，建立统一文化，促成了中华文化共同体的基本形成。其内容包括书同文、车同轨、度同制、行同伦、地同域几方面。而其天治与变法的源地，还是最后形成的统治中心，都在陕西关中。

关中地区不仅是中华民族的发祥地之一，而且以它独特的优越地位，在秦汉以迄隋唐的漫长历史中，发展成中国古代黄河文化的中心。关中地区黄河支流渭河的下游冲积平原，自古以来，土地肥沃，物产富饶，又有秦岭、黄河等山河屏障，是一个极具政治、军事、经济意义的优良地区，被称为"陆海之枢纽""天府之富饶"。

确实，从秦汉之际的国内形势来看，关中、关东同为中国人口最多、生产最为发达的地区。而从政治、经济、军事的地位上看，关中处于极其有利的位置。首先，它境内土地肥沃，物产丰富，又有附近巴蜀地区农业和西北畜牧业的支持，经济发达；其次，它四周为秦岭、北山山系及黄河所环绕，有四塞为固，借由萧关、散关、武关、函谷关等，形成了一个进可以攻、退可以守的特殊有利地位；再次从地势上看，关中又位于天下（全国）上游，对关东用兵，顺黄河河运而下，有如高屋建瓴，势如破竹；最后，在微观地貌上，关中也具备许多建都的优越地理条件，如渭北泾渭之交的原区，特别是丰镐故都之东、渭水南岸，更是一块地势开阔的小平原，东西长达百里，不仅原沟相间，而且有渭、泾、沣、涝、潏、滈、浐、灞八水环绕。

正是这种得天独厚的地理优势，不仅有助于秦灭东方六国，完成全国政治、经济、文化的统一，而且也更适应以布衣起家的汉高祖刘邦的立国目的。因此，当刘邦他们为建立统一的中央集权时，新兴的汉王朝便决定建都关中，兴建长安城，以之作为全国的政治、经济和文化的中心，并从此为西汉几百年的发展奠定了可靠的基础。

秦以后，除了东汉迁都洛阳外，从东汉末年国家分裂到隋王朝统一全国，关中长安仍先后作为东汉献帝、西晋愍帝、前赵、前秦、后秦、西魏、北周几个割据王朝的国都，而不失其在中国文化历史上的特殊地位。隋唐时代，不仅充分认识到关中地区曾长期作为古代政治、经济、文化中心的意义，而且更进一步认识到建都长安对解除北方游牧民族的侵扰、维护国家统一的意义。定都长安，不仅表现了隋唐王朝对内巩固政权、发展经济的意志，也表现了对外排除北方突厥等势力南下侵扰外患的决心。正是在这样的背景之下，关中在西汉末年因国家分裂等原因一度失去其全国政治、经济、文化中心的地位以后，再一次作为统一王朝的国都，而发展成为黄河文化的中心。

作为国都之地，汉唐都十分注重关中地区的经济开发。先后在关中兴修了郑白渠、龙首渠、成国渠等农业灌溉工程，加上实行其他优惠政策，使关中很快就成为全国最繁华富庶的经济中心。如《汉书·食货志》载，汉武帝时"京师之钱，累百巨万，贯朽而不可校；太仓之粟，陈陈相因，充溢露积于外，腐败不可食"。在民间"众庶街巷有马，阡陌之间成群，乘牸牝者摈而不得会聚，守闾阎者食粱肉"。在这里建立了历史上第一所国立大学——太学,借助它创建了中国独有的"士—官僚"政权体系;也是在这里的长乐宫,汉儒学者叔孙通制礼作乐,演习"朝仪",不仅建立了君主与民众、君主与上层官僚之间的等级关系,也深刻影响着此后中国社会各种等级尊卑传统的建立和发展;中国古代官方哲学儒学传统的确立,也是在这里由董仲舒的倡导和汉武帝"罢黜百家,独尊儒术"的政策下开始发展的。

隋唐时代,是中国封建社会发展的一个高峰时期。作为首都长安,这里不仅集中了高度发展的手工业、繁荣的商业贸易、四通八达的交通,以及卓越的科技成就,还有从四面八方聚集在长安的少数民族及外国商贾使者,长安不仅仅是唐代黄河文化的中心,而且还是一个重要的国际城市。这里不仅出现了李世民、魏征、贾耽、李吉甫、孙思邈等政治家、科学家,也涌现了王维、李白、杜甫、白居易、阎立德、阎立本、吴道子、张旭、怀素等文学家、艺术家。同时,精湛的手工艺产品和繁荣的商业活动,更使唐长安生机勃勃。

西周建都丰镐,同时在今洛阳附近营建洛邑,并说明洛邑的优点是"此天下之中,四方入贡道里均",因此称丰镐为宗周,称洛邑为成周。西汉、隋、唐则明确地把洛阳、长安定为东、西两京,虽然政治中心多在长安,但隋唐两代的皇帝如隋炀帝杨广、唐太宗李世民、高宗李治、女皇帝武则天也都多次前往洛阳。其中,一代女皇武则天,更是长期居住在洛阳。这些事实表明,长安虽然在地理上有许多优越条件,但封建王朝为了照顾全国各个方面,以加强其统治,因而在中原一带这个文化发展较早的地区,也不能不设立一个重点城市,作为长安的辅助。

随着汉以后,北方战乱和南方经济的发展,汉唐代长安城中百万居民所需要的食粮,需要依靠江南大量供应。漕运江南粮食来长安,在当时是劳民伤财的一大难事。唐代中叶以后,扬州(今江苏扬州)、益州（今四川成都）成为全国最大的手工业中心，有"扬一""益二"之称，全国经济中心已南移江南。

除经济发展形势外，还有很重要的一个情况，即汉、唐以来在历史上有名的"丝绸之路"这条中国以长安为起点的通往亚、欧、非各国的陆路交通线，自从吐蕃势力兴起后，便逐渐被阻塞。因此，从唐中叶后，对外交通也逐渐由以西域为重点的陆路而转向海道。当时的重要港口，如浙江的明州（今宁波）、福建的泉州、广东的广州等，成为中国和亚、非、欧各地区交通的主要出入门户。唐代在长安集居的官僚贵族们所珍视的象牙、犀角、珍珠、香料、珍禽异兽等，也都由广州进口。这些情况表明，长安的地理条件虽未改变，但由于全国形势的发展，唐代以后这里已不能再成为全国政治、经济和文化的中心了。因此，北宋建都即放弃长安，选择了中原的汴梁（今河南开封）。

宋代以后，长安仍在全国占有重要地位。各代的统治阶级，一直把长安作为控制西北和西南的军事重镇。长安在政治、经济和文化上仍占有重要地位，但无论如何，长安作为全国文明中心的地位已一去不复返。在此后的数百年间它只能以一个重要的地域文化与区域文化发生着相互交流，接受以开封、杭州、南京、北京为中心的新的文化中心的政治、经济、文化等核心区的多种影响。

第三节　关中文化的精髓

在关中地区的历史上，不仅在政治、经济上曾展现出世界瞩目的成果，还曾在艺术、文学中呈现出璀璨夺目的成就。而在中华文明的核心精神领域，"关学"作为关中文化的精髓，无疑在更深层次上，彰显着关中地域中，历代学人"为天地立心，为生民立命，为往圣继绝学，为万世开太平"的高远理想。

一 关学及张载思想概述

所谓"关学",即"关中之学",是指肇端于北宋张载,在陕西关中地区所形成的,以"气本论"为核心观点的宋明理学的重要地域性学术流派,与"濂""洛""闽"等其他理学流派并称于世。从地域角度而言的,无论是张载之前的申颜、侯可,还是张载之后的吕大钧兄弟、李复、范育、游师雄、种师道以及金元明清时期的杨奂、杨恭懿祖孙三代、吕柟、冯从吾、李二曲、李因笃、李雪木、刘古愚等,都是关中人,故其理学又称为"关学"。

张载"关学",以《易》为宗,以《中庸》为体,以《礼》为用,以孔、孟为法。他提出了以"气"为本的宇宙论和本体论哲学思想。认为宇宙的构成主要分为三个层次:太虚造气,气造万物,三者是同一实体的不同状态,它们之间的关系是相辅相成的。这是一种"气"一元论的唯物论之本体论,是中国古代朴素唯物论哲学发展的一个里程碑。张载还从其"气本论"的哲学出发,提出了"民胞物与"的伦理思想,确立了他对佛道思想的批判立场。与一般理学的学派不同,关学特别强调"通经致用",以"躬行礼教"倡导于关中,并且十分重视《礼》学,注重研究法律、兵法、天文、医学等各方面的问题。

张载认为生在世上,就要尊顺天意,立天、立地、立人,做到诚意、正心、格物、致知、明理、修身、齐家,治国平天下,努力达到圣贤境界。关学的主旨,集中地体现在为当代哲学家冯友兰所推崇的横渠四句中:"为天地立心,为生民立命,为往圣继绝学,为万世开太平"。

张载作为哲学家,提出了"气本论"的核心观点,认为"太虚即气","气化万物"。张载认为,"气"或"元气"是人和万物产生的最高体系和最初始基。这"一气"或"元气",包含了阴阳二气的对立依存，相反相成，升降互变的关系，在这种关系的交互运动中产生了人和万物。张载继承和发展古代"太虚"的范畴，并对它加以改造和扬弃，用来表示物质存在的基本形式和物质运动基本状态，提出了"太虚即气""气为本体""气化万物"的系统宇宙观：宇宙的本体，万物的始基是气，一切万物都是由气化而来的，形态万千的万物，都是气的不同表现形态。换言之，物质的气作为宇宙本体，只有存在形式的不同变化，不是物质本身的消灭和化为无有了，气是永恒存在的。

同时，张载认为"一物两体，动必有机"。在张载看来，气的本然状态是无形的太虚，而充满宇宙混沌无间的太虚之气，是在不断进行"郁蒸凝聚、健顺动止"等不同形式的变化。在进一步的思考中，张载认为，太虚之气之所以能不断地运动变化，是因为太虚之气是阴阳之二气的合和体。太虚是阴阳未分的混沌状态，也称之为元极。阴阳分化为太极，无极而太极，太极生两仪——阴与阳。阴阳交互变化而生万物。太虚之气包含着阴气与阳气两个方面：阳气的特性是清、浮、升、动；阴气的特性是浊、沉、降、静。张载进一步指出："独阳不生，孤阴不长"。阴阳二气的这种关系的运动变化，是万物运动变化的根本原因和动力。

在认识论上，张载区分了"闻见之知"与"德性之知"两个概念：人的知识是由耳目鼻舌身等感官接触外界事物而获得，即为"闻见之知"；但仅只闻见之知，并不能全面认识天下有形有象之事物，更不能穷尽无形的天下事物之理。要穷理尽性，必须有一种比闻见之知更广泛、更深刻的知识，就是"德性之知"。人的认识过程分为闻见之知与德性之知两个阶段，即所谓的感性认识与理性认识。张载进一步认为，只有德性之知才为真知，才能反映万物的本性本质，"诚明所知，乃天德良知，非见闻小知而已"（《正蒙·诚明篇》）。

基于以上理论成果，张载总结了先秦以来的人性论，吸取了各家学说的优点和长处，创立了关学具有特色的人性学说。他认为，人和万物都是由"气"产生和构成的。因为气有清浊、精粗、明昏、偏全、厚薄的不同，便产生了千差万别的物和人，所以，气的本性就是人和万物的本性。据此，可以肯定人和万物均有其性，而且人和万物的本性，同出于"太虚之气"。因此，性是永恒存在的，先天之性本源是纯善纯清纯洁的，但人生下来之后，具有不同的身体条件、生理特点、家庭环境和自然环境。这些外在因素，在和人所先天禀赋的、与生俱来的天地之性结合后，通过二者间的交互作用和影响而形成的后天之性，就是"气质之性"。气质之性中有善有恶，有清有浊，从而决定了人性具有千差万别。在张载看来，天地之性诚明至善，是善的来源，而气质之性有善有恶，是恶的来源，是人欲的体现。在"天地之性"与"气质之性"的区分之下，张载指出，人犯错误，作恶了，是气质之性中的恶性，人要成为圣贤君子，必须变化气质之性，去掉气质之性的遮蔽，回归和彰显天地之性。故而，"变化气质之性"成为张载关于"成人""成圣"的重要方法论，而其主要途径，则是接受教育，学习礼义道德，养气集义。"养浩然之气须是集义，集义然后可以养浩然之气……义者，克己也。"（《经学理窟·学大原上》）集义犹言积善也。通过积善，克己，而且坚持不懈，才能不断变化气质，获得正直刚大的浩然正气，从而达到圣贤君子的境界。

基于自身的哲学思辨，张载提出了自身的教育思想，主要包括以下内容。

第一，以德育人，变化气质，求为圣人。张载认为，人的本然之性，即天地之性，无不善，只是由于气质之性的蔽障，阻塞而有不善。为了使人为善，就必须通过教育、学习、变化气质，返本为善，从而成为有道德的人。教育的最终目的是达到圣人境界。

第二，幼而教之，长而学之。张载对于教育理论的研究极为重视，有独到之见。认为对人的教育要从早抓起，实行胎教，"幼而教之，长而学之"。注意儿童心理，创造良好的环境，发展儿童天性，从小就培养儿童的良好习惯和道德行为，长大继续学习，使之强化，最终造就有用之才。强调早期的教育和继续教育，是张载关学教育思想的又一特色。

第三，立志向学，勤勉不息。张载认为"志"是教育的大前提，一个人求知为学，为人做官，都必须"立其志"，"正其志"，"人若志趣不远，心不在焉，虽学无成"。有了志向目标，就要孜孜不倦，勤勉不息，达到目标，实现理想。

第四，循序渐进，博学精思。张载对学习方法也进行了深入研究。他认为学习求知是一个循序渐进的"有序"过程。既不能停止间断，又不能急于求成，躐等而教。老师应循序而教，学生应循序而学。他还认为，求学的渐进过程积累功夫，应当以"三年为期"，学者自朝至昼至夜为三节，每天勤学苦读，由日积月，期月成年，至三年事大纲惯熟，经过这样的渐进功夫，学习方可有成。学有所成，还必须博学精思。

第五，学贵心悟，去疑求新。关于读书方法，张载强调：人思考的主要器官是"心"，为了思之精，察之微，就要使心常在，常存，心思有疑释之，去之，便会获得新的知识，认识新的义理。所以，他力倡"学贵心悟，守旧无功"的学问之法及求知精神。张载对读书求知方法论述要点概括为：用心、熟读、精思、经常、不懈、去疑、求新、勿助、勿长、讲论、开塞、实作、实行等。张载关于读书求知方法的论述，得到后世学者的反复评价。

第六，启发诱导，因材施教。张载作为一个杰出而成功的伟大教育家，对教学原则和教育规律有独到而深刻的论述。张载主张在教学的实际过程中，教师要循循善诱，启发引导学生的求知意识，学习兴趣。同时，要根据学生的不同情况，因材施教，满足各类学生的不同需求，从而达到教学目标。

第七，虚心求知，择善而从。张载认为，学习求知，必须虚心，虚心方能接纳百物，汇合各种知识，进入神明之境。虚心就是不以已有之知存于心中，干扰接纳新知，所以"虚心"就是"静心"，"一静"。张载说："天地以虚为德、至善者虚也。虚者天地之祖，天地从虚中来。""静者善之本，虚者静之本，静犹对动，虚则至一。""与天同源谓之虚，须行事实故谓之实。""天地之道无非以至虚为实，人须于虚中求出实。圣人虚之至，故择善自精。"（《张子语录》）张载主张，人求学问，必须去除"意、必、固、我"，达到至诚、存德、虚静。要向各种人物学习，不耻下问，择善而从。

第八，学贵有用，道济天下。张载认为，教育的最终目的是使人变化气质而成为圣贤。教育必须注重道济天下，利济众生。教育学生做一个对天下，对人民有用的人。所以特别强调"学贵有用"、"经世致用"、"笃行践履"，反对空知不行、学而不用、坐而论道，这是关学学风的突出特点和优点。张载认为，圣人之学就是为排除国家民族之忧患而立，圣人如果不以国家人民为忧患，圣人也是没用的。

二 关学的核心精神

张载创立关学之初，关中学子便积极追随，其中以蓝田吕氏兄弟最为踊跃。张载开始在关中讲学时，首和者就是吕大钧，接着，其兄吕大忠、其弟吕大临都相继拜张载为师。蓝田吕氏兄弟五人登科及第，是闻名遐迩的名门望族，他们的加入至关重要，为关学发展奠定了政治和经济基础，使关学与二程"洛学"、王安石"新学"形成鼎立之势。可惜的是，张载病逝后，三吕却投奔二程的门下，靠近"洛学",致使关学一时冷落下来。好在还有李复、张舜民、游师雄、种师道、薛昌等人坚持进行研究,才没有使关学中断。但比起三吕来,他们的著述较少。三吕的主要著作有《吕氏乡约》《吊说》《克己铭》《吕蓝田语录》《中庸解》等。这些著作对后世有着深远的影响。

忽必烈建元之后,并不看重儒学,这种疏离状态,使得儒家思想很难再登堂入室。这个时期,只有杨恭懿与其父杨天德、其子杨寅三代极力倡导关学的精神。他们祖孙三代孜孜不倦地以讲学为生,弘扬张载一贯主张的实学风格和为人"气节"。于是有"杨氏三代""郁郁遗风"之美誉。元代文学家姚燧称颂杨恭懿为"西士山斗,学者宗之"。杨氏三代的努力,终于使关学在元代尚未失忆失语,也为明代关学的复兴打下了基础。

明朝以理学开国,使儒家书籍遍及天下,为关学振兴开辟了一条坦途。据有关史籍记载,在明代中后期,关中的理学家竟达百人之多,其中成就最大的是吕柟。他与统治了百年的"阳明学"对衡,而盛赞张载、二程和朱熹的学说。晚年吕柟辞官回乡,建立书院,培养学生,著书立说,撰有《四书因问》《宋四子抄释》《周易说翼》《礼问》《泾野先生文集》等,成为张载之后的关学大学者。另外,还有一位学者是冯从吾。他本来在朝做官,因对宦臣魏党极为不满而回到家乡,二十六载闭门著书,著有《关学篇》《凝思录》《辨学录》等,为弘扬关学作出了较大的贡献。

尽管关学在传衍过程中,学术观点屡有变化,但其学术精神却大体有其前后的一贯性特征:

(一)"立心立命"的使命意识

张载以"为天地立心,为生民立命,为往圣继绝学,为万世开太平"高度概括了自己的学术使命。张载要基于对宇宙本质和规律的哲学揭示,确立起人在天地间的核心地位(心);进而回应人应当如何存在的哲学之问，探索人生的价值理想和精神家园，为广大民众确立一个安身立命之所（命）；继承和发扬圣贤之学，承续中华文化的优秀传统；设计并努力营造一个万世太平、永远美好的理想社会。关学的后继者们，大都以这种使命意识来自励，无论他们在哲学思想上是否与张载一致，但在对自己学术使命的自觉上，皆不同程度地保持着张载的精神。

不难看出，有自觉的使命意识和强烈的学术责任感，是关学的重要精神。正由于这种自觉的使命感和责任感，在关学的千年更迭中，学者们大都把个人的学术活动与国运民命、匡时救世紧密结合起来，使自己既成为学者，也成为社会历史价值的承担者。从而，去努力实现为学与经世、治学与做人的高度统一。

（二）"勇于造道"的创新精神

张载称："学贵心悟，守旧无功。"（《经学理窟·学大原下》）朱熹也说："横渠之学，是苦心得之。"他一生穷神研几，探索宇宙人生的真谛，著有《正蒙》《横渠易说》《经学理窟》等著作，在前代哲学的基础上，以"古今无两"的"学问思辨之功"和"勇于造道"的创造精神，为中华民族的智慧宝库作出重大贡献。张载在中国哲学史上首创较为完整的气一元论哲学体系。张载在前代哲学的基础上，把气论从宇宙构成论和宇宙生成论发展为本体论，并在气范畴的基础上建构了自己的哲学体系，形成了与二程理本论、陆九渊的心本论鼎足而立的唯物主义气本论哲学体系，开创了朴素唯物主义哲学的新阶段。此外，张载是中国哲学史上首位从哲学理论高度批判佛教唯心主义的哲学家。此前的许多思想家虽大都对佛教进行过批判，然而均停留在社会批判、道德批判、思想理论批判的层次上。而张载把对佛教的理论批判提到了新的水平，真正从哲学世界观的高度，剖析了佛教的理论核心。后代不少批佛的哲学家如罗钦顺、王廷相、王夫之等人，都肯定了张载彻底批佛的理论贡献，并从张载哲学中吸取了丰富营养和宝贵经验。

(三)"崇礼贵德"的道德理想

张岱年先生指出:"张载学说有两个最重要的特点,一是以气为本,二是以礼为教"。后来的关学后继者,虽多未能发扬以气为本的思想,但却"大多传衍了以礼为教的学风"。关学的"以礼为教",约有二义:一是崇尚古代的礼制,二是重视道德的教化。张载将"礼"和"德"贯通,由"崇礼"引申"贵德"。从这一认识出发,他提出了自己的道德理想。

张载认为,"诚明互用"为立身之本。他说诚明是"天德良知","性与天道合一于乎诚"。诚是人成功的根本,"不诚无物"。人的修养有"自明诚"和"自诚明"两种方式,二者呈现出互动的格局。诚而不明会流于愚笨,明而不诚会走向狡诈。只有把诚实和聪明统一起来才是一个真正的人。同时,张载看到:"大其心,则能体天下之物,物有未体,则心为有外。世人之心,止于见闻之狭;圣人尽性,不以见闻梏其心,其视天下无一物非我,孟子谓尽心则知性知天以此。天大无外,故有外之心,不足以合天心。"(《正蒙·大心》)就是说要超越个体狭隘的见闻和私心,弘大其心境体察万物、承载万物、关爱万物,与天心合一,就能达到"体物未尝遗"(《正蒙·诚明》)、"视天下无一物非我"的普世价值境界。天地之性不是某一个体所独有的,乃是所有人的共同本源,而这就决定了人们不应该局限于仅以一己私意为取向的狭隘的价值视野,而应该具备关怀万物、关爱他人的宏大价值情怀,做到"立必俱立,知必周知,爱必兼爱,成不独成"(《正蒙·诚明》)。

张载这种"崇礼贵德"的学术宗旨,对关学有深远影响,后代关学学者,都不同程度地认同和发扬了这种精神。"关学世所渊源,皆以躬行礼教为本","崇礼贵德"是关学源远流长的传统精神,虽然不同时期的关学学者,强调和侧重的具体内容不同,但其以礼为制、以礼教人、以德为先、以德为本的思想主旨都是一贯的。其恪守礼制，不无保守之嫌，然其重视道德价值、培养道德人格的精神，却包含着积极的因素。

（四）"经世致用"的求实作风

在宋代理学的濂、洛、关、闽四派中，关学是最具求实精神的学派。张载为学不尚空谈，而是"语学而及政，论政而及礼乐兵刑之学"（《二程粹言》），有着鲜明的求实作风。早在青少年时代，张载即向邠人焦寅学习兵法，并曾想组织兵力对西夏作战，解除西北边患，21岁时上书延州知府范仲淹，提出"边议"九条。走上治学道路之后，他依然关心当时的军事、政治，不把"道学"与"政术"视为"二事"。在他38岁至50岁的十二年为政期间，"躬行礼教""敦本善俗"，建立了卓著的政绩。晚年回到故乡横渠镇著书讲学时期，一方面与弟子们读书论学、著书立说；另一方面仍联系实际、关心时政、体察民情，并试验井田制。在他看来，治学讲学的目的是为社会服务，是为了培养合格的实用人才，"学与政"应"不殊心而得"。

张载的这种"经世致用"的求实精神，也基本上为后代的关学家们所继承和发扬。"经世致用""开物成务"的实学精神，是关学七百年来培育的优良学风，它不但在宋明理学中独具特色，也在整个中国的思想史、学术史上放射着光彩，是至今值得我们珍惜和学习的优良传统。

（五）"崇高节操"的人格追求

关学学者，大都治学与做人并重，努力把真理追求和人格追求相统一。他们不但在学术研究上，作出了杰出贡献；而且在砥砺节操、锻铸人格方面，为学人们树立了崇高的榜样。张载及其后的诸多关学学者，多能继此高风。关学学者这种坚贞气节和高尚人格，受到当时士人和后代史家的高度赞颂。清代黄宗羲在

《明儒学案》中说，关学学者"多以气节著，风土之厚，而又加之学问者也"。

（六）"博取兼容"的治学态度

关学学者虽学有宗旨、业有专攻，但却在治学态度和方式上，遍览博采，不守门户，善于吸取各家之长，能够掌握多门知识。关学的博取兼容特征主要表现在两个方面。一是积极主张多方面探求知识，努力开拓广阔的学术领域。不但提倡"博学""取众"，而且多数学者本身就是天文学家、地理学家、数学家、医学家、律吕学家、文学家、诗人。他们善于学习和掌握当世自然知识和人文知识的最高成果，并将其渗透于哲学、经学之中，建立起知识广博的学术体系。张载明确提出"惟博学然后有可得""学愈博则义愈精微""见物多，穷理多，如此可尽物之性"，大力提倡"取益于众"。二是能兼容各派学说，吸取不同学派的学术思想，在学派分野中，往往保持一种中和性格。张载"少孤自立，无所不学"，苦心力索终于达到了"吾道自足，何事旁求"的程度，独创了别具特色的关学。张载之后，关学学者，一方面保持其崇儒、崇礼、求实的关学传统；另一方面则出入于关学之外的其他学派。虽在学术主旨上仍"守横渠学甚固"，但同时表现了兼容的态度。

第四节 《西铭》与人生之道

张载曾各录《正蒙·乾称篇》部分文字为《砭愚》和《订顽》两篇，分别悬挂于书房的东、西两牖，作为自己的座右铭。程颐见后，将《砭愚》改称《东铭》，《订顽》改称《西铭》。文中提出"民胞物与"的思想，把宇宙看作一个大家族，说明个人的道德义务，宣扬"存，吾顺事，没，吾宁也"的乐天顺命思想。

一 《西铭》原文注解

【原文】乾称父,坤称母①;予兹藐焉,乃混然中处②。故天地之塞,吾其体③;天地之帅,吾其性④。民,吾同胞;物,吾与也⑤。

【注释】

①《易传·说卦》:"乾,天也,故称乎父;坤,地也,故称乎母。"

②予:我。兹:语气词。藐:弱小,多指幼儿。《尚书·顾命》:"眇眇予末小子。"眇:通藐。混然:"形气与天地混合无间。"(张伯行《近思录集解》卷二)中处:处于天地之中。

③天地之塞:乾坤的阴阳二气充塞天地。《孟子·公孙丑上》:"其为气也,至大至刚,以直养而无害,则塞于天地之间。"吾其体:我以天地二气为体,此身气血都禀受于它。朱熹《朱子语类》卷九十八:"塞只是气,吾之体即天地之气。"天地的乾健坤顺性质为阴阳二气所遵循。

④帅:带领;遵循。吾其性:我因此而成就了自己的本性。朱熹《朱子语类》卷九十八:"帅是主宰,乃天地之常理也,吾之性即天地之理。"

⑤民:人民。同胞:同一父母所生的兄弟。物:万物,此处指人类以外的生物。与:同类;同行者。

【翻译】乾可被比作万物之父,坤可被比作万物之母。我这样的个体如此藐小,却混融于乾坤交互生化的历程当中。这样看来,充塞于天地之间的阴阳二气,凝化出我的形色之体;而引领统帅天地万物以成其变化者,也成就了我的天然本性。人民百姓是我同胞手足,而万物皆是我的同行者。

【评析】在《西铭》开篇,张载指出,乾卦至健,代表自强不息的精神；坤卦至顺，代表厚德载物的品性；乾坤精神是宇宙演化运动的内在动力，万物生生不息的终极根源。在宇宙万物之中，天地相互交感而创生万物，至诚无私地庇养万物，是乾坤精神的最伟大体现者，故堪称人类万物共同的父母；人类和万物则共同禀受天地而生，故自我和他人为相互依存的血脉同胞，万物和人类是亲密无间的友好伙伴。张载重构了宇宙中一切存在者的亲和关系，对现代和谐社会的建构具有启示作用。

【原文】大君者，吾父母宗子①；其大臣，宗子之家相也②。尊高年，所以长其长；慈孤弱，所以幼其幼③；圣，其合德；贤，其秀也④。凡天下疲癃、残疾、茕独、鳏寡，皆吾兄弟之颠连而无告者也⑤。

【注释】

①大君：指天子。吾父母：指乾坤、天地。宗子，嫡长子。

②相：宰相。家相：家宰；管家。

③所以：以此；以之。长其长：前长字为动词，后长字为名词，意为尊重年长之人。幼其幼：意为爱抚年幼之人。《孟子·梁惠王上》："老吾老以及人之老，幼吾幼以及人之幼。"

④圣：圣人。合德：与天地（父母）之德相合。《易传·乾卦·文言》："夫大人者，与天地合其德，与日月合其明，与四时合其序，与鬼神合其吉凶。"贤：贤人。秀：灵秀；特出；突出。

⑤疲癃：衰老龙钟的人。茕独：孤苦伶仃的人。鳏寡：鳏夫和寡妇。颠连：困顿；苦难。无告：无可诉告；一说为无靠，告：通靠。《孟子·梁惠王下》："老而无妻曰鳏，老而无夫曰寡，老而无子曰独，幼而无父曰孤。此四者，天下之穷民而无告者。"

【翻译】天子是我乾坤父母的嫡长子；而大臣则是嫡长子的管家。尊敬年高者，进而以此礼敬同胞中年长的人；慈爱孤苦弱小者，继而以此保育同胞中的幼弱之属。所谓的圣人，是指同胞中与天地（父母）之德相合的人；而贤人则是其中优异秀出之辈。天底下无论是衰老龙钟或有残疾的人、孤苦无依之人或鳏夫寡妇，都是我困苦而无处诉说的兄弟。

【评析】对社会伦理的构建是张载价值观的主题内容。张载认为，对天地的"孝"落实到现实的社会生活中，就是要尽职尽责做好自己的事，尽心尽力关照他人和社会。张载借助传统宗法关系描述了人在社会中的地位和职责："大君者，吾父母宗子；其大臣，宗子之家相也。尊高年，所以长其长；慈孤弱，所以幼其幼。圣，其合德；贤，其秀也。凡天下疲癃、残疾、茕独、鳏寡，皆吾兄弟之颠连而无告者也。"在张载看来，自我和他人虽然是同胞关系，但由于各自存在境遇、社会地位不同，所以在社会上的具体职责也不同。但所有的人都应该尊重圣贤，并以之为榜样，自强不息，厚德载物，成就自我人格和社会公德。

【原文】于时保之，子之翼也[1]；乐且不忧，纯乎孝者也[2]。违曰悖德，害仁曰贼[3]，济恶者不才，其践形，惟肖者也[4]。

【注释】

[1]《诗经·周颂·我将》："畏天之威，于时保之。"于时："时，是也"（郑玄笺）。保之："得安文王之道"（郑玄笺）。江永《近思录集注》卷二引朱熹注为："畏天以自保。"翼：小心翼翼。《诗经·大雅·大明》："惟此文王，小心翼翼。"郑玄笺："小心翼翼，恭慎貌。"

[2]乐且不忧："易与天地准……乐天知命，故不忧。"语见《易传·系辞上》。纯乎孝者也："君子曰：颍考叔，纯孝也。爱其母，施及庄公。《诗》曰：'孝子不匮，永赐尔类。'其是之谓乎！"语见《左传·隐公元年》，所引诗见《诗经·大雅·既醉》。杜预注：

"纯,犹笃也。"

③《孟子·梁惠王下》:"贼仁者谓之贼。"

④济恶:助长为恶。不才:没有才能。《史记·五帝本纪》:"昔帝鸿氏有不才子,掩义隐贼,好行凶慝,天下谓之浑沌。少皞氏有不才子,毁信恶忠,崇饰恶言,天下谓之穷奇。颛顼氏有不才子,不可教训,不知话言,天下谓之梼杌。缙云氏有不才子,贪于饮食,冒于货贿,天下谓之饕餮。"践形:体现出人的天赋品质。《孟子·尽心上》:"形色,天性也,惟圣人然后可以践形。"赵岐注:"圣人内外文明,然后能以正道履居此美形。"践,实现;实行。惟肖,《尚书·说命上》:"说筑傅岩之野,惟肖。"肖:相似。《说文》:"肖,骨肉相似也。"此处即专指子对父的相似。

【翻译】及时地保育他们,是子女对乾坤父母应有的协助。如此地乐于保育而不为己忧,是对乾坤父母最纯粹的孝顺。违背乾坤父母的意旨,叫作"悖德",以此伤害仁德,则叫作"贼"。助长凶恶的人是乾坤父母不成材之子,而那些能够将天性表现于形色之身的人就是肖似乾坤父母的孝子。

【评析】张载哲学的终极目的,是实现自我和他人、家庭和社会、人类和自然的统一和谐,要实现这种社会理想,首先要在对宇宙无限性、整体性、和谐性的认同的基础上,确立宇宙的基本精神也即自我的价值本性,只有认同了天地自强不息、厚德载物的广大仁性,并在现实的社会实践中尽职尽责地承担自己的社会责任,尽心尽力地去关照社会中的每一个成员,才算是发挥了天地之性,而无愧于天地之间。这是张载为中国人构建的具有儒家情怀的精神家园,也是今天构建社会主义和谐社会的优秀传统文化遗产。

【原文】知化则善述其事,穷神则善继其志①。不愧屋漏为无忝，存心养性为匪懈②。恶旨酒，崇伯子之顾养③；育英才，颍封人之锡类④。不弛劳而厎豫，舜其功也⑤；无所逃而待烹，申生其恭也⑥。体其受而归全者，参乎⑦！勇于从而顺令者，伯奇也⑧。于时保之，子之翼也；乐且不忧，纯乎孝者也。违曰悖德，害仁曰贼，济恶者不才，其践形，惟肖者也。

【注释】

①两"其"字皆就天地乾坤而言。天地乾坤所做之事为化育，所存之志为神妙的天机，圣人继承其事其志犹如孝子继承父母。穷神、知化，语出《易传·系辞下》："穷神知化，德之盛也。"

②不愧屋漏："《诗》云：'相在尔室，尚不愧于屋漏。'故君子不动而敬，不言而信。"语出《礼记·中庸》，所引诗见《诗经·大雅·抑》。相在尔室意为诸侯卿大夫觐见助祭，屋漏为宗庙的西北隅，不愧意为有神见己所为而己不惭愧。无忝，《孝经·士章》："忠顺不失，以事其上，然后能保其禄位，而守其祭祀，盖士之孝也。《诗》云：'夙兴夜寐，无忝尔所生。'"所引诗见《诗经·小雅·小宛》。忝：羞辱；有愧于。存心养性："存其心，养其性，所以事天也。"语见《孟子·尽心上》。匪懈："非先王之法服不敢服，非先王之法言不敢道，非先王之德性不敢行。三者备矣，然后能守其宗庙，盖卿大夫之孝也。《诗》云：'夙夜匪懈，以事一人。'"语见《孝经·卿大夫章》，所引诗见《诗经·大雅·烝民》。夙夜：早晚；夙，早。匪懈：不懈；匪同非。

③恶旨酒："禹恶旨酒而好善言。"意为禹不喜欢美酒，而喜欢有益的话。崇伯子，夏禹之父鲧封于崇，史称崇伯，崇伯子即夏禹。顾养，顾念父母的养育之恩。孟子曰："世俗所谓不孝者五……博弈好饮酒，不顾父母之养，二不孝也。"（《孟子·离娄下》）

④育英才："孟子曰：君子有三乐，而王天下不与存焉。父母俱存，兄弟无故，一乐也。仰不愧于天，俯不怍于人，二乐也。得天

下英才而教育之,三乐也。"语见《孟子·尽心上》。颍封人:即颍考叔,曾任颍谷封人。春秋时郑国人,以事母至孝著称,《左传·隐公元年》有记载。锡类:永锡尔类的简称。

⑤不弛劳:勤劳不松懈。弛,本义为放松弓箭,引申为松懈、延缓、减弱。厎豫,致使其快乐。《尔雅》:"厎,致也。豫,乐也。"舜其功也,意为这是舜所获得的成功。史称舜事其父瞽瞍至孝,《大戴礼记·五帝德》:"舜之少也,恶悴劳苦,二十以孝闻乎天下。"《孟子·离娄上》:"不得乎亲,不可以为人。不顺乎亲,不可以为子。舜尽事亲之道而瞽瞍厎豫,瞽瞍厎豫而天下化,瞽瞍厎豫而天下之为父子者定,此之谓大孝。"

⑥申生:春秋时晋献公太子,晋献公宠爱骊姬,申生为其所僭,自经而死。文中所说"待烹",犹言待死,并非确指。恭,申生死后的谥号,《谥法》:"敬顺事上曰恭。"事见《国语》及《左传》。《礼记·檀弓上》:"晋献公将杀其世子申生,公子重耳谓之曰:'子盍言子之志于公乎?'世子曰:'不可。君安骊姬,是我伤公之心也。'曰:'然则盍行乎?'世子曰:'不可。君谓我欲弑君也,天下岂有无父之国哉?吾何行如之!'使人辞于狐突曰:'申生有罪,不念伯氏之言也,以至于死。申生不敢爱其死,虽然,吾君老矣,子少,国家多难,伯氏不出而图吾君?伯氏苟出而图吾君,申生受赐而死。'再拜稽首,乃卒。是以为恭世子也。"

⑦体其受:身体发肤,受之于父母。归全:保全身体,归之于父母。参:曾参,字子舆,孔子弟子,以孝著称,相传《大学》《孝经》均为其所作。《孝经·开宗明义章》:"身体发肤,受之父母,不敢毁伤,孝之始也。"又《礼记·祭义》:"天之所生,地之所养,无人为大。父母全而生之,子全而归之,可谓孝矣。"

⑧勇于从而顺令:勇于顺从父母的旨意。伯奇:古代孝子。《孔子家语·七十二弟子解》:"高宗以后妻杀孝己,尹吉甫以后妻放伯

奇。"尹吉甫为周宣王大臣。《汉书》卷七十九颜师古注引《说苑》："前母子伯奇，后母子伯封，兄弟相重。后母欲令其子立为太子，乃僭伯奇，而王信之，乃放伯奇也。"

【翻译】能了知造物者善化万物的功业（了知我们的道德良知如何成就人文价值），才算是善于继述乾坤父母的事迹；能彻底地洞透造化不可知、不可测之奥秘，才算是善于继承乾坤父母的志愿。即便在屋漏隐僻独处之处也能对得起天地神明、无愧无怍，才算无辱于乾坤父母；时时存仁心、养天性，才算是事天奉天无所懈怠。崇伯之子大禹，是透过厌恶美酒，来照顾赡养乾坤父母的；颍谷守疆界的颍考叔，是经由点化英才、培育英才，而将恩德施与其同类。不松懈、继续努力，以使父母达到欢悦，这便是舜对天地父母所贡献的功劳；顺从父命，不逃他处，以待烹戮，这是太子申生所以被谥为"恭"的缘故。临终时，将从父母那里得来的身体完整地归还给乾坤父母的是曾参；勇于听从以顺父命的是伯奇。

【评析】张载以社会现实为终极关怀，他所要继承的，是以孔孟六经为代表的儒学价值观，他所要确立的，是以博大胸襟关怀社会、关注民生的现世主义。孔子道"仁"，孟子言"善"，张载则认为"仁"是人的价值本性，提倡以"仁"为本的价值取向，这是张载对孔子仁学和孟子性善论的综合发展。在张载看来，"仁"并不仅仅意味着对与自我有亲缘关系之人的孝悌友爱，而是对包括自我、家庭、社会、自然等所有存在的无限的、普遍的关爱，将这种源于自然、发自内心的真挚情感推及社会中所有人乃至宇宙万物，是张载价值理念的基本取向。

【原文】富贵福泽，将厚吾之生也[①]；贫贱忧戚，庸玉汝于成也②。存，吾顺事；没，吾宁也③。

【注释】

①福泽：福利恩泽。厚生：生计温厚，丰衣足食。《尚书·大禹谟》："正德，利用，厚生，惟和。"

②忧戚：忧虑烦恼。戚，忧患；悲哀。庸：用；以；乃。玉汝于成：爱护而使之有成就。张伯行《近思录集解》卷二："盖以玉必琢而后成，拂乱乃所以增益，而劳苦即所以全爱也。"

③存：生存。顺事：顺从天地之事。没：通"殁"，死亡。宁：安宁。

【翻译】富贵福禄的恩泽，是乾坤父母所赐，用以丰厚我的生活；贫贱忧戚，是用来帮助你成就一番事业的。活着的时候，我顺从事理；死的时候，我安宁而逝。

【评析】张载还从宇宙观的角度论述了人的"命"和"遇"的问题。在张载看来，"命"是上天赋予，是自强不息、厚德载物的价值本性，对此，人应该修身以俟之。而"遇"则是气质所禀，是富贵贫贱、福祸寿夭等生存境遇，对此，人应该超然以待之。人生的顺境，是上天对我的恩泽，人生的困境，是上天对我的考验。只有坦然地对待生平所遇，坚持不懈地完善自己的价值本性，才能超越外在境遇对自我的困扰，达到人生的永恒安宁。

二　《西铭》哲学思想解析

《西铭》本为阐述儒家思想大义，批评人的顽愚品性而作。在两宋之际，面对佛道两家的鼎沸，这样一篇雄文，无疑为儒学不竞的颓势，注入了一剂强心针，广受同代后世儒者好评与传颂。而《西铭》所蕴含的深刻哲学思想，也同样值得我们善会宏旨，反复琢磨。

（一）历代学者的相关评议

《西铭》一篇仅253字，然自其问世以来，直到今天仍然受学术界的高度重视，并引发了一系列的争论。回顾这些争论，则能进一步强化对《西铭》主旨的把握。

北宋程颢率先对《西铭》给予高度评价："《订顽》之言，极醇无杂，秦汉以来，学者所未到。"明道引张子之言以为同调，且自叹不如："《西铭》颢得此意，只是须得他子厚有如此笔力，他人无缘做得。孟子以后未有人及此文字，省多少言语。"此外，程颐也说："横渠道尽高，言尽醇，自孟子后，儒者都无他见识。"伊川将《西铭》与韩愈的《原道》对照，盛赞前者："孟子以后，只有《原道》一篇，其间言语固多病，然大要尽近理。若《西铭》，则是《原道》之宗祖也。《原道》却只说道，元未到得《西铭》意思。据子厚之文，醇然无出此文也。自孟子后，盖未见此书。"作为二程后学，朱熹同样对《西铭》作了深入研究，其《西铭解》逐句对原文加以解释，成为注解《西铭》的范本，同时作《西铭论》和其他几篇关于《西铭》的文章，与门生多做切磋。南宋陈亮甚推《西铭》，所著《西铭说》，引程颐之论，进而言道："《西铭》之书，先生之言昭如日星"，并借以批评"世之学者"穷究其理，"浅则失体，深则无用"，指明其原因正在于"未尝以身体之也"。明代曹端的《太极图说述解》与明清之际王夫之的《张子正蒙注》，对《西铭》都作了比较详细的注解。

二程在对《西铭》赞扬的同时，对其主旨也进行了阐发。程颢说："要之仁孝之理备于此，须臾而不于此，则便不仁不孝也。"程颐则加以抽象化，提出"《西铭》明理一而分殊"的著名论断。朱熹进而对此进行了细密地论述，《西铭解》说："天地之间，理一而已，然'乾道成男，坤道成女，二气交感，化生万物'，则其大小之分，亲疏之等，至于十百千万而不能齐也。不有圣贤者出，孰能合其异而反其同哉？《西铭》之作，意盖如此。程子以为明理一而分殊，可谓一言以蔽之矣。盖以乾为父，以坤为母，有生之类，无物不然，所谓'理一'也。而人、物之生，血脉之属，各亲其亲，各子其子，则其分亦安得而不殊哉？一统而万殊，则虽天下一家，中国一人，而不流于兼爱之弊；万殊而一贯，则虽亲疏异情，贵贱异等，而不梏于为我之私。此《西铭》之大指也。"又说："《西铭》通体是一个理一分殊，一句是一个理一分殊。"（《释语类·卷第九十八》）"或问《西铭》'理一而分殊'。曰：今人说，只说得中间五六句'理一分殊'。据某看时，'乾称父，坤称母'，直至'存吾顺事，没吾宁也'，句句皆是'理一分殊'。唤做'乾称'、'坤称'，便是分殊。如云'知化则善述其事'，是我述其事；'穷神则善继其志'，是我继其志。又如'存吾顺事，没吾宁也'，以自家父母言之，生当顺事之，死当安宁之；以天地言之，生当顺事而无所违拂，死则安宁也。此皆是分殊处。逐句浑沦看，便是理一；当中横截断看，便见分殊。"（《释语类·卷第九十八》）

程朱对《西铭》的阐扬，扩大了《西铭》的影响，也有助于对其思想的把握，但以"理一分殊"作为其论解之理论角度，常常表现出某种强人从己的特点。我们看到，"理一分殊"毕竟属于程朱理论体系，在张载的思想中却并非核心。而就张载《西铭》之旨，要在"民吾同胞，物吾与也"一说。《西铭》是关于如何做人的道理，是从宇宙的高度立论，从人的本体、性之渊源讲起，先确立人在宇宙间的地位，得出"民吾同胞、物吾与也"的结论；进而讲人应抱有的生活态度：人既为天地所生，天地便犹如人的父母，人就应像子女对父母尽孝道那样，对天地尽孝道，承担并履行对天地的义务和责任。个人的处境和遭遇可能种种不同，但都应视作天地对自己的眷顾或考验。活着，就恪尽职守、勤勉不息；死了，就可以心无愧怍地安息。另外去推导微言大义，难免不陷入穿凿。

（二）"民胞物与"的生命理想

《西铭》提出"民吾同胞"说，进而认为，大君、大臣、圣人、贤人以至种种不幸的人都如兄弟。这就是说，不但要把他人看成如同自己一样的人，还须看成是自己的同胞兄弟。这是一种崇高的美好的情怀和信念，是对传统的儒家"爱人"思想的继承和凝练化。孔子主张"泛爱众"，以为"四海之内皆兄弟"；他向往"人不独亲其亲，不独子其子，使老有所终，壮有所用，幼有所长，鳏寡孤独废疾者皆有所养"的"大同之世"。《礼记·礼运》中说："圣人耐（能）以天下为一家，以中国为一人。"这可以说是孔子思想合乎逻辑的发展。从言词中亦不难看出，《西铭》与它们的渊源关系。"同胞"思想表达了对人的本性和人类未来的美好信念，它与那种把人与人看作豺狼，把人间看作地狱的观点是截然对立的。在世界已进入"地球村"的今天，"民胞"观如果能成为处理人与人、国与国、族与族之间关系的思想基础，世界就真会"充满了爱"。"物吾与也"意即把万物看作自己的同类的伙伴。这个命题在《西铭》中虽没有展开论述，即便只是提出它，就已经可以说是一重要贡献了。因为它所表达的是一种视天地万物为一体的可贵思想，这一思想也有悠久的渊源。

中国古人信奉天人合一的原则，认为天地万物与人息息相关。孔子"钓而不纲，弋不射宿"（论语·述而），认识到，"刳胎杀夭，则麒麟不至郊；竭泽涸渔，则蛟龙不合阴阳；覆巢毁卵，则凤凰不翔"（《史记·孔子世家》）。孟子则提出"亲亲而仁民，仁民而爱物"（《孟子·尽心上》）的原则，主张："数（密）罟不入污池"，"斧斤以时入山林"（《孟子·梁惠王上》）。则进而升华为"与天地合德"的思想："夫大人者，与天地合其德，与日月合其明，与四时合其序，与鬼神合其吉凶，先天而天弗违，后天而奉天时。"（《易经·乾》）《中庸》则说："唯天下至诚为能尽其性，能尽其性则能尽人之性，能尽人之性则能尽物之性，能尽物之性则可以赞天地之化育，可以赞天地之化育，则可以与天地参矣。"这一思想不仅为儒家所倡导,也得到其他学派的响应,名家的惠施说:"泛爱万物,天地一体也。"(《庄子·天下》)庄子说:"通天下一气耳。"(《庄子·知北游》)又从相对主义出发,鲜明地表达了"天地与我并生,万物与我为一"(《庄子·齐物论》),"自其同者视之,万物皆一"(《庄子·德充符》)的思想。这些先哲的论述,都为张载的"物与"之说准备了条件。

"物与"思想还得到同代和后世学者的认同和发展,其中最有代表性的是程颢和王守仁。程颢写有《识仁篇》,说:"学者须先识仁。仁者浑然与物同体,义礼知信皆仁也。识得此理,以诚敬存之而已,不须检防,不须穷索……《订顽》意思乃备言此体,以此意存之,更有何事?"王守仁对"万物一体"的思想作了更进一步发挥,《大学问》中说:"大人者,以天地万物为一体者也,其视天下犹一家,中国犹一人焉……是故见孺子之入井,而必有怵惕恻隐之心焉,是其仁之与孺子而为一体也;孺子犹同类者也,见鸟兽之哀鸣觳觫,而必有不忍之心焉,是其仁之与鸟兽而为一体也;鸟兽犹有知觉者也,见草木之摧折而必有悯恤之心焉,是其仁之与草木而为一体也;草木犹有生意者也,见瓦石之毁坏而必有顾惜之心焉,是其仁之与瓦石为一体也。是其一体之仁也,虽小人之心亦必有之。是乃根于天命之性,而自然灵昭不昧者也。"然后又从反面进一步作了阐述:"及其动于欲,蔽于私,而利害相攻,忿怒相激,则将戕物杞类,无所不为,其甚至有骨肉相残者,而一体之仁亡矣。"万物不是人征服的对象,而是与人类息息相关,命运相连。在环境污染、生态失衡、能源危机日益严重的今天,"物与"意识的树立显得特别重要而迫切。

(三)"存顺没宁"的生死达观

此外,《西铭》中提出了一种积极的人生观。"福贵福泽,将厚吾之生也;贫贱忧戚,庸玉汝于成也。"意思是,如果生活在富裕、尊贵、幸福、享受恩泽的优越境况中，那要看作是上天对自己的优厚，从而更加勤勉；如果生活在贫穷、低贱、忧伤、悲哀的恶劣环境中，则要看作是上天对自己的磨炼和考验，从而更加不屈不挠，发愤图强，最终取得成功。张载的这一思想是说逆境可以磨炼人，这点不难理解。从古到今，许多事例都是明证。《西铭》还讲了另一面："福贵福泽，厚吾之生"。它的意思显然不是说，上天优厚你，让你尽情享受；而是说，有些优厚的条件，事情易于成功，却也易于玩忽、荒废，因而应更加勤勉，不应辜负。《西铭》在此所倡导的，是无论客观情况如何，都须挺立的主体精神。它表现的是一种顺境逆境两面观，有重要的启迪意义。在人生的旅途上，顺境逆境，相继而生，变幻莫测。如何正确对待，是个历久常新的问题。《西铭》所论，能帮助人们更清醒，更冷静，更坚定。

在倡导了一种积极的人生观后，张载复又揭示了一种豁达的生死观。《西铭》结尾处说："存，吾顺事；没，吾宁也。"这是儒家一贯的人生态度。孔子说："君子疾没世而名不称焉。"孟子说："尽其道而死，正命也。"（《孟子·尽心上》）《荀子·大略篇》载子贡与孔子的一段对话："大哉死乎！君子息焉，小人体焉。"意思是说，一个人在生前恪尽自己的义务和责任，这样可以安详地死去。儒家只重生前，不问死后。只求生活得有价值、有意义。人是社会的人，都必须处在一定的社会位置，扮演一定的"角色"。旧时代的人常把这种位置和角色绝对化和固定化，当然是错误的。但否认它们则是不现实的，因为它们"无所逃于天地之间"。正确的态度便应该是"顺事"，而不是"逆事"。人是社会的一员，同时也是宇宙的一员，人对社会同时也对宇宙承担一份义务和责任，也应"顺事"。所谓"顺事"，即按照自己对社会、对宇宙承担的义务和责任，做应该做的事。反之，就是"逆事"。形式上看，"顺事"也许偏重于"思不出其位"，"素其位而行，不愿乎其外"的意思；实际上，"先天下之忧而忧，后天下之乐而乐","天下兴亡,匹夫有责"的担当精神也是它的应有之义。因此,"存顺没宁"是一种人生觉悟,是超越了一己私利的精神境界。而这在今天的现实生活中,仍可以发挥其积极意义。

(四)"乾父坤母"的仁爱思想

《西铭》基于其关于宇宙、人生的思考,同时对仁、孝的伦理原则做出了论证。在其对宇宙予以理解后所总结的,多个层次、多重维度的关系结构中,既包括人与作为宇宙根源的"乾坤"大父母之间的关系,也包括人与人之间的关系,还包括人与物之间的关系。以"乾坤"大父母为表征的宇宙根源论,以"仁孝"为核心的道德价值论,以"仁人孝子""事天诚身"为担当的伦理义务论和伦理责任论。《西铭》将宇宙间一切关系及其结构归结为纵向上下关系为特征的"父子"关系结构以及横向平行关系为特征的"民胞""物与"关系结构。人与"乾坤"大父母之间的关系,以及人与生身父母之间的关系,表现出了某种同构性;而人与人之间的同胞关系,以及人与物之间的伙伴关系,也同样被视为两种可以互通的具体关系。《西铭》前两句论说的都是作为宇宙间第一层次的纵向上下"父子"关系结构。"乾称父,坤称母;予兹藐焉,乃混然中处"。这是张载继承《书经》《易传》之"大父母"观念,为儒家建构的宇宙生成本源理论或宇宙生成根源理论。《西铭》则据以说明,作为宇宙根源的乾坤与人类及自然万物之间的关系:"不曰天地而曰乾坤,言天地则有体,言乾坤则无形,故性也者,虽乾坤亦在其中。""言天地则有体",是说人们往往以"天地"表征有形的实体世界;而"言乾坤则无形",则是说"乾坤"表征的是无形的万物生成根源。在张载看来,"乾坤"是比"天地"更具有抽象性质和形上意义的存在。此外,"故天地之塞,吾其体;天地之帅,吾其性"。在前句阐明了乾坤天道是人类的生成根源这一理据之后,此句进而说明人类的形体和德性都是由天地(乾坤)所赋予的。而在人类的形体和德性中，人的德性是人的身体和行为的统帅。根据《西铭》的义理实质看，相对于"乾父坤母"而言，"予"或"吾"应当被理解为乾父坤母的儿子，乾父坤母的天性或天道与人之间是一种宇宙论意义上的"父子"关系。张载赋予"父子之道"以具体内涵，主要是仁、孝等道德价值和伦理原则。

在张载看来，乾坤天道是人类和万物的父母，在乾坤天道面前，所有的人都应当视他人为自己的同胞，要以仁爱之心互相对待；对所有的物类都应当视作人类的伙伴，也要以仁爱之心待之。从限于人类谈仁爱，到不限于人类谈仁爱，这就扩大了仁爱施与的范围，是张载对儒家仁爱观的重要发展。而正是基于这样的思考，才有前文所提及的"民胞物与"的生命理想。

张载把作为宇宙论哲学本体的"天""太虚"或天道性命与仁爱连接起来，把"天"或天道性命视作仁爱的根源或本原。他说："虚者，仁之原。""虚则生仁，仁在理以成之。""天地以虚为德，至善者虚也。"还说："仁通极其性。"可见，张载的仁爱，实际上已经被置于形而上学基础之上予以思考。而与这般宏大叙事不同，张载的仁爱观，在狭义上指向了血亲之爱或差等之爱。张载是把广义之"仁爱"作为一种理念性纲领提出来的，却在现实的实践操作层面，并不否认当时的宗法社会结构，也不否认血亲之爱或差等之爱，而是主张"施爱固由亲始"。而在这样仁爱观下，"孝"的观念同样被推重，渗透和弥漫于前述宇宙间一切关系结构之中。

《西铭》言"孝"的语境，一方面指向了对乾坤大父母的孝，另一方面则指向对生身父母的孝。对乾坤父母之孝，是将日常生活的孝扩大为畏天（道）和事天（道）的宗教行为。《西铭》中说："于时保之，子之翼也。"朱熹门人黄榦在其《西铭说》中解释道："'于时保之'以下，即言人子尽孝之道，以明人之所以事天之道。"把"事天"作为"孝子"的伦理义务和伦理责任，畏天和事天属于

"尽孝之道"和"孝子之事"。故而"孝"就不仅指人子"善父母",而且还包括人对乾坤天道的感恩和敬畏之情。同时,张载充分肯定孝敬生身父母是"仁人孝子"所应尽的伦理责任和伦理义务。张载在《西铭》中列举了历史上著名的孝子典范,足见他对孝敬生身父母的重视程度。张载还提出:"天所以长久不已之道,乃所谓诚。仁人孝子所以事天诚身,不过不已于仁孝而已。故君子诚之为贵。"在张载看来,"不已于仁孝"是以"天所以长久不已之道"亦即"诚"为宇宙论根据的,这就要求君子必须不间断地以"仁孝"作为自己的核心价值规范。总之,张载把人和万物所生存于其中的宇宙视作一个由纵横关系交织而成的大家庭,一切人或物都是这个大家庭的平等成员,从这里可以看出张载哲学宇宙观、自然观与伦理观交织融合的特征。张载"爱必兼爱"和"民胞物与"的平等之爱并不排斥差等之爱,而且这两种不同层次的爱,有可能为公共与私人两个不同领域的伦理原则的区分提供启发,从而分别作为社会公德与个人及家庭私德的理论资源。

思考题:

1. "关学"的基本内涵是什么?
2. 张载关学思想的基本内涵包括哪些方面?
3. 关学的核心精神有哪些?
4. 《西铭》对人生智慧的启示有哪些?

参考文献:

1. (宋)张载:《张载集》,中华书局1978年版。
2. 赵馥洁:《关学精神论》,西北大学出版社2014年版。
3. 林乐昌:《正蒙合校集释》,中华书局2012年版。
4. 刘学智:《关学思想史》,西北大学出版社2015年版。

第 六 章

国学在近现代的复兴

　　自1840年第一次鸦片战争爆发，伴随着西方坚船利炮、欧风美雨，近代的国人渐始惊醒，自觉到故国正身处于"三千年未有之变局"。在这一变局当中，中国社会文化思潮经历了从"师夷长技"到"中体西用"再到"变法维新"的变化轨迹。而这一轨迹所反映的，不仅是国人对西学认识由表及里的深化，同时还包括了20世纪最初十年间社会文化心理对传统文化的回归。在这一"双向交织"当中首先可以看到一种要求重新审视传统文化的内在倾向。与之相关，在中西方文化关系上，国人始而理直气壮地倡言中西会通，并试图弘扬本土固有文化。

第一节　近代国学概述

　　就引发这一文化反思的缘由而言，大量的海外留学的年轻学子归国，当他们对西方文化自身弱点日渐明晰，又在逐渐高涨的民主主义和爱国主义思潮推动下，展开了对"醉心欧化"的反思。在这一反思中，先后出现了三种不同的文化派别：其一，以吴稚晖、李石曾为代表的《新世纪》派，借由《新世纪》周刊，在革命派内部大力宣传无政府主义；其二，以梁启超为代表的《新民丛报》派，在注重介绍西学,高扬"新民"说的同时,又对国学、国粹与传统持"淬励其所本有而新之"的态度;其三,以章太炎、刘师培、邓实为代表的晚清国粹派,他们借《国粹学报》为阵地,着力于本土固有传统学术的整理与申发。

强调对本土固有学术的发掘,其内在动力首先来自对国家、民族深重危机的切肤之痛。邓实曾慨叹道:"吁嗟,我老大之中国为其舞台之中心点,俄人侵占满洲矣,英人势力范围扬子江流域矣,德人经营山东矣,法人窥伺两广矣,皆挟其帝国主义政策,以集注于一隅,茫茫大地,旗影枪声,纷然鼎沸。"[①] 而更能引发晚清学人担忧的,乃是他们所看到的,民族危机与文化危机之间所具有的内在一致性。其中,文化危机构成了民族危机更为本质、更加深刻的重要表现。章太炎曾强调,一个国家之所以能立足于世界民族之林,不仅在于武力,而在更重要的意义上有赖于其民族之"元气",即各国固有的"文化"[②]。据此而言,近代以来的中国所面临的西方侵略,是与历史上周边少数民族入主具有重要区分的严峻形势。后者尽管在政权更迭的意义上表现出异族间的征服,但却并未由此取代"中原"的文化;更有甚者,不但未曾取代,在长时间的文化交融当中,中原文化反而极尽"同化"之能事。这种现象可以概括为"故国"亡而"元气"未伤。同样发生于近代,西方文化在炮火的裹挟下,掀起了世界历史发展的新趋势,并成为其主导力量,在一定意义上表现为某种优势文化,对中国固有的传统文化产生了严峻威胁。邓实就此指出,"其亡人国也,必也灭其语言,灭其文字,以次灭其种姓,务使其种如坠九渊,永永沉沦"[③]。一旦文化澌灭,"元气"

[①] 邓实:《通论四·帝国主义》,见《光绪壬寅政艺丛书》,文海出版社 1976 年影印本,第 113 页。

[②] 章太炎:《送印度钵罗罕、保什二君序》,见《章太炎全集》(四),上海人民出版社 1985 年版,第 360 页。

[③] 邓实:《鸡鸣风雨楼独立书·人种独立》,《政艺通报》1903 年第 23 号。

尽亡,"则学亡则亡国,国亡则亡族"①。基于此,诸如"读书保国""存学"救国等口号被提出,保存国学、国粹,以求复兴中国固有文化,而一众学者的爱国情感和历史使命感,则以其难能可贵和诚挚真切,一时间引动潮流。此际,文化救亡俨然成为民族救亡的前提,

在痛感民族危亡之际,国人同时对源于西方的资本主义制度的弊病有了进一步的自觉,并欲借中国文化的智慧予以克制。革命洗礼后的中国,民主共和的观念日渐深入人心。而在主张共和革命的人群中,与其他革命党人不同,部分学人更多看到了,作为这场革命参考的西方资本主义制度的弊端,因而拒绝盲目地加以效仿。1918—1919年间,梁启超赴欧考察后,其关于西方文明的态度和看法发生了重要转变,同时影响了其有关中国革命道路的思考。"戊戌变法"后,梁启超一度倾心"革命",然而自美归来的他彻底放弃了"破坏主义与革命之排满主义";在其欧游之前,他主张对中国传统文化进行批判与取舍,甚至产生了怀疑,但从欧洲归来的他却彻底放弃了"科学万能"的迷梦,又重新要在中国文化上"站稳脚跟",倡导"中国不能效法欧洲"。章太炎更是在《代议然否论》中说:"余固非执守共和政体者。"章氏赞成选举总统、三权分立,但不赞成西方的议会制度。在章氏看来,美国议会是少数有权势者所垄断,并不能真正代表民意。所谓代议士,专横无忌,无非在全国平添"数十百议皇"而已。"他国未有议员时,实验未箸,从人心所悬揣,谓其必优于昔。今则弊害已章,不能如向日所悬拟者。汉土承其末流,琴瑟不调,即改弦而更张之尔,何取刻画以求肖?"②章氏随即借鉴明代"政刑分权"、清代"政学分权"的办法,重新

---

① 黄节:《国粹学报叙》,《国粹学报》1905年第1期,文海出版社1970年影印本。
② 章太炎:《章太炎文录初编》,别录卷1,见《章太炎全集》(四),上海人民出版社1985年版,第306页。

设计了一套行政、司法、教育三权分立的新政体。而与之相似,马叙伦则强调,中国古代的政治制度即使不能行于今世,但古人"依民性而制礼,为人性而作乐",其历史经验仍不失其借鉴价值。马氏认为,"醉心欧化"而一味抹杀中国固有的历史和传统,其实是对其所欲效法的西方政治制度以及本民族的"情性风俗"的双重误读:"虽起欧西硕辅,而使理于华土,其必不能尽弃故俗"①。以马氏所论,在借鉴、引入西方制度时,同样要重视对本土资源的损益,力图从中国古代的历史与文化中,汲取避免西方资本主义制度弊端和创造性建立中国共和制度的智慧和经验。

伴随近代革命浪潮,"排满"也同样构成了国粹思潮不断传播的重要诱因。在江浙地区,精通经史的一批学人,成立了"国学保存会"。他们深受历史上抗清斗争的影响,为顾炎武等人的反清思想所鼓舞,在通晓历史掌故,耳濡目染之下,受到了"华夷之别"传统种族观念的影响,在心中潜埋下反清的种子。章太炎曾言:"兄弟少小的时候,因读蒋氏《东华录》,其中有戴名世、曾静、查嗣庭诸人的案件,便就胸中发愤,觉得异种乱华,是我们心里第一恨事。后来读郑所南、王船山两先生的书,全是那些保卫汉种的话,民族思想,渐渐发达"②。而刘师培则说:"少读东华录夙具民族思想。"③并以诗曰:"大厦将倾一木支,乾坤正气赖扶持;试从故国稽文献,异代精灵傥在兹。"④ 1906年章太炎在东京留学生欢迎会上主张:"用国粹激动种性,增进爱国的热肠。"而据胡朴安回忆,会后留学生多"受章氏之感动,激于种族之观念,皆归于民族旗帜之下,风

---

① 马叙伦:《古政述微自叙二》,《国粹学报》1905 年第 1 期。
② 章太炎:《东京留学生欢迎会演说辞》,见汤志钧编《章太炎政论选集》(上册),中华书局 1977 年版,第 269 页。
③ 冯自由编:《刘光汉事略补述》,见《革命逸史》第 3 集,中华书局 1981 年版,第 186 页。
④ 刘师培:《甲辰年自述诗》,《警钟日报》1904 年 9 月 10 日。

起云涌，各自发行杂志，宣传种族学说，以为革命之武器"①。总之，在排满革命的风潮当中，倡导国学—国粹实际乃是革命高涨的一大产物。

国学复兴及其在国内思想界所掀起的波澜，不仅与国内所出现的新形势密切相关，同时也受到来自国外思想、思潮的促动。其中，欧洲浪漫主义运动对20世纪初年的中国思想界，无疑造成了重要影响。兴起于18世纪末的欧洲浪漫主义思潮，原发于文学领域，它突出情志的自由和非功利的审美标准，表现为对僵硬的古典主义的反动。而经卢梭等人的倡导，特别是在法国大革命之后，浪漫主义便经由民族主义而渗透入政治领域，到19世纪更加成为颇具声势的浪漫主义运动。有关这一点，罗素曾指出："在革命后的时代，他们通过民族主义逐渐进到政治里：他们感觉到每个民族有一个团体魂，只要国家的疆界和民族的界限不一样，团体魂就不可能自由。在19世纪上半期，民族主义是最有声势的革命原则，大部分浪漫主义者热烈支持它。"② 而当这样的浪漫主义来到中国，迅速与19世纪末20世纪初的中国历史局面响应，受到了正热衷于排满革命宣传的学人的欢迎。刘师培说："意人马志尼之言曰：凡同一人种风俗语文者，即可组织一国，斯语也，殆民族主义之定论乎？"③ 与在西方不同，浪漫主义在中国的影响，经由民族主义，最终进入了历史、文化领域。受浪漫主义鼓舞的人，"他们赞赏强烈的炽情，不管是哪一类的，也不问它的社会后果如何"④。热衷于国粹、国学、国魂，极力倡导"藉国粹激动种性"，使得这一时期的思潮普遍反映出激烈的

---

① 胡朴安：《二十年学术与政治之关系》，《东方杂志》第21卷第1号。
② [英]罗素：《西方哲学史》（上册），何兆武、李约瑟译，商务印书馆1975年版，第216页。
③ 刘师培：《中国民族志序》，见《刘申叔先生遗书》（第17册），民国二十七年（1938年）宁武南氏排印本，第600页。
④ 马叙伦：《啸天庐政学通议》，《国粹学报》1905年第9期。

排满革命特点,这与学人更多地接受了欧洲文化,尤其是浪漫主义运动的影响,无疑是难以分开的。

同样来自国外的,还有发生于日本的"国粹"保存思潮,对中国近代的国学复兴所造成的影响。邓实等人在《国粹学报叙》中写道:"日本维新归藩复幕,举国风靡,于时欧化主义,浩浩滔天。三宅雄次郎、志贺重昂等撰杂志倡导国粹保存,而日本主义率以成立。呜呼,学界之关系于国界也,如是哉!"① 显然,在诸多学人看来,当时的中国唯有像日本那样善于保存"国粹""民族精神",才有可能走上融合中西、复兴民族的道路。而像刊行《国粹学报》这样的活动,也是借鉴了日本志贺重昂等人组办《日本人》杂志而倡导国粹思想的做法。所以,晚清以来学人借用日本国粹派的言语、口号和组织形式,重新在自己的民族舞台上,唱响了又一曲复兴民族文化的新歌。

近代学人不仅有排满革命的共同政治基础,同时还有其共同的学术渊源。后者在更加深刻的意义上,真正构成了国学复兴的实质内核。晚清以降,环绕着今古文之争而展开的,是对清代学术的总结与反思。其间,兴起于乾嘉之际的清代今文经学,在康有为那里集其大成。康氏于中国思想界,"谆谆以保存国粹为言。盖先生之学,以历史为根柢,其外貌似急进派,其精神实渐进派"②。康氏虽主张引进西学,但在文化观上,基本上仍然保持了"中体西用"的套路。而章太炎、刘师培等学人在继承了戴震等人为代表的朴学基础上,荟萃扬州学派、浙江学派以及岭南学派,进一步发挥了其古文经学的立场。邓实在《国粹学报第一周年纪念辞并叙》中说:

---

① 黄节:《国粹学报叙》,《国粹学报》1905 年第 1 期。
② 梁启超:《南海康先生传》,第九章《人物及其价值》,见《饮冰室合集》文集之六,中华书局 1989 年影印本,第 88 页。

"同人被服儒术,伏处海滨,家传汉学,抱一经世守之遗"①。而章太炎、刘师培更是对今古文之争作了重新考辨。刘师培所著《汉代古文学辨诬》《古今文考》《论孔子无改制之事》《王鲁新周辨》等,和章太炎所撰《春秋左传读叙录》《驳皮锡瑞三书》《春秋平议》《原经》等诸文,重申"六经皆史"的论点,力斥"孔子改制"说的荒谬。要言之,晚清以来的国学复兴,环绕着今古文之争,具有其本土经学史上的内在动因。

国学在近代的复兴,与"国粹"和"国魂"两观念的提出具有内在关联。而这一时期的"国学",总是难以与"弘扬国粹,陶铸国魂"这样的口号相区分。

综观近代学人的见解,"国粹"一词,大致包含三重内涵:第一,泛指中国古代的历史与文化。邓实在《国粹学报发刊辞》中讲:"综百家之长,以观学术之会通……月出一编,颜曰国粹"②。从该报主要栏目而言,主要涉及了"政""史""学""文"等主要内容,基本上涵盖了广义上的中国历史与文化。章太炎更加具体地将"国粹"定义为历史,"这个历史,是就广义说的,其中可以分为三项:一是语言文字,二是典章制度,三是人物事迹"③。而值得注意的是,章氏同时并不认为,历史上的一切皆是所谓"粹"。他指出:"国粹诚未必皆是","义有是非,取是舍非者,主观之分;事有细大,举大而不遗细者,客观之分"。④

第二,指中国文化的精华,即将"国粹"界定为适合现代中国需要,而无论中外的一切优秀文化。黄节对此指出,不能拘泥于

---

① 邓实:《国粹学报第一周年纪念辞并叙》,《国粹学报》1906 年第 1 期。
② 邓实:《国粹学报发刊辞》,《国粹学报》1905 年第 1 期。
③ 章太炎:《东京留学生欢迎会演说辞》,见汤志钧编《章太炎政论选集》(上册),中华书局 1977 年版,第 276 页。
④ 章太炎:《印度人之论国粹》,见《章太炎全集》(四),上海人民出版社 1985 年版,第 366 页。

"一名、一论、一事、一物、一法、一命"来界定国粹,而应当从总体上把握,去体认民族文化的精华所在。章太炎也提出,"发现于国体,输入于国界,蕴藏于国民之原质,具一种独立之思想者,国粹也;有优美而无粗犷,有壮旺而无稚弱,有开通而无锢蔽,为人群进化之脑髓者,国粹也"①。可见,"国粹"乃是助益民族进化,并富有生命活力的文化精华,而并非某些供人把玩的历史遗物,而是如同弥漫于空气中的水分,溶解于水中的盐分一样,蕴含在中国上千年历史文化长河中的精神结晶。与之相关,所谓"保存国粹",同样不是对某种一成不变的具体传统事务的僵直固守,而是表现为对历史文化的一种缜密的科学研究过程。"以研究为实施之因,而以保存为将来之果。"②"言国粹者,先研究而不先保存,其所以执果求因者,如是乃公例也。"③ 为此,黄节以花木移植为例,说明"国粹"并不等同于"本我国之所有":新花异草"虽非前日之所有,而要之有是地然后有是华,不得谓非是地之华也。是故本我国之所有而适宜焉者国粹也,取外国之宜于我国而吾足以行焉者,亦国粹也"④。故而,"国粹"的本质在于"粹"而不在于"国",与当前中国的历史现状与实际相结合,无论本国固有,抑或外国输入,均有其当为"国粹"的意义。

第三,指中国文化的民族精神与特性。邓实说:"夫一国之立必有其所以自立之精神焉,以为一国之粹,精神不灭,则国亦不灭。"⑤在这一意义上,国粹是指缘于历史、人种、地理所形成的中国文化的独特民族性。

---

① 章太炎:《印度人之论国粹》,见《章太炎全集》(四),上海人民出版社1985年版,第366页。
② 黄节:《国粹学报叙》,《国粹学报》1905年第1期。
③ 黄节:《国粹学社发起辞》,《政艺通报》1904年第1号。
④ 黄节:《国粹保存主义》,见《壬寅政艺丛书》,政学文篇,卷5。
⑤ 邓实:《鸡鸣风雨楼独立书·语言文字独立》,《政艺通报》1903年第24号。

基于以上三重含义,近代学人面对席卷全国的革命浪潮,进一步提出了如何利用"国粹"实现排满革命的目标的问题。就此,邓实进一步提出了"国学"这一新提法。《礼记》当中曾经提到:"家有塾,党有庠,书有序,国有学"。这里,"国有学"大致是指国家应当开办学校,而国家所开办的学校,也可以称为"国学"。然而,这与在近代所提出的"国学"概念,其内涵实在是天差地别。后者在核心意义上,是指"一国特有的学术"。事实上,在这一意义上得以使用的"国学"一词,最早是于19世纪末20世纪初,经由日本传入中国的。不过,它在传入中国后,其内涵又再次发生了变化。邓实在其相关撰述中所使用的"国学",不仅内含近代的通义,同时更加在时间维度上强调其"先秦"属性。在邓氏看来,"先秦"意味着君主专制尚未建立,而"异族"入主也并未发生。"中国"作为"汉族的民主的国家",其学术更显"本色"。他说,一国有一国之学,中国自"秦火之焚,而专制之政体出","王朝之乱而外族之朝廷兴",此已是国与学俱亡了。于是,"异学异国"充塞神州,"国之不国,学之不学也久矣"。至此,"夷夏之大防",即排除异族之朝廷,俨然成为"激动种性"的理论旗帜。

在"国粹"和"国学"两个观念之下,更加深刻的是一批学人对"文化"问题颇具特色的见解。这包括:

第一,"文化有机"论。"国有学,则虽亡而复兴,国无学,则一亡而永亡。何者,盖国有学则国亡而学不亡,学不亡则国犹可再造,国无学则国亡而学亡,学亡而国之遂终古矣"[1]。将文化看成是与人群进化同步发展的生命有机体,近代学人认为,一种文化也是

---

[1] 许守微:《论国粹无阻于欧化》,《国粹学报》1905年第7期。

本于一种民族"种性"的涌动,"本其心灵之所蕴积而为理想,发而为言语,摺而为文字",从而"五官强,百体昌易,神人洽"①。此际,"国学"实际上已成为民族文化生命中宝贵的"独立精神",亦即"种性"。

第二,"国学、君学对立论"。随着见解的深化,邓实发现:"近人于政治之界说,既知国家与朝廷之分矣,而言学术则不知有国学、君学之辨,以故混国学于君学之内,以事君即为爱国,以功令利禄之学,即为国学,其乌知乎国学自有其真哉"②。所谓"君学",即"以人君之是非为是非者",此为历代帝王所尊崇,颁为功令,奉为"治国之大经","经世之良谟";所谓"国学",则是"不以人君之是非为是非者",与"君学"正相对反。在这样的对比之下,秦汉以降的中国既以为君主专制一统天下,"神州学术伏于专制君统之下"③,"遥遥二千年神州之天下,一君学之天下而已"④。事实上,这样的区分并不科学,从根本上说,封建文化就是一种"君学",而并不存在与之全然对立的"国学";但封建文化自身既有糟粕,又有精华,不可简单予以定论。我们看到,国学无论是在近代意义上指向中国的历史、学术、文化,还是在与"君学"相对立的意义上指向民族文化的精华,均可视为弥足珍贵的"国粹"。而就特定的历史时期而言,"国学"与"国粹"同时又是以"陶铸国魂"作为其核心主旨与现实意义的。

"陶铸国魂"所凸显的乃是革命志士的爱国情结。"有华美高尚樱花之魂,而日本以之名其国也,有凌厉鸷鸷荒鸷之魂,而俄罗斯以之名其国也;有高掌远蹠神奇变化猛狮之魂,而英吉利以之名其

---

① 邓实:《国学保存论》,《政艺通报》1904年第3号。
② 邓实:《国学真论》,《国粹学报》1907年第2期。
③ 黄节:《孔学君学辨》,《政艺通报》1907年第3号。
④ 邓实:《国学真论》,《国粹学报》1907年第2期。

国也"①。所谓国魂,即中国独立的民族精神。它代表着本国自尊、自信、自强的宝贵民族灵魂。健全国魂,是保持民族坚强凝聚力永不枯竭的力量源泉。在原有国魂因"异族"入主而渐趋凋零、迷失之际,重铸国魂显得格外急迫。此际,"陶铸国魂"与"保存国粹"是内在相通的两个观念。而值得注意的是,国魂的重铸,同时与对国学的重视密不可分。高旭曾说:"国有魂,则国存,国无魂,则国将从此亡矣……然则国魂果何所寄,曰寄于国学。故存国魂,必自存国学始"②。可见,以民族主义为旨归,以国学为主体,融合中外精粹,重振民族精魂,成为近代普遍流行的复兴趋势。

近代学人虽力倡国学,然却不忘自其内发做合乎历史发展的省察。他们痛感于近代以来的学术衰弊,民智、民德、民力的低下。在他们看来,中国文化的落后并不是先天的,而是由于植根于中国社会的政治、经济与思想等方面的诸多后天原因。

第一,君主专制制度推行愚民政策。邓实以为,中国数千年来,只是君有学,而民无学,所谓"风俗政教""制度文物""人材学术",无一不是"君主制的";历代相传的所谓"学说""大抵教人君者十之六,教人臣者十之四,而民则无有焉"。以《六经》为例,所记无非"人主之事","以君为纲,以臣为目,而于民十不及一二焉"。除《乐》不可考外,《易》记三皇五帝、夏殷周之事;《诗》为太史所采以献王者;《礼》不下庶人;《春秋》更"纯乎帝王之书"③。刘师培也认为,中国自周代起,学术即为少数贵族、卿大夫所垄断。而"民"字可训为"冥"、"盲",故其实为愚昧无知之意,此周代"上级有学而下级无学"的明证④。据此,"民"在专制政体

---

① 壮游:《国民新灵魂》,《江苏》1903年第5号。
② 高旭:《南社启》,《民吁报》1909年10月17日。
③ 邓实:《鸡鸣风雨楼民书·总论》,《政艺通报》1904年第5号。
④ 刘师培:《补古学出于史官论》,《国粹学报》1906年第5期。

下被剥夺了向学求智的权利,"种智极下"。而数千年来所谓名臣学士,又"从无为吾民建一谋画一筹,以智吾民,强吾民,进吾民于文明治化无疆之休者,岂不悲哉"①!

第二,儒学独尊禁锢国人思想。实际上,专制君主不仅处心积虑地剥夺了"民"的向学求智权利,同时还推行思想专制,禁锢天下人心,使得有机会接触到"学"或"智"的人,同样被专制者定位一尊的思想意识形态所牵制。关于这一点,近代学人批判之矛头,又再一次对准了作为历代专制政治精神支柱的儒家学说。戊戌变法时期,康有为借助今文经学,把孔子塑造为"托古改制"、为民立极的教主。表面上拔高了孔子,实则是要借以褫夺环绕在君主头上的神圣光环,使"君"与"学"之间,产生一丝裂隙。而20世纪初,孔子改制说渐失魅力,梁启超随即于1902年发表了《保教非所以尊孔子》,公开反对独尊孔子,进一步将孔子和儒学扯下神坛。在当时多数人所持有的"真孔"论中,竭力将孔子本人与原始儒家与历代君主所尊崇的孔子及儒学区分开来。他们强调,由于历代君主及腐儒的歪曲,孔子与儒学早已迷失了:"哀哉!吾中国之学者,名为承孔道,而实则守老学,传习数千年,尽失其孔子之面目,驯至受保守主义之烈毒"②。就此,学者们摒弃了孔子改制说的虚玄,将神秘的大教主还原为主张民权论的世俗世界中的普通国民、学者和教育家。而以章太炎、刘师培为代表的一些学者,其批评进而直指孔子本人以及作为先秦学派的儒家,指出其学说内部本就隐藏着自身的弊端。章太炎在《订孔》中直以孔子为"祸本"③。章氏指出:"孔子最大的污点,是使人不脱富贵利禄的思想",孔子本人也不过是一

---

① 邓实:《鸡鸣风雨楼民书·总论》,《政艺通报》1904年第5号。
② 李书城:《学生之竞争》,《湖北学生界》第2期。
③ 章太炎:《订孔》,见汤志钧编《章太炎政论选集》(上册),中华书局1977年版,第179页。

"时伸时绌"、"哗众取宠"之人①。儒家缺少明晰的见解，议论止于含混，"儒术之害，则在淆乱人之思想"②。刘师培站在平实冷静的学术研究立场上指出，孔子学说有四大弊病：其一，"信人事并信天事"；其二，"重文科而不重实科"，"高谈性命，视科学为无足轻重"；其三，"有持论无驳诘"，是为"孔门之专制"；其四，"执己见而排异说"，孔子自道的"攻乎异端，斯害也已"，其实是"儒教排外之鼻祖"。尽管如此，但章、刘二先生并未完全抹杀孔子与儒学。章氏说，孔子删订《春秋》，不愧为"古良史"；其轻鬼神而重人事，变世宦之学而及平民，皆功在千古，"则景仰孔子，当如岱宗北斗"③。而刘师培也指出，儒学虽有遗憾，"然以周秦诸子较之，则固未有出孔子之右者矣"④。

第三，缺少与外部文化间的交流。近代学人普遍认为，不同民族间的文化交流，是推动文化进步的重要条件。例如，西方融汇希腊、罗马文化，日本吸收中国、西方文化，均出现了"文明远过其本"⑤的盛况。与之相比，中国历代统治者的孤芳自赏，倡导"夷夏之防"，强调中外分界，常常是作茧自缚："承平日久，外患渐消，骄慢之志成，自尊之心启，不曰王者无外，则曰一统之尊，称己国则曰中华，称邻国则曰夷狄，一以启轻敌之心，一以阻交通之进步。此欧人东渐以来中国所以不振也。"⑥ 而邓实在将人群进化分为"一

---

① 章太炎：《东京留学生欢迎会演说辞》，见汤志钧编《章太炎政论选集》（上册），中华书局1977年版，第272页。

② 章太炎：《诸子学略说》，见汤志钧编《章太炎政论选集》（上册），中华书局1977年版，第291页。

③ 章太炎：《答铁铮》，见《章太炎全集》（四），上海人民出版社1985年版，第372页。

④ 邓实：《国学真论》，《国粹学报》1906年第5期。

⑤ 章太炎：《译书公会叙》，见汤志钧编《章太炎政论选集》（上册），中华书局1977年版，第46页。

⑥ 刘师培：《中国民族志序》，见《刘申叔先生遗书》（第17册），民国二十七年宁武南氏排印本，第600页。

统""小通""大通"三个时代后,进一步指出,近代之前的两千年,中国始终未能走出"群治限于一国"的"一统时代",以同一民族立于同一政治、宗教之下,"无有外境之感触"[①],故而其文化常常是沉沉一线,并无大进。黄节则强调,不能吸收外来文化,是造成包括中国在内东方文化衰退的主要原因。黄氏指出,东方文明虽在14世纪前已对当时的西方文明产生一定影响,但东方民族却始终不懂得应当吸收西方文明以自光,故而其衰败是不可避免的[②]。因此,近代学人强调文化的发展不可能是封闭式的自给自足,而只能是在与外来文化进行积极的交往、竞争和融合的过程中求不断地发扬光大,却是正确的。他们指出闭关自守和坚持"夏夷之防"的传统观念,均对中国文化造成了严重的障碍,也的确是切中肯綮。

第四,社会经济的落后。在"实业救国"论盛行的时代,近代学人除了在文化领域积极奔走外,也同时关注到了中国文化衰微与社会经济危机间的内在联系。他们指出,文化是社会的"表层",实业即社会经济才是其根基,认为中国文化落后的原因,除去政体上的专制外,还有"以农业立国"所显现出的社会经济实力的疲馁。邓实认为,"立国之要素"是实业。一国之强弱,不在其"表层"的政治法律制度文物,而在于作为其社会根基的"实业社会"。"入于其野,烟突巍巍,汽笛呜呜,黑云蔽空,炽铁川流;观于其都,铁轨纵横,汽车络绎,电杆森矗,珠网盘丝,则可谓强国也已矣。入于其野,五金之产遗弃满地,民皆游手,百利未兴;观于其都,市镇荒凉,旅况寂寞,廛无才商,场无才工,则可谓弱国也已矣"。在此强弱对比之下,邓氏强调,志士仁人对于国家社会的神圣天职,

---

① 邓实:《论中国群治进退之大势》,《政艺通报》1903年第8号。
② 黄节:《东西洋民族交通消长之大潮》,《政艺通报》1903年第10号。

就在于振兴实业,"而图吾种才性之发达"①。

以上四方面的分析中可以看出,近代学人对传统文化所做的批判和反思,具有其时代的具体特色,同时也十分客观、深刻。他们批判传统,但更在批判之后,更加执着地肯定着传统。他们所概括的"无用者君学也,而非国学",不仅大胆,且发人所未发。对传统文化衰落原因的思考结论,也最终指向排除"君学"后的,作为中国文化本来面目的"国学"。邓实指出,忧世之士,睹神州不振,中夏沦亡,无不疾首痛心于"数千年之古学,以为学之无用而致于此也",但此实大误。"悲乎!其亦知吾国之古学,固未尝用,而历代所用者,为君学乎?"用之无效,始谓无用,国学既未尝用,有怎能断其无用呢?"是故无用者君学也,而非国学"②。这种基于"国学"与"君学"对立逻辑的推断,大致是要表达说,现实中国的衰败,不是"国学"本身发展的必然结果,而是"君学""异学"阻碍所导致的。因此,回归"国学",寻找隐耀不明的国粹,恢复中国文化本来面目,才是应当积极努力的方向。

第二节　近代变革下的经学"今古文"之争

在20世纪初年,面对近代中国知识、思想与信仰世界的空前危机,"古学复兴"的口号或主张,为当时诸多学人所青睐。而"古学复兴"这一最早被用来译介欧洲"文艺复兴"的提法,在随后很长一段时间得到沿用③。1905年10月,邓实发表《古学复兴论》,

---

① 邓实:《鸡鸣风雨楼独立书·实业独立》,《政艺通报》1903年第25号。
② 邓实:《国学无用辨》,《国粹学报》1907年第5期。
③ "1879年出版的沈毅和的《西史汇函续编·欧洲史略》,是中国人最早介绍欧洲文艺复兴的著作,正是冠之以'古学复兴'的标题",参见郑师渠著《晚清国粹派——文化思想研究》,北京师范大学出版社1997年版,第132页。

进一步阐发了中国"古学复兴"的必然性及其意义与途径："吾人今日对于祖国之责任，唯当研求古学，刷垢磨光，钩玄提要，以发见种种之新事理，而大增吾神州古代文学之声价。是则吾学者之光也……则安见欧洲古学复兴于15世纪，而亚洲古学不复兴于20世纪也。呜呼，是则所谓古学之复兴者矣"。邓氏同时指出，"古学虽微，实吾国粹……孔子之学固国学，而诸子之学亦国学也"[①]。故而，包括儒学在内的先秦诸子学，均应囊括如"国学"的范畴之内；研究国学，保存国粹，一应以接续作为中国文明生命源头的"古学"为旨归。

而这样的"复兴"却也不得不面对其所处时代的历史实际。19世纪末，在西洋新知的冲击下，中国古代以"经史子集"为代表的传统学术系统及其治学方式一方面很难容纳新的知识，同时也在新知不断涌入之际，渐渐解体。"经学中语言文字之学成了独立领域，被赋予最可尊敬的'科学'意味，而其他的内容确从章学诚那里就开始进入'史学'，到这时已经被五马分尸似地划归了'哲学'、'史学'和'文学'，子学的命运也同样如此，在哲学、伦理学、逻辑学以及物理学、化学之类的新门类的撕撸下，它也失去了存在的完整性，而看上去最完整的史学，也不再执著于过去分类表上的什么正史、编年、纪事本末，容纳了更多的内容，它迅速膨胀也迅速改变着自己的面貌，当经、史、子、集的分类法在新知的冲击下转化为文史哲政经法以及数理化等等西洋学科的分类法时，传统的知识系统已经悄然崩溃。"[②]而伴随这一"崩溃"的同时，传统学术尤其是经学也逐渐衰落。

而面对这一衰落的趋势，19世纪下半叶的中国学界不得不进

[①] 邓实：《古学复兴论》，《国粹学报》1905年第9期。
[②] 葛兆光：《中国思想史》（第二卷），复旦大学出版社2011年版，第476页。

入一个重组自身知识系统的阶段。值得注意的是，在早期力图谋求对世界大势的适应中，中国士人身倚丰厚的历史与文化的传统资源，首先采取了重新诠释古典的进路。此时，为国人历来熟知的注释、疏解经典的古典诠释学，又重新被唤醒。"古代中国读书人大凡遇到不可理解的新知，最容易翻拣出来的翻译资源，就是这种经由童年的阅读、成年后的考试在心灵中建构起来的一套知识，通过这些熟悉的旧知识，来想象和重构那些不熟悉的新知识，借助这些早已理解的旧观念，来解释很难理解的新观念，而且，还经由这样一些传统资源的诠释，来平息遭遇新知识新思想时的心灵震撼。"① 在这一诠释学的历史进程中，儒家经学在自身成为主流意识形态的文本基础之际，已经悄然占据了对真理的独占性地位，并借以成为确立一切合法性与合理性的根据。故《四库全书总目》经部总叙言："盖经者非他，即天下之公理而已。"然而，经学这一至高地位，在与近代遭遇之时，其根本处在至深处蒙受撼动。我们看到，诠释经典的知识资源进一步被西方外来的全新知识系统所渐渐替代，呈现出了"开放"的新姿，却也折射出了那个时代中国思想界的巨变。

外来新知的冲击，引发了原有诠释系统的调整，这首先表现为近代今文经学的崛起。我们看到，继庄存与、刘逢禄之后，廖平、康有为、梁启超纷纷扛起今文经学的大旗，他们不以训诂笺注为能事，而力求"先圣微言大义于语言文字之外"，为学特点则表现为"《易》则贯串群经，虽旁涉天官分野气候，而非如汉宋儒之专衍数术、比附史事也；《春秋》则主公羊、董子，虽略采左氏、穀梁氏及宋元诸儒之说，而非如何邵公所讥信经任意、反传违戾；《尚书》则不分今古文文字同异，而剖析疑义，深得夫子序《书》、

---

① 葛兆光：《中国思想史》（第二卷），复旦大学出版社2011年版，第477页。

孟子论世之意；《诗》则详于变雅，发挥大义，多可陈之讲筵；《周官》则博考载籍，有道术之文为之补其亡缺，多可取法致用；《乐》则谱其声，论其理，可补古《乐经》之缺；《四书说》敷畅本旨，可做考亭诤友，而非如姚江王氏、萧山毛氏之自辟门户，轻肆诋诘也。"① 而这正与汉代今文经学所强调的"微言大义"同一机杼。

庄存与，江苏武进（今常州）人，乾隆十年（公元1745年）进士及第，曾多次担任科举主考与各地学政后，累迁礼部侍郎。而其人生兴趣，在学而不在官，为有清一代今文经学开其风气。庄氏之后，刘逢禄传其学。刘氏为嘉庆十九年（公元1814年）进士，授翰林院庶吉士。作为庄氏外孙的他，同样服膺前汉今文经学，且态度坚定，著述丰硕。刘氏《尚书今古文集解》中写道："传《春秋》者，虽人人殊，然公羊所传最正。五传汉景帝时，与其弟子胡毋子都，共垂竹帛。是时，大儒董仲舒，下帷三年讲贯，此学大兴。然及东汉之末，郑众、贾逵之徒，曲学阿世，煽刘歆之毒焰，鼓图谶之妖氛，此学之命脉几绝。幸有任城何休，学识卓绝，寻董胡之绪，补严颜之缺，此学复明。及晋，异学争鸣，杜预范宁，吹死灰而期复燃，溉朽壤而成树艺。"② 可见，刘氏专注东汉何休之学，著有《春秋公羊解诂笺》《公羊何氏释例》等书，发挥何氏"非常异义可怪之论"，大张今文经学旗帜。庄、刘前后相继，以今文公羊之学，反对古文经学，渐次兴"常州学派"一脉。

继庄、刘之后，龚自珍和魏源使清代今文经学形成气候。龚自珍，浙江仁和（今杭州市）人，乾隆五十七年（公元1792年）生

---

① （清）阮元：《庄方耕宗伯经说序》，见庄存与著《味经斋遗书》卷首，上海图书馆藏清道光庄绥甲宝研堂刻。

② （清）刘逢禄：《公羊春秋解诂笺》，《皇清经解》本。

人。作为大儒段玉裁的外孙,其学术却并未走向其外祖的路子,在年轻时就撰写了《乙丙之际著议》和《塾论》等文,发表对学理和时政的看法。龚氏所倡导的"自改革"主张:"一祖之法无不敝,千夫之议无不靡,与其赠来者以劲改革,孰若自改革。"[①] 1820年,龚氏应试不第,转而从学刘逢禄,从而祖述公羊学并有所发明,著以《春秋决事比》一书。龚氏风骨清峻,抱负弘远,时代责任感强,故其一生为学及其所关注的问题,实际上早已超出传统今文经学的范围。就此,魏源赞曰:"于经通公羊春秋,于史长西北舆地。其文以六书小学为入门,以周秦诸子吉金乐石为崖郭,以朝章国故世情民隐为质干。晚尤好西方之书,自谓道深微云。"[②] 可见,龚氏之学并非那些泥古不化的经学之癖,而眼光总是锁定在当下历史局面之上。而与龚氏相交深厚,思想相近的魏源,湖南邵阳人,乾隆五十九年(公元1794年)生人,亦师从刘逢禄治"春秋公羊学"。魏氏为学不泥,论治明通,旨归经世,要在致用:"天下无数百年不弊之法,无穷极不变之法,无不除弊而能兴利之法,无不易简而能变通之法。"[③] 他强烈驳斥那些对先贤往圣文本仅仅予以简单颂记而无视新经验的现象:"君子之为治也,无三代以上之心则必俗,不知三代以下之情势则必迂。读父书者不足与言兵,守陈案者不足与言律,好剿袭者不可与言文;善琴奕者不视谱,善相马者不按图,善治民者不泥法。无他,亲历诸身而已。读黄、农之书,用以杀人,谓之庸医;读周孔之书,用以误天下,得不谓之庸儒乎?靡独无益一时也,又使天下之人不信圣人之道。"[④] 而《两汉经师今古文家法考

[①] (清)龚自珍:《乙丙之际著议第七》,见《龚自珍全集》,上海人民出版社1975年版,第346—347页。

[②] (清)魏源:《定庵文录叙》,见《魏源集》(上册),中华书局1976年版,第239页。

[③] (清)魏源:《筹鹾篇》,见《魏源集》(下册),中华书局1976年版,第432页。

[④] (清)魏源:《默觚下·治篇五》,见《魏源集》(上册),中华书局1976年版,第49页。

叙》则进一步表达了魏氏自己在两汉今古文分歧中的立场:"今世言学则必曰,东汉之学胜西汉,东汉郑、许之学综《六经》。呜呼!二君惟《六书》《三礼》并视诸经为闳深,故多用今文家法。及郑氏旁释《易》《诗》《书》《春秋》,皆创异门户,左今右古。其后郑学大行,骎淫遂至《易》亡施、孟、梁丘,《书》亡夏侯、欧阳,《诗》亡齐、鲁、韩,《春秋》邹、夹、公羊、穀梁半亡半存,亦成绝学,谶纬盛,经术卑,儒用绌。晏、肃、预、谧、赜之徒,始得以清言名理并起持其后,东晋梅赜《伪古文书》遂乘机窜入,并马、郑归于沦佚。西京微言大义之学,坠于东京;东京典章制度之学,绝于隋、唐;两汉故训声音之学,熄于魏、晋;其道果孰隆替哉?且夫文质再世而必复,天道三微而成一著。今日复古之要,由训诂、声音以进于东京典章制度,此齐一变至鲁也;由典章、制度以进于西汉微言大义,贯经术、故事、文章于一,此鲁一变至道也。"[①] 而这种坚定的学术立场,并未阻碍其对今文经学内在问题的反思。他有感于"碎义逃难,便辞巧说"之弊,指出:"非尽东汉古文家敝之,乃今文家先自敝之。"并论说后学对《四子书》的解释沦为俗流云:"宋儒表章《四子书》教士,望其学圣有途辙,不歧于异端俗学,岂知功令既颁之后,至明而'蒙引'、'存疑'、'浅说'、'达说'、'说约'之讲章,乡会之程墨,乡社之房稿,定待闲在之选本,皆至于汗牛充栋而不可极,其敝于利禄,亦何异汉士说尧典'稽古'者乎?故以马融之贪肆而公诋欧阳生为俗儒,犹今之淹博词章者诋业科举之士为俗儒也。"[②] 而其《海国图志》一书,介绍海外科学技术和世界地理知识,反映出魏氏维护国家民族利益,渴求域外

---

① (清)魏源:《两汉经师今古文家法考叙》,见《魏源集》(上册),中华书局1976年版,第151—152页。

② (清)魏源:《书古微例言中》,见《魏源集》(上册),中华书局1976年版,第116—117页。

新知的近代思想,并唱响了"师夷长技以制夷"的旷世名言。总体上看,龚、魏之学,以学术("经")为体量,却常以现实("今")为观照,彰显了其今文经学的治学特征。故梁启超有言道:"今文学之健者,必推龚、魏。龚、魏之时,清政既渐陵夷衰微矣。举国方沈酣太平而彼辈若不胜其忧危,恒相与指天画地,规天下大计。考证之学,本非其所好也,而因众所共习,则亦能之。能之而颇欲用以别辟国土,故虽言经学,而其精神与正统派之为经学而治经学者则既有以异……后之治今文学者,喜以经术作政论,则龚、魏之遗风也。"[1]

晚清今文经学一转至康有为,始告集其大成。康有为,又名祖诒,字广厦,号长素,广东南海区人,人称康南海,晚清重要的政治家、思想家、教育家。光绪十四年(公元1888年),康氏乘顺天乡试之机,首次上书光绪帝,请求变法,受阻未成。光绪十七年(公元1891年)后,在广州设立"万木草堂",收徒讲学。光绪二十一年(公元1895年),《马关条约》签订之际,又联名应试1300多名举人发起"公车上书",倡导革命。当年五月,第三次上书,首获光绪帝赞许。光绪二十三年(公元1897年),德国占领胶州湾,遂再次上书请求变法。终于次年,光绪帝下"明定国是"诏,宣布变法,康氏一众维新派人士乃获参知政事之权,参与新政,是为"戊戌变法"。然不过百日,变法旋即失败,康氏逃亡海外。

康氏学宗今文经学,公羊笔法。他认为,天地万物"常变",此为"天道":"盖天以变为运,人以变为体。"[2] 而天地万物之所以"常变",则在于"随时变易。穷则变,变则通……物新则壮,旧则老;新则鲜,旧则黯;新则洁,旧则败;天之理也。"[3] 而面对这样

---

[1] 梁启超:《清代学术概论》,上海古籍出版社1998年版,第76—77页。
[2] 康有为:《康有为全集》(第六集),上海古籍出版社1987年版,第454页。
[3] 康有为:《康有为全集》(第三集),上海古籍出版社1987年版,第263页。

的"天理",人顺天之变则兴,逆天之变则亡。故人类社会总是不断变化的。康氏据《公羊春秋》中"三世"之说,结合何休《春秋公羊传解诂》中的发挥,以及《礼记·礼运》中"大同""小康"观念,提出了"三世进化"说,并指出其实为孔子托古改制所创。在康氏看来,整个人类的历史可以概括为由"据乱世"到"升平世"再到"太平世"的发展历程:"盖自据乱进为升平,升平进为太平,进化有渐,因革有由;验之万国,莫不同风";而此"三世"之所以愈改愈进,其实质在于"由君主而渐为立宪,由立宪而渐为共和"①,最终由"小康"以至于"大同"社会。关于此,康氏总结道:"'三世'为孔子非常大义,托之《春秋》以明之。所传闻世为据乱,所闻世托升平,所见世托太平。据乱者,文教未明也。升平者,渐有文教,小康也。太平者,大同之世,远近大小如一,文教全备也……此为《春秋》第一大义。"②

此外,在康氏最初所著之《新学伪经考》当中,《周礼》《逸礼》《左传》及《诗》之毛传,皆被了解为西汉末年刘歆等人所立之"伪经",而所谓"新学",也即"新莽之学"的缩略。康氏指出:"始作伪,乱圣制者,自刘歆;布行伪经,篡孔统者,成于郑玄。阅二千年岁月日时之绵暖,聚百千万亿衿缨之问学,统二十朝王者礼乐制度之崇严,咸奉伪经为圣法,诵读尊信,奉持施行,违者以非圣无法论,亦无一人敢违者,亦无一人敢疑者……刘歆之伪不黜,孔子之道不著,吾虽孤微,乌可以已"③。梁启超在概括康氏《新学伪经考》的要点时指出:"一、西汉经学,并无所谓古文者,凡古文皆刘歆伪作;二、秦焚书,并未厄及六经,汉十四博士所传,

---

① 康有为:《康有为全集》(第六集),上海古籍出版社1987年版,第393页。
② 康有为:《康有为全集》(第二集),上海古籍出版社1987年版,第324页。
③ 康有为:《新学伪经考序》(1891年5月),见《康有为政论集》(上册),中华书局1998年版,第92—93页。

皆孔门足本，并无残缺；三、孔子时所用字，即秦汉间篆书，即以'文'论，亦绝无今古之目；四、刘歆欲眯缝其作伪之迹，故校中秘书时，于一切古书多所羼乱；五、刘歆所以作伪经之故，因欲佐莽篡汉，先谋淆乱孔子之微言大义。诸所主张，是否悉当，且勿论，要之此说一出，而所生影响有二：第一，清学正统派之立脚点，根本摇动；第二，一切古书，皆须从新检查估价；此实思想界之一大飓风也。"而事实上，梁启超对其师如上观点并不以为然，在随后的评价中梁氏指出："……有为以好博好异之故，往往不惜抹杀证据或曲解证据，以犯科学家之大忌，此其所短也。有为之为人也，万事纯任主观，自信力极强，而持之极毅。其对于客观的事实，或竟蔑视，或必欲强之从我。其在事业上也有然，其在学问上也亦有然。其所以自成家数崛起一时者以此，其所以不能立健实之基础者亦以此，读《新学伪经考》而可见也。"[1] 可见，康氏之学同样表现出今文经学所共有的特点，也就是梁启超所谓"喜以经术作政论"。

而在光绪二十四年（公元1898年）的《孔子改制考》中，康氏又进一步对孔子形象作出全新塑造，并对儒家传统作了新的解释。康氏指出，六经皆孔子为进行社会变革，假托先王言行而作。孔子作为"万事教主"，创立了教义最善、制度最全、信徒最众的儒教。以此，《春秋》的精义是"改制"，而《公羊传》发扬了这一点，其所谓"通三统"是说夏商周三代不同，当因时变革；"张三世"则是说中国社会的发展应当有据乱世、升平世、太平世的阶段。据乱世是君主专制时代，升平世是君主立宪时代，而太平世则是民主共和时代。康氏就此为儒学注入了进化因素，赋予孔子以改革家的形象以及教主地位。于是，述而不作的孔子成为"托古改制"的"素

---

[1] 梁启超：《清代学术概论》，上海古籍出版社1998年版，第76—77页。

王"，圣人成了教主。

无疑，康氏之学存在着鲜明的现实政治目的，即为变法维新作学术上的准备。而基于保国、保教、保种的口号，康氏进而寄希望于对儒家的宗教化，以其所谓"孔教"来对治西方的"宗教"及其文化侵略。康氏作为一位宗教意识浓厚的近代学者，曾一度"专讲道佛之书"，并与西方传教士有所接触，学习西学，了解西方宗教知识。故而梁启超回顾道："先生幼受孔学，及屏居西樵，潜心佛藏，大彻大悟。出游后，又读耶氏之书，故宗教思想特盛，常毅然以绍述诸圣，普度众生为己任。"①康氏以为，与诸宗教相比，孔教为人设教，显然优胜："太古草昧尚鬼，则神教为尊；近世文明重人，则人道为重。故人道之教，实从神道而更进焉。"②同时，孔教主维新，倡进化，适合晚清社会的客观环境。而更甚者在于，孔教可以包含其他宗教：其"自人伦物理国政天道，本末精粗，无一而不举也……故自鬼神山川、昆虫草木，皆在孔教之中，故曰范围天地而不过，曲成万物而不遗也"③。康氏以为，宗教是合理而自然的，立国不能无教，而教则莫善于孔教。

而应当注意的是，就康氏如上的学术进路言，晚清另一位学人，即廖平对其所产生的影响不应忽视。梁启超概括指出："今文学运动之中心，曰南海康有为，然有为盖斯学之集成者，非其创作者也。有为早年，酷好《周礼》，尝贯穿之著《政学通议》，后见廖平所著书，乃尽弃其旧说。廖平者，王闿运弟子……晚受张之洞贿逼，复著书自驳，其人固不足道，然有为之思想，受其影响，不可诬也。"④

---

① 梁启超：《南海康先生传》，见《饮冰室合集》文集之六，中华书局1989年版，第67页。
② 康有为：《孔教会序二》（1912年10月7日），见《康有为政论集》（下册），中华书局1998年版，第739页。
③ 康有为：《中国学会报题词》（1913年2月11日），见《康有为政论集》（下册），中华书局1998年版，第797页。
④ 梁启超：《清代学术概论》，上海古籍出版社1998年版，第76—77页。

廖平，字季平，四川井研县人。生于咸丰二年（公元1852年），三十七岁进士及第。初曾任龙安府教授，此后终生以著述为业。他所著之《辟刘篇》及《知圣篇》都直接对康有为《新学伪经考》和《孔子改制考》的撰写造成影响。廖平经学思想先后六变，从一变"平分今古"到二变"尊今抑古"到三变"古大今小"一直到后三变的"天人之学"。其研究领域涉及经学、史学、诸子、医学、堪舆、方技等诸多方面，已刊行的著作有一百多种。作为一位博古通今的学术大师，廖平在经学史、哲学史、思想史上都有重要地位。冯友兰先生认为"廖平之学，实为经学最后之壁垒。就时间言，就其学之内容言，皆可以结经学时代之局者也。"[1] 而其弟子蒙文通指出："廖师之今文学固出自王湘绮之门，然实接近二陈一派之今文学，实综合群言而建其枢极也。他若魏源、龚自珍之流，亦以今文之学自诩，然诗、书古微之作，固不必求之师说，究其家法，汉宋杂陈，又出以新奇臆说，徒以攻郑为事，究不知郑氏之学已今古并取，异郑不必即为今文。世复有以攻郑为事者，亦得古文家之名，鱼目混珠，彼此惟均。故龚、魏之学别为一派，别为伪今文学，去道已远。激其流者，皆依傍自附者之所为，固无齿于今古文之事。故有见一隅而不窥其全体之今文学，有知其大概而不得其重心之今文学，此皆未成熟之今文学。而又别有魏、龚一派漫无根荄之今文学。是汉代之今文学惟一，今世之今文学有二。至廖师而后金文之说乃大明，道已渐推而渐备。故廖师恒言，踵事增华，后来居上，然不有庄、张、刘、宋、二陈之启辟途径于前，虽廖师亦未易及此。"[2] 足见，廖氏之学已渐开近代今古文互动之先河。

---

[1] 冯友兰：《中国哲学史》（下册），华东师范大学出版社2000年版，第343页。
[2] 蒙文通：《经学抉原》，见《蒙文通文集》（第三卷），巴蜀书社1995年版，第105页。

第三节　近代子学的复兴

著名经学研究专家周予同在概括中国经学史时曾概括说:"我们如果说,因经今文学的产生而后中国的社会哲学、政治哲学以明,因经古文学的产生而后中国的文字学、考古学以立,因宋学的产生而后中国的形上学、伦理学以成……"[①] 而事实上,在近代中国所发生的国学复兴思潮,也恰好印证了这一总结。故而在大致领略了近代今文经学复兴的"喜以经术作政论"之后,我们有必要对古文经学在近代所产生的影响作一回顾。与晚清今文经学相对照,古文经学以章太炎和刘师培为代表,在与今文经学发生互动之际,同时与现代学术思想接榫。而值得注意的是,作为国学中坚力量的章太炎,在重视经学研究之外,通过对诸子学的复兴,扬起了文化多元论的大旗。

章炳麟,字枚叔,别号太炎,同治七年(公元1869年)生于浙江余杭。章氏以坚实的国学根基,直承清代古文经学遗风。早在青年时代,就已完成四大册《膏兰室札记》,以扎实的小学功底,诠解古代史地、音律、词章、制度,对史学与周秦子学多有发挥。而在政治观点上,他所表现出的激烈,甚至有过于今文经学家们的态度。这大概是因为其深处国家内外交困的危机时代,因而深怀积极试图变革现状之夙愿。章氏早年曾同情康、梁变法,并一度与梁启超共事于上海《时务报》,所撰时文也颇受维新派人士推重。而后来终以学术路向上的分歧,毅然离去。章氏思想受严复译介西学的影响,故而呈现出对西方或现代学术的包容,但以乾嘉朴学为根基的他,

---

[①] 周予同:《经学历史·序言》,见(清)皮锡瑞著《经学历史》,中华书局2008年版,第4页。

思想渊源仍然以晚清经学与诸子学为底色。

事实上，早在清代中叶，以章学诚为首的一部分学者，在"六经皆史"的观念下，开启了子学复兴的面向。这在客观上削弱了儒家经典的权威地位，在"降经为史"的策略下，将诸子等同于六经，进一步地"降经为子"。江瑔在《读子卮言》中写道："子中有经，经中亦有子。班氏艺文志之论诸子也，亦云合其要归，亦六经之支与流裔。盖六经既出于诸子，诸子亦可出于六经。"① 此已是经、子合流之发端。而章太炎之师俞樾指出："圣人之道具在六经，而周秦两汉诸子之书亦各自有所得。虽以申韩之刻薄，班列之怪，要各本其心之所独得者而著之书。"② 而在《诸子学述》中，罗焌总结说："乾嘉以还学者，皆留意子书，以为治经之助。"③

如上这般试图提升诸子地位的学术进路，对青年时代的章太炎产生了极大影响。章氏于1906年所撰写的《诸子学略说》中，剖析"儒家之病""儒术之害"，却对道、墨、阴阳、纵横、法、名、杂、农以及小说诸家有所肯定："惟周秦诸子，推迹古初，承受师法，各位独立，无援引攀附之事件，虽同在一家者，犹且矜己自贵，不相通融。故荀子非二十子，子思、孟轲亦在其列。""持论强盛，义证坚密，故不受外熏。"④ 其实，早在1902年，章氏在《订孔》已经有类似观点，而在1909年的《致国粹学报社书》中则提出："唯诸子能起近人之废。"⑤

---

① 江瑔：《读子卮言》，华东师范大学出版社2012年版，第14页。
② 俞樾：《诸子平议序》，见徐世昌《清儒学案》（第四册），中国书店1990年影印本，第385页。
③ 罗焌：《诸子学述》，岳麓书社1995年版，第51页。
④ 章太炎：《诸子学略说》，见汤志钧编《章太炎政论选集》（上册），中华书局1977年版，第285—286页。
⑤ 章太炎：《致国粹学报社书》，见汤志钧编《章太炎政论选集》（上册），中华书局1977年版，第498页。

而实质上,章氏这一复活先秦子学,使儒学恢复原始儒家的学术主张,同样与其古文经学的立场相关。其于《自定年谱》中说"二十四岁始分别今古文师说"。而在与康有为发起学术攻诘之际,章氏的古文立场更加明确。在《春秋左传读》《春秋左传叙录》《驳箴膏肓评》等著述中,章氏已将矛头对准刘逢禄等今文经学家,并针对刘氏以为《左传》系刘歆伪造的观点提出了批评。而1899年所撰写的《今古文辨义》一文中,章氏又对廖平的观点做出了剖析:"总之,廖氏之见,欲极崇孔子,而不能批郤导窾以有此弊。寻其自造六经之说,在彼固以为宗仰素王,无出是语,而不知踵其说者,并可曰孔子事亦后人所造也。噫嘻!槁骨不复起矣,欲出与今人驳难,自言实有其人实有其事,固不可得矣。则就廖氏之说以推之,安知孔子之言与事,非孟、荀、汉儒所造耶?孟、荀、汉儒书,亦非刘歆所造也?邓析之杀求尸者,其谋如此,及教得尸者,其谋如彼。智计之士,一身而备输、墨攻守之具,若好奇爱博,则纵横错出,自为解驳可也。彼古文既为刘歆所造,安知今文非亦刘歆所造以自矜其多能如邓析之为耶?而《移让博士书》,安知非亦寓言耶?然则虽谓兰台历史,无一语可以征信,尽如蔚宗之传王乔者亦可矣。而刘歆之有无,亦尚不可知也,呜呼!廖氏之言,后之人必有言之者,其机盖已兆矣。若是,则欲以尊崇孔子而适为绝灭儒术之渐,可不惧与?"[①]这里,刘歆伪造经书的观点再次受到驳难。而在章太炎看来,"伪经"说的未来,必然导致"兰台历史,无一语可以征信"。而事实上,后来渐次兴起的"疑古思潮",便是这一预见的印证。

在章氏文化多元论的思想观点下,其有关"子学"研究的诸

[①] 章太炎:《今古文辨义》,见汤志钧编《章太炎政论选集》(上册),中华书局1977年版,第114—115页。

多立论，也颇应引起关注。其中1910年撰写的《齐物论释》，便体现出杂糅佛、道，以"唯识"解"庄"的学术特点，并在具体解读当中，阐发了章氏自己的文化思想。庄子援古为说，讲了一个不一定实有的寓言故事。尧对舜说："我想讨伐宗、脍、胥敖，可临朝的时候心里很是不安，不知怎么回事？"舜说："这三个小国还处在蓬蒿艾草一样的生活阶段，何必那样在意？从前十日并出的时候，普照万物，君主的盛德应高过太阳才是。"郭象《庄子注》说这则寓言的意思是希望"物畅其性，各安其所安，无有远近幽深，付之自若，皆得其极，则彼无不当而我无不怡也"。太炎先生认为："子玄斯解，独会庄生之旨。"但在理念上他进一步作了现代意义的发挥，写道："原夫齐物之用，将以内存寂照，外利有情。世情不齐，文野异尚，亦各安其贯利，无所慕往。飨海鸟以大牢，乐斥鷃以钟鼓，适令颠连取毙，斯亦众情所恒知。然志存兼并者，外辞蚕食之名，而方寄言高义，若云使彼野人获与文化。斯则文野不齐之见，为桀跖之嚆矢明矣。"又说："今之伐国取邑者，所在皆是，以彼大儒，尚蒙其眩惑，返观庄生，则虽文明灭国之名，犹能破其隐匿也。"

而针对《外物》中"谋稽乎誸，知出乎争"的观点，章氏指出，庄子深知物竞相争的道理，但毕竟不因争竞之说而无视万物之自性："向令齐物一篇方行海表，纵无灭于攻战，舆人之所不与，必不得借为口实以收淫名，明矣。"另道："或言齐物之用，廓然多途，今独以蓬艾为言何也？答曰文野之见，尤不易除。夫灭国者，假是为名，此是梼杌穷奇之志尔。如观近世有言无政府者，自谓至平等也，国邑州闾泯然无间，贞廉诈佞一切都捐，而犹横箸文野之见，必令械器日工，餐服愈美，劳形苦身，以就是业，而谓民职宜然，何其妄欤！故应物之论，以齐文野为究极。"章氏以"应物之论，以齐文野为穷极"为其主旨，展示了其多元文化论的观点。

章氏自述其学术之历变说："自揣平生学术，始则转俗成真，终乃回真向俗。世固有见谛转胜者耶？后生可畏，安敢质言。秦汉以来，依违于彼是之间，局促于一曲之内，盖未尝睹是也。乃若昔人所诮，专志精微，反致陆沉，穷研训诂，遂成无用者，余虽无腆，固足以雪耻。"① 这也正是章氏一生学术主要活动的如实概括。

而与章太炎同时的刘师培，也秉承古文经学的立场，在经学方面有所创获。刘师培，字申叔，号左盦，1884年生于江苏仪征。刘氏家学渊源深厚，他的曾祖父刘文淇、祖父刘毓崧、伯父刘寿曾，都是精通汉学的知名学者。浓郁的学术氛围加上他的刻苦自励及学术上的兼容并包，使他最终成为一代名家。刘师培一生著述繁富，内容涉及经学、小学、校雠学、文学、史学乃至伦理学、教育学等诸多方面，承前启后，多有创获。他的《中国中古文学史讲义》《经学教科书》等著作被一些高等院校列为专业教学参考书，影响广泛。

1905—1906年间，刘氏作《国学发微》，分别刊于《国粹学报》第一至十四期、十七期和二十三期，乃刘氏对章学诚《文史通义》所作的一部读书札记，其内容以中国经学史为主，兼及诸子百家之学。刘师培少读《文史通义》《校雠通义》，在《理学字义通释》《近儒学术统系论》《清儒得失论》《编辑乡土志序例》《书法分方圆二派考》《文例举隅》《校雠通义箴言》等文章中，引用诸说，考其得失，受益匪浅。在《中国民约精义》中，刘氏进一步征引章学诚《文史通义·内篇原道上》"三人居室"一节，认为："谓道形于三人居室，则与民约之旨相同。"并指出："章氏知立国之本，始于合

---

① 章太炎：《菿汉微言·结语》，见刘梦溪主编《中国现代学术经典·章太炎卷》，夏晓虹编校，河北教育出版社1996年版，第641页。

群；合群之用，在于分职；而分职既定，然后立君。与子厚《封建论》所言，若合一辙。"刘氏以为："章氏所言，殆能识'君由民立'之意与？"而在《国学发微·序》中，刘氏道："彦和《雕龙》，论文章之流别；子玄《史通》，溯史册之渊源。前贤杰作，此其选矣。近儒会稽章氏作《文史通义》内、外篇，集二刘之长，以萃汇诸家之学术，郑樵以还，一人而已。"此际，刘氏给予了章学诚较高的评价。

《周末学术史序》作于1905年，发表在《国粹学报》第一至第五期，共17篇。篇首冠以《总序》，然后从心理学、伦理学、论理学、社会学、宗教学、政法学、计学、兵学、教育学、理科学、哲理学、术数学、文字学、工艺学、法律学、文章学16个侧面，对比分析了儒家、墨家、道家、名家、法家、阴阳家、纵横家和孔子、孟子、荀子等人的学术异同，全面总结了中国先秦学术的成就和特点，指明了其对后世学术的影响。

《群经大义相通论》作于1905年，发表在《国粹学报》第十一至十四期、十六期和三十一期；后又发表在1906年《北洋学报》第三十七期，改题"群经大义相通总论"。刘师培认为，"非通群经，即不能通一经"，于是"汇齐学、鲁学之大义，辑为一编，庶齐学、鲁学之异同，辨析昭然"。全书前有序，继以8篇，主要摘取群经大义，证明诸经大义相通，强调"仅通一经，确守家法者，小儒之学也；旁通诸经，兼取其长者，通儒之学也"。

《两汉学术发微论》作于1905年，发表在《国粹学报》第十至十一期，其中《两汉伦理学发微论》又刊载于1906年《北洋学报》第三十六、三十七期。此书前有《总序》，后分三篇，即《两汉政治学发微论》《两汉种族学发微论》《两汉伦理学发微论》。刘氏认为，汉人经术，约分三端："或穷训诂，或究典章，或宣大义微言。而宣究大义微言者，或通经致用。"汉儒说经，迷于信古，援引经义，折衷是非，且饰经文之词，以寄引古国今之意，所以，"思想、学术，悉寓于经说之中，而精理粹言，间有可采"。

《汉宋学术异同论》作于1905年，发表在《国粹学报》第六至八期。首为《总序》，继以《汉宋义理学异同论》《汉宋章句学异同论》《汉宋象数学异同论》和《汉宋小学异同论》，以为汉儒治学之方，必求之事类，以解其纷；立为条例，以标其臬，因而"同条共贯，切墨中绳，犹得周末子书遗意"。刘氏指出，宋儒说经，侈言义理，又缘词生训，故创一说，或先后互歧；立一言，或游移无主。但是，宋学并非完全空疏。汉儒经说，虽有师承，然胶于言词，立说或流于执一；宋儒著书，虽多臆说，然恒体验于身心，或出入老、释之书，故心得之说亦间高出于汉儒。

《南北学派不同论》作于1905年，发表在《国粹学报》第二、六、七、九期。此书首列《总论》，次分《南北诸子学不同论》《南北经学不同论》《南北理学不同论》《南北考证学不同论》和《南北文学不同论》5篇。刘氏认为："学术互异，悉由民习之不同"。山国之地，地土硗瘠，阻于交通，故民之生其间者，崇尚实际，修身力行，有坚忍不拔之风；泽国之地，土壤膏腴，便于交通，故民之生其间者，崇尚虚无，活泼进取，有遗世特立之风。因此，"三代之时，学术兴于北方，而大江以南无学。魏、晋以后，南方之地学术日昌，致北方学者反瞠乎其后"。

关于"国学"的界说，刘氏本人并未作过明确的阐述，但从其运用"国学"一词的具体语境看，他是把"国学"等同于"中国固有学术"的。这与《国粹学报》同仁的阐述基本一致。1905年《国粹学报》第一期《发刊辞》中，明确交待了"研究国学，保存国粹"宗旨提出的背景："海通以来，泰西学术，输入中邦，震旦文明，不绝一线。无识陋儒，或扬西抑中，视旧籍如苴土。"黄节在《国粹学报叙》中指出："夫国学者，明吾国界以定吾学界者也。痛吾国之不国，痛吾学之不学，凡欲举东西诸国之学以为客观，而吾为主观，以研究之，期光复乎吾巴克之族、黄帝尧舜禹汤文武周公孔子之学而已。然又慕乎科学之用宏，意将以研究为实施之因，而以保存为将来之果，悬界说以定公例，而又悲乎言之无文，行而不远，意将矫象胥之失，而不苟同伊缓大卤之名，期光复乎吾巴克之族、黄帝尧舜禹汤文武周公孔子之学而已。"国学以什么为研究范围？邓实1906年所撰《国粹学报第一周年纪念辞并叙》中对《国粹学报》讨论范围的概括，可以看作是对这一问题的回答。这就是：一曰政，"经义治事，远师湖州之名斋；文事武备，近法博野之讲学"。就是通过对中国传统政治经济制度的研究，探求符合人类社会发展的普遍规律，用以指导当代国家治理的社会实践。二曰史，"本麟经之正谊，传信史于千秋"。即通过对中国儒、道、佛、诸子百家学说的研究，探明中国传统思想的源流关系，取其精华，辨明史实，重建符合历史发展规律的当代道德伦理规范。三曰学，"一物不知，儒者之耻；四郊多垒，大夫之辱。学以救国，是在吾党矣"。即通过对中国历代"艺术"（包括技艺、博物、天文、历法等）的研究，实现"学以救国"的人生目标。四曰文，"大夫之为病，未能焉，而救民以言，亦下士之责也"。即充分发挥文学艺术的宣传鼓动作用，在唤醒民众、启发民智、汇聚民心方面尽到知识分子的社会责任。正因为他们的理想与当时的社会变革紧密结合，所以，在研究方法上，他们赞颂"阳明授徒，独称心得；习斋讲学，趋重实行；东原治经，力崇新理。椎轮笮路，用能别辟途径，启发后人"，认为当今"承学之士，正可师三贤之意，综百家之长，以观学术之会通"。而刘氏在《国学发微》中，运用西学体系，分析和研究中国传统学术的理论贡献和兴替规律，则在实际操作层面作出回应。

第四节　近代史学的变革

中国传统学术向现代学术转变，走的是多源多流、交错嬗变的路。有远源，也有近源；有分流，也有汇流；有内因，也有外缘。事实上，延续几千年的中国传统学术思想，在西潮的刺激下，产生了不能安于固有秩序的紧迫感。但明清易代，生产力落后的民族建立了对全国的统治，加上满汉之间的文化冲突，开放的思想被严酷的政治体制窒息了。乾嘉学术在这个意义上是一种不得已的形态。直到清朝末期，欧风美雨狂袭而至，学术思想才不得不在动荡中因应以变。

但强势刺激容易产生文化颠簸症，于学术的发展会伴生不利的影响。梁启超于此洞察幽微，他痛心疾首地写道："晚清西洋思想之运动，最大不幸者一事焉。盖西洋留学生殆全体未尝参加于此运动；运动之原动力及其中坚，乃在不通西洋语言文字之人。坐此为能力所限，而稗贩、破碎、笼统、肤浅、错误诸弊，皆不能免。故运动垂二十年，卒不能得一健实之基础，旋起旋落，为社会所轻。"

史学在中国自有不间断的传统，由传统史学转变为现代史学，应该顺理成章。然而向传统史学置疑容易，提出史学的新概念，真正建立新史学，殊非易易。经学史家周予同先生指出："学术思想的转变，仍有待于凭借，亦即凭借于固有的文化遗产。当时，国内的文化仍未脱经学的羁绊，而国外输入的科学又仅限于物质文明，所以学术思想虽有心转变，转变的路线仍无法脱离二千年来经典中心的宗派。"单是新史学与今文经学的关系有所厘清，已是困难重重。按周予同的说法，晚清治史诸家中，崔适、夏曾佑都是今文经学兼及史学。只有梁启超逐渐摆脱了今文学的羁绊，走上了新史学的道路。

1901年至1902年,在《中国史叙论》和《新史学》著述中,梁启超针对传统史学提出了"四蔽""二病""三难"的批评。然而,在《清代学术概论》《历史研究法》和《历史研究法补编》中,则又表现出对传统史学的温情会意之处。但不论前期还是后期,梁氏史学都有气象宏阔、重视历史整体、史学研究的量化以及科际整合的特点。梁氏把中国历史分为三个阶段:从黄帝到秦统一,为上世史,称作"中国之中国",秦统一至乾隆末年,为中世史,称作"亚洲之中国";乾隆末年至晚清为近世史,称作"世界之中国"。这是一种着眼于大历史的分期方法,已能反映中国历史演化的大势。

胡适的史学较梁启超而有所跨越,《白话文学史》《中国哲学史大纲》,在专史方面已是开新建设的史学了。但胡氏实验得多,完成得少,他的作用主要在得风气之先和对史学研究的"科学方法"的提倡。20年代兴起的古史辨学派,除了受康有为所代表的晚清今文学的影响,与胡适的《中国哲学史大纲》直接"从周宣王以后讲起"有很大关系。所以当1923年顾颉刚在《读书杂志》上发表《与钱玄同先生论古史书》,提出著名的"层累造成说",胡适给予支持,而钱玄同和傅斯年也作有力的回应,疑古思潮遂掀起波澜。

顾颉刚的"层累造成说",大致包括三方面的意思:"第一,'时代愈后,传说的古史期愈长'。如这封信里说的,周代人心目中最古的人是禹,到孔子时有尧舜,到战国时有黄帝神农,到秦有三皇,到汉以后有盘古等。第二,可以说明'时代愈后,传说中的中心人物愈放愈大'。如舜,在孔子时只是一个'无为而治'的圣君,到尧典就成了一个'齐家而后国治'的圣人,到孟子时就成了一个孝子的模范了。第三,我们在这上即使不能知道某一件事的真确的状况,但可以知道某一件事传说中的最早的状况。我们即使不能知道东周时的东周史,也至少能知道战国时的东周史,我们即使不能知道夏商时的夏商史,也至少能知道东周时的夏商史。"而1926年出版的《古史辨》则宣告了"古史辨"学派的成立。

与顾颉刚、钱玄同的"古史辨"相对立，柳诒徵等文化史家，表现出了"泥古"或"信古"的特点。考古者大都也释古。释古派以王国维和陈寅恪为代表。其中，陈寅恪的史学最为代表，其治史的特点：其一，在史识上追求通识通解；其二，在史观上格外重视种族与文化的关系，强调文化高于种族；其三，在史料的运用上，穷搜旁通，极大地扩大了史料的使用范围；其四，在史法上，以诗文证史、借传修史；其五，考证古史而能做到古典和今典双重证发，古典之中注入今情；其六，对包括异域文字在内的论史工具的掌握；其七，融会贯彻全篇的深沉强烈的历史文体熔史才、诗笔、议论于一炉。

陈垣与陈寅恪并称，其专精目录、校勘、史讳、年表等研究，并兼擅词章之学，是"史源学"的创始人。治学受清代史家赵翼、钱晓徵的影响最大："近二十年来，国人内感民族文化之衰退，外受世界思潮之激荡，其论史之作，渐能脱除清代经师之旧染，有以合于今日史学之真谛，而新会陈援庵先生之书，尤为中外学人所推服。盖先生之精思博识，吾国学者，自钱晓徵以来，未之有也。"1953—1963年积十载之功，陈氏完成了《柳如是别传》的撰写，"借传修史"，成就典范。

文化史学的集大成者是钱穆。钱穆，字宾四，无锡人，一生治学，著述丰厚。早期以《先秦诸子系年》《中国近三百年学术史》《国史大纲》为代表。治国史而以学术流变为基底，直承儒统。抗战期间，钱氏于西南联大撰写的《国史大纲》，指出："我国家民族、已往文化演进之真相，明白示人，为一般有志认识中国已往政治社会文化思想种种演变者所必要之智识。"作为修撰新通史的必备条件，并昭示国人树立一种信念，即对"本国以往历史有一种温情与敬意"。钱氏强调:"历史与文化就是一个民族精神的表现。所以没有历史,没有文化,也不可能有民族之成立与存在。如是我们可以说,研究历史,就是研究此历史背后的民族精神和文化精神的。"在晚期的代表作《朱子新学案》中,钱氏重新整合理学和属学的关系,把援释入儒的宋学,收纳回归到儒、释、道合流统贯的传统学术思想的长河中去。

第五节　现代新儒学的崛起

1920年,刚从西方文明的执迷中猛然清醒过来的梁启超,发表了其《欧游心影录》。他开始认为,只有通过中国传统的"心物调和",才能拯救西方物质化文明的困境。梁氏的如上论调,在很大程度上推动了对西方现代文明的批判意识。随即,梁漱溟于1921年发表了《东西文化及其哲学》,依据"向前—当下—向后",亦即"西—中—印"三分的文化哲学,认为整个世界将迎来中国文化的复兴。梁漱溟在此书中确立了以"人生问题"解决"中国文化问题"的基本理路,试图通过一个"系统的哲学论证",来确认儒家精神的文化地位,以此被视为现代新儒学的重要发端者之一。

梁漱溟后于1924年辞去北大职务,投身于办学和乡村建设的研究和实践。1931年,梁氏在山东邹平县开展乡村建设研究,终因日本入侵而中止。其间,梁氏先后发表了《中国民族自救运动之最后觉悟》《乡村建设理论》和《乡村建设大意》等著作。其"乡村建设理论"表达了梁漱溟更为彻底的儒家立场,他希望通过礼乐教化、相习成俗的方式培养民众的道德人格,并由此建立伦理本位的社会组织和政治秩序。此一时期,梁氏无论是在理论上还是在实践上,均在探索如何通过儒家礼乐教化的方式来建立一个良好的社会秩序。

与梁氏的"外王"路向不同,1923年2月,张君劢在清华作题为《人生观》的演讲,彰显了某种"生命儒学"(个体生命安顿)的路向。张氏主张"主观的、直觉的、综合的、自由意志的"人生观,而反对所谓科学的人生观,认为"人生观问题之解决,决非科学所能为力"。同年4月,丁文江发表《玄学与科学》一文,向张君劢发难,由此引发了大规模的"科玄论战"。张君劢在此次论战中表现出较彻底的道德生命意识,他说:"我国立国之方策,在静不在动;在精神之自足,不在物质之逸乐,在自给之农业,不在谋利之工商;在德化之大同,不在种族之分立……吾以直截了当之语告国人,一国之生计组织,以公道为根本,此大原则也……世界一切活动,以人类幸福为前提,19世纪以来,以图富强之故,而牺牲人类,今思反之,宁可牺牲富强,不愿以人类作工厂之奴隶牛马焉。此义也,吾国人之所当奉行,而19世纪以来急切之功利论,则敝屣之可矣。"[1] "若夫国事鼎沸纲纪凌夷之日,则治乱之真理,应将管子之言而颠倒之,曰:知礼节而衣食足,知荣辱而后仓廪实。吾之所以欲提倡宋学者,其微意在此。"[2]

张君劢不仅基于中国文化的立场,而且基于普遍人生、人类幸福的立场,向往天德流行、天下大同。张君劢明确提倡"新宋学",成为当时复兴儒家精神的重要推动者。五六十年代,张君劢又写出《新儒家哲学思想史》等论著,继续主张儒学复兴,强调儒家文化是中国文化生存和发展的根源,并与牟宗三、唐君毅、徐复观联名发表《为中国文化告世界人士之宣言》(1958)。

1932年,熊十力的《新唯识论》文言文本正式出版,此书已有融《易》入佛的思想倾向,但尚未明确表示归宗大《易》。至1944

---

[1] 张君劢:《精神自由与民族文化——张君劢新儒学论著辑要》,中国广播电视出版社1995年版,第69—70页。

[2] 同上书,第78页。

年《新唯识论》语体文本出版,则明确宗主大《易》,以体用不二、翕辟成变为宗旨,肯定宇宙间有一生生不息的本体,此本体即是仁心仁体。与此内在的仁心本心相应,熊氏强调了逆觉体证的性智方法论,以区别于一味向外求索的知识论倾向和唯物论倾向。熊氏通过《新唯识论》建立了一新的本体——生命儒学,为现代儒家道德形上学的发展开启一新的思想源头,也将儒家哲学的重建推到一个新的高度。其弟子唐君毅、牟宗三、徐复观深得其精髓,熊十力的思想影响通过他们的儒学创建而达到一个高峰。

1937年后,马一浮随浙江大学迁入江西泰和,接受浙江大学礼聘,公开讲学,其主要内容后被编为《泰和会语》。1939年,马氏入川,在乐山创建复性书院,专事讲学、刻书。在泰和讲论中,马氏主要提出"六艺赅摄一切学术"的观点:首先,六艺赅摄中土一切学术,诸子之学、四部之学皆统于六艺;其次,六艺赅摄一切西来学术,如自然科学可统于《易》,社会科学可统于《春秋》,文学艺术可统于《诗》。"六艺赅摄一切学术"的哲学基础是"六艺统摄于一心",六艺为一心之体之大用。马氏认为,人性本来俱足,仁即是此性德之体,开为大用则可为六德,即知、仁、圣、义、中、和。知是仁之分别,义是仁之有断制,圣是仁之通达,中是不偏之体,和是顺应之用;以六经言之,则《诗》主仁,《书》主知,《乐》主圣,《礼》主义,《易》明大本是中,《春秋》明达道是和。马氏声明:"今日欲弘六艺之道,并不是狭义的保存国粹,单独的发挥自己民族精神,而只是要使此种文化普遍的及于全人类,革新全人类习气上之流失,而复其本然之善,全其德性之真。"

1936年,方东美出版了《科学哲学与人生》一书,次年又发表《哲学三慧》《中国人生哲学概要》。在这些论著中已见其融贯情理的生命本体哲学的雏形。在《科学哲学与人生》中,方东美引用怀特海、尼采、叔本华、桑塔耶纳等人的思想,至《哲学三慧》《中国人生哲学概要》渐与中国传统哲学相印证，建立自家广大和谐之"生生哲学"的意味也趋于明确。于《哲学三慧》中，他指出，"中国民族生命之特征可以老孔墨为代表。老显道之妙用，孔演易之'元理'，墨申爱之圣情。贯通老墨得中道者厥为孔子……中国慧体为一种充量和谐，交响和谐。慧相为尔我相待，彼是相因，两极相应，内外相孚。慧用为创建各种文化价值之标准，所谓同情交感之中道。"[①] 并提炼出中国哲学六大要理：生之理、爱之理、化育之理、原始统会之理、中和之理、旁通之理。于"生之理"析出五义：育种成生义、开物成务义、创进不息义、变化通几义、绵延长存义。方东美的生命哲学凸显了儒家生生不已、刚健不息的创化精神。方东美的"生命本体"构成了与牟宗三、唐君毅的"心本体"不同的形上学路向，相比之下，前者更具开放性、包容性，而后者较易走向单一化的"道德一元论"或"泛道德主义"。

1939年，冯友兰发表《新理学》，明确表示要接着程朱理学讲。他试图以逻辑分析方法融合新实在论哲学与程朱理学，以理、气、道体和大全为核心范畴，建立一新的形上学系统，并初步确立了即道德而超道德的人生终极。接着，冯氏于1940年至1946年又出版了《新事论》《新世训》《新原人》《新原道》《新知言》等五书，最终形成其新理学哲学体系。冯氏新理学的基本方法是理性主义、科学主义的，他强调区分客观与主观、事实与价值、知识与假设，反对任何独断的、形上学的建立。冯氏在《新原人》中以即道德而超道德的天地境界为人生的最高境界，新理学体系的价值宗旨还是儒家的。冯氏尝试运用理性、理想来解释道德，而不是某种超验的本体来解释道德，构成了现代新儒学的一个重要理论方向。从某种

---

① 方东美：《生命理想与文化类型——方东美新儒学论著辑要》，中国广播电视出版社1992年版，第88—89页。

角度看，新理学是一种客观的外在的儒学形态，它试图在一个客观的多元世界里了解道德的地位，同时并不否认天地道德的个人精神境界，它不同于主观的内在的儒学形态，后者往往局限于主观境界，并有以主观境界代替所有客观现实的倾向。

1941年8月，贺麟发表《儒家思想的新开展》一文，阐发自己重建儒学的基本立场。他表示，争取抗日战争的胜利，不仅是争取中华民族的自由、独立和平等，同时也是争取民族文化的复兴，而"其主要的潮流、根本的成分就是儒家思想的复兴"[1]。他说，如果儒家思想没有新的前途、新的开展，则中华民族以及民族文化也就不会有新的前途。"如果中华民族不能以儒家思想或民族精神为主体去儒化西洋文化，则中国将失掉文化上的自主权，而陷于文化上的殖民地。"[2] 从学术文化的角度，贺氏提出重建儒学的三个方面：一是以西洋的哲学发挥儒家的理学，使儒家哲学内容更为丰富，体系更为严谨，条理更为清楚；二是吸收基督教的精华以充实儒家的礼教，以丰富儒家的宗教精神；三是领略西洋的艺术以发扬儒家的诗教，发展儒家的艺术精神。譬如作为儒家思想中心概念的"仁"，从哲学的方面，仁乃仁体，仁为天地之心，离仁而言本体，非陷于死气沉沉的机械论或漆黑一团的虚无论不可。从宗教的观点看，仁即是救世济物、民胞物与的宗教热诚。从艺术来看，仁就是温柔敦厚的诗教，仁是天真淳朴、自然流露之情。

贺氏认为，儒家思想的开展还须面对政治、社会、日常生活诸方面的实际问题。对此，他撰有《法治的类型》《经济与道德》《五伦观念的新探讨》等文加以探讨。他相信，只要能对儒家思想加以善意同情的理解，得其真精神与真意义所在，许多现代生活上、政

---

[1] 贺麟：《儒家思想的新开展》，见《文化与人生》，商务印书馆1988年版，第4页。
[2] 同上书，第6页。

治上、文化上的重要问题，均不难得到合理、合情、合时的解答。

贺氏在哲学、文化上的儒家立场鲜明。他在《儒家思想的新开展》中提倡"儒化西洋文化"，已隐然有"中国文化本位"或"儒家文化本位"的立场。在这篇文章中他明确表示："我们无法赞成'中国文化本位'的说法，因为文化乃人类的公产，为人人所取之不尽用之不竭的宝藏，不能以狭义的国家作本位，应该以道，以精神，或理性作本位。换言之，应该以文化之体作为文化的本位。"①

1949年以后，现代新儒学在台、港异彩纷呈。是年夏，漂泊到香港的钱穆、唐君毅等人创办了亚洲文商夜校，后更名为新亚书院。钱穆揭示书院的宗旨为："上溯宋明书院讲学精神，并旁采西欧导师制度，以人文主义教育为宗旨，沟通世界东西文化。"新亚书院后来得到美国耶鲁大学教育基金会等各方的支持，才有了较大的发展，它逐渐成为向欧美介绍和传播中国文化的一个重要窗口。在台湾的牟宗三和徐复观先后到新亚书院任教，张君劢也多次到书院讲学。港台新儒家一时会集于新亚，新亚成了支持、孕育和传播港台新儒学的重要基地。

1958年元旦，牟宗三、徐复观、张君劢、唐君毅四人联名发表《为中国文化敬告世界人士宣言》，这在一定程度上标志着港台新儒家学派的形成。《宣言》指出：（1）中国文化的一本性，即中国文化在本源上是自我充足的，这是对中国历史文化之精神生命的肯定。此本源性的精神生命应该成为中国文化发展演变过程中不可动摇的根本。（2）心性之学为中国学术思想之核心，此心性之学强调人皆有一内在的充沛的道德精神，不需外求，种种文化社会实践皆本于此内在精神，这是中国儒家人文精神的核心。（3）中国文化对于世

---

① 贺麟：《儒家思想的新开展——贺麟新儒学论著辑要》，中国广播电视出版社1995年版，第14页。

界文化有诸多重要价值。西方文化在科学、民主、宗教精神上均有其重要价值，不过，它须在"当下即是""圆而神""温润而恻怛""和平悠久""天下一家"等诸方面吸收中国文化的长处。(4) 在吸收外来文化时，应坚持中国文化的"一本性"。中国文化要发展出民主和科学，但是它应该统摄于中国固有的历史文化精神，或者说它应该从自家的历史文化精神中生长出来。

唐君毅于1944年出版《人生之体验》和《道德自我之建立》，由此奠定其思想的中心观念"道德自我"。唐氏由自我反省证立我有一真实、善的、完满的要求是绝对的，并进一步肯定此要求人同此心、心同此理。此理想之要求即人皆有之的普遍的、绝对的心之本体，此心之本体是"真诚恻怛之仁心"。此无限之心体并不远离有限事物，而是内在于有限，通过有限表现出来，并主宰有限，不断地破除自己的有限。一方面此心是绝对、无限之本体，一方面此心又内在于身、物成为性，是性道合一，是实实在在地体现为"生命"的。从整体来看，唐君毅哲学的一个重要内容即是思考"道德自我"之本体如何展开为多元多层的生命活动或文化活动的。1958年出版的《文化意识与道德理性》即奠定了这一文化哲学的基本纲维。唐氏视宇宙为"物质流入生命，生命升到精神，精神通过生命，以改变物质"的大进程，宇宙成为精神自我表现、自我实现的历程。人的生命活动即表现为多样性文化创造，此文化活动在根本上皆依据于道德自我，皆是自觉或不自觉地表现道德价值。"道德自我是一，是本，是涵摄一切文化理想的。文化活动是多，是末，是成就文明之现实的。"[1] 家庭、生产、政治、教育、军事、体育、艺术、文学、学术、宗教等种种文化活动是道德理性的分殊表现，他对中国文化发展的一个基本看法是"本强末弱"，而西方文化则"逐末而忘

---

[1] 唐君毅：《文化意识与道德理性》，台湾学生书局1986年版，第5—6页。

本"。中国文化高明、广大、博厚，此圆而神的人文精神急待十字撑开，即依分殊理想，向上向外四面照射，而以科学知识、工业机械文明、生产技术以及各种客观社会文化领域分途发展，以真实建立一多方面表现客观精神之人文世界。这就是唐君毅"依本成末"，由人文世界分殊发展，最终实现大仁大智的文化理想。

于1977年出版的《生命存在与心灵境界》，乃是唐氏哲学的最终完成。在此书中，他依三观三境的逻辑秩序将种种文化活动全部收摄为心灵境界的多向多层，从而最终完成其本体哲学、生命哲学的整体构造。客观三境：万物散殊境（个体）、依类成化境（类）、功能序达境（因果目的）；主观三境：感觉互摄境（心身时空）、观照凌虚境（意义）、道德实践境（德行）；超主客三境：归向一神境（神）、我法二空境（法界）、天德流行境（性命）。此九境由浅入深、由易及难、由渐入顿、由知入德。这也说明唐氏真正关心的不只是文化问题而是人生问题，生命存在的方式和境界才是其思想的最终归宿。在此书中，唐氏勤力求索，尽列古今中西主要人生思想之种种表现，评析其得失，敉合于其宏大谨严的思想秩序之中。

港台新儒学的另一重镇的牟宗三，其哲学思考主要从两个方面展开：一是形上的保存；一是实践的开启。按照某种逻辑线索，现代新儒学由熊十力开端的以本心本体为内核的道德形上学，到牟氏可视为一种终结。牟宗三会通康德哲学，吸收其先验道德、道德自律、绝对意志等观念及方法，以智的直觉、两层存有论、逆觉体证的方法论完成其道德形上学体系的构造。同时，牟宗三又提出"一心开二门""良知坎陷""三统并建"等观点，试图为内在道德精神的实践开启提供理论基础。牟宗三基于现代哲学的视野和方法，以相当精深的梳理和分析，努力体会儒家思想的精髓，完成了一种道德形上学的现代重建，确有某种里程碑的意义和地位。其思想体系中内圣与外王、思辨与践履、形上本体与现实生命之间的某种背离在相当程度上已成为现代新儒学自我突破的困境和契机。

与唐君毅、牟宗三并称的徐复观，其注重历史、面对现实的思想品格在现代新儒学中殊为难得。他在对儒家人文精神的现代解释中着重标出"忧患意识"，他认为这种肇始于周人的忧患意识，不同于作为原始宗教动机的恐怖绝望，在这种恐怖绝望中，人们只会感到自己的渺小而任由外在的神作主宰，而忧患意识则表示人类精神开始直接对事物发生责任感，这是精神上开始有了人的自觉。徐氏认为，这种忧患意识的诱发因素当系来自周文王与殷纣间的微妙而困难的处境，这种精神自觉为周公、召公所扩展，直至在孔子那里奠定了以人为本的仁的文化。他强调，儒家思想的特征是以人类自身之力解决人类自身的问题，儒家的仁的精神以道德责任为核心，一方面是对自己的责任，要"修己"以成君子人格；另一方面是对天下的责任，要"治人"以建立理想社会。关注现实政治，批判政治传统，重建儒家的政治哲学是徐氏对现代新儒学的独特贡献。徐氏首先充分肯定儒家的德治理想，并认定儒家德治理想有着民主政治的精神，他说："德治的基本用心，是要从每一人的内在之德去融合彼此间之关系，而不要用权力甚至不要用人为的法规把人压在一起，或者是维系在一起。权力的压缚固然要不得，即法律的维系，纵然维系得好，也只是一种外在的关系。外在的关系，要以内在的关系为根据，否则终究维系不牢，而且人生终不能得到自由的发展。"[1] 西方民主政治是由个人权利的自觉，并通过契约来确立权利的界限，只是外在约束关系的确定，民主政治并非来自道德的自觉，所以并不牢固，它须进一步以儒家思想为根基。同时，徐氏提出不能回避中国两千年来专制政治的事实，并批评传统政治思想总是站

---

[1] 徐复观：《中国人文精神之阐扬——徐复观新儒学论著辑要》，中国广播电视出版社1996年版，第232页。

在统治者的立场上考虑问题，普遍民众作为政治的主体始终没能确立起来。所以，必须将儒家的政治思想由以统治者为起点变为以普通民众为起点，并补进"个体之自觉"，中国的民主政治方可得一新运。徐氏自信以中国文化中原有的民主精神，重新显豁这种精神来支持现代民主政治。

思考题：

1. 近代"国学"观念的基本内涵？
2. 近代经学"今古文"之争？
3. 近代子学复兴的代表人物及其主要思想？
4. 现代新儒家的基本思想特征？

参考文献：

1. 章太炎：《国学概论》，上海古籍出版社1997年版。
2. 章太炎：《国故论衡》，上海古籍出版社2003年版。
3. 钱穆：《国学概论》，商务印书馆2008年版。
4. 梁启超：《清代学术概论》，上海古籍出版社1998年版。
5. 刘师培：《国学发微》，广陵书社2016年版。
6. 陈鹏：《现代新儒家研究》，福建人民出版社2006年版。

后　　记

　　《国学经典导论》这本教材几经修改终于定稿并交付出版社，本教材是在我以前主讲的"国学经典导读"课程讲义的基础上反复修改、补正和完善而成的。该教材属于2018年度"西北政法大学校级特色经典系列教材项目"，在该项目初步"竣工"时，我要到境外访学，为做进一步的修改，我将所有材料随身携带，因此，教材的修改、最终完成正是在香港中文大学访学期间完成的。香港中文大学图书资料之丰富让我流连忘返，同时也为该教材的进一步充实提供了便捷。

　　本教材是西北政法大学特批的校级特色经典教材系列项目之一，同时也是在我多年研究和教学基础上完成的。此前，我撰写了《中国传统文化及其人文精神》（该书即将出版），发表了一系列这方面的学术论文，这些都为本教材的编写做了很好的前期积累。参与该教材编写的主要有俞秀玲（第一、二、四章）、李智福（第三章）、何叶（第四章）、张磊（第五、六章）。

　　在该教材即将付梓出版之际，我要感谢西北政法大学的赵馥洁教授，德高望重的赵先生对该课程教材的编写非常支持；感谢西北政法大学教务处为本教材的出版提供帮助，感谢西北政法大学哲学与社会发展学院领导对该教材项目进展情况的多次关心；感谢香港中文大学图书馆、联合书院图书馆、新亚书院图书馆为本教材的进一步丰富提供丰厚的资料。此外，本教材的出版得到了中国社会科学出版社的大力支持，朱华彬副编审为本教材的编辑和出版给予了很多帮助，付出了很多辛劳，在此表示谆谆感谢！

在此，我还要感谢在该教材编写过程中一起"奋战"的团队，各位同事辛苦了！

感谢家人对我工作的全力支持！在教材编写过程中家人承担了所有家务，正是有了他们的支持，我才能一心投入教材的编写工作，才有教材的最终"竣工"，谢谢您们对我工作的支持，辛苦了！

俞秀玲
2018年10月8日于香港中文大学
新亚书院图书馆